Het geheime leven van een ploetermoeder

D1730271

Bezoek onze internetsite www.awbruna.nl
voor informatie over al onze boeken en dvd's.

Fiona Neill

Het geheime leven van een ploetermoeder

A.W. Bruna Uitgevers B.V., Utrecht

Oorspronkelijke titel
The Secret Life of a Slummy Mummy
© Fiona Neill 2007
Voor het eerst verschenen in Engeland in 2007 bij Century Random
House, 20 Vauxhall Bridge Road, Londen SW1V 2SA
Vertaling
Gert-Jan Kramer en Marga Blankestijn
Illustratie omslag
Ingrid Bockting
Omslagontwerp
Wil Immink Design
© 2008 A.W. Bruna Uitgevers B.V., Utrecht

ISBN 978 90 229 9428 3
NUR 302

Fiona Neill schrijft artikelen voor *The Times Magazine* en is de bedenkster en schrijfster van de razend populaire column 'Slummy Mummy'. Na zes jaar te hebben gewerkt als correspondent in Zuid-Amerika, keerde ze terug naar het Verenigd Koninkrijk en werd assistent-redacteur van *Marie Claire* en vervolgens van *The Times Magazine*. Ze groeide op in Norfolk en woont tegenwoordig met haar man en hun drie kinderen in Londen.

Deze roman is fictie. De namen en personages in deze roman zijn ontsproten aan de fantasie van de schrijfster. Elke gelijkenis met bestaande personen, al dan niet in leven, berust op toeval.

Voor Ed

Een vrouw is als een wetenschap, want zelfs iemand die zijn leven lang een vrouw bestudeert, zal uiteindelijk ontdekken dat hij nog te weinig van haar weet.

– John Donne

Je kunt verschillende dromen hebben, al deel je hetzelfde bed.

– Chinees spreekwoord

1

Een dove man en een blinde vrouw zijn
altijd een gelukkig stel.

Ik leg mijn contactlenzen 's nachts te weken in een koffiebeker en ontdek bij het wakker worden dat mijn Liefste met het Korte Lontje ze in de loop van de nacht heeft opgedronken. Voor de tweede keer dit jaar. 'Maar ik heb gezegd dat ze daarin zaten,' zeg ik verwijtend. 'Je kunt toch niet verwachten dat ik dat soort dingen onthou?' zegt hij. 'En ik ga deze keer niet weer proberen om over te geven. Je zet je bril maar op.'

Tom zit rechtop in bed, zijn haar in de war, in een verkreukelde hooggesloten streepjespyjama, zijn armen verdedigend over elkaar geslagen. Ik heb een geruite pyjama aan, zonder knopen. Als je pyjama's begint te dragen in bed, betekent dat dan het begin of het eind van iets in je relatie? Hij buigt zich opzij om de drie boeken op zijn nachtkastje in aflopende volgorde van formaat op elkaar te stapelen en de beker waar eens mijn lenzen in zaten op precies dezelfde afstand van de leeslamp aan de andere kant te zetten.

'Ik begrijp gewoon niet waarom je ze in een koffiebeker doet. Miljoenen mensen in het hele land voeren dat ritueel dagelijks uit en die stoppen niet zomaar iets wat zo belangrijk is voor hun dagelijkse leven in een beker. Het is een vorm van sabotage, Lucy. Je weet dat het gevaar bestaat dat ik 's nachts dorst krijg.'

'Maar wil jij niet soms een beetje gevaarlijk leven?' vraag ik. 'Het lot een beetje tarten, zonder er iemand mee te kwetsen van wie je houdt?'

'Als ik het idee had dat hier onbeantwoorde filosofische vraagstukken achter zaten, in plaats van een lege fles wijn met bijbehorend geheugenverlies, zou ik me zorgen maken over je geestelijke gezondheid. En ik zou er misschien wat sympathieker tegenover staan als je een beetje bezorgd was om mij. Het kan wel een medisch noodgeval zijn,' zegt hij nukkig.

'Dat was het de vorige keer ook niet,' protesteer ik vlug, om het onvermijdelijk afglijden naar hypochondrie zo snel mogelijk een halt toe te roepen.

Ik onderdruk de aanvechtingen om hem te vertellen dat er op dit moment belangrijkere zaken zijn, waaronder de noodzaak om onze kinderen op de eerste dag na de vakantie op het juiste uur op school te krijgen. Ik herinner me vaag dat ik een paar maanden geleden een contactlens op het kleed heb laten vallen en begin de vloer aan mijn kant van het bed aan een nauwkeurig onderzoek te onderwerpen. Bij wijze van halftoevallige ontdekking vind ik, in willekeurige volgorde: een glas dat onze peuter vorige week uit mijn bril haalde, een halfopgegeten stukje ei van zo lang geleden dat het versteend is, en een onbetaalde parkeerbon, die ik snel weer onder het bed prop.

'Je hebt een systeem nodig, Lucy,' zegt Liefste met het Korte Lontje, zich niet bewust van wat er op slechts luttele centimeters afstand allemaal opduikt. 'Dan wordt het leven veel eenvoudiger. Waarom zet je intussen je oude bril niet op? Je hoeft immers op niemand indruk te maken.' Hij komt uit bed en gaat naar de badkamer voor het volgende onderdeel van zijn ochtendritueel.

Een jaar of tien geleden, in het prille begin van onze relatie, zou zo'n gesprek als een volwaardige ruzie hebben gegolden, een van die gewelddadige uitbarstingen die de hele relatie konden doen omslaan. Zelfs vijf jaar geleden nog, zo ongeveer halverwege ons huwelijk, zou het een aanzienlijke onenigheid hebben betekend. Nu is het niet meer dan een voetnoot bij het verhaal van een huwelijksleven.

Terwijl ik de trap op loop naar de bovenste verdieping van het huis om onze slapende kinderen wakker te maken, besluit ik dat relaties net stukjes elastiek zijn: een beetje spanning mag en is zelfs wenselijk, als je wilt dat de twee uiteinden met elkaar verbonden blijven. Maar als ze te slap zijn valt alles uit elkaar, zoals die huwelijken waarin mensen zeggen dat ze nooit ruziemaken en waar dan ineens niets van overblijft, zelfs geen verwijten meer. Is er te veel spanning, dan knappen ze. Het draait allemaal om het evenwicht. Het probleem is dat er meestal geen waarschuwing klinkt als je op het punt staat je evenwicht te verliezen.

Ik vloek als ik over een lego-bouwwerk struikel dat op de trap staat en waar de stukken van afvliegen, die terechtkomen naast een paar speelgoedautootjes en een arm die ooit aan een actie-pop heeft toebehoord. Mijn kin belandt op de bovenste tree en ik zie, weggestopt naast de loper, een piepklein lichtsabeltje liggen, niet meer dan een centimeter lang, van een van de Star Warspoppetjes van Joe. Het verdween een paar maanden geleden onder verdachte omstandigheden nadat onze vliegensvlugge peuter Fred 's ochtends vroeg een stiekeme inval had gedaan in de slaapkamer van zijn broer.

Hoeveel uren heb ik verspild met het zoeken naar dat lichtsa-beltje? Hoeveel tranen zijn er niet vergoten over die verdwij-ning? Heel even leg ik, met iets van voldoening, mijn hoofd op de traploper te rusten.

Ik sta voor de slaapkamerdeur van Sam en Joe en duw hem zachtjes open. Sam, de oudste, slaapt omdat hij nu eenmaal de oudste is in het bovenste bed, Joe in het onderste en Fred op de vloer daaronder. Als een clubsandwich. Hoe vaak ik Fred 's nachts ook terugbreng naar zijn eigen bed, hij heeft een inge-bouwde TomTom die hem altijd weer terugleidt naar de kamer van zijn broers of het voeteneind van ons bed, waar wij hem 's ochtends vaak slapend aantreffen.

Ik kijk bewonderend naar mijn slapende kinderen met hun achteloos op bed en vloer uitgespreide ledematen, en mijn rus-teloze gedachten vervagen. Overdag zijn ze voortdurend in beweging en is het onmogelijk langer dan een paar seconden hun aandacht vast te houden. Als ze slapen, krijg ik de kans om de precieze schuine lijn van een neusje of een constellatie van sproeten te bekijken. Ik raak Sams hand aan om hem te wekken, maar in plaats daarvan krullen zijn vingers zich stevig om de mijne. Ik ben meteen weer terug bij dat eerste moment vlak na zijn geboorte, toen hij dat voor het eerst deed en die bron van onaangeboorde moederliefde in mijn binnenste overliep en ik begreep dat niets ooit meer hetzelfde zou zijn.

Sam is bijna negen. Ik kan hem sinds een jaar of twee niet meer optillen. Hij is te groot om op schoot te zitten en ik mag hem niet meer gedag kussen bij school. Algauw zal ik hem helemaal kwijt zijn. Maar alle warmte van zijn kinderjaren zal hij met zich meedragen. Hij zal beslist reservevoorraden genegenheid hebben aangelegd waarop hij kan teren in zijn donkere tienerjaren, als hij van alles op ons aan te merken heeft. Zoals hij daar op bed ligt, zijn lichaam met de lange ledematen al onhandig door de ophanden zijnde puberteit, besef ik dat ik de laatste sporen van zijn kindertijd zie. Ik weet zeker dat sommige vrouwen daarom steeds weer kinderen krijgen, zodat er altijd een welwillend vat is voor hun liefde.

Joe beweegt het eerst. Hij is een lichte slaper, net als ik.

'Wie gaat Major Tom helpen?' vraagt hij voordat hij zijn ogen opendoet, en de moed zinkt me in de schoenen.

Toen we in de zomervakantie op weg naar Norfolk David Bowie draaiden, leek dat een enorme stap vooruit in de beladen wereld van het automobiele vermaak. Het verhalende van zijn songteksten zou de verbeeldingskracht van de kinderen aanspreken, dachten wij. En dat klopte. Maar we kwamen nooit verder dan het eerste nummer, *Space Oddity*.

'Waarom ging de raket weg?' vraagt hij nu, vanonder het dekbed glurend.

'Hij raakte los,' vertel ik hem.

'Waarom was er geen andere bestuurder om hem te helpen?' vraagt hij.

'Hij wilde alleen zijn,' zeg ik terwijl ik zijn haar streel. De vijfjarige Joe is mijn evenbeeld, met zijn wilde bruine krullen en donkergroene ogen, maar zijn temperament heeft hij van zijn vader.

'Laat de raket hem achter?'

'Ja, maar ergens wil hij ook ontsnappen,' leg ik uit. Joe is even stil.

'Mama, wil jij weleens aan ons ontsnappen?' vraagt hij.

'Soms, maar alleen naar een kamer verderop,' antwoord ik lachend. 'Ik heb geen plannen om de ruimte in te gaan.'

'Maar soms als ik tegen je praat hoor je me niet, dus waar ben je dan?'

Sam is intussen zijn ladder afgeklauterd en trekt zijn schooluniform al aan. Ik spoor Joe aan hetzelfde te doen. Fred, van tweeënhalf, blijft tot het laatste moment in zijn pyjama, want zodra we hem de rug toekeren trekt hij zijn kleren toch gewoon weer uit. Ik ga terug naar de badkamer op zoek naar Tom. De echtgenoot, niet de Major.

Er was een tijd dat Toms ochtendritueel me fascineerde, maar al is het qua pietluttigheid nog altijd opmerkelijk, de nieuwigheid is er met de jaren wel een beetje afgegaan. Kort gezegd gaat hij naar de badkamer en bereidt alles voor wat hij nodig heeft: borstel, schuim en scheermes op een tafeltje naast de wasbak. Hij draait de koude kraan van het bad precies drie minuten lang open en richt zich dan op de warme kraan. Op die manier wordt er volgens hem geen water verspild. Ik heb altijd gezegd dat het andersom beter zou werken, maar die uitdaging heeft hij nooit aangenomen: 'Waarom zou je iets veranderen als het goed werkt, Lucy?' Terwijl het bad volloopt zet hij de radio aan en luistert naar het BBC-ochtendprogramma *Today*.

De wasprocedure is alleen in zoverre interessant dat hij een uitzonderlijke hoeveelheid tijd besteedt aan het aanbrengen van de zeep op de spons. Tijdens dat deel van het proces is hij vaak mededeelzaam. Zelfs na een paar jaar samenwonen schatte ik het moment waarop een kletspraatje wel kon nog vaak verkeerd in. Voortijdig onderbreken kon leiden tot lastig te bezweren buien. Bij een feilloze timing werd hij spraakzaam en gezellig. En zo vervolmaakten we de wals van het huwelijk.

Rommelend in de badkamerlaatjes probeer ik uit te leggen dat een lichtblauw ziekenfondsbrilletje uit de jaren tachtig niet het soort accessoire is dat je tegenwoordig naar school draagt, maar hij heeft zich al teruggetrokken in de volgende fase, waarin hij zich geheel onderdompelt in het bad, op het puntje van zijn neus na, en zijn ogen sluit in een onderwatermeditatie waar zelfs het meest dringende kindergeschreeuw hem niet uit kan halen.

Nu is hij buiten bereik en ik blijf achter, op een stoel met mijn benen over elkaar, mijn elleboog op mijn knie en mijn hand onder mijn kin, tegen mezelf pratend – onze relatie in een notendop.

Ik denk even terug aan de eerste nacht die ik met Tom doorbracht in zijn flat in Shepherd's Bush in 1994. Ik werd 's ochtends wakker en besloot tot een snelle, discrete aftocht. Ik liep op mijn tenen door de slaapkamer op zoek naar mijn kleren. Toen ik die niet kon vinden zocht ik me een weg naar de zitkamer, omdat ik me vrij duidelijk kon herinneren dat we nogal wat tijd op de bank hadden doorgebracht alvorens in zijn slaapkamer te belanden. Daar waren ze echter niet. Ik was helemaal bloot en herinnerde me iets over huisgenoten. Ik twijfelde of ik terug zou gaan naar de slaapkamer en begon me af te vragen of hij dit soms een geintje vond. Of misschien had hij een donkere kant – ondanks aanbevelenswaardige trekjes die op het tegendeel wezen – en hield hij vrouwen gevangen die al bij het eerste afspraakje bleven slapen. Toen ik de slaapkamer weer in kwam was hij verdwenen en raakte ik in paniek. Ik riep zijn naam, maar er kwam geen antwoord, dus trok ik voorzichtig een oude kamerjas aan, die ik achter op de deur vond, om alle kamers systematisch te gaan doorzoeken.

Ik slaakte een kreet toen ik in de badkamer kwam. Hij lag onder water met zijn ogen dicht, doodstil. Ik dacht dat hij was ingeslapen en verdronken. Ik voelde het als een echt verlies dat ik nooit meer seks zou hebben met deze man, want dat was ontzettend lekker geweest. Toen bedacht ik wat er zou gebeuren als ik de politie zou bellen en dit probeerde uit te leggen. Stel je voor dat ze zouden denken dat ik er iets mee te maken had? Al het forensisch bewijsmateriaal zou daarop wijzen. Even overwoog ik om te vluchten. Toen herinnerde ik me dat ik geen kleren had. Dus liep ik heel langzaam, terwijl ik mijn best deed om mijn ademhaling onder controle te houden, naar de rand van het bad, staarde een paar tellen naar hem – waarbij me de wasachtige glans van zijn kin opviel – en prikte toen met mijn wijsvinger tussen zijn wenkbrauwen om te kijken of hij bij bewustzijn was. De opluchting dat hij met zijn hoofd terugduwde tegen mijn hand ging al snel over in schrik toen hij mijn bovenarm zo hard vastgreep dat ik mijn huid wit zag wegtrekken tussen zijn vingers. 'Jezus, probeer je me te vermoorden?' riep hij. 'En ik dacht nog wel dat we zo'n leuke nacht hadden gehad!'

'Ik dacht dat je verdronken was,' zei ik. 'Ik kon mijn kleren niet vinden.'

Hij wees op een ladekast op de overloop, net buiten de deur, waar ze keurig opgevouwen op een stapeltje lagen. Mijn onderbroek van gisteren, liefdevol dubbelgevouwen boven op een beha die betere tijden had gekend en een oude Levi's 501.

'Heb jij dat gedaan?' vroeg ik nerveus.

'Aandacht voor details, Lucy,' zei hij. 'Daar draait het allemaal om,' waarop hij zich weer onder water liet zakken.

Einde gesprek. Maar niemand kan beweren dat ik niet van het begin af aan heb geweten wat me te wachten stond. En ja, we gingen inderdaad terug naar bed.

Terwijl hij in bad ligt en ik mijn tanden poets, bekijk ik zijn lichaam kritisch, van top tot teen. Haar: nog steeds donker, wel een iets wijkende haargrens, maar dat zien alleen ter zake kundigen. Lach- en zorgrimpels strijden op de huid rond zijn ogen om voorrang. Een kleine rimpel tussen zijn wenkbrauwen die zijn eigen eb en vloed kent, afhankelijk van de voortgang van zijn bibliotheekproject in Milaan. Kaaklijn: wat vlezig, omdat hij meer eet als hij zich zorgen maakt. Overal zijn de hoeken wat minder scherp; buik en borst zijn zachter, maar verrassend mooi. Ik moet niet vergeten hem dat eens te zeggen. Een betrouwbare man, die vertroosting en conventionele vrijerij belooft, puttend uit een goedgeoefend repertoire. Een aantrekkelijke man, zeggen mijn vriendinnen. Zijn hoofd duikt op en hij vraagt me waar ik naar zit te kijken.

'Hoe lang kennen wij elkaar al?' vraag ik hem.

'Ongeveer twaalf jaar,' antwoordt hij, 'en drie maanden.'

'En wanneer zijn we allebei pyjama's gaan dragen in bed?'

Hij denkt zorgvuldig over de vraag na. 'Volgens mij was dat in de winter van 1998, toen we in West-Londen woonden en het raam op een ochtend aan de binnenkant bevroren was. Jij leende trouwens de mijne.'

Hij heeft gelijk; in de begintijd had ik intieme en simpele ideeën over samen alles delen die volgens mij de diepte en de breedte van onze relatie weerspiegelden. Maar toen we een jaar samen waren, liet hij me aan de keukentafel plaatsnemen en vertelde me dat onze relatie niets zou worden als ik niet ophield zijn tandenborstel te gebruiken. 'Heb je enig idee hoeveel bacteriën er in je mond zitten? Elke zichzelf respecterende tandarts zal je vertellen dat je er meer in je mond hebt dan in je kont. Speeksel verspreidt allerlei ziekten.'

'Dat geloof ik gewoon niet,' zei ik verbijsterd.

'Hepatitis, aids, ebola – ze kunnen allemaal via de mond worden overgebracht,' hield hij vol.

'Maar die ziektes zou je dan toch al krijgen omdat we seks hebben?' redeneerde ik.

'Niet als je condooms gebruikt. Als jij je contactlenzen aflikt voordat je ze indoet, kun je ze net zo goed eerst in je gat stoppen.'

Het was duidelijk dat dit gesprek er al een tijdje aan zat te komen. Ik gaf op beide punten toe en het was nooit meer een probleem. Ik leen zijn tandenborstel nog steeds en ik lik ook aan mijn contactlenzen, maar nooit meer waar hij bij is, al kijkt hij soms argwanend naar mij als hij zijn vinger over de haartjes van zijn tandenborstel haalt en zich afvraagt waarom ze vochtig zijn.

'Waar lag je onder water aan te denken?' vraag ik oprecht nieuwsgierig.

'Ik was aan het uitrekenen hoeveel tijd we besparen als we de Rice Krispies 's avonds al in de kommen doen. Dat kan wel vier minuten schelen,' zegt hij, voordat zijn hoofd weer onder water zakt.

Een paar tellen later komt hij weer boven om, bij wijze van verontschuldiging voor zijn eerdere uitbarsting aan te kondigen dat hij Fred naar zijn nieuwe peuterschool zal brengen. 'Ik wil het echt graag doen,' zegt hij. 'Bovendien kun jij het misschien niet vinden.' En ik ben er blij om, want de opluchting die ik zou moeten voelen nu Fred naar de peuterschool gaat en ik voor het eerst in acht jaar tijd voor mezelf krijg, gaat gepaard met een gevoel van verlies en ik weet dat ik misschien zou moeten huilen.

En dus drentel ik een halfuur later over de stoep naar school, met mijn hand – naar ik hoop – moederlijk op Sams schouder. 'Zijn we laat?' vraagt hij, maar hij weet het antwoord al, want net toen we de deur uit zouden gaan holde Joe langs de keukentafel en stootte een pak melk over zijn schooluniform en mijn spijkerbroek, zodat we een kritieke vertraging van tien minuten opliepen. Zelfs met de allerbeste planning – de broodtrommeltjes 's avonds al ingepakt, schooluniformen netjes op een stoel, schoenen naast elkaar bij de voordeur, ontbijt op tafel, tandenborstels naast de gootsteen in de keuken – kun je onvoorziene rampen niet uitsluiten. Op tijd op school zijn is een operatie die net zo nauw luistert als de luchtverkeersleiding op Heathrow: elke kleine wijziging van de plannen leidt tot chaos in het systeem.

'Niet rampzalig laat,' zeg ik. Ik begrijp echt niet hoe het mogelijk is dat ik de intro van het BBC-nieuwsprogramma *Newsnight* in minder dan een uur in elkaar kan zetten, maar de uitdaging om mijn kinderen iedere ochtend op school te krijgen absoluut niet het hoofd weet te bieden. Het lijkt ongelooflijk dat ik ministers heb weten over te halen om zich 's avonds laat in de studio kritisch te laten ondervragen door de beruchte Jeremy Paxman, maar mijn peuter er niet van kan overtuigen dat hij zijn kleren aan moet houden.

'Is God groter dan een potlood?' vraagt Joe, die veel te veel piekert voor een vijfjarige. 'Als hij dat niet is, zou hij dan kunnen worden opgegeten door een hond?'

'Niet door het soort honden dat hier in de buurt rondloopt,' stel ik hem gerust. 'Die zijn daar te netjes voor.'

En dat is waar. We drentelen door de wijken met het hoogste belastingtarief van Noordwest-Londen. Hier zijn geen papperige jongens met gebeitelde kapsels hun pitbull aan het uitlaten. Geen bookmakers. Geen berenhappen. Geen tienerzwangerschappen. Wij wonen in het land van de keurige dineetjes.

Het is de eerste schooldag en het peil daalt alweer. De kinderen vullen onder het lopen hun geroosterde boterhammen aan met handenvol cornflakes uit kleine portieverpakkingen.

Mijn zicht is door mijn bijziendheid verminderd tot uiterst impressionistische vegen en ik herinner me dat ik twee weken geleden op een strand in Norfolk aan de Noordzee stond, met een wollen pet tot over mijn wenkbrauwen getrokken en een sjaal tot net onder mijn ogen. Een oostenwind, ongewoon voor de tijd van het jaar, blies in mijn gezicht en deed mijn ogen tranen. Ik moest blijven knipperen om mijn beeld scherp te houden. Alsof ik door een prisma keek. Zodra ik mijn blik richtte op een meeuw of een bijzonder mooie steen, viel het beeld uiteen in een spectrum van verschillende vormen en kleuren. Ik realiseerde me ineens dat ik mezelf precies zo voelde: op de een of andere manier was ik in de loop der jaren versplinterd. Nu, met het vooruitzicht dat mijn jongste drie ochtenden per week naar de peuterschool gaat, wordt het tijd om mezelf weer te defragmenteren, maar ik weet niet meer hoe de stukjes in elkaar passen. Ik zie Tom, de kinderen, mijn familie, vrienden, school, al die verschillende elementen, maar geen samenhangend geheel. Geen draad die alles bij elkaar houdt. Ergens in de mallemolen van het huishouden ben ik mezelf kwijtgeraakt. Ik kan zien waar ik vandaan kom, maar ik weet niet zeker waar ik heen ga. Ik probeer me vast te klampen aan het grote geheel, maar ik weet niet langer wat dat ook al weer was.

Ik heb mijn geliefde baan als nieuwsproducent bij de televisie acht jaar geleden opgegeven, toen ik ontdekte dat dagen van dertien uur en het moederschap een wankele combinatie vormden. Wie er ook beweerd mag hebben dat fulltime werken en kinderen opvoeden helemaal je-van-het is, was niet erg goed in rekenen. Er was altijd ergens een achterstand. Ook in ons banksaldo, want er bleef niet veel over nadat we de oppas betaald hadden. Bovendien miste ik Sam te erg.

Wat ik nu meteen zou moeten doen, nu de speelplaats in de verte opdoemt, is een paar standaardantwoorden bedenken voor de vriendelijke prietpraat die gepaard gaat met het begin van een nieuw schooljaar. Iets vaags, want de meeste mensen zijn niet geïnteresseerd in details. 'De zomer was zwaar, met als hoogtepunt een rampzalige vakantie op een camping in Norfolk omdat we krap bij kas zitten, waar mijn zelfbespiegelende stemming van dit moment begon en ik de belangrijke onderdelen van mijn leven opnieuw evalueerde, waaronder – in willekeurige volgorde, want mijn man heeft gelijk dat ik geen prioriteiten kan stellen: mijn beslissing om te stoppen met werken toen we kinderen kregen, mijn huwelijk en ons geldgebrek,' zeg ik, met mijn rechterhand wuivend om mijn gevoelens samen te vatten. 'O, en heb ik al verteld dat mijn man wil dat we ons huis verhuren en een jaar bij mijn schoonmoeder intrekken, tot we financieel weer boven Jan zijn?' De vakantie was een keerpunt geweest, dat wisten we allebei. Maar de gevolgen waren niet meteen duidelijk.

'Mam, mam, hoor je me?' wil Sam weten.

'Sorry, ik liep te dromen,' zeg ik, en hij vraagt me of hij dan net een blindengeleidehond is. 'Zoiets,' zeg ik terwijl ik de straat aftuur.

Ik zie het wazige silhouet van een van de vaders van school op ons af komen. Hij praat in zijn mobiele telefoon en haalt zijn vingers door zijn dikke, donkere haar in een gebaar dat ik herken van vorig schooljaar. Het is de Goddelijke Huisvader, met zijn ontwapenende mening over wat een voedzaam broodtrommeltje dient te bevatten en een voorliefde voor koffieochtenden met moeders. Maar dat zijn niet de eigenschappen waarmee hij indruk op mij maakt. Dat komt door hoe hij eruitziet en hoe hij beweegt. Iets veel primitievers. Eigenlijk wordt zijn aantrekkingskracht sterker naarmate hij minder praat.

Zelfs van een afstand herken ik zijn silhouet. Losjesweg associërend bedenk ik dat hij door op dit moment te verschijnen ongewild deel is gaan uitmaken van het grotere geheel dat ik zojuist voor ogen had. Ik vervloek mijn haastig aangetrokken tweedekeus outfit: een Schots geruite pyjamabroek onder een versleten lange jas waarvan ik hoopte dat het door zou kunnen gaan voor vrijetijdschic volgens de trend ondergoed-als-bovengoed. Het is echter te laat om me met mijn zoontjes in de heg te verschuilen, dus controleer ik in de zijspiegel van een geparkeerde 4x4 onopvallend of er oogmake-up van gisteren is blijven zitten.

Ik schrik als het elektrische raampje opengaat en iemand vanaf de passagiersstoel vraagt wat ik aan het doen ben. 'Mijn god, je lijkt wel een panda,' zegt Yammie Mammie nr. 1, mijn waakgodin op kledinggebied. Ze maakt haar handschoenenkastje open en onthult de kuuroordachtige inhoud, onder andere een kleine fles Moët, een dure geurkaars en wattenschijfjes om oogmake-up mee te verwijderen.

'Hoe doe je dat toch?' vraag ik terwijl ik dankbaar mijn ogen schoonwrijf. 'Heb je een speciaal systeem?'

Ze kijkt niet-begrijpend. 'Nee, gewoon personeel,' zegt ze.

'Leuke zomer gehad?' vraag ik haar.

'Prima. Toscane, Cornwall. En jij?'

'Geweldig,' antwoord ik, maar ze kijkt de straat alweer door en trommelt met haar vingers op het stuur.

'Ik moet gaan, anders kom ik te laat voor mijn astanga-yogales. Trouwens, heb jij een Schotse ruit aan? Wat vooruitstrevend van je, zeg.'

Goddelijke Huisvader wandelt mijn kant uit. Ik zie hem zwaaien en moet hem dus wel aanspreken. Dan zie ik dat zijn andere arm in het gips zit. O gelukkig, een kant-en-klaar gespreksonderwerp.

'Je hebt je arm gebroken,' zeg ik, iets te enthousiast.

'Ja,' zegt hij. 'Ik ben in Kroatië van een ladder gevallen bij een vriend thuis.' Hij kijkt me verwachtingsvol aan. Dan glimlacht hij en ik hoor mezelf onnatuurlijk traag zeggen: 'Dat moet echt... ontspannend zijn geweest.' Ik zeg het alleen zo langzaam en hees dat ik klink als Peggy Lee.

Zijn glimlach vervaagt enigszins. Dit past niet in het voorspelbare repertoire van gezellige praatjes met andere ouders dat hij had verwacht.

'Wat kan er nou ontspannend zijn aan je arm breken? Vooral in Kroatië.' Sam kijkt me aan, al even verbijsterd. 'Hij heeft gelijk, mam.'

'Nou, Lucy, eigenlijk was het behoorlijk... pijnlijk.' (Goddelijke Huisvader imiteert mijn intonatie.) 'En volgens mij vindt mijn vrouw het niet erg ontspannend. Ik ben momenteel niet zo nuttig. Ik kan niet werken. Tikken doet te veel pijn.'

Hij glimlacht. Ik denk plotseling aan de toevallige ontmoetingen van mijn voorhuwelijkse bestaan en hun eindeloze mogelijkheden, en beelden van een vorig leven dringen ongevraagd mijn gedachten binnen. Gestreepte kniesokken met losse teentjes, Sony-walkmans, puntschoenen. Ik herinner me dat ik een plaat van The Cure kocht in Bristol van een jongen met een heel strakke, zwarte spijkerbroek en een mohairen trui die naar patchoeli-olie rook. Ik weet zelfs de tekst van de meeste nummers nog. Ik herinner me een vlucht naar Berlijn en een man die me vroeg of ik meeging naar zijn hotel, waarop ik ja zei, en zijn vrouw die zich glimlachend omdraaide in haar stoel voor ons. Ik herinner me dat ik verliefd was op iemand aan de universiteit die nooit zijn tas uitpakte en drie identieke Levi's en drie witte overhemden had, die hij om beurten droeg. Hij zou Toms goedkeuring hebben weggedragen. Waarom zijn deze herinneringen me bijgebleven en andere voorgoed verloren gegaan? Als dit is wat ik me nu herinner, is dat dan wat ik me over twintig jaar ook zal herinneren?

Ik sta met mijn mond vol tanden als hij over zijn succesvolle vrouw begint, want ik heb nooit aan hem gedacht in het meervoud. Ik plooi mijn gezicht in een vriendelijke, maar zakelijke uitdrukking. 'Hoe gaat het met haar? Heeft ze wel een beetje kunnen relaxen?'

'Daar is ze nooit zo goed in; ze heeft te veel energie. Zeg, zullen we een kop koffie gaan drinken als je de kinderen hebt weggebracht?'

'Leuk,' zeg ik, en ik doe mijn best om kalm over te komen bij deze onverwachte invasie van mijn dagdromen. Dan zie ik hem achterdochtig naar mijn voeten kijken.

'Draag je nu een geruite pyjama onder die jas?' vraagt hij. 'Misschien moeten we dan maar een ander keertje koffiedrinken.'

2

*Aanstaande gebeurtenissen werpen hun
schaduw vooruit.*

Ondanks de gemengde signalen en kleine vernederingen van die
ontmoeting vond er een soort aardverschuiving bij me plaats.
Tektonische platen die verschuiven na een lange periode van
rust. Hoe moet ik anders de hernieuwde opwinding in de dagen
die volgden verklaren? Zo ontstaan natuurrampen, denk ik: een
reeks onmerkbare bewegingen in de aardkern, die een eind verderop uitlopen op een catastrofe. Ik voel me zoals wanneer ik
een gebietste sigaret rook als de kinderen niet kijken, even weer
verbonden met gevoelens van bevrijding uit een andere periode
in mijn leven, toen de lol niet op kon.

De dagen daarop vertrek ik 's morgens in de hoop Goddelijke
Huisvader weer toevallig tegen te komen en ik spreek mezelf
bestraffend toe als ik onredelijk teleurgesteld ben omdat hij niet
komt opdagen. Misschien is hij weer aan het werk en brengt zijn
vrouw de kinderen, hoewel ik weet dat zij een Belangrijke
Beursbaan heeft waarvoor ze om acht uur aan haar bureau moet
zitten. Misschien hebben ze een au pair die hun twee kinderen
naar school brengt.

Ik sta mezelf een onschuldig fantasietje toe en stel me hem
voor in de British Library, waar hij onderzoek doet voor een
boek dat hij aan het schrijven is. Dat zou wel kunnen met een
arm in het gips, maar hij zou vrijwel zeker niet kunnen typen.
Hij zou het mij kunnen dicteren terwijl ik typ. Hij in een oude
makkelijke stoel, zijn onderarmen op de leuningen, vingers die
er stukjes vulling uit pulken tijdens stiltes waarin hij mij gade-
slaat. We zouden lange dagen opgesloten in zijn kantoor doorbrengen (de kinderen komen niet voor in dit scenario). Ik zou
spitsvondige opmerkingen maken en de opzet van zijn biogra-

fie vormgeven. Vervolgens word ik onmisbaar en kan hij zonder mij niet werken. Niet dat ik weet wat hij schrijft, tot ik hem op een avond googel als de kinderen naar bed zijn en ontdek dat hij te laat is met het inleveren van een manuscript over de Latijns-Amerikaanse bijdrage aan de internationale filmwereld. Echt een nichetitel. En een onderwerp waar ik niets vanaf weet. Dus daar houdt de fantasie op. Niets aan de hand.

'Pardon mevrouw, wilt u iets drinken, iets bestellen?' Ik word me plotseling bewust van een ober die me zachtjes op de schouder tikt. Hij heeft een onberispelijk wit en kreukvrij schort voor, een paar keer rond zijn middel gewikkeld met een keurige strik net boven zijn buik. Ik denk aan de uitputtingsslag die woedt in mijn bijkeuken, waar de stapels ongestreken lakens en hemden de keuken dreigen te belegeren. Onze Poolse schoonmaakster, die eens per week een paar uur zou moeten komen, heeft momenteel te veel last van haar reuma om meer te doen dan hier en daar wat afstoffen en heeft de stapel wasgoed al maanden geleden aan zijn lot overgelaten.

Ik overweeg hem te vragen waar hij zijn was laat doen, of zelfs of hij de mijne zou willen doen. Zou slapen op lakens zo glad en fris als kant-en-klaar taartglazuur mijn evenwicht herstellen? Ik weersta de aandrang om mijn hoofd tegen zijn schort te leggen en de ogen te sluiten. Dat zijn het soort huishoudelijke problemen waardoor de vriendinnen van mijn moeder naar de valium grepen. Tegenwoordig zijn die niet belangrijk meer, vertel ik mezelf. Bovendien bevat het soort huishoudarsenaal nu nieuwe wapens: strijkvrije overhemden, wegwerppluiers, snelkookpasta. Stijfsel is allang verbannen, samen met spuitwater en mattenkloppen.

Bovendien is huishoudelijke chaos een erfelijke aandoening. Mijn moeder maakte er heel slim een intellectueel statement van en ik groeide op met het idee dat een keurig huis geen teken was van geëmancipeerd-zijn. Toen ik klein was, vertelde ze me dat vrouwen er meer tijd aan moesten besteden hun hersens te laten werken en minder aan de organisatie van de linnenkast, als ze de ketenen van het huishouden wilden verbreken om hun intellectueel potentieel te verwezenlijken.

De ober wil dat ik een lange en verwarrende lijst cocktails

bekijk. Ze beloven allemaal betere tijden en hebben namen als 'Zonnige Dromen' en 'Optimistische Regenboog'. 'Moeizame Wapenstilstand' en 'Storm op Komst' staan er niet bij. Ik voel me een vreemde in een vreemd land en vraag om gemberbier, deels omdat dat bekend is en deels omdat het menu zo klein gedrukt is dat ik niet kan lezen wat er in de cocktails zit. Nog een jaar en ik moet aan de dubbelfocus.

Ik zit in een privéclub in Soho voor een zeldzaam avondje uit met mijn laatste overgebleven alleenstaande vriendinnen. In de oude Georgianeetzalen zijn de muren donkerrood geschilderd en zelfs in het gedempte licht verspreiden ze een warme gloed die uitnodigt tot intimiteit en gefluisterde geheimen. Mensen fladderen rond als motten, op zoek naar bekende gezichten. Opgemonterd door de alcohol lijken zij niet te twijfelen aan de kwaliteit van hun geluk.

Ik zit alleen, midden op een grote bank in regencystijl met gekrulde houten armleuningen en verschoten fluwelen kussens. Af en toe komen mensen vragen of ik wil opschuiven zodat zij ook kunnen zitten, maar mijn behoefte aan alleen-zijn is groter dan mijn verlangen om hun ter wille te zijn en ik vertel ze dat ik op vrienden wacht. Ik weet dat het even zal duren voordat er iemand komt, maar ik wilde ontsnappen aan de chaos van wassen en bedtijd, en ik had Tom gezegd dat ik hier rond halfacht moest zijn, gewoon om even tot mezelf te komen. Soms speel ik op een dag zoveel rollen dat ik denk te lijden aan een vorm van moederschizofrenie: kokkin, chauffeuse, schoonmaakster, minnares, vriendin, scheidsrechter. Alsof je meedoet aan een pantomime waarin je niet zeker weet wat je speelt: de kont van de ezel of de hoofdrol.

Terwijl ik op mijn horloge kijk en mijn biologische Luscombe Bay-gemberbier drink, denk ik aan de zware systeemstoring die zich thuis waarschijnlijk afspeelt. Ik stel me voor dat Fred niet uit bad wil en als een paling uit Toms greep glibbert. Zijn broertjes houden Freds benen vast en krijsen als viswijven. Tom vloekt zachtjes en dan herhalen de oudste twee: 'Papa zei het G-woord,' tot Tom zijn geduld verliest. Morgen zal hij me ongetwijfeld ter verantwoording roepen voor deze anarchie. Maar er zit een hele nacht tussen dan en nu. Ook al is dit de eerste keer in ruim een maand dat ik uitga, ik maak mezelf toch verwijten.

Schuldgevoel is de parasiet van het moederschap; die twee zijn zo onlosmakelijk met elkaar verbonden dat je niet kunt zien waar het ene ophoudt en het andere begint.

Mijn broer Mark, die psycholoog is, zegt dat de moeders van tegenwoordig het onschuldige slachtoffer zijn van de discussie over natuur versus cultuur. Volgens Mark dragen wij de lasten van recente psychotherapeutische ideeën die de gedachte afwijzen dat kinderen met een aantal unieke karaktertrekken worden geboren en in plaats daarvan de volle verantwoordelijkheid voor elk aspect van hun ontwikkeling geheel en al op onze schouders leggen. 'Dus wijten moeders elke tekortkoming in de persoonlijkheid van hun kinderen aan zichzelf,' zegt hij. 'Flashkaarten, Baby Einstein-speelgoed, potloodoefeningen – het hoort allemaal bij de overtuiging dat je kinderen kunt kneden als boetseerklei, terwijl in werkelijkheid het resultaat, zolang je het niet te gek maakt, voor het kind min of meer hetzelfde is.' Ik wil hem graag geloven, maar als ik de chaos van zijn eigen leven zie, zoek ik de oorzaak altijd in onze vroege jeugd.

'Vindt u het goed als ik hier ga zitten?' vraagt een vermoeid uitziende man met een stapel losse papieren onder zijn arm. 'Ik blijf maar een halfuurtje.' Als ik aarzel, zegt hij getergd: 'Ik wil hier alleen maar lang genoeg zijn om mijn kinderen niet in bed te hoeven stoppen.' En dan weet ik dat hij de waarheid spreekt: een mededeserteur uit de huishoudelijke frontlinie. Ik pak een krant uit mijn tas om hem de illusie van privacy te verschaffen en de gelegenheid te geven alleen te zijn met zijn gedachten.

In een opwelling besluit ik om weer te gaan roken en ik vraag de man of hij mijn plek even bezet wil houden. Hij knikt lusteloos, zonder iets te zeggen. Het is zo lang geleden dat ik een pakje sigaretten heb gekocht dat ik in mijn jaszakken naar kleingeld moet zoeken als ik zie hoe duur ze zijn. Vervolgens weet ik niet meer hoe de automaat werkt. Moet je het geld er eerst in doen of eerst het merk kiezen? Uiteindelijk druk ik op de verkeerde knop en kom terug met een pakje John Players.

Ik steek de eerste op en ook al smaakt die smerig en word ik meteen zo licht in mijn hoofd dat ik denk dat ik flauw ga vallen, ik hou vol alsof ik mezelf iets moet bewijzen. Het zou net als fietsen moeten zijn: iets wat je nooit verleert. Maar dat is het niet. Ik moet echt wat vaker de deur uit. Als een schoolmeisje dat probeert haar sigaret op te roken voordat de leraar haar ziet, rook ik zo snel dat het filter onaangenaam heet wordt en de rook om mijn hoofd kolkt. Ik begin te hoesten en te proesten. Door de rookgolven heen zie ik Onwaarschijnlijk Geslaagde Vriendin in de naastgelegen zaal naar me uitkijken. In plaats van te zwaaien of haar naam te roepen kijk ik bewonderend hoe ze van tafeltje naar tafeltje loopt, naar gezichten tuurt en af en toe even blijft staan om iemand gedag te zeggen. Emma's ongedwongenheid verbaast me. Ze draagt een strakke heupbroek van het exclusieve Australische merk Sass & Bide, kniehoge leren laarzen en een te gek zilveren topje met zulke lange franjes dat ze als een lintenregen achter haar aan zweven. Maar het is niet alleen wat ze aanheeft, al trekt het geheel wel de aandacht; het is meer het gezag waarmee ze de ruimte om zich heen inneemt. Daardoor is niet alleen de rook oorzaak van mijn onzichtbaarheid. Evenmin als het feit dat ik een fluwelen jasje draag in dezelfde kleur als de bank, waardoor ik opga in het meubilair.

'Lucy,' zegt ze stralend terwijl ze naast me komt zitten. 'Eindelijk heb ik je gevonden.' De franjes komen tot rust en ze kijkt naar de lege glazen die voor me staan. 'Wat drink je?' vraagt ze.

'Gemberbier,' antwoord ik.

'Hele sloten, zie ik. Hoog hobbitgehalte, hoor.' De ober komt onmiddellijk aangelopen en begroet haar uitbundig, op een manier die hun allebei genoegen doet, en ze bestelt een fles champagne. We mogen aannemen dat Emma nu zo'n hoge positie bekleedt binnen haar bedrijf dat de meeste dingen in haar leven als onkosten op te voeren zijn, dus ik geef geen krimp.

Terwijl ik champagne nip uit een lang slank glas met een dunne steel verschijnt Sexy Single Mama en laat mij, als eregaste, opschuiven naar het midden van de bank.

'Lucy, wat fijn je weer te zien. Ik kan me niet heugen wanneer we voor het laatst allemaal samen uit zijn geweest,' roept Cathy terwijl ze me enthousiast omhelst.

'Hoe is het met mijn prachtige petekind?' vraag ik haar.

'Prima. Hij is vannacht bij zijn vader,' zegt zij.

De vering is waar ik zit het zachtst en ik zak in een kuil, veilig en tevreden tussen twee van mijn beste vriendinnen ingeklemd. Dan arriveert er een kennis van Cathy's kantoor. Als ze gaat zitten, verbaas ik me over een wereld zo vol spontaniteit, waar mensen alleen rekenschap hoeven af te leggen aan zichzelf, zonder ingewikkelde afspraken met derden en lijsten telefoonnummers met instructies over wat er moet gebeuren als de kinderen wakker worden.

Ineens ben ik niet langer een eenzaam getrouwd mens uit de buitenwijken met een dagretourtje, maar deel van een aantrekkelijke groep van zogeheten alleenstaande vrouwen in de dertig die zich uitstekend vermaken. Ik stel me voor dat mensen naar ons kijken en zich afvragen wat wij met elkaar hebben. Alleen hebben mensen het in dit soort gelegenheden te druk met de kleine lettertjes van hun eigen leven om veel aandacht aan die van ons te besteden.

Toen we een jaar of twintig waren, liepen onze levens parallel, hoe onwaarschijnlijk dat nu ook lijkt. We bouwden redelijk succesvolle carrières op en minder serieuze relaties. Toen leerde ik Tom kennen op een feest bij Emma, omdat hij een van de architecten was die het nieuwe kantoor van haar bedrijf ontwierpen; en Cathy ontmoette haar man, die wij tegenwoordig de Hopeloze Echtgenoot noemen, bij de opnames van een reclamefilmpje.

Nadat Ben geboren was, ging Cathy weer drie dagen in de week werken als copywriter.

Een paar jaar lang hobbelden we op haar vrije dagen samen dezelfde peutergroepen langs. We dronken slappe thee uit plastic bekertjes. We beluisterden de helft van elkaars gesprekken met onze echtgenoten op onze mobieltjes, terwijl we met een buggy door speeltuinen wandelden die ons ondanks hun felle kleuren nooit waren opgevallen. We controleerden liefdevol de zandbakken op oude injectienaalden, zoals ons door andere moeders werd aangeraden.

Terwijl de saaiheid van mijn eigen gesprekken met Tom me vaak verdoofde, omdat ze altijd draaiden om huishoudelijke onderwerpen, zoals hoe je Action Man uit de zwanenhals van het toilet krijgt, werden die van Cathy steeds luider en vijandiger.

Haar man wilde aan de ene kant naam maken als meubelontwerper en werkte ook nog aan bouwprojecten, wat geen van beide veel inkomsten opleverde. Zij moest dus weer fulltime gaan werken en werd al snel directeur, waardoor hij zich nog meer tekort voelde schieten. Het zat natuurlijk ingewikkelder in elkaar, zoals altijd. Haar man vond een therapeut die zei dat zijn vrouw hem afremde en besloot zich te ontdoen van vrouw en kind, en bij zijn ouders in te trekken. Nu leidt Cathy dus een dubbelleven, als verantwoordelijke moeder van een vijfjarige en als wild feestbeest, met een fulltime kinderjuf die de rest organiseert.

Na mijn derde glas champagne en meer dan tevreden met de kwaliteit van mijn eigen geluk, bedenk ik van welke privéclubs ik lid ben.

'Er is natuurlijk geen wachtlijst en als je wilt drinken moet je met je heupflesje naar de plee, maar in volgorde van hoog naar laag zijn daar: 1) zwemclub de Kleine Duikers, 2) muziekgroep de Moppies en 3) speelgroep de Brandweermannen.'

'Die laatste klinkt goed,' zegt Cathy, 'Ik ben wel aan een stoere vent toe.'

Dan gilt Emma: 'Er probeert iets een ladder in mijn kousen te trekken!' We bukken ons alle vier om onder de tafel te kijken.

'Vergeet de plaatselijke fauna maar,' zegt Cathy. 'Het zijn Lucy's harige benen.'

Ze willen die beslist onderzoeken en wrijven verbijsterd met hun handen langs mijn kuiten. 'God, Lucy, daar kun je akelige schuurplekken mee veroorzaken,' zeggen ze. Ik probeer uit te leggen dat je met drie kinderen gedwongen wordt tot een minimaal schoonheidsregime. Een douche van drie minuten geldt als uitgebreide voorbereiding op een feestje en al het andere, van deodorant tot een snelle epilatie van snorharen, is mooi meegenomen. Benen laten harsen is een halfjaarlijkse luxe, nadat pogingen om zelf te harsen op de late avond tot een ramp en harige lakens hebben geleid. Ongelovige blikken alom.

'Maar wat doe je dan de hele dag?' vraagt Emma. 'Is het dan niet alleen yoga en bloemenstofjes uitzoeken? En zelf koekjes bakken?'

Dus som ik de belangrijkste gebeurtenissen uit een dag in de huiselijke achterban op. 'Ik stond om halfzeven naast mijn bed, heb twee broodtrommeltjes gevuld, geluisterd naar het lezen van Joe, me naar school gehaast om de oudste twee af te zetten, afgesproken dat er een vriendje van Sam komt eten, tussen de gevonden voorwerpen gezocht naar een trui die Joe kwijt is, en toen ben ik met Fred naar de peuterspeelzaal gerend.' Ik buig me voorover voor het dramatische effect. 'En dat allemaal vóór negen uur.'

'Nee!' zeggen ze vol ontzag.

'Willen jullie echt nog meer horen?' vraag ik. Ze knikken. 'Ik heb boodschappen gedaan, ben naar huis geracet om alles uit te laden, heb de berg vuile was zo'n dertig centimeter afgegraven, heb ontdekt dat Fred de prullenbak in onze badkamer al twee weken gebruikt om in te plassen en dat opgeruimd, en toen ben ik naar de peuterspeelzaal gerend om hem te halen. Fred had een vriendje te spelen, dus belde ik mijn moeder terwijl zij boven waren. Toen ontdekte ik dat ze Sams kleren uit zijn ladekast hadden getrokken, dus ruimde ik die op. Tegen die tijd moest ik nodig terug naar school om Sam en Joe te halen. Toen huiswerk, eten, in bad stoppen en voorlezen. O, en ik vergeet te vertellen dat ik na het eten nog een halfuur "Ik ben Jens Lehmann" heb gespeeld.' Niet-begrijpende blikken alom. 'Dat is de doelman van Arsenal. Hij maakt bijna deel uit van het gezin.'

'Maar dat kan helemaal niet,' zegt Emma. 'Jij leidt het leven waar wij van dromen. Bederf het nou niet voor ons.'

In feite was dit een goede dag en ik vind Jens Lehmann spelen best leuk, maar dat vertel ik ze niet. Er zijn geen gewonden gevallen. Geen zieken. Niks gebroken. Niets wat de status-quo overhoophaalt. Ik zeg niets over de routinezaken, de eindeloze cyclus van koken, schoonmaken, wassen en strijken, deels omdat die dingen intussen vanzelf gaan, maar vooral omdat zelfs ik nauwelijks kan geloven dat de grenzen van mijn bestaan nu bepaald worden door het huishouden.

Bovendien weet ik bijna zeker dat Emma te veel geniet van haar eigen leven om naar het mijne te verlangen. Ze heeft een appartement in Notting Hill en huivert zichtbaar als wij af en toe met de kinderen op bezoek komen, wanneer ze piepkleine vingerafdrukken achterlaten op de roestvrij stalen werkbladen en hun tractors op de smetteloze eiken vloer heen en weer duwen.

Het gesprek gaat algauw over op minder gecompliceerde onderwerpen, waaronder de analyse van een nieuw vriendje. 'Vertel me eens of dit ook maar een beetje normaal is,' begint de vriendin van Cathy, en haar lusteloze stem is in tegenspraak met wat er volgt. 'Hij wil alleen seks met me hebben met een kussen op mijn gezicht, of als ik op mijn buik lig. En daarna wil hij helemaal geen lichamelijk contact meer.'

'Bedoel je dat hij kickt op wurgseks?' vraagt Emma.

'Mag een kussentje ook, of moet het een hoofdkussen zijn?' vraag ik, waarna ik er snel aan toevoeg: 'Misschien is het een interieurfetisjist.'

'Bedoel je dat het minder erg zou zijn als hij haar laat stikken met zo'n beeldig kussentje van The Rug Company?' vraagt Cathy.

'Ik weet niet welke je bedoelt, maar misschien is een kussentje minder sinister,' zeg ik. 'Je kunt uit meer kleuren kiezen en zo.'

'Ach joh,' zegt Emma. 'Hij is waarschijnlijk gewoon homo.'

'Gewoon homo,' herhaalt Cathy's vriendin met beverige stem. 'Dat is nog erger, want dan is er helemaal geen hoop meer. Ik kan een heleboel worden, maar geen man.'

Emma bevestigt dat ze nog steeds hotels in Bloomsbury test met een getrouwde vader van vier kinderen, met wie ze sinds acht maanden een verhouding heeft. Ze hebben elkaar leren kennen op een etentje georganiseerd door een financieel pr-bedrijf ter bevordering van de relatie tussen bankiers en journalisten. 'Hij zegt dat hij een seksuele openbaring heeft gehad sinds hij met mij omgaat,' zegt ze vrolijk. 'Voor het eerst in vijftien jaar kan hij meer dan één keer per nacht seks hebben.'

'Ik wed dat Tom dat ook zou kunnen als hij met jou naar bed ging,' zeg ik. 'Het gaat niet echt om jou, het gaat om de nieuwigheid van seks met iemand die je vrouw niet is. Daar is niks diepzinnigs aan.'

'Volgens mij maak ik het hem gemakkelijker om getrouwd te blijven,' zegt ze, op een toon alsof ze met kerst in een gaarkeuken werkt.

Cathy onthult dat ze onveilige seks heeft gehad met iemand die ze op een feestje was tegengekomen en geeft vervolgens een uiteenzetting van nog meer seksuele uitspattingen.

'Ach, jezus,' zeg ik, nogal van mijn stuk gebracht door haar ongewone roekeloosheid.

'Dat moet je alleen doen om jezelf te verwennen ,' zegt Emma. Ik heb weinig toe te voegen aan de conversatie, want volgens mij heb ik helemaal geen seks meer gehad sinds de laatste keer dat we elkaar zagen. Maar soms, heel soms, vooral op dit soort momenten, is dat helemaal niet zo erg. 'Ik geloof dat ik een van de vaders op school wel zie zitten,' zeg ik in een opwelling. Terwijl ik het zeg, vraag ik me af of ik per ongeluk het scenario van het leven van iemand anders heb gepakt, misschien iemand aan de tafel naast de onze, want dit is niet wat ik had willen zeggen. Ik verwacht echter dat mijn vriendinnen net zo gelaten op mijn opmerking zullen reageren.

Maar nee, er valt een verbijsterde stilte.

'Lucy, dat is echt verschrikkelijk,' zegt Emma. 'Het is schokkend. Onfatsoenlijk.'

'Let maar niet op mij, ik probeer alleen maar aandacht te trekken,' zeg ik, om er een grapje van te maken. Ze kijken me ernstig aan. Ik krabbel onmiddellijk terug.

'Er is niets gebeurd. Ik ben zelfs nog nooit alleen met hem geweest. Ik ben nog niet eens aan het stadium van de seksuele fantasieën toe. Geen tijd voor!' Ik lach geforceerd, in de hoop dat er iemand mee zal lachen. 'Om je de waarheid te zeggen heb ik nauwelijks met hem gepraat.' Nog meer ontzette blikken. Wat is dit hypocriet. Vriendinnen zijn nog erger dan ouders als je je niet aan de afgesproken rolverdeling houdt.

'Ja, hoor eens, het is niet allemaal huisje-boompje-beestje in Noordwest-Londen,' zeg ik. 'Ik mag toch best dagdromen?'

'Weet iemand ervan?' vraagt Cathy afkeurend.

'Weet iemand wat? Er valt niks te weten. Hij brengt zijn kinderen naar school,' zeg ik bij wijze van verklaring.

'Ik vind dat we hem maar eens moeten komen keuren,' zegt Cathy. 'Stel je voor, een heel nieuw jachtterrein!'

3

'Van subliem naar potsierlijk is maar een enkele stap.'
– Napoleon Bonaparte

Als ik thuiskom, ga ik niet meteen naar bed. Ik dwaal een poosje door het huis en omhels het donker en de stilte alsof het vrienden zijn. Het licht op de slaapkamer van Sam en Joe is aan en ik ga kijken, opgelucht dat alle kinderen slapen. Aan de spoortrein op de grond met het doolhofachtige netwerk van bruggen, wissels en tunnels dat alleen Tom kan hebben gemaakt, zie ik dat bedtijd een langdurige affaire is geweest. In zijn eentje de kinderen naar bed brengen is altijd een ontnuchterende ervaring voor Tom, omdat het zijn geloof in een toverspreuk die orde schept in de inherente chaos van het huiselijk leven aan het wankelen brengt.

Fred ligt midden op het spoor te slapen, op zijn buik, met zijn billen omhoog en zijn neus bijna tegen een spoorwegovergang aan.

Sam en Joe hebben hun dekens weggetrapt. Ik stop ze zachtjes weer in en loop de kamer door om hun spulletjes op te rapen. Lapjes zo dierbaar dat ze niet zonder kunnen slapen, die ik stiekem moet wassen omdat ze zo van de geur houden. Een hoopje beren, boeken en treinen. Ik stop die geliefde schatten zorgvuldig onder hun dekbedden en beloof dat ik nooit iets zal doen om hun onbezorgde slaap te verstoren, hoewel dat geen wederzijdse afspraak zal zijn. In de afgelopen acht jaar is een ongestoorde nachtrust iets bijzonders geworden, iets om nog lang over na te praten, zoals wanneer je midden in Londen een das hebt gezien.

Ik til Fred voorzichtig op en hij maakt geruststellende geluidjes, tegen me aan snuffend en knorrend als een wroetend klein diertje. Ik haal een cricketbal uit Sams hand en draag Fred naar zijn eigen kamer.

Weer beneden in de keuken knip ik het licht aan, zet een kop thee voor mezelf en ga aan tafel zitten. Ik kijk op en staar recht in een schilderij dat we hebben gekregen van mijn schoonmoeder, Petra. Het is een olieverfportret van een kunstenaar die vlak na de Tweede Wereldoorlog met zijn gezin naar Marokko is verhuisd. Tom zegt dat zijn moeder korte tijd verloofd was met de schilder, hij weet niet hoe lang, maar niet met hem naar het buitenland wilde verhuizen. Die uitleg leek hem gerust te stellen. Ik heb vaak geprobeerd Petra ertoe te bewegen er meer over te vertellen, met het schilderij als excuus, maar ze werkt nooit mee. Het is niet af en de groene achtergrond is op sommige plaatsen zo dun geschilderd dat je het doek erdoorheen kunt zien. Petra zegt dat ze niet weet wie er voor het schilderij heeft geposeerd, maar mij lijkt het duidelijk dat zij het was. 'Lucy, als jij het niet aanneemt, geef ik het weg,' zei ze toen ze het ons bij een bezoek overhandigde. Toen heb ik haar gevraagd of ze verliefd was op de man die het schilderde. Ze had zich immers slechts enkele maanden later met de vader van mijn echtgenoot verloofd, wat ik zou beschrijven als een klassiek geval van een relatie om over een andere relatie heen te komen. 'Als je je fantasie maar hard genoeg gebruikt, kun je van iedereen houden, Lucy,' antwoordde ze, terwijl ze me doordringend aankeek.

Ik loop op blote voeten de trap op, vakkundig van de ene kant van de trede naar de andere zigzaggend om de planken die mijn aanwezigheid zouden kunnen verraden niet te raken. In de slaapkamer doe ik geen licht aan, maar steek na vier stappen een hand uit naar de hoek van de ladekast aan de rechterkant. Ik doe voorzichtig de klerenkast open en verstop de meegebrachte sigaretten in een paar leren laarzen.

Ik fluister geruststellende woordjes tegen Tom als hij 'Je bent al thuis' mompelt, hoewel de dag algauw zal aanbreken. Ik luister naar het afkeurende gegorgel van de radiatoren en vergeef ze hun onvermogen om het huis behoorlijk te verwarmen.

Dan glij ik het bed in, volgens de methode van langzaam, onmerkbaar bewegen en doodstil blijven liggen als er een reactie komt van de andere kant, om Tom niet wakker te maken. Als ik dichtbij genoeg ben, leg ik een arm over zijn borst en ga op mijn buik in zijn warmte liggen, om me precies op het moment dat ik dat het liefst wil door de slaap te laten overmeesteren. Alleen iemand die echt aan slapeloosheid lijdt, weet hoe heerlijk dat is.

Er is geen enkele logische reden waarom de combinatie van slaapgebrek en te veel alcohol ergens anders toe zou moeten leiden dan een dag vol stemmingswisselingen en huilneigingen. Toch gebeurt dat op de een of andere manier niet. De volgende morgen woon ik een samenkomst bij in de veel te warme gymzaal om het nieuwe schooljaar te vieren. Schichtige Joe vindt het eng als hij mijn gezicht niet kan vinden in de menigte, dus sla ik mijn eigen ontbijt over om op tijd op school te zijn en een goed plekje te zoeken.

'Ergens in het middenveld op de vleugel, bedoel je,' zegt Joe, die hoopvol naar me opkijkt terwijl we het speelplein op lopen. Ik weet al wat er komt.

'Kunnen we Jens Lehmann spelen als ik thuiskom?' Ik probeer uit te leggen dat een schoolmiddag bestaat uit eten koken, tafel afruimen, in bad gaan, een verhaaltje lezen en slapen, en dat het al een wonder is dat al die dingen in vier uur gedaan kunnen worden. Vervolgens laat ik me door zijn verdrietige gezichtje vermurwen.

'Zullen we anders cricket doen?' stel ik voor. 'Dan ben ik Shane Warne en mag jij Freddie Flintoff zijn. Tien minuutjes maar.' Hij springt een gat in de lucht. Kinderen van vijf zijn heel gauw tevreden.

Als Fred en ik het hek binnenlopen, de buggy volgeladen als een pakpaard, sta ik zoals altijd even stil en wacht op stil applaus omdat ik het alweer gehaald heb vóór de bel van negen uur. Ik zie de drukke directrice de ouders begroeten op de traptreden en stel me voor dat ze zegt: 'Gefeliciteerd, mevrouw Sweeney. Mijn complimenten, niet alleen omdat u hier weer staat vanmorgen, met slechts vier uur slaap en een kater, maar ook omdat u ons twee volledig gevoede jongens brengt, in hun schooluniform, en uw peuter, weliswaar nog aan de boterham maar toch aangekleed en deels gevoed, twee notenvrije broodtrommeltjes en een paar gymschoenen mét naam. U en alle andere moeders, en sommige vaders – hoewel ik weet dat het eigenlijk de moeders zijn die alles onthouden –, zijn ware helden.' Ook al juicht er niemand, ik ben apetrots.

Ik voel me nogal beroerd en verlang daarom op deze vroege morgen naar anonimiteit, maar in de gymzaal komt Yammie Mammie nr. 1 algauw naast me terecht en aan de andere kant komt onverwacht Goddelijke Huisvader zitten. Ik ga snel na of er andere stoelen zijn waar hij had kunnen gaan zitten en zie dat er elders plaats genoeg is. Mijn hart begint te hameren en ik voel dat ik bloos, voor het eerst in jaren. Ik vermoed dat ik last heb van een voortijdige overgang en vertraagde puberteit.

Ik probeer me te concentreren op de gymtoestellen. Touwen, springmatten, bok, klimrek. Er is niet veel veranderd. Scholen zijn ontsnapt aan interieurmetamorfoses. Er is geen tweedehands chic, geen minimalistische esthetiek. En de muffe lucht van vuile sokken en zweet is zo bekend dat ik me – als ik mijn ogen sluit en vergeet dat ik een klein jongetje op schoot heb – terugwaan op mijn basisschool. Als je kinderen naar school gaan, val je zelf ook weer terug. Zo zit Supermoeder achter ons, vroeger klassenleidster en captain van het hockeyteam, nu – heel voorspelbaar – lid van oudercommissies en misprijzend kijkend. Degenen die vroeger gepest werden, vertonen een nerveuze onrust die pas minder wordt als ze het schoolhek uit zijn en hun schouders zich eindelijk ontspannen. En degenen die vroeger druk waren met naar jongens kijken, zoals vermoedelijk Yammie Mammie nr. 1 – nou, die zitten hier nog steeds druk naar jongens te kijken.

Ineens denk ik aan Simon Miller, mijn eerste vriendje. Toen Simon Miller in oktober 1982 vroeg of hij met me naar huis mocht lopen na Engelse les, liepen we zwijgend, in de pas, naar een schuurtje naast de gymzaal dat me nog nooit was opgevallen. Geen enkel meisje in mijn klas zou hem afgewezen hebben en toch had hij kennelijk nooit een vriendin. Zelfs toen wisten we al dat Simon Miller het helemaal was.

Tot we de deur achter ons hadden dichtgedaan, raakten we elkaar nauwelijks aan. Ik geloof niet eens dat we veel zeiden. Het enige wat hij tegen me zei was: 'Ik wil dat je mijn vriendin bent, maar ik wil niet dat iemand het weet want dan willen mijn vrienden precies weten hoe de seks met jou is en het is spannender om het geheim te houden.'

Ik knikte en hij stak zijn hand uit en streelde mijn wang, en ik voelde een rilling door mijn lichaam gaan en probeerde niet te kuchen vanwege de golf Aramis-aftershave.

Het onhandige geknoei dat gedurende dat semester wekelijks op de koude plastic gymmatten plaatsvond, was de gebruikelijke mix van halfgeklede puberlust en inspanning. De kans om ontdekt te worden, de voortdurende geheimhouding en de onthulling van wederzijdse aantrekkingskracht vormden een bedwelmende en onweerstaanbare combinatie. Tot mijn verrassing hadden we geen van beiden ooit eerder seks gehad. De gelijkwaardigheid van de situatie maakte ons grootmoedig en Simon zal in zijn latere leven wel veel vrouwen genot hebben bezorgd, want zelfs toen hij zestien was had hij al een aangeboren begrip en een voorliefde voor orale seks die slechts weinig latere vriendjes konden evenaren. Pas toen ik van school ging en ontdekte dat ten minste drie van mijn vriendinnen vergelijkbare clandestiene verhoudingen met hem hadden gehad, werd onthuld hoe geraffineerd hij te werk was gegaan. Hij had echter een norm gesteld en die blijft levenslang van kracht.

En vanaf dat moment wist ik welke voordelen het had om een geheim te bewaren. Ik had nooit behoefte om mijn woelige adolescente emoties met iemand te delen. Ik wist gewoon dat alles op een dag duidelijk zou worden. Wat zou er van Simon Miller geworden zijn, vraag ik me af. Als ik inlog op schoolbank.com kan ik hem waarschijnlijk vanavond e-mailen en ontdekken dat hij tandarts is geworden in Dorking, met twee kinderen en een vrouw met volmaakt rechte tanden. Sommige herinneringen kun je beter ongemoeid laten.

Fred zit te woelen op mijn schoot en ik krijg het almaar warmer.

'Honger, mama,' zegt hij. Ik haal een pakje rozijntjes uit mijn jaszak. Vanuit haar stoel achter me buigt Supermoeder zich naar voren en ze komt zo dichtbij dat ik de kraag van haar kreukvrije witte bloes in mijn nek voel kriebelen.

'Weet je dat die acht keer zoveel suiker bevatten als druiven?' fluistert ze in mijn oor.

'Eh… nee,' fluister ik terug.

'Weet je dat zij acht keer zo zuur is als de gemiddelde moeder?' fluistert Yammie Mammie nr. 1 samenzweerderig.

Ik bedenk ineens dat ik vergeten ben iets 'herfstigs' mee te brengen voor de herfsttafel en rommel in mijn tas op zoek naar iets wat in aanmerking komt. Tot mijn genoegen vind ik een halfrot klokhuis, een volmaakt symbool van dit seizoen met zijn mistflarden en rijpe vruchten in al hun vergankelijke glorie. Ik hoef Joe alleen maar te vertellen dat het een wilde appel is. Helemaal tevreden met mijn vindingrijkheid wend ik me tot Yammie Mammie en zeg: 'Heb jij iets meegebracht?', me afvragend of zij zoiets ooit zou vergeten. Ze wijst naar een aantrekkelijke man van in de twintig die achter in de zaal tegen de muur leunt en hij zwaait terug.

'Nieuw seizoen, nieuwe personal trainer,' zegt ze glimlachend. 'Hij zweert bij kickboxen.'

'Hij is te groot voor de herfsttafel,' vertel ik haar. 'Straks glijdt hij nog uit over een kastanje.'

'Ach hemel, ik ben die hele herfsttafel vergeten,' zegt ze loom. 'Ik stuur mijn huishoudster straks wel met een zak kastanjes uit de tuin.'

Ik bedenk dat ik haar in twee jaar nog nooit met haar jongste kinderen of haar man heb gezien. Ze zijn misschien het prototype van een kerngezin, maar de moleculen liggen wel erg ver uit elkaar.

'Weet je wat het is?' zegt ze, haar woorden zorgvuldig kiezend en met een blik over haar schouder naar de personal trainer. 'Je hebt een flinke stimulans nodig om elke dag naar de sportschool te gaan. En het heeft iets subliems om jezelf voor deze man in het zweet te werken, iets nobels, ook al heeft hij het alleen maar over spiergroepen en waarom havermoutpap zo belangrijk is. Een dagelijkse dosis sublimiteit is belangrijk, vind je niet? En naarmate je ouder wordt maakt het steeds minder uit wat een man zegt.'

'Denk je aan hem als je niet bij hem bent?' vraag ik, nieuwsgierig naar de diepgang en de reikwijdte van deze verhouding.

Ze kijkt me verstrooid aan. 'Alleen als ik een pak koekjes wil pakken en ik me voorstel hoe hij zijn wijsvinger heen en weer beweegt en zegt: "Dat is heel erg stout"; dan eet ik ze niet op.'

Ik probeer rechtop te gaan zitten en mijn buik in te houden, maar die weigert alle medewerking. In plaats daarvan ontsnapt er, door de opluchting van het ontspannen van mijn verschrompelde spieren die alle mogelijke moeite doen om nog enigszins hun stand op te houden, een randje vet over de band van mijn spijkerbroek. Niemand ziet het natuurlijk, maar het blijft een daad van verzet. Er valt heel wat weg te stoppen als je eenmaal kinderen hebt gekregen, en je lichaam laat je altijd in de steek. 'Jij moet ook meegaan. Dat zou leuk zijn,' zegt ze eerder vriendelijk dan kritisch, ook al meent ze het waarschijnlijk niet. Ik zou haar graag uitleggen dat wij in een andere financiële stratosfeer leven en dat ik bij ons het personeel ben, uitgezonderd onze reumatische hulp die niet meer bij de vloer kan, maar dat zou te lang duren, en bovendien is zij een vrouw die graag in een rooskleurige wereld leeft, waar mensen rugzakken in de metro kunnen mijden door altijd een taxi te nemen en het begrotingstekort van de derde wereld kan worden opgelost door een halfjaarlijks liefdadigheidsdiner van drie gangen met gratis champagne.

Fred valt op mijn schoot in slaap en duwt daarbij mijn onderbeen knus tegen de kuit van Goddelijke Huisvader, en ik ben ineens dankbaar dat Tom het niet zo nauw neemt met kinderbedtijd. Wees dankbaar voor kleine genoegens die je niets kosten, denk ik bij mezelf. Ik probeer het moment bewust te beleven, maar mijn gedachten dwalen af en bezorgd merk ik dat ik hoop dat hij het volle gewicht van zijn bovenbeen tegen me aan zal drukken. Vervolgens blijf ik maar naar zijn rechterbeen kijken. Minutenlang blijft zijn voet stil, de rubberzool van zijn Converse-gymschoen stevig aan de vloer geplakt. Maar zodra de pianojuf de eerste toets aanslaat, begint hij met zijn voet te tikken en dan lijkt het alsof zijn been dichter bij het mijne komt. Ik kan de warmte ervan in elk geval voelen. Als de muziek stopt is zijn dij beslist dichterbij dan eerst. Nu wordt het ingewikkeld. Ik vind dat ik mijn been moet verplaatsen ten opzichte van het zijne, voor het geval hij denkt dat ik reageer, maar besluit dat dat misschien onbeleefd is als hij het zijne helemaal niet expres dichter bij het mijne heeft geplaatst. Net of ik hem beschuldig van ongewenste intimiteit.

Ik probeer over zijn knieën heen te zien of hij zijn andere been ook zo knus tegen dat van de vader naast hem heeft gedrukt en constateer teleurgesteld dat dat inderdaad het geval is. Misschien is hij wel bi. Ik schik ervan; hoe kom ik daar nu weer bij? Ik denk aan Tom, die op zijn werk zijn bureaucratische impasse met de Milanese afdeling Bouw- en Woningtoezicht probeert op te lossen. Ik stel me voor dat ik naast zijn bureau sta en met mijn middelvinger probeer de rimpels uit zijn voorhoofd te strijken, terwijl hij met een collega in Italië de laatste struikelblokken voor de goedkeuring van de bouwplannen bespreekt. Hij zou me daar echter niet bij willen hebben. Dat weet ik, want als ik hem op zijn werk bel weet hij niet hoe snel hij me van de lijn moet krijgen. Ik leef mee met zijn stress, maar stoor me aan de manier waarop zijn werk hem opslokt. Aan Tom denken brengt me in elk geval terug in de realiteit.

Net als ik me weer begin te gedragen als een verstandige volwassene, piekerend over wat we tussen de middag zullen eten en of ik op de terugweg met Fred door het park zal lopen, gaat Goddelijke Huisvader helemaal verzitten, met zijn linkerbeen over zijn rechterknie, en plotseling voel ik niet alleen het bovenste deel van zijn dijbeen, maar ook nog een heel stuk van zijn bil.

Hij buigt zich naar me toe en zegt zachtjes: 'Het is maar goed dat je vandaag je pyjama niet aanhebt; het is hier bloedheet.' Ik kijk hem aan en vraag me even af of hij denkt aan ongeoorloofde pleziertjes in hotels in Bloomsbury, die volgens Emma vol zitten met mensen die buitenechtelijke verhoudingen hebben.

'Dat komt vast door al die maneschijn.' Ik zoek seksuele toespelingen met maneschijn maar kan er geen bedenken. Ik ben intussen helemaal bij wat iPods, trilkonijnen en draadloze hotspots betreft, maar in de tussenliggende jaren kan me best iets zijn ontgaan. De kinderen van groep 1, inclusief die van ons, hebben net heel schattig staan zingen over duizendpoten en schoenpoetsers in een uitvoering van *In de maneschijn*. Meteen daarna komt *Dank u voor deze nieuwe morgen*, zodat ontluikende fantasieën in de kiem worden gesmoord.

Na de lofzang verzoekt de directrice vrijwilligers om met de klas mee te gaan naar het London Aquarium.

'Ik ga mee,' fluistert Goddelijke Huisvader.

'Willen degenen die belangstelling hebben hun hand opsteken en naar voren komen voor meer informatie?' zegt de directrice, en ze zwaait met een envelop.

Ik spring uit mijn stoel, zo goed en zo kwaad als dat gaat met Fred in mijn armen, en zwaai terug.

'Fijn dat u zo enthousiast bent,' zegt ze, en iedereen probeert reikhalzend te peilen of ik een met schuldgevoel beladen fulltime werkende moeder ben die probeert te compenseren dat ze er nooit is, of zo'n overdreven drammerig type dat haar kinderen letterpasta te eten geeft om hun spelling te oefenen. De waarheid is veel oppervlakkiger: ik ga mee omdat Goddelijke Huisvader meegaat en ik denk ook dat hij dat weet. Dat kan toch geen kwaad?

Ik leun voorover en kom overeind om naar voren te lopen, terwijl ik intussen een blik omlaag werp om te zien of ik de spijkerbroek aanheb die langere benen belooft, of die andere die je achterwerkt lift. Ik zie met afgrijzen dat niet mijn been tegen Goddelijke Huisvader drukt, maar een grote bult op mijn linkerkuit. Mijn onderbroek van gisteren. Ik hap naar adem, maar zie geen kans om me uit deze onvoorziene situatie te wringen. Ik vervloek de terugkeer van de strakke spijkerbroek: zelfs met een pincet krijg ik dat ding nog niet uit die smalle pijpen.

'Wat is dat?' vraagt Yammie Mammie, die een outfit weet te ontleden zoals een zwerm gieren een karkas. Ze kijkt argwanend naar mijn been.

'Het is een apparaatje,' hoor ik mezelf zeggen, met het zweet op mijn voorhoofd. Ik veeg het af aan de achterkant van Freds jasje.

Goddelijke Huisvader kijkt belangstellend. 'Niet iets wat ontploft, hoop ik,' zegt hij.

'Tegen de stress, Robert. Als je zenuwachtig wordt, kun je erin knijpen,' reageer ik, driftig in mijn onderbroek van gisteren knijpend.

'Een soort stressballetje?' vraagt hij weifelend.

'Precies,' zeg ik vol overtuiging.

Ze buigen zich allebei over Fred heen om even te voelen, waarbij het gips van Goddelijke Huisvader zwaar op mijn knie rust. In andere omstandigheden zou deze schending van mijn privacy beslist gelden als een subliem moment. 'Nou, ik voel me al een stuk minder gespannen,' zegt Goddelijke Huisvader met een stem waar het sarcasme van afdruipt. 'Ik weet het niet zeker,' zegt Yammie Mammie nr. 1.

'Mevrouw Sweeney, wilt u dit misschien even komen halen?' zegt de directrice, waarbij ze elk woord benadrukt en heen en weer schuifelt om ons beter in beeld te krijgen. Honderden blikken doorboren me. Dan komt de verlossing. Door al het geknijp is de onderbroek naar mijn enkel gezakt en het C&A-etiket wordt zichtbaar. Ik buig voorover, voel het bloed naar mijn hoofd stromen en pak voorzichtig de rand van het etiket vast. Vaardig trek ik de slip in één beweging uit de broekspijp, kom overeind, stop hem nonchalant in mijn handtas en wandel met Fred op mijn arm tussen de ouders door om mijn envelop te halen. Ik ben duizelig van het te lang vooroverleunen en drijfnat van het zweet, maar het idee van een hele dag met Goddelijke Huisvader in het aquarium stemt me optimistisch.

Als ik terugloop naar mijn stoel, zie ik echter een blik in zijn ogen die ik herken uit de eerste jaren van mijn relatie met Tom. Hij kijkt behoedzaam, met om zijn lippen tegelijk een glimlach en een grimas, strak van de inspanning om de tegenstrijdigheid van dergelijke verwarde emoties in toom te houden. Zijn lichaam is in zichzelf gekeerd. Zijn armen en benen zijn over elkaar geslagen en hij buigt zich naar voren over zijn knieën om zo min mogelijk ruimte in te nemen, in een houding van stil ongeloof. Hij zegt niets, maar laat me voorzichtig passeren en zorgt dat geen enkel deel van zijn lichaam het mijne raakt.

'Wat een nachtmerrie,' fluistert Yammie Mammie nr. 1 in mijn oor als ik ga zitten. 'Ik bedoel, C&A-onderbroeken! Zelfs mijn moeder draagt die niet meer. Maar maak je geen zorgen, ze hebben het vast niet gezien, en anders dachten ze misschien dat het de C van Chantelle was.' Ze probeert me gerust te stellen – aardig van haar –, maar ik heb geen idee wie Chantelle is.

Als we opstaan om de gymzaal te verlaten, zie ik hoe indrukwekkend keurig ze haar weg vindt tussen de rijen stoelen, in een wikkeljurk en kuitlaarzen met onmogelijk hoge hakken. Ze stapt elegant opzij als het te smal wordt en het valt me op dat ze zo graatmager is geworden dat ze bijna niets driedimensionaals meer heeft. Ze trippelt zelfverzekerd door en lijkt nergens te wankelen, ondanks het gewicht van de lange bruine nappajas die ze al die tijd heeft aangehouden. 'Joseph. Het was een cadeau van mijn man, om zich te verontschuldigen dat hij zo vaak weg was van de zomer,' zegt ze, als we stil komen te staan en ze mijn jaloezie opmerkt. Maar eigenlijk ben ik niet jaloers op haar jas, maar op hoe schoon die is. Geen plekje zit erop, niets verraadt wat ze haar kinderen voor het ontbijt heeft gegeven, geen jamklodders, geen lekkende pennen zonder dop in de zakken, geen scheuren of vlekken van welke aard dan ook. Haar lippenstift en mascara zijn volmaakt discreet opgebracht. Ze ruikt zelfs gepolijst – niet schoongeschrobd, maar gepolijst volgens een tijdloze, elegante, generaties lang geperfectioneerde formule. Ze is onaanraakbaar, omsloten in volmaaktheid. O, de moeite die het kost om er zo moeiteloos uit te zien. En Goddelijke Huisvader... Tja, die haast zich de andere kant op, ook al is dat een omweg. Het laatste wat ik van hem zie is zijn rug, die zo hard als je met een gebroken arm maar kunt fietsen Fitzjohns Avenue af rijdt.

4

*De een mag een paard stelen en de ander mag
nog niet in de stal kijken.*

De week daarop verlies ik om vijf uur 's ochtends alle hoop op
slaap en buig me over Tom heen om op een van zijn wekkers te
kijken. De linker op zijn nachtkastje is een elektrische die ons
wekt door herhaaldelijk op mechanische toon 'Tom, kom uit
bed' te zeggen. De rechter heeft hij van Sam gepikt toen die te
klein was om het te beseffen en loopt op batterijen. Die heeft de
kop van een konijn en als je hem te lang laat rinkelen, waggelt hij
naar de rand van de tafel en valt op de grond, zo sterk is de bel.

Je kunt wel stellen dat wij ons nog nooit verslapen hebben
sinds we bij elkaar zijn. Geen van de wekkers heeft ooit gefaald
en bij de zeldzame gelegenheden dat de kinderen ons tot na
zeven uur laten slapen, worden we gewekt door een koor van
alarmbellen. Ik ben weleens in de verleiding geweest om de
wekkers een uur achteruit te zetten, om Tom te bewijzen dat de
wereld niet vergaat als we alles een uur later doen.

Als je aan slapeloosheid lijdt, heb je veel tijd om je oude ruzies
te herinneren. 's Ochtends ben je dan natuurlijk wel alle conclusies vergeten en het enige wat je eraan overhoudt is een nare
smaak in je mond, maar de hardnekkige discussies die je nooit
met rust laten bieden geweldige mogelijkheden om ze 's nachts
nog eens dunnetjes over te doen. Vandaag is het een oude
bekende, de douairière van alle ruzies, over mijn laatkomen en
Toms overtuiging dat alles goed gaat als het maar op tijd
gebeurt. Een prima eigenschap voor een architect, maar een
stuk minder aantrekkelijk in een echtgenoot.

De laatste ronde vond plaats in de provisiekelder van mijn
ouderlijk huis in de Mendips, een paar weken voor de noodlot-

tige kampeervakantie in Norfolk. Als je de belangwekkende gebeurtenissen in onze familie zou opschrijven, zou de provisiekelder onevenredig vaak als decor fungeren. Daar feliciteerde mijn moeder me met tranen in haar ogen toen ik haar vertelde dat ik met Tom ging trouwen en zei vervolgens: 'Je realiseert je toch wel dat jullie zouden exploderen als jullie een scheikunde-experiment waren?' Toen kwam mijn vader binnen en mompelde iets over onstabiele elementen en de waarde van explosies boven implosies als recept voor een goed huwelijk. 'Geen attractie zonder reactie,' had hij wijsgerig gezegd.

Ik kan me niet precies herinneren hoe deze ruzie met Tom begon, maar ik weet wel dat de vloertegels zo koud waren dat mijn blote tenen gevoelloos werden, en toch rook ik door de kou heen de rottende geur van een oud stuk stiltonkaas dat vorig jaar Kerstmis was blijven liggen. We zochten een pak koffie.

'Ik begrijp niet hoe je ouders zoiets simpels als koffie niet in huis kunnen hebben,' zei Tom, die opzijsprong omdat er een muizenval naast hem dichtklapte. 'Er zou een voorraad van in de kelder moeten staan, zeker in zo'n grote.'

'Ze hebben andere dingen aan hun hoofd,' antwoordde ik in een poging hem af te leiden.

'Zoals dat ze onmogelijk ooit iets op tijd kunnen doen, zelfs niet op een trouwerij,' zei hij.

'Een heleboel dingen in het leven zijn erger dan te laat zijn,' vertelde ik hem, niet zeker of ik dankbaar moest zijn dat we het niet meer over koffie hadden, of mismoedig vanwege de nieuwe wending in het gesprek. Kritiek op mijn ouders was uiteindelijk kritiek op mij en niet op hen. Toen hij me negeerde voegde ik eraan toe: 'Eigenlijk is het onbeleefd om te vroeg te zijn. Zullen we eens gevaarlijk doen en de komende vier weken overal een halfuur te laat komen, bij wijze van experiment?'

'Jij hebt het over gevaarlijk doen, Lucy. Wij bevinden ons in een fase van ons leven waarin dat niet meer kan. We zijn gewoontedieren die het vertrouwde zouden moeten waarderen. Net als oude bankstellen.' Ik zal wel sceptisch gekeken hebben, want hij begon uit te weiden.

'De bank in onze zitkamer heeft een losse veer in de rechterhoek. Er zit een plakkerige plek middenachter van een verloren snoepje, ik denk een citroenzuurtje, en er zit een gat in de zijkant dat alsmaar groter wordt omdat een van de kinderen er zijn geld bewaart.' Ik kon niet geloven dat dat alles hem was opgevallen.

'Dat zou allemaal nogal vervelend moeten zijn, maar dat is het niet, want de vertrouwdheid van deze onvolmaaktheden is geruststellend. Heb je niet gemerkt dat ik er niets meer van zeg als jij je creditcard verliest?' Blik recht vooruit. Ademhaling regelmatig. Wenkbrauwen stationair. Alle tics onder controle.

'Ik dacht dat je in begon te zien dat het niet zo'n ramp is om je creditcard te verliezen,' mompelde ik, maar hij luisterde niet.

'Als je eenmaal beseft dat je niet onsterfelijk bent, wordt routine geruststellend, Lucy. Weet je nog hoe overstuur je was toen Cathy's man bij haar wegging? Verbijsterd was je. Toen klaagde je niet over te vroeg zijn. Eigenlijk houd jij helemaal niet van verandering. Je zou het vreselijk vinden als ik ineens te laat begon te komen.'

En zoals gewoonlijk was ik het uiteindelijk met hem eens. Omdat hij waarschijnlijk gelijk had.

Tom heeft de hele nacht in precies dezelfde houding geslapen: op zijn buik, met zijn benen wijd en zijn kussen in zijn armen gekneld. Op mijn beurt heb ik de gebruikelijke nachtelijke bezoekingen afgehandeld. Als ik in bed lig, ligt mijn oor ongeveer op dezelfde hoogte als het hoofdje van Fred en rond halftwee schrik ik wakker van een zware, hees fluisterende stem in mijn oor. ''k Wil me knuffels. Nu.'

Ruwweg een uur later kwam Joe binnen om in tranen te verkondigen dat hij aan het krimpen was. 'Ik ben kleiner dan toen ik naar bed ging,' zei hij en hij greep mijn arm zo hard vast dat er om vijf uur 's morgens nog steeds kleine vingerafdrukken te zien waren.

'Ik zweer dat je nog even groot bent,' antwoordde ik. 'Kijk maar naar je hand, die past nog precies zo in de mijne als toen we gisteren naar school liepen.'

'Maar ik kan mijn benen voelen krimpen,' zei hij, met zoveel overtuiging dat ik me heel even afvroeg of hij misschien gelijk had.

'Dat is groeipijn,' zei ik, het standaardantwoord op onverklaarbare nachtelijke pijntjes. 'Papa en ik hadden dat vroeger ook.'

'Hoe weet je dat het geen krimppijn is?' drong hij aan. 'Oma is kleiner dan ze eerst was. Morgenochtend ben ik zo klein dat je me niet meer kunt zien,' zei hij met een steeds kleiner stemmetje. 'En dan word ik onderweg naar school misschien wel opgegeten door een hond.'

Dus kwam ik mijn bed uit en nam hem mee naar de keukendeur beneden, waar Tom van tijd tot tijd de lengte van de kinderen opschrijft.

'Kijk, je bent nog langer dan de laatste keer dat we je gemeten hebben,' liet ik hem zien.

Hij glimlachte en knuffelde me, en ik bracht hem weer naar bed, waarna ik zelf in slaap viel tot mijn ochtendslapeloosheid begon.

Ik beging de fout om de uren slaap die ik 's nachts had gehad te gaan uitrekenen en gaf het op bij vijf-en-driekwart. Gevangen in dat niemandsland tussen diepe slaap en klaarwakker-zijn ben ik me bewust van een donker gevoel in mijn buik, een overblijfsel van de bezorgdheid die ik met me meedraag zonder dat ik echt weet waar die vandaan komt. Ik begin systematisch de bekende scenario's af te werken die op dit uur van de dag de kop opsteken. Ik ben gewoon op tijd ongesteld geworden. Ik weet waar ik de auto heb neergezet. Ik heb mijn sigaretten verstopt. De onderbroek van gisteren dreigt de boel te verpesten, maar die specifieke afgang heb ik al weggestopt in de verste hoek van mijn onderbewustzijn. Sommige dingen zijn zo verschrikkelijk beschamend dat het niet helpt ze te analyseren.

Dan weet ik weer wat ik vergeten ben: het kunstproject van Sam, 'Zes grote wereldkunstenaars', moet vandaag ingeleverd worden. Drie zijn er af, nog drie te gaan. Ik kom met een sprong uit bed, waarbij ik luie spieren met ongebruikelijke vastberadenheid wakker maak.

Een probleem, maar niet onherstelbaar. Om Tom niet wakker te maken ren ik de logeerkamer in en trek de ochtendjas aan die daar achter op de deur hangt. Het is dezelfde als die ik de eerste keer aantrok: de ochtendjas als een hoogpolig tapijt, lang, harig, onmogelijk schoon te krijgen, aan mijn man cadeau gegeven door mijn schoonmoeder toen hij een tiener was. Hij is nog van voordat ik ten tonele verscheen en wordt nu alleen in tijden van grote onzekerheid ingezet. Als ik vroeger dacht aan Tom voordat hij mij kende, werd ik jaloers op alle dingen die we niet samen hadden meegemaakt. Nu geniet ik ervan. Er komt namelijk een moment in het huwelijk dat het onbekende interessanter wordt dan het bekende. Ik probeer hem zover te krijgen dat hij me vertelt over zijn seksuele avonturen met de vrouwen die mij zijn voorgegaan, maar hij is te fatsoenlijk om aan mijn morbide fantasieën tegemoet te komen.

Op de ochtendjas zitten vlekken en ruwe plekken waarvan ik me voorstel dat het sporen van stiekeme puberverkenningen zijn, stukjes onidentificeerbaar voedsel tussen de hoogpolige plukken en onverklaarbare kale plekken. Het is een betere registratie van Toms tienerjaren dan de eindeloze zwart-witdia's en -films die zijn moeder heeft gemaakt.

De jas dateert uit de tijd van Laura Ashley-stofjes en platen van Status-Quo. Ik voel iets in de zak en verwacht half een verkreukelde en bevlekte bladzijde van een geliefd rondborstig model uit een Playboy van 1978. Ik vergis me echter. Het is een pagina uit een oude uitgave van Mrs. Beeton, de negentiende-eeuwse Britse huishoudgoeroe. Ik lees vluchtig een paar regels: 'Ik heb altijd gevonden dat er voor een gezin geen vruchtbaarder bron van ontevredenheid bestaat dan slecht bereide maaltijden en slonzig huishouden door de vrouw des huizes. Mannen worden tegenwoordig buitenshuis zo goed verzorgd – in herenclubs, keurige herbergen en eethuizen – dat een echtgenote, om te kunnen concurreren met de aantrekkingskracht van dergelijke gelegenheden, grondig bekend moet zijn met de theorie en de praktijk van de kookkunst, evenals met alle andere kennis en kwaliteiten die nodig zijn voor een comfortabel huishouden.'

Mrs. Beeton heeft heel wat ellende veroorzaakt, denk ik kregel terwijl ik het stukje papier in de zak van de ochtendjas terugprop. Hoe het daar is terechtgekomen weet ik niet meer en ik probeer me te herinneren wanneer de ochtendjas voor het laatst dienst heeft gedaan. Mijn schoonmoeder heeft onlangs in deze kamer geslapen. Ik neem me voor later maar eens diep na te denken over deze ontdekking en vraag me af of Petra berichten probeert te sturen aan mijn onderbewuste, maar nu heb ik andere prioriteiten. Binnen een paar minuten ben ik de hele vondst vergeten.

Buiten de logeerkamer stuit ik op Fred, die op de overloop in zijn ogen loopt te wrijven. In dit stadium zou hij kunnen worden overgehaald om weer naar bed te gaan. Maar hij voelt mijn spanning en ziet dat ik gekleed ben in een onbekend tot op de grond reikend ensemble, dus protesteert hij dat hij mee naar beneden wil.

In de keuken schat ik de situatie in en zoek intussen naar verf en kwasten in kastjes die ik met krachtige gebaren open- en dichtdoe, zacht mompelend: 'Degas is af. Goya is af. Constable is af.' Fred herhaalt alles en krijgt opgewonden in de gaten dat deze onverwachte wijziging in de ochtendroutine weleens gunstig zou kunnen uitpakken. Ik zet hem op de stoel naast Toms tekentafel en geeft hem scharen, potten verf en andere verboden heerlijkheden. Tegen elke prijs. Tegen elke prijs, herhaal ik bij mezelf. Er zijn namelijk vele momenten, zelfs in huishoudens waar de televisie alleen in het weekend aan mag, waarop moeders hun toevlucht nemen tot vuile streken om die paar minuten terug te graaien die het succes of de mislukking van niet alleen de rest van die dag, maar ook van de rest van hun leven zullen bepalen, omdat heel kleine dingen soms enorme gevolgen kunnen hebben. Het zógenoemde vlindereffect.

Ik maak vast meer lawaai dan ik denk, want tijdens deze hectische activiteiten wandelt Tom de keuken binnen.

'Ik moet Van Gogh, Jason Pollock en Matisse nog doen,' vertel ik, en ik wapper met vloeipapier voor zijn gezicht. 'Allemaal voor acht uur.'

'Wat ben je aan het doen, Lucy? Terug naar bed, allebei. Je hebt een of andere nachtmerrie over abstracte schilderijen,' zegt hij. Dan ziet hij Fred met een grote schaar in de weer. 'Waarom heb je hem ook wakker gemaakt?'

'Natuurlijk heb ik hem niet wakker gemaakt. Het zou veel makkelijker zijn om dit alleen te doen. Hij knipt stukjes vloeipapier om een collage van Matisse te maken,' verklaar ik.

'Dat klinkt jou misschien logisch in de oren, maar voor mij is dat geen rationele verklaring voor dit hele gebeuren.'

'Sam heeft een kunstproject. Hij heeft de helft af, maar gelukkig heb ik me net herinnerd dat de rest vandaag moet worden ingeleverd. En als Sam het niet afmaakt, word ik daarvoor verantwoordelijk gesteld.'

'Maar Sam maakt het niet af, dat doe jij.'

'Zo gaat het sneller en het geeft minder rommel. Als hij erbij zou zijn, kwam het nooit klaar. En het belangrijkste is dat het betekent dat ik gefaald heb als moeder als hij het niet inlevert.'

'Lucy, dat is belachelijk. Niemand veroordeelt je voor zoiets.'

Ik zet de verf weg en haal diep adem.

'Dat zie je verkeerd. Als Sam faalt, word ik erop afgerekend. Dat is nou moederschap in het nieuwe millennium,' zeg ik, ter illustratie zwaaiend met een kwast.

'Leg dat ding neer, Lucy. Kijk nou wat je met mijn pyjama doet!' zegt Tom. Die is bedekt met spatjes rode verf. Fred houdt zijn hand voor zijn mond en giechelt zoals kinderen doen als ze voelen dat ouders hun zelfbeheersing verliezen.

'Er zijn mensen, vooral moeders, maar ook vaders, die vandaag aankomen met het kunstproject van hun kinderen als PowerPoint-presentatie op een cd-rom.'

'Maar het project is toch niet van de ouders?' zegt hij geschokt.

'Nou ja, dat zou jij nooit kunnen. Ik ook niet trouwens.'

'Precies. Dus is het minste wat ik doen kan, het allerminste, zorgen dat Sam zijn project afmaakt.'

'Straks hebben we nog een levensecht project, want hier is er eentje zijn oor aan het afsnijden,' zegt hij, en hij wijst op Fred, die heel gevaarlijk de lucht aan het doorknippen is.

Dan ziet Tom de verfvlekken op zijn tekentafel en op de muur.

'Hoe kan dat nou? Hoe krijg je het voor elkaar om zo'n rommel te maken?'

'We deden Jackson Pollock,' leg ik uit. 'Het ziet er best goed uit,' en ik laat hem een eerder kunstwerk zien. 'Het had erger kunnen zijn. Sam had ook Damien Hirst kunnen kiezen.'

'Een goudvis in het zuur leggen zou minder rommel hebben gemaakt dan dit. Lucy, het zou stukken eenvoudiger zijn als je alles opschreef.'

'Jij realiseert je niet wat ik allemaal wel onthou op een dag. Je kijkt alleen naar wat ik vergeet.'

'We worden niet belegerd. Het is toch niet zo dat vooruitplannen moeilijk is omdat we elk moment aangevallen kunnen worden en we dan geen eten of water meer hebben?'

'Jij niet, maar ik wel,' zeg ik. 'Ik word belegerd. Zo voelt het wel.'

'Maar je doet toch iedere dag hetzelfde? Ik weet dat je je handen eraan vol hebt, maar is het geen kwestie van elke ochtend dezelfde formule herhalen?'

'Jij kunt je niet voorstellen hoeveel er op een dag moet gebeuren, alleen al om boven water te blijven. Je weet dat je niet alles voor elkaar zult krijgen en alles kan op elk moment als een kaartenhuis in elkaar storten.'

'Hoe dan?' vraagt hij behoedzaam.

'Plotseling breken er gevechten uit die zich als een lopend vuurtje verspreiden, er wordt geknoeid, onverklaarbare ziektes steken de kop op, dingen breken, dingen raken zoek, dingen waar je je niet op kunt voorbereiden,' verklaar ik. 'Dingen waar je maanden door achterop kunt komen. Zoals die waterpokken, weet je nog? Ik kon wekenlang het huis niet uit. Erger nog: iets in me geniet van het onverwachte, omdat dat in elk geval de routine doorbreekt en een beetje opwinding in mijn leven brengt.'

Hij kijkt geschrokken.

'Bedoel je dat een beetje latente chaos je wel aanspreekt?' zegt hij, in een poging te begrijpen wat ik zeg. 'Dan is er dus geen enkele hoop.'

Hij staart me een beetje vreemd scheef aan, zijn mond iets geopend alsof hij moeite doet om verder niets te zeggen. Dat is bepaald tegennatuurlijk voor een man die graag het laatste woord heeft.

Sam komt geheel gekleed in zijn schooluniform binnendrentelen met een cricketbal die hij steeds in de lucht gooit en weer opvangt. Zijn zakken zitten vol voetbalplaatjes. Ik maak toast voor hem – jam zonder boter – en vertel hem minstens vijf keer dat hij niet met de bal mag spelen onder het eten. Ik vraag me wel af of het misschien juist goed is om een te jongen stimuleren om meerdere dingen tegelijk te doen, in de hoop dat hij opgroeit tot het soort man die tegelijkertijd broccoli kan koken, een luier kan verschonen en een werkoverleg kan voeren. Na een paar sneetjes schrijft hij braaf een klein stukje bij elk kunstwerk. Ik lees het eerste: 'Vincent was een zeer hartstochtelijk mens. Als hij de cricketcompetitie had gevolgd, zou hij zijn oor waarschijnlijk niet hebben afgesneden. Matisse was ongetwijfeld een cricketfan.'

Ik besluit met de auto naar school te gaan, zodat de schilderijen op de verwarming kunnen drogen, en omdat het na de drukte van vanmorgen troostrijk is om opgesloten te worden in een kleine ruimte.

'Als je dit af hebt, betekent dat dan een kleine stap voor de mens, maar een grote stap voor de mensheid, mam?' vraagt Sam van de achterbank.

'Heeft Sam het over Major Tom?' vraagt Joe.

'Zoiets,' antwoord ik op beide vragen.

'Waarom zeg je altijd "zoiets"? Is het dan niet goed of fout?' vraagt Sam.

'Het leven is voornamelijk grijs,' vertel ik hem. 'Er zijn weinig zwarte of witte momenten.'

'Behalve als je een zebra bent,' zegt Joe. Hij zwijgt, maar ik weet dat hij nog iets wil zeggen. 'Misschien kwam Major Tom wel op de maan en vond hij het er zo mooi dat hij er is gebleven.'

Ik merk op dat het op straat erg stil is. Verzegeld in een auto met de verwarming heel hoog kan een mens zich gemakkelijk afgesneden voelen van de rest van de wereld. Als ik bij het volgende kruispunt stop, zie ik heel veel ouders met onnatuurlijk vrolijke gezichten, vol jovialiteit en gemeenschapszin, te voet hun kinderen naar school brengen. Ik herinner me met een schok dat het vandaag 'Lopend naar school'-dag is. Straks word ik smadelijk geassocieerd met zwaarlijvige kinderen, de opwarming van de aarde en verkeersopstoppingen. Ik draai de verwarming lager en leg de kinderen de situatie uit.

'Als we met de auto naar school gaan, sturen we slechte stoffen de atmosfeer in. Vandaag gaan heel veel kinderen in Londen lopend naar school om te laten zien dat ze zich daar ongerust over maken. Ik ben het vergeten en we zijn laat, dus gaan wij met de auto. Maar als jullie achterin op de vloer gaan liggen tot ik zeg dat je eruit mag, kunnen we er misschien mee wegkomen.'

Ik zet de Spiderman-pet van Joe op, laat me tot onder dashboardniveau zakken en rij tot ongeveer tweehonderd meter van school. Dan wachten we stilletjes tot er een onderbreking komt in de golf ouders die over de stoep spoelt.

Ik zie Supermoeder de weg af komen met een paar zware wandelschoenen aan en een rugzak om. Ze woont kilometers van de school. Zij kan onmogelijk helemaal zijn komen lopen, maar aan de geestdriftige blik in haar ogen te zien heeft ze dat wel gedaan. Net als ze ter hoogte van de auto loopt, komt Fred overeind en begint op de ramen te beuken. 'Help, help!' roept hij.

Ik probeer hem weg te trekken, maar hij wrijft met zijn kleine handje de condens van de ramen. Er wordt een neus tegen het glas gedrukt, zo'n opgetrokken, enigszins superieure neus die nooit sproeten krijgt omdat hij altijd beschermd wordt door breedgerande hoeden en factor 40. Wijd opengesperde, knipperende ogen proberen een goed beeld te krijgen van het kleine gezichtje binnen. Het biedt een spookachtige aanblik en Fred gaat harder huilen. Het is Supermoeder. 'Iemand heeft dit kind alleen in de auto opgesloten,' roept ze hard door de straat. Ze is duidelijk iemand die in een noodgeval graag de zaken ter hand neemt. 'Ik ga de school inlichten. Wilt u hier blijven en het kind troosten?'

Ik hoor de wandelschoenen van Supermoeder buiten gehoorsafstand verdwijnen en sluit mijn ogen, terwijl ik mijn diepe ademhalingsoefeningen in praktijk breng in de hoop de ramen beslagen te houden. Dan hoor ik een stem aan de straatkant van de auto. 'Kijk eens wat een rommel op de voorbank! Klokhuizen, gesmolten chocolaatjes, kleren, plastic borden – ongelooflijk. En wat doen al die rare schilderijen op het dashboard?' Het is Yammie Mammie nr. 1. Een andere stem komt erbij, mannelijk en in andere omstandigheden meestal welkom.

'Ik herken een paar van die dingen. Is dit niet de auto van Lucy?' zegt Goddelijke Huisvader.

Supermoeder komt terug met de directrice. 'Mevrouw Sweeney, bent u daar?' Ik maak het portier open en stap zwierig uit. 'We waren een installatie van Tracey Emin aan het oefenen voor het kunstproject. Het heet *Een onopgemaakte auto,*' zeg ik enthousiast. De directrice klapt van blijdschap in haar handen. 'Wat slim van u! We moeten foto's laten maken, zodat de hele school het kan zien. Vreselijk leuk, mevrouw Sweeney, en zo vindingrijk!'

Ze neemt de twee oudsten bij de hand en loopt met ze naar de school. Sam komt ineens terugrennen. 'Mam, vertel nog eens wat ik niet moet zeggen,' fluistert hij. 'Niet aan de juf vertellen dat ik drie van je schilderijen heb gemaakt en niemand vertellen dat de auto er altijd zo uitziet. Ik vraag je niet om te liegen, ik vraag je zuinig om te gaan met de waarheid.'

'Is dit een grijze situatie?' vraagt hij.

'Juist.'

Terwijl ik op de stoep sta en Fred bij de capuchon van zijn jasje vasthoud, sluit ik even mijn ogen en hoop op respijt. Het is nog niet eens negen uur. Als ik ze weer opendoe, heeft Fred zijn broek op zijn enkels laten zakken en staat tegen het wiel van de auto te plassen. 'Mijn wiel,' zegt hij trots, en ik prop hem terug in de Peugeot.

Als ik opkijk, zie ik Goddelijke Huisvader naast de auto op zijn fiets zitten. Hij leunt achterover, met zijn benen wijd en iets gebogen om stevig te staan. Zijn helm hangt aan het gips om zijn gebroken arm. Hij heeft een spijkerbroek aan en ziet er heerlijk verward en wild uit, met een wit T-shirt onder een krap groen jasje van rechte snit. Ik zou graag zeggen dat hij zich niet van het effect bewust is, maar ik vrees wel dat er enige ijdelheid bij komt kijken. Voor hij de school ingaat, zet hij namelijk altijd zorgvuldig zijn fietshelm af en haalt zijn hand door zijn haar.

Ik zie het begin van een buikje waar het jasje niet sluit en het T-shirt over zijn maag kreukelt.

'Het is van mijn vrouw,' zegt hij verontschuldigend als hij mijn blik opvangt, en hij strijkt het jasje glad over de kreukels. Ondanks dat en ondanks zijn typisch Noord-Londense obsessie met borlottibonen en fietsen als vervanging van een religieuze overtuiging, heeft hij iets onontkoombaar ruigs en landelijks over zich.

'Jij kunt snel denken, zeg,' zegt hij, en hij stapt van zijn fiets door zijn rechterbeen over de stang voor zich te zwaaien. Ik weet niet zeker of het een compliment of een uitdaging is, maar ik weet wel dat ik nu meteen naar huis moet, want zelfs die korte opmerking zal veel langer doorklinken dan nodig is, tot die paar woorden door eindeloze herhaling een betekenis hebben gekregen die hij er nooit in heeft gelegd. Ik realiseer me dat mijn schoonmoeder niet helemaal gelijk heeft: om je echtgenoot lief te hebben heb je minder verbeeldingskracht nodig dan om een onbeantwoorde fantasierelatie uit te werken.

In een poging het gesprek te beëindigen in plaats van het aan te gaan, antwoord ik: 'Jaren oefening, Robert', met een naar ik hoop droog laconieke stem.

Het is zo'n herfstochtend die koud genoeg is om je adem te zien en hij staat nu zo dicht bij me dat de onze zich vermengt als we praten. Ik ben niet opgemaakt en voel mijn wangen rood worden van de kou.

'Het spijt me dat ik zo snel weg moest gisteren,' zegt Goddelijke Huisvader. 'Ik heb een soort werkcrisis. Ik kan de juiste structuur voor mijn boek maar niet vinden en de Amerikanen willen het uitbrengen voor het Sundance Film Festival van volgend jaar.'

Het had opschepperig kunnen klinken, maar dat was niet zo. Hij probeert een gesprek aan te knopen.

'Op het moment schrijf ik over Zapata-westerns,' voegt hij toe. 'Dat zijn westerns die zich tijdens de Mexicaanse revolutie afspeelden, zoals *A Fistful of Dynamite*, maar daar was weinig Latijns-Amerikaans aan, ook al waren ze geïnspireerd op de Mexicaanse geschiedenis...'

Ik knik verstandig. Ik maak echter gebruik van zijn ongewone spraakzaamheid om een grondige studie te maken van zijn rechteronderarm, die plotseling uit het jasje van zijn vrouw tevoorschijn komt als hij iets met een armgebaar benadrukt.

Volgens mij geeft geen enkel deel van een mannenlichaam zo volmaakt de belofte weer die besloten ligt in de rest van de man als de onderarm. Ik zou zelfs zover willen gaan om te zeggen dat, als je de onderarm van een man ziet, je vrij nauwkeurig de rest van zijn lichaam kunt inschatten, en hij heeft geen idee wat je allemaal kunt afleiden uit die ene blik: spankracht, textuur, lengte van lichaamsdelen, hoeveel tijd hij doorbrengt in de sportschool, of hij laatst nog in het buitenland is geweest... Goddelijke Huisvader heeft vrijwel volmaakte onderarmen, middelgroot, sterk zonder gedrongen te zijn, genoeg behaard om mannelijk te zijn maar licht en dun genoeg om te garanderen dat hij geen haar op zijn rug heeft. Ik glimlach hem toe.

'Wat denk jij?' zegt hij.

'Veelbelovend,' antwoord ik nadrukkelijk. 'Ik ben dol op Sergio Leone.'

'Mooi,' zegt hij en hij stroopt zijn mouw naar beneden, 'maar dat vroeg ik niet. Ik veranderde van onderwerp toen je glazig ging kijken. Geeft niet. Dat gebeurt wel vaker, behalve als ik over Benicio del Toro begin; dan letten vrouwen meestal wel op. Ik vroeg of jij je kandidaat gaat stellen voor klassenmoeder. Ik wil je wel helpen, maar ik kan zelf niet vanwege de deadlines. Ik wil wat bijdragen aan de school.' Hij zwijgt even. 'Je kijkt verbaasd.'

Ik had niet verbaasder kunnen zijn als hij me had gevraagd zijn onderarm te likken.

'Ik denk er wel over na. Mijn jongste is net op de peuterschool begonnen en het zou een goed moment voor zoiets zijn. Maar ik wil niet opdringerig zijn.' Het klinkt zo plausibel dat ik het bijna zelf geloof.

'Ik zou op jou stemmen,' zegt hij goedhartig. 'En Isobel ook; die zei dat het echt leuk zou zijn als jij won.'

'O, zei ze dat?' zeg ik, zonder enig vertrouwen in de beweegredenen van Yammie Mammie nr. 1.

'Ik heb mijn vrouw verteld wat er gisteren gebeurde. Je weet wel, die... consternatie met die onderbroek. Ze vond het heel grappig. Sympatico. Ik ook trouwens.'

Ik vraag me af in welke context dat besproken werd, welke bijvoeglijke naamwoorden er werden gebruikt, of hij haar heeft verteld dat we zo dicht naast elkaar zaten dat ik de warmte van zijn dij kon voelen. Nadat hij het eten had gekookt, of toen ze in bed lagen? Wat zouden zij dragen in bed?

'Pyjama's,' zegt hij. 'Ik heb haar ook over de pyjama verteld.' Ik weet dat ik blij zou moeten zijn dat hij dit met zijn vrouw heeft besproken, omdat het de belofte van een mogelijke vriendschap inhoudt. Ik stel me voor hoe we met ons vieren zouden eten, familiepicknicks op Hampstead Heath, zelfs vakanties in het buitenland. Ik realiseer me echter dat ik geen buitenstaanders in mijn fantasie wil, omdat dat afdoet aan het escapistisch effect.

's Avonds lig ik aan de ene kant van de bank en kijk naar Tom, die aan de andere kant *The Architects' Journal* van vorige week zit te lezen. Na een vertraging van bijna een jaar gaat de bouw van zijn bibliotheek in Milaan nu eindelijk van start en hij is in een goed humeur. Onze voeten raken elkaar. Het spookuur is voorbij. De kinderen liggen al in bed en in plaats van avondeten is er een fles wijn genuttigd.

Hij zal er de komende weken vaak heen reizen. Dat vertelt hij me op verontschuldigende toon; hij doet zijn best te laten zien dat hij zich bewust is van de extra last die daarmee op mijn schouders neerkomt. Ik weet echter dat hij opgewonden is omdat er vanavond geen zoektochten zijn uitgevoerd in de koelkast, op zoek naar etenswaren waarvan de houdbaarheidsdatum verlopen is. Geen gerechtelijk onderzoek van de bankafschriften, op zoek naar bewijzen van parkeerbonnen en ander wangedrag. Geen vragen over nieuwe krassen op de zijkant van de auto.

'Ik laat één wekker hier, zodat je 's ochtends niet te laat komt. Ik stop honderd pond cash in de ladekast, voor als je je creditcard kwijtraakt. Ik zal voor je babysitten als ik terugkom. Ik koop zelf wel sokken op het vliegveld.'

Hoe minder ik zeg, hoe extravaganter zijn offerandes, dus ik hou me stil.

'We gaan nooit meer kamperen. Volgende keer huren we een huisje. Zo'n afschuwelijke vakantie hoeven we nooit meer mee te maken. En misschien kunnen we ons zelfs een schoonmaakster veroorloven voor twee keer in de week.'

Ik doe op mijn beurt allerlei wilde beloftes. 'Ik zal niet liegen over kleine dingetjes. Ik ga de schooluniformen 's avonds al klaarleggen. Ik zal in de koelkast kijken voordat ik boodschappen ga doen.'

Dan gaat de telefoon. Na rap onderhandelen pakt Tom hem bij de vijfde keer overgaan op en in ruil daarvoor trek ik nog een fles wijn open.

'Het is voor jou,' zegt hij. 'Een vader van school.' Hij trekt een wenkbrauw op en houdt de telefoon net buiten mijn bereik.

'Zeg maar dat ik druk ben,' fluister ik, maar Tom duwt de telefoon in mijn hand.

'Ik hoop niet dat ik stoor,' zegt Goddelijke Huisvader. 'Zaten jullie te eten?'

Ik tik mezelf op mijn wang in een wanhopige poging om te ontnuchteren. 'Nee, we zijn eigenlijk net klaar,' brabbel ik. 'Een stoofpot van groente die mijn man even in elkaar heeft geflanst. Heerlijk.'

Tom kijkt me verbaasd aan. 'Waarom lieg je? Vertel gewoon dat je de verkeerde maand hebt ingevuld op het bestelformulier van de online supermarkt en dat er alleen nog een ui en een pot marmelade in de koelkast staan,' mompelt hij afwezig, en hij kruipt met wellustige blik naar me toe. 'Ik vind het zó opwindend als je iets probeert verbergen, je bent er zó slecht in.'

Niet nu, niet nu, denk ik, piekerend over het dilemma dat zich ontvouwt: een einde maken aan het seksuele vasten van de afgelopen twee maanden, of het risico lopen Goddelijke Huisvader aan het begin van onze vriendschap al van me te vervreemden. Ik begin Tom weg te duwen met mijn voet.

'Wat ik wilde zeggen,' gaat Goddelijke Huisvader nietsvermoedend verder, 'ik heb jouw naam opgegeven voor klassenmoeder.' Elke gedachte aan seks met een van beide mannen verdwijnt op slag. 'Maar er is al een concurrente opgestaan en ze is andere ouders aan het bellen om ze voor je te waarschuwen. Een soort lastercampagne.' Ik doe mijn best om deze informatie te verwerken.

'Het is Isobel, hè? Ik wist wel dat ze niet te vertrouwen was,' zeg ik met dubbele tong. 'Wat weet zij van mijn huiselijke gewoontes?'

Tom is zijn hemd aan het uittrekken en wijst op de bank.

'Nou, we praten hier wel een ander keertje over,' zegt Goddelijke Huisvader, kennelijk niet gerust op mijn toon. 'Zij is het niet, trouwens. Het is die ene van wie de kinderen Mandarijn leren.'

Ik hoor mijn stem overslaan in een jammerklacht. 'Supermoeder. Oké, de wapenstilstand is voorbij,' roep ik in de telefoon. 'Nou ja, *don't shoot the messenger*, zeg,' snauwt Goddelijke Huisvader. 'Ik belde om mezelf als campagneleider aan te bieden.'

De telefoon zwijgt en ik denk na over wat me te doen staat. Dan gaat de voordeurbel. Het is de internetwinkelier, die er wat ongerust uitziet.

'Waar wilt u al deze uien hebben?' vraagt hij aan Tom. 'We dachten dat we ze bij een Italiaans restaurant moesten bezorgen.' Hij draagt drie grote jutezakken de keuken binnen.

Tom rommelt door de zakken. 'Leg eens uit hoe dit kan,' vraagt hij verbijsterd.

'Ik dacht dat ik per stuk bestelde, niet per kilo.'

'Maar waarom wilde je dan dertig rode uien bestellen? Ik ga naar bed.'

5

De bron van alle kwaad is niet groter
dan de vleugel van een mug.

De winter komt eraan, dat weet ik zeker, want de uitputtingsslag over de verwarming is weer begonnen. Ik draai de thermostaat omhoog als Tom de deur uitgaat en soms denk ik eraan om hem lager te zetten voordat hij thuiskomt. Maar zelfs als ik het niet vergeet, heeft hij mijn truc meteen door als hij zijn hand op de radiator bij de voordeur legt.

'Wij hadden een afspraak. En de temperatuur van de radiator is recht evenredig aan de schaal van jouw bedrog,' zegt hij eind oktober op een vrijdagavond. Beneden in de keuken heeft Emma een tweede fles wijn opengemaakt en knabbelt met tegenzin aan een handje chips omdat er niets anders in huis is. De kinderen liggen in bed.

'Ik weet dat we november hebben afgesproken, maar het weer doet niet altijd wat jij wilt. Dit wordt de koudste winter ooit, nog kouder zelfs dan de grote ijstijd van 1963, en ik denk dat we de vijandelijkheden moeten staken tot het voorjaar,' geef ik hem te verstaan in een taal waarvan ik weet dat hij die begrijpt.

Er wordt op de deur geklopt. Terwijl hij door de gang loopt om open te doen, draai ik snel de thermostaat een paar graden hoger. Hij draait zich om. Ik sta bewegingloos met mijn hand in de lucht, iets ten noorden van de draaischijf. We spelen een volwassen versie van Anna-Maria Koekoek.

'Oké Lucy, jij gaat tot het voorjaar over de verwarming,' zegt hij berustend. Ik denk dat hij opgelucht is dat de verantwoordelijkheid hem ontnomen wordt, al zou hij dat nooit toegeven.

Elk huwelijk heeft zo zijn geheimen. Er is het grootschalige bedrog en er zijn de kleinere, minder aanstootgevende dingen. Ondanks het feit dat wij al bijna tien jaar getrouwd zijn, heeft

Tom de volgende zaken nog niet ontdekt: 1) ik heb schulden op vijf creditcards; 2) de auto werd gestolen toen ik net de reservesleutel was verloren; 3) ik ben zonder het ooit op te biechten in het tweede jaar van onze relatie een keer vreemdgegaan. Dat laatste zou als grootschalig kunnen worden aangemerkt, als ik niet wist dat hij een even zwaar vergrijp op zijn kerfstok heeft.

Hij doet de deur open en is oprecht verheugd als hij Cathy ziet staan.

'Cathy, wat een verrassing,' zegt hij ongekunsteld, alsof haar komst volstrekt onverwacht is.

Terwijl sommige mannen zich storen aan de vriendinnen van hun vrouw, is Tom juist dol op de mijne, en die beantwoorden dat met nauwelijks doordachte bewieroking. Cathy zoent hem enthousiast en zwiert de smalle gang door om naar beneden te gaan, waarbij ze mij in het voorbijgaan omhelst. Cathy is altijd in beweging. Ze is iemand die heel veel ruimte inneemt, ook al is ze vrij klein, als een centrifugerende kracht die mensen meetrekt. Ze komt met bagage: handtas, boodschappentassen en een laptop. Tom wordt onmiddellijk in haar kielzog meegezogen en volgt haar naar beneden.

'God, wat is het hier heet,' roept ze naar boven.

Als ik beneden kom, heeft ze haar laptop al open en de stekker van onze telefoon eruit getrokken; ze zit verwoed te typen zonder zelfs haar jas uit te trekken. 'Heb je een crisis op je werk?' vraagt Tom.

'Nee, nee,' zegt Cathy opgewonden. 'Ik moet jullie de foto van mijn nieuwe internetdate laten zien.'

Emma hangt lui op de bank.

'Breng je hem hier, Cathy, zodat ik niet op hoef te staan?'

'Jazeker,' zegt ze. 'Dat is het mooie van internet: de mannen worden thuisbezorgd, comfortabel op uw eigen bank.'

'Ik begrijp echt niet waarom jij mannen moet zoeken op internet. Kom je er op de normale manier niet genoeg tegen?' zegt Tom terwijl hij de koelkast opent.

'De mannen die je op de normale manier tegenkomt zijn allemaal behept met fatale gebreken,' zegt Cathy.

'Nou, ik heb een paar vrijgezellen bij mij op kantoor die er heel normaal uitzien.'

'Waarom stel je die dan niet aan me voor?' eist Cathy. 'Ik doe tegenwoordig aan multidating.'

Er verschijnen een heleboel postzegelgrote gezichtjes op het scherm. Ze wijst er eentje aan.

'Wat denk je?' vraagt ze. 'Het was een moeilijke beslissing, met zoveel keus.'

'Moeilijk te zeggen. Ik bedoel, hij heeft de belangrijkste gelaatstrekken op de juiste plaatsen, dat is al een goed begin,' zeg ik, op het scherm turend.

Ze vergroot hem tot zijn gezicht pixel voor pixel in beeld komt en we een goed uitgelijnde, doch ietwat grote neus zien, kort, bijna stekelig bruin haar en uitdagende bruine ogen.

Als hij levensgroot is, zitten we op een rijtje zwijgend te staren naar de vreemdeling op het scherm. Hij heeft wat rimpels op zijn voorhoofd en ook een paar rond zijn ogen.

'Helemaal jouw type,' zegt Emma.

'Nou, hij heeft in elk geval een doorleefde kop,' zeg ik na een lange stilte.

'Waar zie je dat aan?' roept Tom vanuit de koelkast.

'Iets in die rimpels op zijn voorhoofd. Dat zijn geen rimpels van te veel lachen of te veel zorgen; dat zijn rimpels die je krijgt als je te veel ochtenden wakker wordt zonder je te herinneren waar je bent of met wie.'

Tom snuift ongelovig en zet zijn tocht door de koelkast voort.

'Lucy heeft meestal gelijk met dit soort dingen, Tom,' zegt Cathy. 'Over mijn man had ze ook gelijk, lang voordat de scheurtjes verschenen. Maar is hij niet prachtig? Hij is advocaat, zevenendertig, woont in Earl's Court – hoe volmaakt wil je het hebben? Het enige minpunt is dat hij vindt dat ik mijn haar in een "net kort koppie" moet laten knippen.'

'Dat valt me nou vies tegen,' zeg ik. 'Daar vind ik hem helemaal geen type voor.'

'Hoe ziet een man eruit die vrouwen met nette korte koppies leuk vindt?' vraagt Tom oprecht nieuwsgierig.

'Nou, qua kleding heeft hij de jaren tachtig nooit achter zich gelaten. Hij draagt waarschijnlijk broeken in primaire kleuren en gaatjesschoenen, zelfs op een strandvakantie,' leg Emma uit. ''s Winters trekt hij van die dikke Noorse truien met schreeuwerige patronen aan. Hij heeft een nette baan met een redelijk salaris en in het weekend speelt hij graag golf. Hij heeft nog nooit een lijntje coke gesnoven. Hij leest de *Daily Telegraph*. En hij houdt niet van schunnige taal in bed, in elk geval niet tegen vrouwen.'

'Maar dat is een ontzettende generalisatie,' zegt Tom.

'Nee hoor, dat is een waarheid als een koe,' zegt Emma. 'Vindt hij dat je een labrador als accessoire moet nemen?'

Tom komt dichterbij en bekijkt het portret.

'Eerder een Reservoir Dog,' zegt hij raadselachtig. 'Schrijf hem een mailtje en vraag of de naam Mister Orange hem iets zegt, want het volgende probleem is dat hij er niet zo uitziet. Dat is geen advocaat uit het westen van Londen, dat is de acteur Tim Roth en hij woont in Los Angeles. Die vent die jou wil daten is een oplichter.'

Cathy is even stil, kijkt nog eens naar de foto en zegt dan: 'Ik ga uit met een filmster. Ik wil best naar Hollywood verhuizen als het klikt.'

'En de school dan?' vraag ik.

'We gaan in Paolo Alto wonen, ik stop met werken en we gaan thuisonderwijs doen.'

'Maar dat wordt een nachtmerrie,' zeg ik. 'Vooral als je besluit om nog een kind te nemen.'

'Ik vrees dat we even een paar stapjes terug moeten doen,' zegt Tom. 'Om te beginnen is Tim Roth getrouwd.'

'Laat je daar niet door weerhouden,' zegt Emma. 'Die mannen van rond de veertig zijn net wilde beesten als ze uit de knellende huwelijksketenen verlost worden. Ze willen in minder dan een week alles inhalen wat ze de afgelopen tien jaar hebben gemist.'

Tom luistert belangstellend.

'Ik dacht dat wij verboden terrein waren. Solidaire vrouwen en zo. En dit hier dan?' vraagt hij, op zijn buik kloppend zodat er een hol geluid uit komt.

'Dat wordt door andere dingen gecompenseerd,' zegt Emma veelbetekenend. 'Jullie zijn meestal op het hoogtepunt van je carrière, en geld en macht zijn krachtige prikkels. Bovendien zijn jullie emotioneel coherenter dan mannen van twintig. En trouwens, zodra je je oude seksdrive weer terug hebt, smelten die kilootjes gewoon weg.'

'Zo, dan zal ik de aantrekkelijke jonge alleenstaande vrouwen op kantoor in een heel ander licht bekijken,' zegt Tom.

'Welke aantrekkelijke jonge vrouwen?' vraag ik.

'Die ken jij niet,' zegt hij. 'Maar er is er niet eentje bij die jou kan evenaren qua opwindendheid, onvoorspelbaarheid en volronde prachtigheid,' zegt hij terwijl hij naar me toe komt en zijn arm rond mijn buik legt. 'Voorál volronde prachtigheid.'

'Als hij op internet adverteert, vind ik dat hij in de aanbieding is,' beweert Cathy.

'Het punt is dat Tim Roth niet op internet hoeft te daten. De vrouwen werpen zich waarschijnlijk de hele dag aan zijn voeten,' zegt Tom, die zijn geduld verliest, al ben ik de enige die de subtiele toonwijziging opvangt.

'Dat is net zoiets als zeggen dat Hugh Grant niet hoefde te betalen om zich te laten pijpen op Sunset Boulevard,' zegt Cathy.

'Luister nou even. Die man kan best een Londense advocaat zijn, maar zo ziet hij er niet uit. Als je geluk hebt, ga je uit met een leugenaar van één meter vijftig,' zegt Tom. 'Als je pech hebt... Nou ja, ik zou zeker iemand meenemen voor het geval het link wordt. Ik ga wel mee als je wilt.'

Cathy haalt haar schouders op en zegt: 'Niks aan te doen, terug naar af,' waarmee het onderwerp afgesloten lijkt. Tim Roth krimpt, klik voor klik, tot hij alleen nog een gezicht in de menigte is.

'Kijk, daar heb je er nog één,' zeg ik en ik wijs op een andere postzegel in de linkerbovenhoek. 'Bingo.'

Cathy vergroot de foto, en jawel: nog een man die zich voordoet als Tim Roth, maar dan met een latere foto van hem als dief in *Pulp Fiction* die ik zelfs herken. Deze zegt dat hij waterbouwkundig ingenieur is in het noorden van Engeland. Dan ziet Emma David Cameron staan.

'Hoe kan die man zo stom zijn om te denken dat vrouwen de voorzitter van de Conservatieve Partij niet herkennen?' zegt Tom. 'Ik kan me trouwens niet voorstellen dat veel vrouwen hem aantrekkelijk vinden.' Stilte.

'Ik kan niet geloven dat jullie allemaal op David Cameron vallen,' zegt Tom. 'Soms vind ik vrouwen echt volstrekt onbegrijpelijk. Ik vind dat je je geld terug moet vragen, Cathy. Of een paar gratis dates, of desnoods een paar dates met korting. Ik kan gewoon niet geloven dat een man zo ver gaat om een date te krijgen. Wat is er mis met die lui?'

'Ze doen het behoorlijk goed. Mijn laatste date deed het met vijf verschillende vrouwen,' legt Cathy uit. 'Wat denk jij, Lucy?'

'Ik denk dat je eerst die mannen bij Tom op kantoor eens moet bekijken. En getrouwde mannen vermijden, als het even kan. Hoewel ik weet dat het soms niet meevalt om daarachter te komen, of om ze te weerstaan.'

'Ik wou dat jij met me meeging, Lucy. Dan kon je met je radar het kaf van het koren scheiden,' zegt ze.

'Nou, ik ben haar nog een paar avonden babysitten schuldig, dan kun je haar toch meenemen?' zegt Tom.

'Is het geen schatje?' roepen de dames in koor. 'Wat een geweldige echtgenoot.'

Ik zeg maar niet dat mannen zelden hun oppasschulden inlossen en dat hij, met het project in Milaan op de rails, voorlopig druk heen en weer reist naar Italië. Tom geniet van alle adoratie. Ik vermoed zelfs dat hij op hun verwachtingen inspeelt. De huishoudelijke competitie kent geen gelijk speelveld. Vrouwen beginnen altijd aan de voet van de heuvel, zodat ze verder moeten klimmen en hoger kunnen vallen. Een man die een luier verschoont stuift omhoog en een vrouw die hetzelfde doet in de helft van de tijd, met drie efficiënte bewegingen en nog geen kwart van de billendoekjes, komt nauwelijks vooruit. Denk aan het fenomeen van de mannen die feestelijk koken voor dineetjes, waar de gasten van gekkigheid niet weten met welke bijvoeglijke naamwoorden ze de rijkdom van de maaltijd en de inventiviteit van de kok moeten beschrijven. De waarheid is dat ze tien jaar geleden twee recepten uit het River Café-kookboek hebben geleerd en die schaamteloos uit de kast trekken als er kans is op applaus, maar dat ze kindermaaltijden beneden hun waardigheid achten.

Niemand geeft punten aan de bescheiden spaghetti bolognese, de eenvoudige gebakken aardappelen of de nederige gehaktschotel die moeders tweemaal daags op tafel zetten. Die wandelen namelijk niet vanzelf vanuit de koelkast op tafel. En die eindeloze herhalingen zijn zo eeuwenoud als de bladsnijmieren die kleine stukjes blad naar hun nest slepen en vastberaden hun genetische taakbeschrijving vervullen.

Ik kijk hoe Tom met mijn vriendinnen praat en probeer hem te zien zoals zij hem zien: een man die lekker in zijn vel zit en zich met zelfvertrouwen een weg baant door de gedeelde intimiteiten van deze groep vrouwen, niet te opdringerig, niet te dominant. Een man die geniet van zijn woensdagse voetbalwedstrijd met vrienden en nog maanden nageniet van het plezier van een slim kunstje. Een man die naar de kroeg gaat voor een paar biertjes en het dan ook bij die paar biertjes laat. Door de ogen van mijn vriendinnen gezien weet ik dat ik mezelf gelukkig mag prijzen. Maar alleen de twee betrokkenen kunnen een huwelijk ontleden en zelfs dan is het moeilijk om de bochten heen te kijken. En er zijn altijd heel veel invalshoeken en gezichtspunten. De lichtheid van het hart als drie kinderen met succes te bed zijn gelegd voor de nacht, dient bijvoorbeeld te worden afgewogen tegen de dodelijke vermoeidheid die het einde van de dag met zich meebrengt. Is dit een goed moment om te melden dat je de huissleutels alweer kwijt bent? Is de opluchting van eindelijk stilte voldoende compensatie voor het irritante gevoel dat negen uur 's avonds een latertje is?

Ik peins over de onmogelijke grillen van relaties, waar dingen die eens aantrekkelijk waren uitgroeien tot negatieve eigenschappen of na verloop van tijd overbodig worden. Ik vond het bijvoorbeeld altijd heerlijk om Tom een pretsigaret te zien draaien. Hij kon het met één hand. Met zijn lange vingers vouwde hij de tabak glad in het vloeitje, verkruimelde er deskundig stukjes wiet in en overhandigde het geheel met een glimlach. Toen hij dertig was, stopte hij ineens met roken en werd een hypochonder, en sindsdien krijg ik op mijn lazer vanwege mijn onvermogen om die beschamend smerige gewoonte af te leren. En dan het moment dat Tom zich voor het eerst realiseerde dat ik helemaal niet zo goed kan luisteren, want als ik in zijn ogen keek en luisterde naar zijn problemen met een van zijn bouwprojecten, bevond ik me eigenlijk in mijn eigen wereldje. Niemand van ons is wat hij lijkt.

'Lucy, Lucy, hou daarmee op, je maakt het gat groter,' onderbreekt Tom mijn hersenspinsels. Ik heb afwezig in het gat in de zijkant van de bank zitten pulken en het geld dat Sam daar heeft verzameld rinkelt ineens over de grond. Ik heb de jackpot gewonnen.

Emma gaapt luidruchtig.

'Wat ben ik moe,' zegt ze.

'Heb je problemen op je werk?' vraagt Tom, in de hoop terug te keren naar veilig terrein. Hij vertelt haar niet dat ze haar laarzen met hakjes uit moet trekken als ze op de bank ligt. Als hij zich bij haar kan inhouden, waarom dan niet bij mij, vraag ik me af.

'Nee, ik heb de halve nacht telefoonseks gehad,' antwoordt zij met haar ogen dicht.

'Ik begrijp niet hoe iemand met een vrouw en vier kinderen tijd overhoudt voor telefoonseks,' zeg ik.

'Hij doet het alleen als hij de stad uit is of als hij overwerkt. Dat is dus meestal,' zegt ze.

'Hoe gaat dat, telefoonseks? Zet je hem op de trilstand?' vraag ik. Haar hoongelach wordt onderbroken door het piepen van haar telefoon.

'Hij is onverzadigbaar,' verklaart Emma. 'Ik ga hem negeren. Vriendjes zijn ontzettend veeleisend.' Ze opent het sms-bericht en werpt mij de telefoon toe.

'Ik weet niet of je hem wel een vriendje kunt noemen als hij getrouwd is,' betoog ik. Ze negeert me.

'Mag ik even bij de kinderen gaan kijken, Lucy?' vraagt ze. Natuurlijk mag dat. Ik ken de herstellende krachten van een blik op mijn slapende kinderen beter dan wie ook.

Ze verdwijnt naar boven en ik overpeins de technologische vooruitgang sinds Tom en ik elkaar hebben leren kennen. Indertijd was het al heel spannend om op een telefoontje te wachten. Nu zijn er BlackBerry's, mobiele telefoons, satellietnavigatie. Voor het eerst sinds Norfolk ben ik blij dat ik getrouwd ben. Ik lees het bericht: 'Wil je in mijn kantoor, gebogen over mijn bureau, secretaresse in heel kort rokje komt zo binnen…' Ik laat van schrik de telefoon vallen.

'Sinds wanneer slaan we het voorspel over?' vraag ik. Cathy komt even kijken.

'Ik hoop dat hij de foto van zijn volmaakte gezinnetje in de la heeft gelegd voor hij hiermee begon,' zeg ik.

Tom kondigt aan dat hij besloten heeft in de pub voetbal te gaan kijken en de rest van de avond weg is.

'Er zijn grenzen aan wat ik kan verdragen,' fluistert hij in mijn oor bij zijn vertrek. 'Misschien kom ik die man ooit nog eens tegen.'

Ik pak afwezig Emma's telefoon en ben ineens een sms terug aan het schrijven. 'Hoe kort precies?' schrijf ik, en voor ik het weet drijft een primitieve impuls me ertoe het bericht te versturen.

'Jeetje, Lucy,' zegt Cathy, die over mijn schouder meeleest. 'Sinds wanneer kun jij sms'en?'

De telefoon piept.

'Zo kort dat je haar kont kunt aanraken,' staat er. Ik ben helemaal van mijn stuk gebracht.

'Waarom schrijft hij alles voluit?' vraagt Cathy. 'Geen wonder dat ze de hele nacht opblijven; zo duurt het uren voor ze klaar zijn.' Vroeger verraadden middelbare mannen zich door een broek een pantalon te noemen en alle vrouwen jonger dan zestig meisjes; nu is het voluit schrijven van woorden in een sms-bericht al afdoende.

'Doe jij ook aan sms-seks?' vraag ik Cathy, zoals iemand zou vragen naar lavendelzakjes als het juiste middel voor zoetgeurende klerenkasten, en intussen tik ik een bericht terug.

'Jazeker,' zegt ze. 'Al doe ik het liever in het echt.'

'Wil dat je sexy vrouw binnenkomt, niet je secretaresse,' sms ik terug.

'Lucy, wat stout!' zegt Cathy net als Emma de kamer weer binnenkomt. Haar telefoon piept weer en Emma pakt hem van mij aan.

'Laat mijn vrouw erbuiten,' staat er in het bericht.

'Lucy, wat gebeurt hier allemaal?' vraagt Emma, en ze bekijkt het verloop van dit virtuele gesprek. Ze toetst als een dolle een nieuw bericht in, maar krijgt er geen terug.

'Ik kan gewoon niet geloven dat je dat hebt gedaan,' zegt ze met een geërgerde blik naar mij. 'Hij schiet compleet in de stress als hij aan zijn vrouw denkt.'

'Precies,' zeg ik. 'En zo hoort het ook. Waarom zou hij een buitenechtelijke relatie hebben zonder schuldgevoel?'

'Sommige mensen nemen een massage om te ontspannen. Hij neemt mij. Thuis is voor hem geen rustig toevluchtsoord, maar een plaats waar kinderen aandacht vragen en zijn vrouw onredelijke eisen stelt over vakanties in de Caraïben en een rekening bij Harrods. Haar maandelijkse huishoudgeld is meer dan mijn salaris.'

'Natuurlijk is het stressvol thuis, hij heeft vier kinderen die aandacht willen omdat ze hem niet vaak genoeg zien, want als hij niet aan het werk is, zit hij bij jou. Het is thuis nooit rustig als je eenmaal kinderen hebt. En natuurlijk wil zij iets ter compensatie; dat is de deal met bankiers. Zij heeft vier kinderen gekregen, dus nu is het tijd om terug te betalen. En trouwens, jij moet eens ophouden met over jezelf te praten alsof je een aromatherapie bent en alleen maar op de wereld bent om een man met een stressvolle baan te sussen. Je kunt immers krijgen wie je maar wilt; je hebt vast hordes beschikbare mannen op kantoor. Ik denk dat je verslaafd bent aan stiekem gedoe.'

'Lucy, in feite ben ik heel serieus over deze man. Ik wil huiselijk met hem worden.'

'Wat bedoel je daarmee?' vraag ik ongelovig.

'Je weet wel: met gele rubberhandschoenen de borden wassen die hij afdroogt, recepten van Nigella Lawson klaarmaken, 's morgens zijn overhemden strijken.'

'Je bent niet wijs. Hij is getrouwd en heeft vier kinderen. Jij bent alleen maar een verzetje.'

'Waarom heeft hij dan een flat voor ons gehuurd in Clerkenwell, met een contract van een halfjaar?'

Cathy en ik zijn even stil omdat we deze wending in het gesprek niet verwachtten en Emma leunt tevreden achterover op de bank, met het air van iemand die nog altijd een konijntje uit een hoge hoed kan toveren.

Dan zeg ik: 'Omdat het vlak bij zijn kantoor is? Ik begrijp eigenlijk helemaal niet waarom hij een flat in Clerkenwell wil huren. Jij hebt toch al een huis?'

'Misschien heeft hij ouderwetse ideeën over maîtresses onderhouden?' oppert Cathy.

'We zijn al meer dan een jaar samen,' zegt Emma. 'Hij komt liever niet naar Notting Hill omdat hij bang is dat hij een bekende tegenkomt, dus heb ik besloten te verhuizen en mijn flat onder te verhuren. Hij gaat de huur betalen en we hebben samen al een bed gekocht.'

Om de een of andere reden ben ik van dat laatste het meest onder de indruk. Samen een bed kopen is meer dan een simpele transactie. Het is een van die subtiele, bepalende momenten die zich voordoen wanneer je ze het minst verwacht. De breedte van het bed, altijd een bron van onenigheid, brengt meestal een zekere hoeveelheid speculatie met zich mee, over eventuele kinderen, honden op bed, of – nog radicaler – logeerpartijen met derden. De prijs bepaalt de mate van toewijding aan de relatie. Hoe duurder het bed, hoe langer de garantie.

'Hoe duur was het?' vraag ik.

'Bedoel je de huur?' vraagt Emma.

'Het bed. Was het duur?'

'Binnenvering, negenduizend veren, vijfentwintig jaar garantie, superkingsize, vier cijfers met een drie voorop.' Nu weet ik zeker dat hij er heel diep in zit.

'Maar liep je dan niet het risico dat iemand jullie zou zien in de beddenwinkel? Ik dacht dat bankiers niet graag risico's namen,' zeg ik, en ik stel me voor hoe ze samen op de matrassen van de beddenafdeling op en neer stuiterden.

'Hij heeft het telefonisch besteld,' zegt ze. Ik weet zeker dat hij precies hetzelfde bed gekocht heeft als hij thuis bij zijn vrouw heeft staan. En ik wed dat ze in Clerkenwell hebben gewoond voordat ze naar het westen van Londen zijn verhuisd.

'Hoor eens, ik wil echt graag dat jullie hem ontmoeten; dan kun je zelf zien wat een lieve man hij is. Hij zit gevangen in deze situatie. Zijn huwelijk was allang voorbij voor hij mij leerde kennen. Het is nog slechts een formaliteit. Ze hadden nog maar twee keer in de maand seks.'

'Twee keer in de maand,' zeg ik, stukjes chips sproeiend. 'Dat is helemaal niet gek met vier kinderen en een baan.'

'Maar het was voor de vorm, het betekende niets meer. Halverwege bedacht ze soms ineens dat ze de huishoudster nog iets moest vertellen en dan stopte ze om "Coco de clown-boeken" op te schrijven of zoiets.'

Ik wil net toegeven dat ik dat ook heb gedaan, maar sommige dingen kun je zelfs voor je beste vriendinnen beter verzwijgen.

'Hoe dan ook, Lucy, ik vind je wel een beetje schijnheilig, gezien jouw bekentenis van de vorige keer.'

'Dat is iets heel anders,' zeg ik, en ik zet mijn glas iets te hard op de tafel. 'Ik zei maar wat. Ik probeerde iets spannends te verzinnen om jullie bij te houden.'

Ze kijken me bedenkelijk aan.

'We zijn gewoon vrienden aan het worden, hoor,' hou ik vol.

'Hmm, je kunt je vriendinnen toch wel iets vertellen over die Goddelijke Huisvader?' vraagt Cathy. Emma hijst zich loom overeind en gaat afwachtend tegen wat kussens aan zitten en ik besluit dat ze na al die inspanning iets pittigers verdient dan de nogal kleurloze realiteit van onze ontmoetingen.

'Nou, hij heeft niet al die poeha van mannen die hun eigenwaarde afmeten aan hun jaarlijkse bonus, hij is niet kaal en er zit geen draadje Ralph Lauren aan zijn lijf,' begin ik.

'Vertel ons nou niet hoe hij níét is, maar wat hij wél is,' dringt Emma aan.

'Nogal lang, nogal donker, beslist broeierig, zolang hij niks zegt, want dan bederft hij alles met iets als "Bruin volkoren is oneindig veel beter in een broodtrommeltje, vind je niet?", en zelfs met een heel rijke fantasie is zoiets natuurlijk nauwelijks verkeerd te interpreteren.'

Ze blijven onbewogen.

'Heb je verder nog met hem gepraat?' vraagt Cathy.

'Hij vindt dat ik me verkiesbaar moet stellen als klassenmoeder en zegt dat hij me zal helpen,' vertel ik.

'Ik denk niet dat je daar te veel achter moet zoeken,' zegt Cathy. 'Al zal het jullie wel meer reden geven om met elkaar om te gaan...'

'Op de eerste schooldag vroeg hij of ik meeging koffiedrinken,' zeg ik. Emma gaat met moeite op de rand van de bank zitten.

'Alleen jullie samen?' vraagt Emma. Ik knik en geniet van hun geïnteresseerde gezichten.

'Daar heb je nooit wat over gezegd,' zegt ze.

'Omdat het ook nooit gebeurd is,' zeg ik mysterieus.

'Dus je hebt hem afgewezen?' vraagt Cathy.

'Nee, het lag ingewikkelder,' zeg ik.

'God, Lucy, ik begrijp niet dat je daar niets over hebt gezegd,' zegt Emma met haar hand voor haar mond.

'Wat gebeurde er dan? Details, nu meteen!' beveelt Cathy.

'Toen hij zag dat ik mijn pyjama onder mijn jas aanhad, trok hij de uitnodiging in, niet voor onbepaalde tijd maar tijdelijk, en sindsdien is er niet meer over gesproken.'

'Lucy, wat sneu,' lacht Cathy. 'Niemand kan buitenshuis pyjama's dragen, behalve als ze over de zeventig is of zichzelf buitengesloten heeft.'

'Nou, dan had hij maar niet moeten kijken,' zeg ik. 'Trouwens, wanhopige momenten vereisen krankzinnige oplossingen. Je kunt je niet voorstellen hoe het is om iedere ochtend op tijd op school te moeten zijn, dag in dag uit. Heb jij ooit geprobeerd om een dwarse driejarige in de kleren te krijgen? Het is net voetballen met een kwal. Ik word nog liever geïnterviewd door Jeremy Paxman of gedwongen in mijn bikini naar de supermarkt te gaan of een verhouding met Tony Blair te hebben of...'

'Ja, ho maar! Zo erg kan het niet zijn,' zegt Emma en ze zwijgt even. 'Misschien moet je overwegen om Fred vast met kleren en al in bed te leggen.'

En ik glimlach bij mezelf omdat het me doet denken aan een avond, tien jaar geleden, toen ik thuiskwam van mijn werk en Tom helemaal aangekleed in bed vond. Gevangen in de verrukkingen van een diepe slaap, op zijn rug, met zijn witte overhemd en de knopen van zijn spijkerbroek wijd open. Ik wreef met mijn hand over zijn hals naar ergens onder zijn navel, nog bruin van de zomerzon, en toen zijn spijkerbroek in. Dit was nog in de tijd dat alleen al een langzame blik het vuur van de hartstocht aanwakkerde. Zelfs in zijn slaap veranderde zijn ademhaling. Ik probeerde te ontdekken of hij in slaap gevallen was met zijn kleren nog aan, of zich had aangekleed om de volgende ochtend een vroege trein naar Edinburgh te halen.

Toen zag ik een briefje op het kussen aan mijn kant van het bed liggen, waarin hij schreef dat hij mijn creditcard had gevonden in de koelkast. Dit was nog in de fase dat er in onze relatie een genoeglijke harmonie bestond tussen mijn verloren voorwerpen en Toms zoektochten, toen we elkaar nog uitstekend leken aan te vullen.

Ik wist echter dat ik de koelkast grondig had doorzocht naar mijn creditcard voordat ik die ochtend naar mijn werk was gegaan en toen lag hij er niet. Even vroeg ik me af of hij dingen verstopte zodat hij me een plezier kon doen door ze te vinden, dus ik ging op onderzoek in de keuken. De koelkast zat wat voller dan toen ik 's ochtends was weggegaan, maar onderin stond, helemaal alleen, een grote dikke chocoladetaart. Hij zag er zelfgemaakt uit. Ik haalde hem uit de koelkast en toen ik het keukenlicht aanknipte, zag ik dat er bovenop een zilveren ring lag met vier piepkleine steentjes in verschillende kleuren. Naast de ring stond met glazuur geschreven: 'Maak me wakker als het antwoord ja is.' Ik likte de chocola van de ring en deed hem om; hij paste prima.

Tom stond in de deuropening en keek naar mijn gezicht. 'Het kostte heel veel wilskracht om je daarnet te weerstaan,' zei hij.

'Lucy, Lucy, je zit weer te dromen,' zegt Cathy, terwijl ze Emma aanstoot. 'Ze zit vast aan Goddelijke Huisvader te denken.'

'Nee hoor, ik was met mijn gedachten bij Toms huwelijksaanzoek,' leg ik uit.

'Dat is goed,' zegt Cathy. 'Ik heb pas gelezen dat de grens van overspel sterk is vervaagd en dat zelfs een flirterige vriendschap met een andere man als overspel wordt gezien. Hoe dan ook, Tom en jij zijn het meest eensgezinde stel dat ik ken en dit is een heel troostrijk huishouden. Het is net of ik bij mijn ouders op bezoek ben. Er kan niets mis zijn, dat zou ik immers merken. En wat zou er van ons moeten worden als jullie uit elkaar gingen of zelfs maar in een dip zaten?'

Zou het eigenlijk niet over mij moeten gaan, vraag ik me af.

'Er is niets onfatsoenlijks gebeurd,' zeg ik koninklijk. 'Het is gewoon iets onschuldigs dat zich afspeelt in mijn hoofd. Een welkome afleiding. Hij is trouwens duidelijk stapel op zijn vrouw.'

'Hoe weet je dat?' vraagt Emma.

'Omdat hij haar verteld had over die pyjama en over de onderbroekentoestand.'

'Welke onderbroekentoestand?' Ik vertel ze de verkorte versie en ze lachen zo hard dat alle spanningen verdwijnen.

'Jullie worden uiteindelijk vast heel goede vrienden,' zegt Cathy.

Ze wordt onderbroken door het gepiep van mijn eigen mobieltje. Ik kijk er wantrouwig naar, want een sms ontvangen is voor mij nog steeds vrij nieuw. Voordat ik het bericht kan openen, heeft Cathy de telefoon al gepakt en leest het. Het is van Goddelijke Huisvader. Hij moet mijn mobiele nummer op de klassenlijst hebben gevonden. 'Verkiezing klassenmoeder aanstaande maandagavond,' staat er. Ze tikt een paar letters in, houdt de telefoon voor mijn neus zodat ik het kan lezen en voor ik kan protesteren heeft ze het bericht al verstuurd. 'En daarna?' heeft ze geschreven. Binnen een paar tellen piept de telefoon weer. Deze keer pak ik hem snel op. 'Wat drinken?' schrijft Goddelijke Huisvader. Bezorgd zet ik de telefoon uit.

'Cathy, wat heb je gedaan?' zegt Emma.

6

Niets is zeker, behalve de dood en de belastingen.

We staan op het punt om uit eten te gaan in Islington, met Cathy en een architect van Toms kantoor. Nadat hij Cathy nog geen week geleden heeft beloofd iets voor haar te regelen heeft hij namelijk een passende vrijgezel uitgezocht op kantoor en, bijna zonder overleg, het zo georganiseerd dat wij met ons vieren uitgaan.

Het is ongewoon vreedzaam voor de tijd van de dag, omdat de oppas vroeg was en aanbood om de kinderen in bed te stoppen. Daarom lig ik op bed verbaasd te kijken hoe Tom zijn koffer inpakt, al duurt het nog drie dagen voor hij naar Milaan vertrekt.

Hij telt zorgvuldig onderbroeken, sokken, overhemden, pyjama's en broeken, en legt ze op nette stapeltjes. Daarnaast legt hij een tandenborstel, tandpasta, floss, deodorant en scheermes op een rijtje, allemaal keurig op dezelfde afstand van elkaar. Ik weet dat ze bij aankomst in het Hotel Central (ik heb alle gegevens al opgekregen) allemaal vanuit de koffer in precies dezelfde volgorde op de glazen plank in de badkamer terecht zullen komen.

Wij delen de tandpasta niet langer, na een ruzie over hoe in een tube dient te worden geknepen. Ik ben meer van de freestyle-techniek. Jaren geleden ben ik overgestapt op rechtopstaande tubes om verdere discussie te vermijden, want het onderwerp was wat mij betreft uitentreuren besproken. Tom blijft echter gewone tubes kopen en de tandpasta er vanaf het einde uit knijpen, waarbij hij ze aan de onderkant zorgvuldig oprolt om te zorgen dat er niets verspild wordt. Soms maakt hij zich zorgen over wat hij moet doen als dergelijke tubes eindelijk definitief uit de handel worden genomen. Hij fluit tevreden tussen zijn tanden en doet een stap achteruit om met zijn handen in zijn zij het resultaat van zijn noeste arbeid te aanschouwen. Ik bewonder een deskundige aan het werk. Kon ik uit dergelijke activiteiten maar evenveel voldoening putten.

Tussen nu en dinsdagochtend kan de wereld wel vergaan, maar Tom weet precies welke broek hij aan zal hebben om dat het hoofd te bieden. Hij is immers een consequent mens. Tot voor kort beschouwde ik mezelf als consequent in mijn inconsequentheid. Je kunt er de donder op zeggen dat ik mijn creditcard gemiddeld zes keer per jaar kwijtraak, dat ik broodkruimels achterlaat in het toetsenbord als ik mijn e-mail bekijk en dat ik de prijs van kleren die ik koop met vijfentwintig procent verlaag als Tom vraagt wat ze hebben gekost. Tegenwoordig ben ik onzekerder over mijn onzekerheid en dat is, als je er goed over nadenkt, waarschijnlijk nog erger dan er zeker in te zijn.

'Waar denk je aan?' vraagt Tom, die me vanuit zijn ooghoeken aankijkt, nog steeds intensief bezig met het uitlijn- en stapelproces.

'Wat vind jij van Emma's verhouding met die man?' vraag ik. 'Ik had nooit gedacht dat ze iets zou krijgen met een getrouwde kerel. Ze heeft alles graag duidelijk afgebakend, en hoe dit ook afloopt, het wordt allemaal erg ingewikkeld.'

'Ik vind vooral dat je mensen hun leven moet laten leven, Lucy,' zegt hij. Intussen trekt hij een koffer uit de kast en pakt een handdoek om hem af te stoffen. 'Het klinkt in elk geval allemaal erg obsessief: stiekem seks in zijn kantoor, in liften, achterin auto's. Geheime ontmoetingen zijn enorm opwindend.'

'Hoe weet jij dat allemaal?' vraag ik.

'Ze vertelde het toen jij even bij Fred ging kijken. Ze raakt er niet over uitgepraat. God, ik hoop niet dat jij zo expliciet over mij bent.'

Dat negeer ik, maar ik zeg: 'En zijn vrouw dan?'

'Tja, die zal wel te moe zijn. Zulke dingen doe je alleen met een relatief onbekende.'

'Dat bedoel ik niet. Het lijkt me heel oneerlijk dat zij niet eens weet dat er een strijd gaande is om zijn hart te winnen. Ik bedoel, als ze wist dat ze een rivale had, zou ze misschien beter haar best doen,' zeg ik.

'Hoe dan?'

'Weet ik veel. Haar bikinilijn harsen, naar de sportschool gaan, lekker eten koken, nieuwe standjes overwegen, laten merken dat ze blij is als hij thuiskomt.'

'Misschien heb jij wel een rivale nodig,' grapt hij. 'Maar als dat soort dingen zo belangrijk zijn, stelt zo'n huwelijk niet veel voor, vind je wel? Misschien doet ze dat allemaal al, en meer, en is het nog steeds niet genoeg. Wat ik niet begrijp is waarom hij een appartement met haar wil huren. Huiselijkheid is een doodsteek voor dergelijke hartstocht.'

'Niet als je alleen op voorgeschreven tijden huisclijk mag zijn. Ik zie niet waar het heen moet.'

'Ik denk dat dit eigenlijk meer over jou gaat dan over haar, Lucy.'

'Wat bedoel je?'

'Ik denk dat je te veel meeleeft met andere mensen en daardoor raak je van slag,' antwoordt hij.

Net nu het interessant wordt, komt Fred de kamer binnenrennen en belandt met een indrukwekkende sprong vanaf de vloer midden tussen de zorgvuldig gerangschikte spullen van zijn vader, waar hij op en neer begint te springen. Kleren stuiteren in het rond, hemdsmouwen omhelzen onderbroeken, sokken raken gescheiden en de hele inhoud van de toilettas komt op de vloer terecht. Het scheermes komt nooit in Milaan aan en voegt zich bij de splinterbeweging onder het bed. Peuters zijn geboren anarchisten.

'Fred, jij hoort te slapen!' brult Tom. Hij tilt hem op en draagt hem als een rugbybal met trappelende beentjes terug naar zijn kamertje. Kinderen voelen het aan als je de frontlinie verlaat en een officier van dienst de leiding geeft.

Maar Polly de oppas, de jongste dochter van een van onze buren, heeft het nu te druk met het schrijven van een filosofieopstel om zich bezig te houden met wat er boven gebeurt. Ik ga naar de keuken met een lijst van telefoonnummers waarop ze ons kan bereiken en werp een blik op haar computerscherm. 'Socrates gelooft dat mensen kwaad doen, niet omdat ze slecht zijn, maar omdat ze niet echt weten wat goed voor ze is.' Uitwerken.

'Zal ik proberen iets aan de was te doen als de kinderen eenmaal slapen?' vraagt Polly. De overvolle wasmanden staan in dezelfde hoek van de keuken als de vorige keer dat ze hier was. Een paar weken geleden hebben de schone en vuile stapels hun krachten gebundeld, zodat er nu in plaats van twee torentjes een kleine berg ligt, met een soort hoogvlakte van onderbroeken en beha's bovenop. Polly is een deel van de keukentafel aan het opruimen om meer boeken neer te kunnen leggen. Ze verzamelt felgekleurde plastic bekers halfvol melk en borden met brood-korsten en eierschalen die na het eten op tafel zijn blijven staan, veegt efficiënt de etensresten in de afvalbak en zet het servies in de vaatwasser.

'Sorry hoor, het is altijd zo'n geren als je uitgaat,' zeg ik en ik help gezellig met het inruimen van de vaatwasser. Ik hoop dat Tom niet binnenkomt, want Polly stapelt de borden zomaar onderin en zet de messen en vorken door elkaar in het bestek-bakje.

'Ik wilde afruimen nadat ik de kinderen in bad had gedaan, maar Fred scheurde zijn lip in bad en Tom was aldoor aan de telefoon met Italië. Als je tijd hebt voor de was zou dat geweldig zijn.' Ik kijk even naar haar buik als ze overeind komt. Ze heeft een spijkerbroek aan die meer dan honderd pond gekost moet hebben, een mouwloos topje dat steeds omhoogkruipt als ze vooroverbuigt om iets in de vaatwasser te zetten, en dan zie je een moeiteloos platte buik met een navelringetje. Het is onvoorstelbaar dat zij ooit de strijd aan zal gaan met opstandige stapels vuile was en driedubbele buikjes, verbijsterd zal zijn door bouwpakketten en schooltijden, en met haar man gesprekken zal voeren over de beste manier om een vaatwasser in te ruimen. En toch was ik vroeger net als zij.

Ik vraag me af wat ze van mij vindt. Ik zie haar naar de koel-kast kijken met de lijst van dingen die gedaan moeten worden. Gymschoenen Joe. Kapper. Kerstcadeaus, driedubbel onder-streept. Loodgieter bellen. Luizenshampoo, want de jongens hebben weer eens luizen.

Ik weet dat ze de kleren nu niet uit zal zoeken. Niet omdat ze te lui is, of haar aanbod onoprecht, maar omdat ze tot de conclusie zal komen dat ze misschien cijfers kan halen die goed genoeg zijn voor een toekomst die kilometersver van de mijne verwijderd is als ze nu iets harder en iets langer aan haar opstel werkt.

Terwijl we de vaatwasser inruimen vraag ik naar haar toekomstplannen.

'Ik wil geschiedenis studeren,' zegt ze.

'O, dat heb ik ook gedaan, aan de universiteit van Manchester,' antwoord ik enthousiast. Ze kijkt een beetje verbaasd, maar is wel zo beleefd om te blozen.

'Dus je hebt wel gewerkt voordat je kinderen kreeg?' vraagt ze voorzichtig, alsof ze het antwoord niet echt wil weten. En een deel van mij wil liegen en haar vertellen dat zij andere opties heeft, dat voor haar alles gemakkelijker zal zijn.

'Ja,' zeg ik. 'Ik heb het wel parttime geprobeerd toen Sam geboren was, maar vanwege Toms onvoorspelbare werktijden moest ik een oppas vinden die tot middernacht wilde blijven. En toen raakte ik in verwachting van Joe.'

'Werkte je in ploegendienst?' vraagt ze.

'Zoiets, ja,' antwoord ik, en ik peuter stukjes pasta uit de gootsteen.

'Wat was het dan voor werk?' vraagt ze weer.

'Ik was producer bij *Newsnight*,' zeg ik.

'Maar wat vreselijk dat je dat moest opgeven!' reageert ze.

'Als je kinderen krijgt, ben je nooit meer echt vrij,' vertel ik. 'En dat is zowel vreselijk als wonderbaarlijk. In het begin voelde het alsof de rol waar ik me mijn hele leven op had voorbereid me werd afgenomen, net toen het doek opging en ik ontdekte dat ik helemaal de hoofdrol niet had, maar die van vierde speerdrager. Maar het was vreselijk om Sam nooit echt te zien. Het is raar: als de gedachte aan tijd met je kinderen je met afgrijzen vervult zie je ze waarschijnlijk teveel en als je vroeg opstaat op zaterdagochtend om een tochtje naar de dierentuin, een museum en ontbijt met pannenkoeken in één dag te proppen, zie je ze ongetwijfeld te weinig.'

'Er moet toch een gulden middenweg zijn.'

'Nou, een steenrijke man helpt, omdat je dan een heleboel van de saaiere taken kunt afkopen,' zeg ik lachend. 'Maar dan zie je hém weer nooit. En er zijn banen die gemakkelijker te combineren zijn met het moederschap. Of je kunt een huisman zoeken.'

'Ik denk dat ik ga proberen om jong kinderen te krijgen en daarna carrière te maken,' zegt ze bedachtzaam.

'Dat lijkt me een goed plan,' lieg ik, want proberen uit te leggen hoe onverenigbaar het moederschap is met alles wat eraan vooraf is gegaan heeft geen zin. 'Gelukkig hoef jij je daar nu nog niet druk over te maken. Geniet maar gewoon. Wat doet jouw moeder voor werk?'

'Ze is bedrijfsjurist,' vertelt Polly. 'We plagen haar weleens dat ze een mol is, omdat we haar nog nooit overdag gezien hebben. Ik weet zeker dat ik dát in elk geval nooit wil.'

Ik hoor geschreeuw en ren naar boven. Fred is zijn bed weer uit en de twee oudste jongens zitten midden in een nieuw lievelingsspel, geïnspireerd op een aflevering van *ER* die Sam een paar maanden geleden met ons heeft bekeken. Het houdt in dat ze operaties op elkaar uitvoeren, de ene nog grotesker en bloederiger dan de andere. Deze keer is het Freds beurt om op de grond te worden vastgepind. Ze hebben tomatenketchup uit de keuken gebruikt als bloed en de hele dekbedhoes zit onder. Het zou op zijn plaats zijn hen tot de orde te roepen, maar het vooruitzicht is te uitputtend, dus ik pak gewoon de ketchup af en werp Sam, die als oudste blijk zou moeten geven van meer verantwoordelijkheidsgevoel, een blik toe die hopelijk een hele reeks emoties weergeeft, waaronder teleurstelling, razernij en ergernis.

'We doen een hersentransplantatie, mam,' verklaart Sam.

'Om hem te laten onthouden hoe je tot twintig telt,' voegt Joe eraan toe.

'Wil jij er ook eentje, mama?' vraagt Sam.

Ik ga naar de slaapkamer op zoek naar Tom en kom onderweg een scheefhangend gordijn tegen dat Fred naar beneden heeft getrokken bij het verstoppertje spelen, zodat de vlek van de overstroming van de dakgoot van vorig jaar te zien is.

Ik bedenk dat het hele huis geschilderd moet worden. Het huis schilderen is echter geen prioriteit van de eerste orde, net zomin als de droom van een speelgoedkast vol identieke plastic bakken met stickers op de zijkant die vertellen wat erin hoort. Ik vraag me af wat er eigenlijk wél als eerste prioriteit geldt. Een nieuwe schoonmaakster? Misschien. Het verjaardagspartijtje van Sam? Beslist. Seks met Tom? Heel zeker. De oplossing van mijn voortdurende crisis? Absoluut.

Eén ding is zeker: onzekerheid is een broedplaats voor meer

onzekerheid. Ik probeer te ontdekken hoe het gekomen is dat ik mijn vertrouwen verloren ben. Tom heeft gelijk: het zaadje is waarschijnlijk meer dan een jaar geleden geplant, toen Cathy midden in de nacht opbelde en met dat gekrompen stemmetje dat je krijgt na uren huilen vroeg of ze langs kon komen en mocht blijven slapen. Ze zei dat ze ons alles zou vertellen als ze er eenmaal was met Ben, die toen drie was, maar we wisten al wat er gebeurd was. De barsten waren al een tijdje duidelijk zichtbaar. De gesprekken met een relatietherapeut, toen de verbittering al zo diep zat dat zelfs de lucht om hen heen zuur rook, en de ruzie op het veertigste verjaardagsfeest van mijn broer toen Cathy vergeten was haar man te vertellen dat ze dat weekend werkte, zodat hij op Ben moest passen en zijn shiatsumassage moest afzeggen. 'Hoor eens, als ik niet werk, hebben we niet genoeg geld,' riep zij uit.

'Mijn therapeut zegt dat ik ruimte moet hebben om na te denken en mijn innerlijke kind te vinden,' balkte hij terug.

'En ik vind dat je eerst je innerlijke volwassene maar eens moet vinden!' was haar repliek.

'Het ergste is,' zei Cathy na ettelijke flessen wijn, toen we Ben boven in bed hadden gestopt, 'dat hij zoveel verder is in het besluitvormingsproces dat er geen verzoening mogelijk is. Je denkt dat je weet wat iemand van je vindt, en dan zegt diegene dat hij niet zeker weet of hij ooit veel van je gehouden heeft, en dan vraag je je af hoe echt je eigen gevoelens zijn en verlies je alle vertrouwen.'

We knikten wijsgerig. In die tijd had ik nog nooit getwijfeld aan de kracht van onze emotionele verbondenheid. Tom ging boven een zakdoek voor haar halen. Toen hij haar die gaf, huilde ze nog harder om zijn vriendelijke gebaar.

'Jij bent zo betrouwbaar, Tom. Was ik maar met een man getrouwd die de kruidenpotjes op alfabet zet,' zei ze snotterend.

'Was ik maar getrouwd met een vrouw die dat trekje wist te waarderen,' grapte hij.

'Ik dacht dat we zouden proberen het goed te maken, omdat we getrouwd zijn, zelfs al leek het of we alles tegen hadden. Ik weet zeker dat hij een ander heeft. Hij is gewoon niet in staat om zo'n beslissing op eigen houtje te nemen.'

Toen we naar bed gingen zei Tom: 'Nou, dan zijn die woensdagavonden dat ik met hem voetbal keek in de pub ook afgelopen', en viel in slaap. Dat was kennelijk het enige wat hij jammer vond. 'Dingen veranderen, mensen niet. Het leven gaat door, Lucy,' zei hij de volgende morgen. 'Cathy is trouwens beter af zonder hem. Hij komt nooit verder.'

'Lucy, kom op, we komen te laat,' zegt Tom, die met jas en sjaal in de aanslag de slaapkamer in holt.

Als we de voordeur achter ons dichttrekken, krijg ik dat lichte gevoel dat je ervaart als je een paar uur in de achterhoede mag spelen, en Tom steekt opgewonden door dezelfde gedachtegang zijn hand uit, die ik aanpak. Tijd voor ons samen is een kostbaar goed en we genieten van het gevoel alleen maar samen te zijn en niets te hoeven. Een paar stappen lang lopen we in stille harmonie en ik voel met een golf van optimisme dat mijn verstoorde evenwicht zich zou kunnen herstellen, als we maar meer tijd voor onszelf hadden. Misschien wel een minuut lang maak ik contact met de tijd voordat de kinderen kwamen, toen alleen Tom en ik er waren en we het hele weekend in bed konden blijven, alle kranten konden lezen, op minivakanties konden gaan. Dan realiseer ik me dat de auto verdwenen is.

'Ach hemel, ik heb hem vanmiddag bij school laten staan omdat de jongens naar huis wilden lopen. Het spijt me echt,' vertel ik Tom, en ik probeer te voorzien hoe lang ik zal moeten boeten voor deze fout. Ik maak een ruwe berekening waarvoor ik moet inschatten in hoeverre zijn aanstaande vertrek compenseert voor zijn afwezigheid bij de kennismaking in het restaurant, een detail dat hij belangrijk zou vinden, maar niet essentieel. Ik besluit uiteindelijk dat de bibliotheek in Milaan in mijn voordeel werkt. En ik heb gelijk. Harmonieuze tijd voor ons samen is iets waarvan hij de waarde inziet.

'Maak je geen zorgen, ik ga hem wel halen,' zegt hij. 'Loop jij maar vast in de richting van school.' En hij zet een sprint in waarvan ik weet dat hij die niet meer dan honderd meter kan volhouden.

Ik denk aan Polly en haar opstel. Waar is al die informatie gebleven die ik tijdens al die intensieve jaren school en universiteit heb opgedaan? Is die voorgoed verdwenen? Het verval is ongetwijfeld begonnen in de jaren dat ik kinderen kreeg, toen er zich hele nieuwe horizonten voor mij openden. Buggy's, bijvoorbeeld. Een paar jaar geleden had ik een lang opstel kunnen schrijven over buggy's. Onze eerste buggy aanschaffen duurde langer dan een nieuwe auto kopen. We hebben meer tijd besteed aan naar buggy's kijken dan naar huizen toen we ons huis kochten. Ik herinner me een gesprek met een paar mannelijke collega's die een kind kregen toen ik zwanger was van Sam. We hadden meer dan genoeg van de weekends in babywinkels, verbijsterd en verward door al die verschillende soorten buggy's, en gingen een vergaderzaal in met diverse catalogi, in de hoop dat we samen genoeg informatie zouden hebben verzameld en geanalyseerd om een paar conclusies te trekken. Na een halfuur waren we echter nog in hevige discussie verwikkeld over gewicht, opvouwbare modellen versus inklapbare, sportief of landelijk. De vereiste statistische analyse ging ons boven de pet.

Toen Sam eenmaal geboren was, werd medische deskundigheid de nieuwe prioriteit. Het werd van cruciaal belang om precies te weten hoe je een glas moest gebruiken om onderscheid te maken tussen een virale uitslag en huiduitslag bij hersenvliesontsteking; het was nuttig om te weten dat de metingen van digitale thermometers altijd iets te hoog zijn, en het was indrukwekkend om te ontdekken dat savooiekool en diepvrieserwten door hun ontstekingsremmende eigenschappen veel meer dan groenten zijn. Nu is het aantal specialistische onderwerpen weer uitgebreid. Scholen staan boven aan de lijst. De kennis die vereist is om dat onderwerp onder de knie te krijgen is een universitaire graad waard.

Ik kijk op en zie Tom aan komen rennen, zwaaiend met zijn armen.

'Hij staat er niet,' roept hij.

'God, dan is hij vast weer gestolen,' zeg ik. Deze keer weet ik tenminste zeker dat ik de reservesleutel niet ben verloren.

'Heb je hem echt wel bij school laten staan? Ik ga aan Sam vragen of hij het nog weet,' zegt hij. Hij neemt onmiddellijk de touwtjes in handen en rent weer naar huis. Binnen een paar minuten rent hij weer naar buiten. Al dat rondrennen heeft iets komisch, alsof hij zijn leven in *fastforward* leeft terwijl ik doordrentel in *play* en *rewind*, en ik begin te giechelen.

'Ik weet niet waarom je dit zo grappig vindt. We zijn drie

kwartier achter op schema,' roept hij, deze keer wél boos, want zijn gezicht is zo dicht bij het mijne dat hij geen enkele reden heeft om zijn stem te verheffen. 'Sam zegt dat je de auto bij Starbucks hebt laten staan.' Maar hoe bozer hij wordt, hoe harder ik moet giechelen.

'Vreemd, toen ik terugrende zag ik een blauwe Peugeot op de hoek van de straat, maar ik wist natuurlijk niet dat jij hem heel ergens anders had geparkeerd.'

Dus beginnen we samen te rennen, voorbij dezelfde bomen en huizen waarlangs ik elke ochtend naar school loop. We zwaaien naar de aardige man met de zwarte labrador die de andere kant op wandelt, zien dat een van de straatlantaarns kapot is, rennen voorbij de nieuwe Tesco-supermarkt, springen over de benen van een dakloze man die daar altijd buiten zit. Ook al zijn onze passen even lang en rennen we even hard – en de mensen op straat zien vast een aangename symmetrie in onze bewegingen –, in werkelijkheid zouden we onmogelijk verder van elkaar verwijderd kunnen zijn. Maar de auto vinden we wel.

'Gelukkig dat dit vanavond gebeurt en niet morgenochtend,' zeg ik.

'Lucy, dat heeft niets met geluk te maken en alles met slechte planning,' zegt Tom.

Ik zou het gesprek van eerder op de avond liever voortzetten, maar ik besef dat ik nu al mijn energie moet investeren in het verlichten van de bedrukte stemming die over de avond is neergedaald.

Tom rijdt in stilte en klemt in zwijgende razernij het stuur vast, omdat zwijgen de ergste straf van allemaal is. Ik ben blij dat er vanavond geen maan is. Ik ben blij dat we over slecht verlichte achterwegen rijden door de onderbuik van het noorden van Londen. Ik ben vooral blij dat Tom niet in de passagiersstoel zit. Allemaal omdat de auto er nog steeds uitziet als een onopgemaakt bed en ik weet dat de stoel en ik een eenheid vormen, want de chocoladesnoepjes die erin zitten, smelten zachtjes en plakken aan mijn jas, en als ik ook maar even beweeg, o zo voorzichtig, hoor ik onder me de oude chipszakjes en briefjes van school kraken. Als hij rechts afslaat op Marylebone Road, pluk ik een paar klokhuizen onder de handrem vandaan en verstop ze in mijn tas.

Het verkeer zit vast. Zo vast dat niemand zelfs de moeite neemt om te toeteren. Zo vast dat sommige mensen hun motor hebben afgezet en op de driebaansweg staan te praten over wat er gebeurd kan zijn. We kunnen niet voor- of achteruit. En geen van ons tweeën wil als eerste het stilzwijgen verbreken.

Ik herinner me een autorit van vorige zomer, terug naar huis na het veertigste verjaardagsfeest van mijn broer in het westen van Londen. Ik reed op deze weg en Tom was een paar minuten nadat we bij Mark waren weggegaan naast me in slaap gevallen. Net voorbij de Westway was er een onverklaarbare middernachtelijke verkeersopstopping en ik dacht in mijn eentje terug aan de verschillende gesprekken die ik had gevoerd.

In de loop van de avond had Emma gezegd dat ze me iets wilde vertellen en ze voerde me mee naar een rustig hoekje bij de voordeur. Ik maakte bezwaar tegen haar timing omdat ik met mijn broer in gesprek was over hoe de dood van mijn schoonvader er een paar jaar geleden de aanzet toe was geweest dat Toms moeder obsessief haar huis had uitgeruimd.

'Het is waarschijnlijk een vorm van loslaten,' zei Mark. 'Telkens als ze iets weggeeft, herleeft ze alle herinneringen die eraan verbonden zijn en laat ze ze achter. Dat kan het zijn, of ze is zich op haar eigen dood aan het voorbereiden.'

'Daar zit nogal wat tussen,' zei ik.

Toen kwam Emma bij ons staan. Tussen haar en mijn broer bestond nog een onafgedane affaire van jaren geleden – ik wil de details niet weten – en voor ze mij meevoerde, wisselden Mark en zij een paar korte, maar ongemakkelijke woorden.

'Ik heb een man leren kennen,' zei ze fluisterend. 'Maar je mag het tegen niemand zeggen, want hij is getrouwd.'

Toen Tom en ik gingen samenwonen, ongeveer een jaar nadat we elkaar hadden leren kennen, was de enormiteit van de vertrouwelijkheden waartoe ik inspireerde een van de eerste dingen die hem opvielen in mijn leven. Sommige mannen zouden dit ergerlijk hebben gevonden, omdat het vaak leidde tot lange telefoongesprekken en late avonden met flessen wijn aan de keukentafel. Tom zei echter dat het veel interessanter was dan zijn gesprekken met zijn vrienden en vond het verbazend dat de buitenkant van mensenlevens de binnenkant zo kon verdoezelen. Dat was nieuw voor hem, omdat hij uit een familie komt waar emotionele eerlijkheid niets waard was en voornamelijk argwaan opriep.

Emma vertelde hoe ze deze man had ontmoet tijdens een etentje van hoger personeel van haar bedrijf met een uitgelezen groep hooggeplaatste bankiers. Ze vertelde het verhaal langzaam en nauwkeurig, alsof elk detail van belang was. Heel anders dan de manier waarop ze anders haar relaties besprak, want dan probeerde ze het belang ervan te bagatelliseren door elke serieuze vraag met een grap te pareren en pogingen tot emotionele betrokkenheid met wantrouw te begroeten.

'Meestal ben ik helemaal niet geïnteresseerd in dat soort types. Ze hebben buiten hun werk niet veel gespreksstof. Ze werken zo hard dat er in hun leven geen ruimte is voor iets anders, niet eens voor hun gezin. Hij zat naast me en tijdens het eten spraken we nauwelijks met elkaar. Alsof we allebei wisten dat dat geen goed idee zou zijn. Dat zei hij later tenminste. Er was duidelijk iets tussen ons, niet alleen maar lust, want op dat moment had ik hem nog niet eens goed bekeken. Het was meer aantrekkingskracht.

Toen ze de koffie brachten ging mijn mobiel en ik bukte om die uit mijn tas te halen. Op hetzelfde moment stootte hij met zijn linkerhand een lepel van tafel en toen hij die op wilde pakken raakte zijn vinger die van mij, of eigenlijk was het niet echt een aanraking, meer een langs elkaar heen strijken, maar ik voelde iets in mezelf reageren en hij ook. We wisten het zodra we elkaar aankeken. Zo snel en simpel was het. Net een elektrische schok.'

'Dat klinkt spannend. Heeft hij dat al eerder gedaan?'

Ze keek me achterdochtig aan, omdat mensen hun eigen situatie altijd graag als uniek beschouwen, maar ik ging dapper door.

'Tom heeft een theorie,' vertelde ik haar, 'dat liefdesrelaties niet ontstaan doordat mensen elkaar aantrekkelijk vinden, want dat gebeurt om de haverklap, maar doordat mensen situaties opzoeken waarin verhoudingen gedijen. En als je dat een keer gedaan hebt, kan het een gewoonte worden waar je moeilijk van afkomt.'

'Hij creëerde de situatie in elk geval wel, want maandagochtend belde hij me op en nodigde me uit voor de lunch. Hij deed niet eens alsof we over werk zouden praten. We kwamen niet verder dan het voorgerecht; er hing te veel spanning in de lucht

84

en dus gingen we naar een hotel in Bloomsbury. In de lift naar boven stonden we apart. Ik geloof niet dat we een woord gewisseld hebben. Hij deed de deur van de kamer achter ons op slot en toen raakten we elkaar voor het eerst sinds dat etentje aan.'
'Hoe wist jij van dat hotel?' vroeg ik.
'Lucy, jij stelt altijd van die rare vragen,' zei Emma. 'Maar om je nieuwsgierigheid te bevredigen: ik was er al eens geweest. Hij niet, en gezien zijn paranoia dat zijn vrouw erachter zou komen, denk ik echt dat dit de eerste keer is dat hij vreemdgaat. Je merkt het als mannen daar een gewoonte van maken. In elk geval was het verbijsterend, allesverzengend. Sindsdien hebben we elkaar elke dag gezien. En we hebben veel meer gepraat.'
Terwijl we vastzitten in het verkeer denk ik aan het dreigende vooruitzicht van het bezoek aan de pub met Goddelijke Huisvader en ik besef dat ik eigenlijk niet echt wil. Hoewel mijn recentere overpeinzingen over Goddelijke Huisvader zijn uitgegroeid tot het soort dagdromen die je niet met vriendinnen bespreekt – omdat er gefriemel in steegjes in Soho bij te pas komt, waar seks op straat gewoner is dan in de buitenwijken –, blijven ze fantasie. Ik besluit dat ik te maken heb met mijn innerlijke peuter, die een driftbui heeft over iets wat ze niet krijgen kan en het dan zonder meer afwijst als ze het op een presenteerblaadje aangeboden krijgt. Het begint me met tegenzin te dagen dat een fantasie hebben niet noodzakelijkerwijs betekent dat je die ook wilt zien uitkomen. Ik weet dat ik waarschijnlijk op mezelf vooruitloop, want er is helemaal geen reden waarom ik niet iets kan gaan drinken met een van de ouders van school zonder dat het meer betekent dan een simpel afspraakje voor de gezelligheid. Iets drinken en misschien wat babbelen over zijn boek, en hoe hij mij precies gaat helpen met mijn aankomende rol als klassenmoeder.
Een deel van mijn nukkigheid wordt veroorzaakt doordat – voor zover Goddelijke Huisvader weet – ik de eerste stap heb gezet, met dat raadselachtige tekstbericht 'En daarna?'. Vreemd hoe twee onschuldige woordjes na elkaar bijna een oneerbaar voorstel vormen. Zoals het er nu voor staat, zal hij het verloop van de situatie aan mij overlaten, omdat ik degene ben die begonnen is.
Ik kan er op geen enkele manier onderuit zonder dat het lijkt

alsof ik de uitnodiging afsla wegens twijfel aan zijn bedoelingen. Ik weet vrij zeker dat zijn voorstel niets meer is dan een vriendelijk gebaar. En daar zit 'm het probleem: ik besef ineens heel helder dat ik niet echt vrienden wil worden met Goddelijke Huisvader, omdat dat afbreuk zou doen aan de reikwijdte van mijn fantasieën.

Behalve met oude mannelijke vrienden is het jaren geleden dat ik iets alleen heb gedaan met een betrekkelijk onbekende. In feite heb ik, behalve slapend, überhaupt niet meer dan vier uur alleen doorgebracht sinds ik mijn baan heb opgegeven. Echt, ik zou helemaal niet alleen de deur uit moeten mogen. Nu Fred op de peuterschool zit, en de twee oudsten vrijwel de hele dag op de basisschool, wordt duidelijk dat ik de wereld der volwassenen moet betreden en de basisregels van de sociale omgang opnieuw moet leren.

'Mijn moeder heeft trouwens gezegd dat ze maandagavond voor je komt oppassen, zodat jij naar je schoolvergadering kunt. Ze komt overdag en blijft logeren,' zegt Tom, de stilte doorbroken. De patstelling is voorbij.

'Geweldig,' zeg ik. 'Bedankt dat je dat geregeld hebt.'

'Je bent niet toch van plan om erg laat thuis te komen, hè? Je weet hoe bang ze is om in slaap te vallen en de kinderen niet te horen als ze wakker worden.'

'Nee, ik ga misschien na de vergadering iets drinken met een paar moeders. Gewoon voor de gezelligheid,' zeg ik. 'Maar ik denk dat we nu Cathy even moeten bellen om te waarschuwen dat we te laat komen.'

'Goed idee,' zegt hij.

In de loop der jaren ben ik uiterst bedreven geworden in huiselijk steno. Dat omvat snelle, subtiele analyses van situaties waarin je beter zuinig kunt zijn met de waarheid om de harmonie te bewaren en ruzies te voorkomen. Ik vind mijn antwoord dus geen leugen, maar eerder een gedeeltelijke waarheid. Een grijs gebied.

'Ik begrijp nog steeds niet waarom je dat klassenmoedergedoe eigenlijk wilt, Lucy. Ik heb jou nooit een commissietype gevonden en om eerlijk te zijn denk ik niet dat organisatie je sterkste punt is,' zegt hij terwijl hij met zijn vingers op het stuur trommelt.

'Wat vind jij dan dat mijn sterkste punten zijn?' vraag ik.

'Ik vind je een geweldige moeder, misschien een beetje opvlie-gend soms, maar je staat altijd klaar voor je kinderen. En op die zeldzame momenten dat we allebei tegelijkertijd wakker zijn en er geen kinderen in ons bed liggen, heb ik nog steeds heel graag seks met je,' zegt hij, en hij kijkt me recht aan. 'En je kunt goed tekenen.' Dat punt was ik vergeten.

Dan besluit hij om een cd op te zetten. Ik voel het bloed door mijn aderen razen want ik weet dat de cd's allemaal door elkaar liggen. Hij pakt er een van de Strokes en vindt *Best of Mr. Men* in het doosje.

'Ik zeg helemaal niets,' zegt hij.

'Als ik een cd uit de speler haal om een andere op te zetten, doe ik de cd die ik uit de speler heb gehaald meestal terug in het doosje van de cd die ik net heb opgezet,' leg ik uit, in een poging om een potentiële crisis te bezweren.

'Waarom doe je hem dan niet in het juiste doosje terug?' zegt hij.

'Nou, omdat daar die ene in zit die ik eruit heb gehaald om de nieuwe op te zetten,' zeg ik.

Hij kijkt verward.

'"Vis in een boom, het lijkt wel een droom,"' citeert hij, de lie-velingsregel van Fred uit een boek van doctor Seuss.

'Coldplay zit in het hoesje van *Goblet of Fire*, omdat hij die verving,' zeg ik. En ik heb gelijk.

'En waar is *Goblet of Fire* dan?' vraagt hij.

'In *Best of Bob Dylan*,' zeg ik zelfverzekerd.

'En waar is *Best of Bob Dylan*?' vraagt hij. 'Trouwens, ik wil het niet weten. Dit is net als dat spelletje, "ik ga op reis en ik neem mee".'

'Precies,' zeg ik. 'Er zit een logisch systeem in. Het vereist alleen wat omgekeerde psychologie. Vertel me wat je zoekt en ik kan het voor je vinden.'

'David Gray, *White Ladder*,' zegt hij. Ik denk even na.

'Die zit in *De leeuw, de heks en de kleerkast*.' En dat klopt.

Het had veel erger kunnen aflopen. Hij legt hoesjes naast elkaar op het dashboard en stapels cd's op zijn schoot. Maar dat is een goede afleiding als je opgesloten zit in een kleine ruimte en niet uit eten kunt door een verkeersopstopping op de vrij-dagavond. Ik kijk op de klok. Het is bijna kwart voor tien. We zitten hier al drie kwartier. En eigenlijk vind ik dat we ons best wel netjes gedragen.

Tom tuurt door de voorruit naar de chauffeur in de auto voor ons, die zijn motor aanzet. Andere mensen lopen ook terug naar hun auto's. Even geheimzinnig als het ontstond, ontwart zich het gecompliceerde web van bumper aan bumper staande auto's zo ver het oog reikt, en iedereen rijdt langzaam terug naar het drama van zijn eigen leven.

'Zullen we naar huis gaan?' vraagt hij vermoeid. 'Tegen de tijd dat wij bij het restaurant zijn gaat de keuken dicht.'

Dus bel ik Cathy weer om nog meer vermoedelijk slecht nieuws te bezorgen. Blind dates zijn toch al een hachelijke onderneming en als wij er geweest waren, hadden we in elk geval de stiltes kunnen vullen.

'Het spijt me ontzettend, Cathy,' zeg ik. 'Ik weet dat we je echt laten zitten, maar het verkeer was niet te harden. We hebben het afgelopen uur al stilgestaan en we kunnen nu net zo goed naar huis gaan. Ik hoop dat het niet al te lastig was met die architect van Tom.'

'Nee, het gaat prima,' zegt ze. 'Het gaat zelfs beter dan prima. Sterker nog: het gaat zo prima dat het waarschijnlijk maar goed is dat jullie er niet zijn. Er wordt hevig geflirt en met getuigen erbij zou het bijna gênant zijn. Hij is nu naar het toilet en we staan op het punt om samen naar Soho House te gaan.'

'Dat is geweldig! Maar goed dat we niet gekomen zijn dan. Wat is het nou voor soort man?' vraag ik.

'Leuk. Zo'n coke-en-paustype,' zegt ze.

'Klinkt heel gezond,' zeg ik. 'Behalve de cafeïne dan natuurlijk.'

'Lucy, jij moet echt eens wat vaker de deur uit. Ik bedoel dat hij wel geniet van een leven vol feesten, maar zich er later schuldig over voelt. Een bedwelmende combinatie. Ik ken het type. In elk geval is hij erg leuk om te zien. Wil je Tom hartelijk bedanken? O, hij komt eraan, bel me niet te vroeg morgenochtend. Ik laat je wel weten wat er gebeurd is.'

'Hoe gaat het?' vraagt Tom, een beetje bezorgd.

'Prima,' zeg ik. 'Beter dan prima. Ik denk dat ze samen naar bed gaan.'

'Goh, wat een goed idee,' zegt hij. 'Het was in elk geval leuk om eens wat tijd voor ons samen te hebben.'

'Niet wat ik quality time zou noemen,' zeg ik. 'Ik bedoel, een avondje uit in de schaduw van de Westway is niet mijn idee.'

'Nee, maar ik heb het gevoel dat we elkaar weer gevonden hebben. Soms lijkt het alsof je van me wegdrijft, Lucy, naar een ontoegankelijke eigen wereld. Overigens, ik vind dat je Cathy moet sms'en dat ze niet op de eerste date al met hem naar bed moet gaan.'

'Dat zou een beetje schijnheilig zijn, vind je niet?'

7

Een vallende boterham komt altijd
op de beboterde kant terecht.

Ik waardeer Tom altijd het meest als hij weg is. Zonder hem staat de huishoudelijke snelkookpan voortdurend op het kookpunt. Ik mis zijn vermogen om bij het ontbijt cornflakes en melk tegelijk in de kommen te gieten, de manier waarop hij drie jassen, elk met een eigen broodtrommeltje erop, op een rijtje bij de deur hangt en zijn bovennatuurlijke talent om mijn sleutels te vinden. Vandaag mis ik dat laatste het meest.

Tom is vanmorgen heel vroeg naar Milaan vertrokken en heeft op mijn verzoek en met tegenzin de deur achter zich op het nachtslot gedaan.

'Het is mij een raadsel hoe dezelfde persoon die haar sleutels deze week niet één maar twee keer in de voordeur heeft laten zitten, zo paranoïde kan zijn over ochtendlijke inbraken,' fluisterde hij in mijn oor toen hij zich over het bed boog om me gedag te kussen. 'Veel succes met de verkiezing. Als je wint heb je in elk geval zoveel punten gescoord dat ze Fred wel zullen moeten aannemen op school.' Hij dacht even over zijn woorden na. 'Als je verschrikkelijk verliest, geldt misschien het tegenovergestelde. Als dat geen goede reden is om te winnen...'

Om tien over acht, tien minuten voor de gebruikelijke deadline, zet ik de kinderen op een rij bij de voordeur, knap tevreden over mezelf. Niet slecht. Bibliotheekboeken. Klopt. Schoenen. Klopt. Jassen. Klopt. Huissleutels. Nergens te vinden.

Eerst weiger ik in paniek te raken. Tot nu toe leken de voortekenen immers gunstig. Ik zoek op de bekende plaatsen: jaszakken, handtas, keukenla. Die leveren niets op. 'Vergeet niet om in de koelkast te kijken,' roept Joe beneden. 'Daar lagen ze vorige keer, weet je nog, mam?' De koelkast is leeg.

'Misschien moet je in je hippocampus kijken,' zegt Sam. 'Daar worden je herinneringen opgeslagen.'

'Hoe moet dat dan?' vraag ik, naar behoren onder de indruk.

'Dan moeten we je hersenen opensnijden,' zegt hij.

Ik laat de kinderen hun zakken leegmaken en ondervraag Fred grondig, omdat hij de meest logische verdachte is. Hij kijkt naar zijn voeten en schuifelt schuldbewust heen en weer. De kinderen volgen me naar de keuken beneden en ik gooi de prullenbak leeg op de vloer voor het geval hij ze daarin gedeponeerd heeft. Het zou de eerste keer niet zijn.

De stank is overweldigend. De ranzige lucht van bedorven vlees en de ziekelijk zoete geur van rottend fruit strijden om voorrang. De kinderen houden hun handen voor hun mond en staren in geschokt stilzwijgen naar hun moeder die door het afval van de laatste paar dagen spit, een kwalijk riekend kippenkarkas ondersteboven heen en weer schudt voor het geval de sleutels erin vastzitten en schimmelige stukjes brood en fruit omdraait die in haar handen uit elkaar vallen.

Ik hou zo lang mogelijk mijn adem in en ren dan naar het fornuis, waar ik hijgend uit- en weer diep inadem, om me vervolgens weer in de strijd te werpen. Mijn handen zijn bedekt met kleffe theebladeren uit een gescheurd theezakje.

'Weten jullie dat kinderen in arme landen afval doorzoeken op enorme vuilnisbelten, op zoek naar dingen om te verkopen of op te eten?' vertel ik, en ik kijk in de drie paar geschrokken starende ogen. 'Wij hebben veel geluk gehad.' Ze kijken niet erg overtuigd.

'Mama, mag ik iets vragen?' zegt Sam. 'Als wij doodgaan, kunnen we dan allemaal begraven worden in een mausoleum, net als de Egyptenaren, zodat we altijd bij elkaar kunnen blijven?'

'Sam, dat vind ik een heel interessant idee,' zeg ik. 'Vind je het goed als we dat een andere keer bespreken?'

'Dan zouden we een speciaal plekje kunnen maken voor de sleutels,' stelt Joe voor.

Ik hou op met zoeken en blijf even op mijn hurken zitten, stukjes afval in een stilleven om me heen. Ik moet de realiteit van de situatie onder ogen zien. Mijn huissleutels zijn kwijt en omdat Tom de deur op het nachtslot heeft gedaan, zit ik hier binnen gevangen met de kinderen. Ik zeg het een paar keer hardop, als een mantra, met mijn hoofd in mijn handen, hopend op een goddelijke interventie.

In mijn wanhoop bel ik Cathy om raad. 'Klim uit het raam van de zitkamer,' zegt zij. 'Bel de school en zeg dat je te laat bent omdat je iets hebt vergeten. Dat is geloofwaardig. Dit niet. Niet uitweiden, dat valt op.'

'Hoe is het met die architect afgelopen?' vraag ik. 'Alleen even de korte versie.' Ik heb de verleiding om haar te bellen al twee dagen weerstaan.

'We gingen naar zijn flat en ik ben uiteindelijk het hele weekend gebleven, maar vandaag voel ik me verschrikkelijk beroerd. Ik geloof niet dat ik de afgelopen drie nachten meer dan acht uur geslapen heb, allemaal op chemicaliën. En ik maak me ook zorgen over... eh... exotische seks op de eerste date.' Dat detail ga ik dus niet aan Tom vertellen, want die heeft het hele weekend lopen preken over de voordelen van onthouding in de eerste maand.

'De schunnige details hoor je later nog wel,' zegt Cathy.

'Ik denk eigenlijk dat ik wel genoeg gehoord heb,' zeg ik en ik haal de reservesleutel van de auto uit de keukenla.

De kinderen vinden het heel opwindend om door het raam van de zitkamer naar buiten te klimmen, want dat is precies het soort spelletje dat ouders altijd streng verbieden. Ik hoop dat er niemand kijkt, vooral opportunistische inbrekers niet, want ik moet het raam openlaten tot ik terugkom van de peuterschool. Hetzelfde geldt voor de buren die kinderen hebben op dezelfde school, omdat dit geen passend gedrag is voor een uiterst georganiseerde huismoeder, die op het punt staat te worden verkozen om een belangrijke rol te vervullen in de schoolleiding en dientengevolge een kleine rol in de toekomst van het landelijke onderwijs. Ik loop nooit meer dan een stap achter op het grote geheel.

'Mam, dit is beter dan *Mission Impossible*,' zegt Sam wanneer hij door de kleine opening onder het schuifraam op het gras glijdt. Ze staan in de voortuin en houden allemaal elkaars hand vast, omdat ze voelen dat dit een van die zeldzame gelegenheden is waarop een gezin echt verenigd moet zijn, en kijken hoe ik me door het raam worstel. Ik heb mijn bloes en mijn T-shirt rond mijn ribben opgetrokken om mijn buik dunner te maken. Ik wring me met kleine beetjes tegelijk door de opening, af en toe stoppend om mijn buik in te trekken.

'We hadden boter op je buik moeten smeren, mam,' zegt Sam, die aan mijn armen trekt. 'Dat heb ik ze zien doen bij *Blue Peter*.'
'Om moeders door ramen te trekken?' vraagt Joe.
'Nee, om aangespoelde zeehonden te helpen aan de kust van Schotland,' zegt Sam bedachtzaam, terwijl ik uit het raam in het bloembed terechtkom.

Verrukt over mijn koele hoofd in een crisissituatie stem ik erin toe de *Best of Bond Tunes* heel hard op te zetten tijdens de korte rit naar school. We komen zelfs nauwelijks te laat. Op ongeveer vijftig meter van de speelplaats is mijn geluk echter ten einde en komt de auto pruttelend tot stilstand, midden in *The Man with the Golden Gun*. We zijn gestrand. De benzinemeter staat op leeg. Achter en voor ons loopt het verkeer vast. Ik krijg een uittredingservaring, waarbij ik me voel als een toeschouwer bij het leven van iemand anders.
'Mam, je kunt niet doen alsof dit niet gebeurt,' zegt Sam, die aanvoelt wat er aan de hand is. Dus bel ik Tom op mijn mobiel en leg hem de situatie rustig uit.
'Wat wil je dat ik eraan doe? Ik ben onderweg naar Milaan!' roept hij in de telefoon.
'Wat zou jij doen in deze situatie?' pleit ik.
'Dat zou mij niet overkomen,' zegt hij.
Ongeduldige chauffeurs, onder wie Yammie Mammie nr. 1 twee auto's achter mij, beginnen ritmisch te toeteren. Ik stap uit de auto en ga wat onder de motorkap van de Peugeot staan porren. 'Vast een lege accu,' roep ik tegen niemand in het bijzonder. 'Heeft er iemand startkabels bij zich?'
Ik zou het goed doen in een oorlogsgebied. Ik zou geweldig goed zijn in medische ingrepen aan de frontlinie. Ik zou briljant zijn bij natuurrampen. Ik ben gewoon niet goed in kleine dingen, denk ik bij mezelf, terwijl ik een paar contactpuntjes van de motor haal en die schoonpoets met een stofdoek. Helaas wordt mijn leven tegenwoordig beheerst door die kleine details. Ik zoek in mijn zakken naar iets wat dienst kan doen als een scherp voorwerp, want op dit specifieke moment is de motor doorprikken een mogelijkheid die ik serieus overweeg. Alles om niet te hoeven toegeven dat ik zonder benzine sta.
Goddelijke Huisvader verschijnt, onderweg van school naar

huis. Zijn arm is uit het gips. 'Problemen?' vraagt hij en hij komt als een cowboy op de auto af lopen, zoals stadsmannen doen als ze een zeldzame kans zien om mannelijke kwaliteiten tentoon te spreiden. Hij heeft zelfs een geblokt overhemd aan. We zijn in Londen en niet op Brokeback Mountain, wil ik zeggen. Woorden als 'pakking', 'bougie' en 'carburateur' rollen van zijn lippen. Zijn handen houdt hij echter stevig in de zakken van zijn spijkerbroek, die zo los zit dat ik bij de tailleband een stukje grijze onderbroek bespeur. We turen samen onder de motorkap.

Yammie Mammie nr. 1 voegt zich aan de andere kant bij ons en buigt zich over de motor met haar volmaakte decolleté, stevig maar niet al te gevuld.

'Dat is niet natuurlijk,' zeg ik gedachteloos.

'Wat niet?' vraag Goddelijke Huisvader.

'Lucy, twee woorden,' antwoordt Yammie Mammie nr. 1, en ze kijkt me over de motor heen recht in de ogen. 'Marlies en Dekkers.'

'Is dat een advocatenkantoor?' zegt Goddelijke Huisvader verbluft. Het uitzicht lijkt hem niet te deren. Hij zet zich aan het vuile werk en verwijdert rubberen dopjes van onderdelen van de motor. Ik ben er nog steeds niet van overtuigd dat hij weet wat hij doet. Maar hij biedt in elk geval goeie dekking. Hij geeft iets vettigs aan Yammie Mammie nr. 1. Haar keurig gemanicuurde handen zitten nu onder de smeerolie.

'Het lijkt een beetje op een paraffinebehandeling bij de aromatherapeut,' zegt ze weifelend.

Supermoeder komt aanlopen. Ze probeert haar gezicht in plooien van zogenaamd medeleven te dwingen, met gefronste wenkbrauwen en enigszins geopende mond, maar slaagt er niet in de onderliggende zelfvoldaanheid te smoren. 'Ach, arme ziel,' zegt ze terwijl ze de straat afkijkt naar al het verkeer. 'Je woont natuurlijk wel dichtbij genoeg om te komen lopen.'

'Maar dan kun je geen hoge hakken dragen,' zegt Yammie Mammie nr. 1 en ze klikt geërgerd de hakken van haar Christian Louboutin-laarzen tegen elkaar.

'Hoe rij je daarmee?' vraagt Supermoeder.

'Doe ik niet. Ik draag kasjmieren pantoffels en trek mijn laarzen pas aan als ik hier ben,' zegt Yammie Mammie nr. 1.

De directrice verschijnt ten tonele om het lawaai en de algehele chaos te onderzoeken en gebaart de auto's in beide richtingen achteruit de straat uit te rijden. 'Hallo, mevrouw Sweeney,' zegt ze. 'Ik herkende uw auto van de vorige keer.'

'Wat doe je, mam?' roept Sam uit het neergedraaide raampje van de auto. Ik ben vergeten dat de kinderen in de auto zitten.

'Ik heb de huissleutels achter in de stoel gevonden. Goed hè?' roept Joe uit het andere raampje.

'Geweldig, schatje,' roep ik.

De straat is gevuld met het geluid van *Nobody does it better*.

'Zeg eens "Baby, you're the best",' roept Joe terug.

'Wat een behulpzame kinderen,' zegt Supermoeder droogjes. Ik weet zeker dat ze in gedachten een inventaris opmaakt van deze incidenten.

'Zet die muziek eens zachter. We kunnen onszelf niet horen denken,' roep ik geforceerd jolig.

'Maar je hoeft niet te denken, je hoeft alleen maar een jerrycan benzine te gaan halen bij de garage,' dringt mijn bovenal rationele Sam aan.

Iedereen verstijft. 'Wil je beweren dat je geen benzine meer hebt?' zegt Goddelijke Huisvader, zijn hoofd in zijn vettige handen.

'Dat is nu precies wat ik bedoel,' zegt Supermoeder, met een stem waar het sarcasme vanaf druipt. 'Het zou een ramp zijn als zij klassenmoeder wordt. Onverantwoord.'

'Ik breng de kinderen wel naar binnen,' zegt Goddelijke Huisvader.

'Dank je,' mompel ik, terwijl Sam en Joe opgewekt uit de auto klimmen.

'En ik breng jou naar de garage,' zegt Yammie Mammie nr. 1.

'En ik regel een paar mensen die de auto aan de kant duwen,' zegt de directrice.

'En ik ga mijn overwinningsspeech van vanavond plannen,' zegt Supermoeder, en ze loopt weg, de rest van ons op straat achterlatend.

'Jij krijgt nog steeds mijn stem, hoor,' zegt Yammie Mammie nr. 1 terwijl ik Fred in een stoeltje achter in haar auto wurm. 'Het schoolleven zou in elk geval minder saai zijn met jou aan het roer.' Het is weer een van haar dubbelzinnige complimenten, maar ik heb het te druk met alle activiteiten achter in de auto om erop te letten. Om te beginnen zitten er tv-schermen achter op de stoelen en er staat een assortiment dvd's, allemaal in het juiste hoesje, in een klein vakje achter de handrem. Aan de achterkant van elke stoel hangt ook een doorzichtige bergruimte met vakjes in verschillende vormen en maten. In het ene zitten pennen; in een ander papier. En er zijn boeken, geschikt voor bepaalde leeftijden. Allemaal rechte lijnen en symmetrie, bijzonder prettig aan de ogen. 'Het is meer Mondriaan dan Tracey Emin,' zegt ze glimlachend terwijl ik naast haar voorin ga zitten. 'En overigens allemaal het werk van mijn kinderjuffrouw.'

Ik sluit het portier en het is stil. Het is alsof je een andere wereld betreedt; zelfs de lucht ruikt anders. Ik adem diep in en sluit mijn ogen. Het is nog niet eens negen uur.

'Het is een mengsel van rozemarijn en lavendel,' zegt ze. 'Ik laat ze speciaal maken voor al mijn verschillende stemmingen. Dit heet "Een geurig kopje thee onderweg naar Marrakech".' Ik proest het uit, maar ze maakt geen grapje.

Vervolgens reikt ze me Bach Rescue Remedy aan uit het handschoenenkastje. Als ze er een kamerplant of Turks fruit uit de grot van Aladdin uit haalde, zou ik nog geen krimp geven.

'Al vrees ik dat er voor dat mens geen tegengif bekend is,' zegt ze.

We rijden naar de garage, ik koop een blik benzine en ze zet me weer bij mijn auto af. Het is eigenlijk heel simpel. Als ik maar iemand had om mij te organiseren, dan zou alles heel anders zijn.

Later die dag trek ik me terug in de badkamer om me voor te bereiden op de avond die komen gaat. Ik probeer te bedenken wat het effect van de ramp van die ochtend zal zijn. Aan de ene kant heeft de fluistercampagne van Supermoeder er munitie door gekregen; niet dat er nog meer anekdotisch bewijs van mijn vermeende onbekwaamheid nodig was. Aan de andere kant maakt het mij menselijker, een eigenschap waar zij duidelijk geen aanspraak op kan maken.

Als Tom weg is, ben ik aan de beurt om te luieren in bad. Ik lig al zo lang te weken in de lavendelolie die Yammie Mammie nr. 1 me vanmorgen vriendelijk heeft overhandigd, met de opmerking 'Jij hebt hem harder nodig dan ik', dat ik het gevoel heb alsof hij in mijn huid is gedrongen en dat als ik zou transpireren mijn zweet zoet zou ruiken in plaats van zoutig. Beneden houdt mijn schoonmoeder Petra de kinderen bezig. Tom is in Milaan aangekomen. Hij klonk helder en opgewekt toen ik hem aan de telefoon had terwijl ik mijn bad liet vollopen. Hij had de bouwplaats bezocht en de aannemers waren eindelijk begonnen met de fundamenten voor de bibliotheek. Hij vertelde dat hij een kort verhaal van een Argentijnse schrijver aan het lezen is dat een van zijn collega's hem had gegeven. 'Het is heel spannend, omdat het gaat over een bibliotheek als een universum dat bestaat uit samengekoppelde zeshoeken, en zo heb ik mijn gebouw ook opgevat.'

Ik doe mijn best om die analyse te volgen, deels omdat ik Tom al tijden niet zo enthousiast over een project heb horen praten, maar vooral omdat het nuttig zou kunnen zijn in een gesprek met Goddelijke Huisvader.

'Is het verfilmd?' vraag ik hoopvol.

'Nou, nee,' zegt Tom, duidelijk verrast door mijn plotselinge oplettendheid. 'Het is een kort verhaal en de hoofdfiguur is een bibliotheek. Afijn, veel geluk vanavond, Lucy, als je zeker weet dat dit is wat je wilt.'

Ik ben even van de wijs omdat ik denk dat hij verwijst naar mijn drankje met Goddelijke Huisvader en ik weet niet wat ik zeggen moet.

'Ik weet zeker dat het gedenkwaardig wordt, wat er ook gebeurt,' zegt hij. 'Ik moet ophangen, we gaan voor het diner een aanval doen op de minibar.'

Telkens als ik ongerust begin te worden over wat me te wachten staat, draai ik met mijn voet de warme kraan open, tot het water zo ondraaglijk heet wordt dat al mijn zorgen verdwijnen. Mijn huid is gerimpeld en de zwangerschapsstriemen op mijn buik worden zo rood dat ik het gemarmerde aangezicht van een gesmolten blauwaderkaas krijg. Ik heb mijn buik al lang geleden verstoten, verwezen naar een schemerbestaan, voor altijd uit de openbaarheid verbannen. Ik begrijp nu waarom oude dames zich vroeger omhulden met ingewikkelde onderkleding vol ritsen en banden om weerspannige onderdelen gevangen te zetten. Mijn borsten dobberen met prettige rekbaarheid onder water.

Ik beschouw ze als betrouwbare oude vriendinnen, medestanders die mijn vertrouwen waard zijn en bij speciale gelegenheden zorgen voor zelfvertrouwen en jeugdige gevoelens, hoewel ze misschien ietwat onwillig zijn om in de loop der jaren enig verlies van status te aanvaarden.

De rest van mijn lichaam is opstandig en dreigt eeuwig aan mijn waakzaamheid te ontsnappen. Het zou jaren duren om die rebelse elementen te onderdrukken, te beteugelen en in bedwang te krijgen. Een waarschijnlijker scenario is de langzame erosie van mijn gezag. Af en toe worstel ik om de overhand te krijgen en val een paar kilo af, maar de weke delen onderdrukken vergt een mate van zelfbeheersing die ik eenvoudigweg niet bezit.

Als ik uit het bad kom en op Toms wekker kijk, besef ik dat ik nog maar een halfuur heb om me voor te bereiden en op school te komen. De wekker ziet er eenzaam en verlaten uit, zo alleen op het nachtkastje, verstoten door het gedeukte metalen exemplaar met de konijnenkop en de gerafelde oren dat Tom heeft meegenomen. Op de stoffige vlakte zie ik een glimmende ovale plek waar de konijnenwekker hoort te staan en in mijn verbeelding zie ik hoe hij uit de toon valt in een minimalistische hotelkamer in Milaan. Tom zal er nooit aan denken om hem in de kast te zetten als zijn collega's op zijn kamer komen. Zij zullen het waarschijnlijk schattig vinden dat een man van middelbare leeftijd de wekker van zijn achtjarige zoon meeneemt op reis. Vooral die jonge alleenstaande vrouwen waar hij het laatst over had.

Een van de grote vraagstukken van het leven is dat de optelsom van mannen plus kinderen onveranderlijk uitkomt op iets wat groter is dan de som der delen en de goede eigenschappen van beide partijen versterkt, terwijl het optellen van vrouwen plus kinderen meestal uitdraait op een achterstand: het maakt ouder, niet sexy en rommelig.

Het klinkt misschien naïef, maar ik ben nooit bang geweest dat Tom op zo'n reis in de verleiding komt om vreemd te gaan. Piekeren over dergelijke eventualiteiten lijkt een verwende liefhebberij als er zoveel dringender zaken zijn om je zorgen over te maken. Bovendien wordt hij meestal zo in beslag genomen door zijn project dat hij alles daarbuiten als een ongewenste afleiding beschouwt. Elke kleinigheid is belangrijk, zegt hij altijd. Plannen moeten nauwkeurig worden afgestemd, rekening houdend met de meningen van bouwkundig ingenieurs en klanten, die vaak volkomen tegenstrijdige wensen hebben. Hij is nooit zo geestdriftig als wanneer hij betrokken is bij een groot gemeentelijk project als dit. Een paar jaar geleden boden glazen serres met dubbele ramen en zolderverbouwingen vergelijkbare arbeidsvreugde, maar voor een architect als Tom is schaal beslist wél belangrijk, en nu kan alleen een compleet huis hem werkelijk boeien.

Ik wou dat het dagelijks ritme van mijn eigen leven zo bevredigend was. Misschien dat een beetje verantwoordelijkheid tot hernieuwde doelbewusthcid zal leiden.

Er zijn al drie minuten voorbij en ik moet beslissen wat ik aantrek. De vloer ligt vol kleren en het zwarte truitje met de V-hals en de lange mouwen dat ik als eerste probeerde en nu het liefst aan wil, is verdwenen. Ik kruip in zwarte beha en onderbroek over de vloer tot ik het baldadige truitje onder het bed vind, trek de spijkerbroek die ik vandaag aanhad weer aan en besluit me onderweg op te maken.

Petra roept naar boven: 'Lucy, je komt te laat!' Ik hol met twee treden tegelijk de trap af en zij staat verwijtend onderaan met de drie jongens. Ze keurt het af dat haar schoondochter 's avonds zonder echtgenoot de deur uit gaat, ook al is het voor een schoolvergadering. Ik ben blij dat ik geen make-up op heb.

'Vind je het goed als ik probeer de was de baas te worden?' vraagt ze. 'Ik ga ook een paar van die overhemden strijken. Wat doet Tom als er 's ochtends geen overhemd voor hem klaarligt?'

'Ach, dan strijkt hij het zelf, en als daar geen tijd meer voor is, komt het ook weleens voor dat hij onderweg naar kantoor een nieuw koopt,' zeg ik onnadenkend. 'En het zou geweldig zijn als u de wasmand zou kunnen temmen. Ik kan me niet heugen wanneer ik de bodem voor het laatst heb gezien.'

'Lucy, als je een vaste dag zou hebben voor de was en eentje om te strijken zul je waarschijnlijk tot de ontdekking komen dat al je problemen zijn opgelost,' zegt ze. Een interessante theorie, maar niet van het soort dat onmiddellijk in praktijk zal worden gebracht, denk ik bij mezelf.

'Ze heeft wel gelijk, mam,' zegt Sam behulpzaam.

'Als je wilt, blijf ik morgenochtend om te helpen met de was,' zegt ze, terwijl ze de voordeur opendoet en mij de koude avond-lucht in duwt. 'Veel succes. Ik vind het lovenswaardig dat je nieuwe verantwoordelijkheden op je wilt nemen, al maak ik me wel zorgen dat je overbelast raakt.'

Ik besluit met de auto te gaan, deels om te zorgen dat ik niet drink als ik uitga met Goddelijke Huisvader, maar ook omdat er een spiegel in zit, zodat ik bij een verkeerslicht snel een veeg mascara en lipstick op kan doen.

Ik ga door de zware voordeur de school binnen, achter ande-re ouders van ons jaar. In de hal sta ik stil om te kijken naar de zelfportretten van de kinderen uit de klas van Joe en ik vind het zijne. Het valt me op dat het portret van Joe, in tegenstelling tot dat van de andere kinderen – bij wie de hoofden onevenredig veel groter zijn dan de streeplijfjes met uitzwaaiende armen en benen eronder – piepklein is, misschien maar half zo groot als dat van de rest. Het is echter verbazend gedetailleerd: sproeten, tanden en neusgaten, honderden krullende, met potlood getekende haren op zijn hoofd, rode lippen en zelfs de kleine moedervlek op zijn kin. Wat zou dat betekenen? Het moet iets te maken hebben met zijn angst om te krimpen. Hij is niet echt veel kleiner dan de kinderen uit zijn klas. Ik moet met zijn juf praten en misschien Mark bellen om te vragen wat hij ervan denkt. Hij is niet gespecialiseerd in kinderen – en hij heeft er zelf nog geen –, maar hij snuffelt graag rond in het onderbewustzijn van zijn neefjes.

Mijn telefoon piept en ik open een tekstbericht van Emma, met een verzoek om een dringend gesprek over een nieuwe complicatie in haar veel te ingewikkelde liefdesleven. Ze is kennelijk vergeten hoe belangrijk deze avond voor mij is, wat een beetje zuur is, omdat ze erbij was toen Cathy een hele nieuwe stressvolle lading toevoegde aan een toch al moeilijk moment.

'Je weet dat ik op het punt sta om een steunpilaar van de maatschappij te worden,' fluister ik in de telefoon, om haar te waarschuwen dat een langdurig gesprek uitgesloten is in mijn nieuwe rol van moeder-van-drie.

'Het spijt me echt, Lucy, maar ik weet niet hoe ik dit aan moet pakken,' fluistert ze terug. Ik stel me voor dat ze met haar rug naar het bureau in de hoek van haar kantoor staat. Ze heeft wel haar eigen glazen hokje, maar de deur staat altijd open en ze is ervan overtuigd dat journalisten, die er van nature goed in zijn ondersteboven liggende papieren op bureaus te lezen, ook begiftigd zijn met een aangeboren talent voor liplezen.

Ik trek me via een deur met een laaggeplaatste koperen deurknop terug in de kindertoiletten aan het eind van de hal, klaar voor crisisoverleg. Het is er ijskoud. De ramen staan half open, maar dat is niet voldoende om de doordringende geur van bleekwater en urine te beteugelen. De urine is het sterkst, besluit ik. Ik ga in een hokje met halfhoge wanden op een piepklein wc'tje zitten om mijn beste advies te kunnen geven en hou de deur met mijn voet open. Buiten hoor ik de andere ouders de klas binnengaan om te stemmen.

'Lucy, weet je nog dat ik je vertelde dat Guy fantaseert over seks met twee vrouwen?' fluistert Emma.

'Heet je bankier zo?' vraag ik. Ze heeft hem nog nooit met naam genoemd. Alweer een teken van een nieuwe fase in hun relatie. Ze negeert de vraag.

'Hij heeft het er een tijdlang niet over gehad en ging over op seks op openbare plaatsen, maar nu heeft hij het ineens weer te pakken,' zegt ze.

'Het is de fantasie van iedere man om seks te hebben met twee vrouwen,' fluister ik terwijl ik me verder over mijn telefoon buig, 'vooral van getrouwde vaders van vier kinderen. Maar dat betekent nog niet dat hij het echt gaat doen. Je had er nooit mee moeten instemmen, zelfs niet in het heetst van de strijd.'

'Ik dacht dat het daarbij bleef, bij een fantasie, en ik vond het niet erg om erin mee te gaan,' zegt ze. 'Maar hij heeft me gebeld om te zeggen dat hij voor vanavond een meisje van internet heeft geboekt. Hij heeft zijn vrouw verteld dat hij in Parijs zit. Hij zegt dat ze vreselijk mooi is. Wat moet ik nou doen?' Ze is totaal in paniek. Ik denk even na.

'Vertel hem dat je een Brazilian wax hebt laten doen en dat je daar uitslag van hebt gekregen. Zo win je tijd en dan kun je hem later voorzichtig vertellen dat je er niets in ziet. Tenzij je van gedachten verandert, natuurlijk,' zeg ik. En dan, om niet al te wellustig over te komen: 'Je moet dat meisje op z'n minst bekijken. Misschien vind je haar wel opwindend. Ik bel je later.'

Ik zet de telefoon uit en blijf even zitten om mijn evenwicht te hervinden. Dan hoor ik geluiden bij de wastafel en besef dat er iemand anders in de ruimte is. Aarzelend sta ik op om over het halve deurtje heen te kijken. Ik ben niet zomaar niet meer alleen, maar Goddelijke Huisvader staat daar zijn fietshelm en fietstrui uit te trekken en onthult op twee meter afstand de volle glorie van zijn licht gebruinde en gespierde middenrif, recht voor mijn neus. Gelukkig zit zijn trui net om zijn hoofd als ik over de deur heen kijk. Ik snak onwillekeurig naar adem, sla mijn hand voor mijn mond en duik weer achter de deur.

Ik besluit om met gebogen benen op de wc te gaan staan, zodat hij mijn voeten niet onder de deur kan zien. Na krap een minuut doen mijn benen zo'n pijn dat ik mijn vuist in mijn mond moet stoppen en op mijn knokkels moet bijten om te proberen de pijn te verplaatsen vanuit mijn kuiten en boven-benen. Ik bid om verlossing uit deze Lilliput-achtige nacht-merrie. Dit heb ik niet verdiend, denk ik bij mezelf. Ik probeer te bedenken wanneer hij precies binnen is gekomen. Als ik geluk heb – en het geluk lijkt momenteel niet bepaald aan mijn kant te staan – was het aan het eind van mijn gesprek met Emma.

Ik werp weer een blik over de rand met de bedoeling om meteen weer weg te duiken, maar hij is net bezig zijn fietsbroek om te ruilen voor een spijkerbroek. Hij staat daar feitelijk in dezelfde grijze onderbroek waar ik die ochtend een glimp van heb opgevangen. Ik kijk lang genoeg om op te merken dat hij van al dat fietsen sterke, stevige billen heeft gekregen.

Ik duik weer weg, maar door die beweging tuimel ik van mijn hoge positie. Goddelijke Huisvader komt dichterbij en duwt voorzichtig de deur open.

'Lucy, in 's hemelsnaam, wat doe je? Gaat het wel?' vraagt hij, en hij buigt zich voorover om me aan mijn arm omhoog te trek-ken. Hij gebruikt zijn andere hand om zijn spijkerbroek omhoog te houden en mijn gezicht strijkt langs zijn buik terwijl hij me uit de nauwe ruimte naast de wc trekt. Het is een bijzon-der intiem moment, maar ik voel alleen angst en gêne. Het is meer kortsluiting dan schok of contact.

'Ik was mijn overwinningsspeech aan het oefenen,' zeg ik en ik veeg mijn spijkerbroek af terwijl ik probeer om niet naar zijn onderbroek te kijken.

'En die was zo goed dat je ervan achteroverviel?' vraagt hij.

Ik stuif het toilet uit en loop naar buiten de speelplaats op voor wat hoognodige frisse lucht.

Als ik de klas binnenkom is de vergadering in volle gang en is er alleen nog een kinderstoeltje vrij tussen Yammie Mammie nr. 1 en Goddelijke Huisvader. Alle ogen volgen mij als ik in mijn stoel glij, maar ik kan niet goed zien wat er gebeurt bij het bureau van de juffrouw voor in de klas.

Goddelijke Huisvader kijkt op me neer met een nerveuze glimlach. 'Je hebt het stemmen gemist, Lucy. Ze heeft met een neuslengte gewonnen. Jij bent tot secretaris benoemd en ik ben penningmeester,' zegt hij met een bezorgde blik op Supermoeder. 'Wat een doodeng mens.'

Yammie Mammie nr. 1 buigt zich naar me toe en bevestigt dat ze voor mij heeft gestemd. 'Gewoon omdat het me leuk leek.'

'Mag ik alstublieft uw aandacht?' zegt Supermoeder met een blik op ons. 'Lucy, misschien wil jij aantekeningen maken voor de notulen,' zegt ze en ze overhandigt me pen en papier.

Goddelijke Huisvader buigt voorover en fluistert: 'Geeft niets, Lucy. Ik heb gehoord dat knusse triootjes de fantasie van iedere man zijn. Wil je nog steeds iets gaan drinken? Ik snak intussen naar een borrel.'

8

Strek je arm niet verder dan je mouw kan reiken.

Dit is niet de afloop die ik me had voorgesteld. Dit is niet de avond die ik me had voorgesteld. Dit is zelfs niet het leven dat ik me had voorgesteld. Als de vergadering is afgesloten, zorgt Goddelijke Huisvader dat hij de school alleen verlaat. Ik maak me niet al te druk, want ik weet dat hij ergens op straat op me wacht. Rustig pak ik mijn tas, babbel wat met andere ouders en baan me een weg naar buiten.

Ergens op Fitzjohn's Avenue vind ik hem schuilend onder de takken van een Amerikaanse sering, die ontsnapt is uit een keurige tuin en nu in wilde bogen over de stoep groeit. Pas als ik heel dichtbij ben, zie ik bij het licht van de lantaarnpaal broekspijpen en bekende Converse-gympen onder de takken staan en inwendig feliciteer ik hem ermee dat hij een groenblijvende struik heeft weten te vinden die bereid is deel te nemen aan onze samenzwering.

Hij komt onder de tak vandaan en zegt: 'Lucy Sweeney, neem ik aan', en ik lach iets te gewillig, maar bedenk dan ineens dat ik zijn achternaam helemaal vergeten ben. Ik weet dat het een soort vis is, maar ik weet niet meer welke. 'Robert Kabeljauw, Robert Schelvis, Robert Haring, Robert Paling,' fluister ik bij mezelf om de verschillende mogelijkheden uit te proberen. Ik weet dat het er een uit de Noordzee is.

'Robert Baars,' zegt hij tegen me. Ik besef geschrokken dat ik iets van die lijst hardop moet hebben uitgesproken. Ik ben even stil.

'Ik ben een kinderboek aan het illustreren,' hoor ik mezelf zeggen.

'Wat spannend.'

'Dat zijn de voornaamste personages. Het is een allegorie over de achteruitgang van de visstand in de Noordzee.'

'Zit er een slechterik in?'

'Simon Spinkrab,' zeg ik. 'Import uit Amerika.' En ik zwijg. Ik ben zowel vervuld van ontzetting als bijzonder onder de indruk van mijn vermogen om te liegen als het moet. Ik weet dat waarheid sowieso subjectief is, maar hiermee behaal ik toch nieuwe hoogtepunten van bedrog.

We wandelen onder het uitwisselen van gemeenplaatsen naar een lawaaiige pub die we gezien hebben op weg naar school. Het valt me op dat we allebei met neergeslagen blik in onze jas duiken als er een auto langsrijdt. De pub bevindt zich in een woonwijk aan een rustige straat, met banken en tafels ervoor. Aan de tafelpoten zijn een paar geduldige honden van het langharige soort vastgebonden met leren riemen in ingewikkelde knopen. Ze staan hoopvol op om ons te begroeten. Robert Baars duwt voorzichtig de deur open en ik weet dat hij snel rondkijkt of er geen andere ouders van school zijn. Hij lijkt goed op de hoogte van de zwarte kunsten van geheimhouding.

We vallen bijna achterover van het lawaai van honderd gesprekken en de nasale klanken van een oud nummer van Oasis. De laatste keer dat ik hier was, een jaar of zes geleden, was het een onaantrekkelijke mengelmoes van groezelige vaste vloerbedekking en beige muren met een gulle laag nicotine erop. Als je met je vinger langs het rauhfaserbehang ging, bleef er een wit spoor achter. Tegen het plafond hing een permanente rookwolk en de banken langs de muren waren bekleed met lange, klonterige kussens. Het was een en al zelfgedraaide sigaretten, sensatiekranten en scampi's uit de frituur.

Nu is de lelijke bruine vloerbedekking met lawaaiige geometrische patronen vervangen door houten vloeren. Er staan harde banken en houten stoelen met rechte ruggen. Aan de bar worden olijven, cashewnoten en groentechips geserveerd. Het is gestript en eenvoudig, maar veel minder gezellig. Doordat de kussens en het tapijt zijn verdwenen kan het geluid nergens heen. Het stuitert van het ene harde oppervlak naar het andere als in een echokamer. Zelfs de mensen van onder de dertig houden hun hand aan hun oor om de gesprekken te kunnen verstaan.

Ik zie een stel opstaan van een kleine ronde hoektafel en ga Goddelijke Huisvader voor naar een bank die in vroeger eeuwen waarschijnlijk een kleine plattelandskerk in East Anglia sierde. De bank is net zo weinig op zijn plaats als wij. In de hoge houten rugleuning zijn heiligenfiguren in lange mantels uitgesneden, met zorgvuldig bewerkte plooien die pijnlijk in onze hoofden porren. De zitting is ondiep, smal en uiterst oncomfortabel, en dwingt ons onmiddellijk tot fysieke intimiteit. We hangen tegen elkaar aan als twee oude bomen die in de loop der jaren zijn gedwongen tot een ongewenste lichamelijke relatie om elkaar overeind te houden. Als we eenmaal zo zitten is het enige probleem dat we ons niet meer kunnen verroeren. Als hij zijn benen over elkaar slaat, val ik om en hang over de tafel, en als ik vooroverbuig en mijn schouder van hem losmaak, slingert hij de leegte in.

Robert Baars zegt dat hij bijna nooit cafés bezoekt omdat hij niet tegen de rook kan. Ik val hem bij en duw met mijn voet het pakje John Players onder in mijn tas. Het is kennelijk voor ons allebei al zo lang geleden dat we in een pub zijn geweest dat we eerst alleen maar om ons heen gaan zitten kijken.

'Ik neem aan dat we Supermoeder zouden kunnen vertellen dat we niet meedoen,' zeg ik, een bierviltje bestuderend. 'Het is gewoon te belachelijk voor woorden. Zij is een van die vrouwen die nooit hadden moeten stoppen met werken, ze heeft veel te veel ambitie.'

'De directrice kwam achteraf naar me toe en zei – *off the record*, natuurlijk – dat ze erg dankbaar zou zijn als wij dit op ons zouden willen nemen om de "excessen te beteugelen". Haar woorden, niet de mijne,' verklaart Robert Baars, die een ingewikkeld bouwwerk aan het maken is van de bierviltjes aan zijn kant van de tafel. 'Ze zei dat het een oefening in schadebeperking zou worden. Zij heeft tegen haar gestemd, ze wilde jou.'

'Dus we moeten wel?' zeg ik, en ik probeer niet al te hoopvol te klinken.

'Ja,' zegt hij. 'Ze heeft volgende week een vergadering belegd bij haar thuis, om te beslissen over het kerstfeest. Misschien kunnen we er samen heen.' Hij glimlacht een beetje, een halve glimlach, waarbij zijn onderlip uitsteekt alsof hij juist probeert om niet te lachen. Ik durf hem niet aan te kijken, omdat er te veel verborgen onderstromen zijn en als ik in zijn ogen kijk word ik misschien meegesleept. In plaats daarvan begin ik een bierviltje in stukjes te scheuren.

Ik weet dat hij naar me kijkt en ik kan de warmte van zijn gezicht voelen op de zijkant van mijn linkerwang. Om me naar hem toe te wenden hoef ik mijn hoofd maar twintig graden te draaien. Rustige bewegingen zijn soms veel betekenisvoller dan grote gebaren, vooral als het om getrouwde mensen gaat. Ik kijk opzij en vang zijn blik op, en we kijken elkaar net iets te lang zwijgend aan. En beginnen dan allebei tegelijk te praten.

'Ik denk dat we onze jas uit kunnen trekken zonder om te vallen als we allebei tegelijk vooroverbuigen,' zegt hij. We verlossen ons van dikke lagen jassen en sjaals en ik weet dat onze blote armen elkaar zullen raken als we weer gaan zitten en dat er dan van alles kan gebeuren.

'Ik denk dat ik wat te drinken moet gaan halen,' zeg ik. Hij zegt dat hij zijn au pair moet bellen om te zeggen dat hij laat thuiskomt. Zijn vrouw is nog op haar werk. 'Ze is bijna nooit voor tienen thuis en tegen halfacht 's ochtends is ze de deur alweer uit. Soms zie ik haar dagen niet; dan communiceren we via e-mail en briefjes in de keuken,' vertelt hij. Zonder een spoor van bitterheid; hij stelt een feit vast. Een echte postmoderne virtuele relatie.

Het bierviltje ligt in snippers op de kleine tafel. Het is doormidden gebogen en in kleine stukjes gescheurd, die van de tafel op de vloer dwarrelen als er mensen langslopen. Ik herinner me andere keren, lang geleden, dat het versnipperen van bierviltjes in piepkleine puzzelstukjes een afleiding vormde tijdens moeilijke gesprekken.

Ik sta op om naar de bar te lopen en besluit mijn schoonmoeder niet te bellen. Ze ligt waarschijnlijk al in bed, want ondanks al haar protesten dat ze niet kan slapen tot wij thuis zijn hebben we haar nog nooit wakker betrapt op de zeldzame avonden dat we onze spertijd overschreden, en bovendien zou een telefoontje om te herhalen wat ik al gezegd heb, zelfs al betreft het een minieme verandering in de plannen, een onevenredige reactie kunnen veroorzaken.

Ik worstel me door de mensenmassa bij de bar om vooraan een plekje voor mezelf te bemachtigen en ga staan wachten, net als de hoopvolle honden bij de ingang. Ik hobbel op en neer, sta op mijn tenen, zwaai en ga op de voetenstang langs de onderkant van de bar staan om vijftien centimeter groter te worden. Ik blijf echter onzichtbaar.

Er komt een meisje naast me staan. Ze ziet eruit als twintig en draagt een zilveren mini-jurk met kniehoge laarzen, zonder kousen, ook al is het hartje winter. Haar lange donkere haar is om haar gezicht gedrapeerd in een coupe die er spontaan uitziet maar waarschijnlijk veel tijd heeft gekost. De barman komt haar bestelling onmiddellijk opnemen. Naast mij voert een man een gesprek in zijn mobiele telefoon en bestelt tegelijkertijd zijn drankjes. Ik werp een blik achter me op Robert Baars, die me vragend aankijkt. Ik haal mijn schouders op en zet mijn queeste aan de bar voort, terwijl ik terugdenk aan de laatste keer dat ik in een pub zo hartstochtelijk een bierviltje uiteen heb gescheurd.

Hoe komt het toch dat ik me zelfs de kale feiten van wat er gisteren gebeurd is niet kan herinneren, en dat iets wat meer dan tien jaar geleden heeft plaatsgevonden met zo'n rijkdom aan details in mijn gedachten terugkeert? Het was precies elf jaar geleden. Tom en ik waren net gaan samenwonen in een flat in het westen van Londen. Ik kwam in de eerste dagen van deze nieuwe situatie 's avonds uit mijn werk, om ongeveer elf uur en een beetje dronken. Eigenlijk was ik eerder thuis dan anders. Ik moest de volgende ochtend vroeg op om naar Manchester te gaan, dus hadden mijn collega's me in een taxi gezet en me opgedragen vroeg naar bed te gaan. Tom had gezegd dat hij uitging met vrienden. Niets bijzonders. Onze levens waren zo druk dat we eerst de omtrekken schetsten en later de details invulden.

Toen ik in onze straat aankwam, was die afgezet door een politieauto. Er was een overval gepleegd in de buurt van Uxbridge Road en wij werden een straat ernaast in gestuurd. Ik had daar dus helemaal niet moeten zijn. Toen we door die straat manoeuvreerden, zag ik echter twee mensen staan zoenen. De man zat half op een lage muur voor een klein rijtjeshuis en hij had de vrouw tussen zijn benen getrokken, zodat hun bovenlichamen tegen elkaar drukten en ze tegen een heg leunden die achter de muur stond. Ik wist al voordat ik het gezicht van de man zag dat het Tom was. De beheerste bewegingen van zijn hand langs het lichaam van de vrouw hadden iets bekends – op en neer, een vinger die even cirkeltjes beschreef onder aan haar nek en vervolgens naar de V-hals van haar T-shirt dwaalde. Zij leunde genietend achterover en hij zoende haar.

Ik vroeg de taxichauffeur om te stoppen omdat ik even moest bellen. Dit was in de begintijd van de mobiele technologie en het grootste deel van mijn gezicht verdween achter de enorme telefoon. Ik kroop achter in de taxi weg om Cathy te bellen.

'Met mij,' fluisterde ik, al kon Tom me onmogelijk horen.

'Gaat alles goed, Lucy?' vroeg ze, omdat ik even zweeg.

'Prima, geloof ik. Ik zit in een taxi te kijken hoe Tom behoorlijk intiem is met een andere vrouw, heel erg intiem eigenlijk, als je bedenkt dat hij vol in het zicht staat op een openbare plek op hemelsbreed nog geen honderd meter van onze flat...'

'Lucy, ter zake. Vertel me precies wat je ziet,' eiste ze.

'Nou, ik zie hem een vrouw zoenen. Ik neem tenminste aan dat het een vrouw is, want het tegengestelde is te akelig, want ik denk dat vrouwen wel echt biseksueel kunnen zijn, maar mannen die van twee walletjes eten zijn beslist homo, hoewel er uitzonderingen zijn...'

'Lucy, ik weet dat het niet meevalt, maar probeer niet af te dwalen,' zei ze.

'Nou,' zeg ik weer. 'Ik zie hem een vrouw met kort donker haar zoenen. Ze draagt een minispijkerrokje met knoopjes van voren, een klein topje en teenslippers. Het geheel laat weinig aan de verbeelding over. Het akelige is dat dit het soort zoen is die beslist voorafgaat aan iets intiemers. Aan de andere kant, je zoent mensen alleen zo als ze nieuw en opwindend smaken, dus het kan nog niet zo lang aan de gang zijn. Ze gaan de tuin van het huis binnen en ik denk dat ze achter de heg zitten. Naar de rest kan ik alleen maar gissen...'

'Weet je zeker dat hij het is? Je weet hoe kippig je bent,' zei ze.

'Natuurlijk weet ik dat zeker. Ik ben zo dichtbij dat ik hem bijna zou kunnen aanraken als ik het raam opendeed.'

'Wat vreselijk. Wat een lul, Lucy,' zegt Cathy.

'Behalve dat zij alles is wat ik niet ben, denk ik ook dat ik haar ken,' zei ik. 'Ik weet vrij zeker dat ze dat weekend op Emma's feestje was. Ik geloof dat ze bij haar werkt.'

'Hebben ze met elkaar gepraat op het feest?' vroeg ze.

'Ik heb wel gezien dat hij een poosje met dezelfde vrouw praatte, maar ik heb er niets achter gezocht.'

'En wat ga je nu doen? Wil je dat ik naar je toe kom?'

'Nee, maak je geen zorgen, ik bedenk wel iets. Ik wilde het je alleen vertellen omdat ik het dan beter opneem. Ik bel je morgen.' Ik bleef nog een paar minuten naar de heg staren in de wetenschap dat Tom en de vrouw erachter zaten. Ik had ontzettende zin om uit de taxi te stappen en bij het tuinhek te gaan staan tot ze me zouden zien. Maar ik wist dat ik de hele scène in gedachten met geluid erbij zou herhalen als ik echt zou kunnen horen wat er gebeurde, en dan zou ik er niet meer onderuit kunnen. Iemand seks horen hebben is veel erger dan ernaar kijken zonder geluid.

Dus deed ik het volgende, al heb ik dat nooit aan iemand verteld, want in de maanden daarna speelde ik met veel aplomb de rol van gekrenkte vriendin en dat kon ik volhouden zolang ik een geheim had om me te steunen.

In plaats van naar huis te gaan, vroeg ik de taxichauffeur om me naar kantoor terug te brengen en daar twintig minuten op me te wachten. Iedereen zat nog steeds goedkope wijn te drinken in de green room, een aftands, druilerig en bedompt zaaltje in de kelder onder de studio's. Elke avond na *Newsnight* kwamen we daar terecht, met gasten die in het programma waren geweest, om uitgezakte vol-au-vents en uitgedroogde sandwiches te eten die daar al uren stonden. Mijn collega's waren niet verbaasd dat ik terugkwam, en van een van hen in het bijzonder wist ik dat het hem stilletjes plezier zou doen.

Aangezien deze man tegenwoordig een redelijk bekende filmmaker is, lijkt het me niet juist om zijn naam hier te noemen. Maar hoe ongelooflijk het nu ook klinkt, indertijd waren wij allebei hoofdproducent bij de BBC met een gecompliceerde werkrelatie die het midden hield tussen openlijke concurrentie en schaamteloos geflirt. Die avond was bijzonder stressvol geweest. Ik had om twee minuten voor halfelf mijn tape over doodgevonden illegale immigranten in de laadbak van een vrachtwagen in Kent net op tijd afgeleverd, twee minuten voordat het programma de lucht in zou gaan, zodat ik deze man met het belangrijkste nieuwsfeit van die avond voorbijstreefde en zeldzame dus uiterst welkome lof oogstte van Jeremy Paxman.

Ik liep in een roekeloze stemming de green room binnen en voelde me vreemd euforisch, al besef ik achteraf wel dat ik waarschijnlijk in shock verkeerde. De man kwam naar me toe en we pakten ons gesprek weer op waar we het nog geen uur geleden hadden afgebroken. Hij zou de volgende dag voor een week naar Kosovo vertrekken. 'Ik weet dat het een beetje onverwacht is, Lucy, maar zou je niet met me mee naar huis willen?' vroeg hij binnen een paar minuten. Zo simpel was het. Er kwam geen inleiding aan te pas. We kusten en friemelden zo goed en zo kwaad als het ging tijdens de taxirit naar zijn huis, ons bewust van de via de spiegel meegenietende chauffeur, en glipten stiekem zijn huis binnen zodat zijn huisgenoten ons niet zouden zien. Hij had een vriendin met wie hij later getrouwd is, maar op dat moment woonden ze niet samen.

De keren dat we seks hadden waren vervuld van alle hartstocht van maanden onbeperkt flirten en de wetenschap dat het nooit meer zou gebeuren. Toen vertelde hij me dat hij dacht verliefd op me te zijn, en ik vertelde hem dat hij van alle vrouwen hield en dat hij over mij heen zou zijn zodra hij zijn Kosovaarse tolk weer zag. Hij keek verrast omdat hij vergeten was dat hij me dat had verteld, en ik besloot dat het een goed moment was om een taxi naar huis te bellen.

Toen ik eindelijk thuiskwam, lag Tom in bed en deed alsof hij sliep. Zijn overhemd lag keurig gevouwen op een stoel en toen ik aan de boord rook, inhaleerde ik de weeë geur van Opium, de geur die de achtergrond vormde van zoveel relaties in de jaren negentig. Hij begroette me uitbundig en uiteindelijk hadden we seks. Geen van ons vroeg waar de ander geweest was. Ik bracht de volgende drie weken door met me zorgen maken dat ik zwanger was, dat Tom de vader niet zou zijn, dat iemand erachter zou komen. Ik bezwoer mezelf dat ik nooit meer in een dergelijke situatie terecht zou komen, want in tegenstelling tot Emma, die vaak verhoudingen had in gecompliceerde vormen, van driehoeken tot zeshoeken, zou ik me er niet uit weten te redden. Monogamie hoort bij mij, besloot ik.

Een dag later doorzocht ik Toms zakken en vond een papiertje met een telefoonnummer in een kinderlijk handschrift. Het kengetal was hetzelfde als dat van Emma, dus belde ik haar en legde de situatie uit. Ze vertelde me de naam van de vrouw,

Joanna Saunders, en zei dat ze bij de beursberichten werkte. En toen wist ik dat het niet moeilijk is om iemand te haten die je niet kent.

Emma, die toen al bestemd was voor grootsheid en heel wat hoger op de ladder stond dan Joanna Saunders, regelde dat ze met mij ging lunchen, met als verklaring dat ik een derivatenmakelaar was en een goede bron van financiële artikelen zou kunnen zijn.

Ik kwam de pub binnen met een strakke glimlach die ik onderweg voor de spiegel had geoefend en ging tegenover haar aan een rond tafeltje zitten. Zelfs voordat ze me een hand gaf en haar naam noemde, rook ik haar parfum. Ik werd er misselijk van en kwam meteen ter zake, omdat er in dit soort gevallen weinig noodzaak is voor gekeuvel.

'Ik ben de vriendin van Tom,' kondigde ik aan. Ik heb nog nooit iemand zo verbijsterd zien kijken. Haar gezicht viel uiteen in verschillende stukjes en toonde in snelle opeenvolging zoveel verschillende emoties dat ik bang was dat het nooit een geheel zou vormen.

'Het heeft weinig zin om te liegen, want ik heb jullie van de week gezien; vertel me dus maar wat er aan de hand is. Ik wil geen scène maken en jij vast ook niet, aangezien er een heleboel van je collega's bij zijn,' zei ik en ik wuifde naar Emma aan de andere kant van de pub.

Joanne vertelde dat ze elkaar op Emma's feestje ontmoet hadden.

'Het spijt me, niet genoeg informatie,' zei ik.

'Dat was de eerste keer dat we elkaar zagen,' zei Joanna Saunders. Ik merkte dat ik haar huid zat te bewonderen. Die was bleek en Engels en de lippen waarmee ze haar cola light door een rietje opzoog waren stevig en vol. Ze had een rommelig bobkapsel en ze streek steeds plukjes uit haar gezicht. Ze droeg een legergroene jas met een roze zijden voering en het kostte heel veel zelfbeheersing om niet te vragen waar ze die had gekocht.

'Wist je dat hij een vriendin had?' vroeg ik en ik greep mijn wijnglas zo hard vast dat ik bang was dat het zou breken.

'Ja,' bekende ze. 'Hij zei dat jullie samenwoonden en waarschijnlijk zouden trouwen.' Dat was onverwacht.

'Zijn jullie met elkaar naar bed geweest?' vroeg ik.

'Ja,' zei ze zonder op te kijken. 'Hij belde me een paar dagen na dat feest. We zijn iets gaan drinken in een pub bij mij in de buurt. Toen is hij met me meegegaan naar huis en tot ongeveer drie uur 's morgens gebleven.' Ik probeerde me te herinneren wanneer dat geweest kon zijn en weerstond de neiging om gelijk mijn agenda te pakken om het precies uit te zoeken.

'Hoe vaak hebben jullie het gedaan?' vroeg ik. Het lijkt misschien masochistisch, maar het vaststellen van alle feiten had iets geruststellends, alsof het daardoor allemaal zin zou krijgen.

'Dat herinner ik me niet echt meer,' zei ze. 'Wil je dit echt allemaal weten?'

'Hebben jullie van de week seks gehad?'

'Waar heb je het over?'

'Ik zag jullie op straat net voorbij het metrostation,' zei ik.

'Nee, we wilden wel, maar de eigenaren van het huis stoorden ons, en Tom zei dat hij weg moest omdat jij thuis zou komen,' zei Joanna Saunders. Deze keer was er een opstandige blik in haar ogen verschenen, het soort blik dat een vrouw een andere vrouw toewerpt als ze weet dat ze een paar van de troeven in handen heeft.

Toen pakte ik mijn tas van de grond, haalde mijn mobiel eruit en belde Tom.

'Ik heb hier iemand die met je wil praten,' zei ik, zonder iets te laten doorklinken in mijn stem, en ik overhandigde de telefoon aan Joanna Saunders, die intussen heel bleek was geworden. 'Praat tegen hem.'

'Ha, Tom, ik zit, eh… te lunchen met je vriendin,' zei ze. 'Ik vind dat je maar beter meteen hier kunt komen, want ik kan dit niet aan.'

Ongeveer tien minuten later kwam Tom vanuit zijn kantoor bij de pub aan. Emma ging naar hem toe, kuste hem gedag en bracht hem naar het tafeltje waar ik zat met Joanna Saunders. Ik schonk hem een glas wijn in uit de fles die ik zat te drinken.

'Lucy,' begon hij bleekjes, wetend dat hij klem zat. 'Ik vind dat we ergens anders hierover moeten praten. Alleen.'

'Ik vind dat we er hier over moeten praten,' zei ik. 'Nu meteen. Alle hoofdrolspelers zijn aanwezig. En bovendien zal dit moment jullie altijd weer in gedachten komen, mochten jullie ooit weer in de verleiding komen om met elkaar het bed in te duiken, en ik vermoed dat de lust je dan wel zal vergaan. Een happy end heeft een goed begin nodig, en dat is dit niet.'

Joanna Saunders kromp ineen op haar stoel en ik zat bierviltjes in stukken te rijten.

'Lucy, het spijt me ontzettend,' zei Tom wanhopig. 'Het had niets te betekenen. Het was een vlaag van verstandsverbijstering, het zal nooit meer gebeuren.' Ik bleef zwijgen.

'Je bent zoveel weg geweest voor filmopnames. We dreigden uit elkaar te groeien. Vertel me niet dat jij nooit in de verleiding bent gekomen.'

'Dat ben ik ook, maar ik heb er nooit iets mee gedaan. Dat is het grote verschil. Ontrouw kent geen grijze gebieden.' Ik denk dat dat mijn grootste leugen ooit was, en ik wist dat ik er op een dag voor zou moeten boeten. Alleen wilde ik de rekening niet precies op dat moment vereffenen. Maar het juiste moment voor een dergelijke biecht kwam nooit en toen mettertijd alles weer gewoon werd, leek het onzinnig om de boel in het honderd te sturen. Bovendien was ik gewend geraakt aan een Tom die iets goed te maken had. En zonder de episode in de green room had ik het Tom misschien wel nooit vergeven.

'Wat mag het zijn, jongedame?' zegt de barman. 'Pardon, wil je iets drinken of sta je hier ter decoratie?' Ik herinner me weer dat je in Londen nonchalant moet kijken om bediend te worden, alsof het je niet echt kan schelen. Geen geluid maken, alleen een paar subtiele gebaren.

'Een glas wijn en twee biertjes,' zeg ik. Tevreden over mijn efficiency vraag ik me af hoe lang het geleden is dat iemand mij jongedame heeft genoemd.

'Wat voor bier?' vraagt hij, niet onredelijk.

'Wat heb je?'

'Nou, om precies te zijn: bitter, licht of donker.'

'Wat bestellen mannen meestal?' Hij kijkt me uitdrukkingsloos aan.

'Kwestie van smaak. We hebben Adnams, IPA, Stella, noem maar op. Wat drinkt je vriendje meestal?'

'Hij is mijn vriendje niet,' zeg ik ijzig.

'Je man dan,' zegt hij met een blik op de ring aan mijn vinger.

'Hij is ook niet mijn man,' zeg ik. Hij trekt een wenkbrauw op.

'Is hij een lagerbier-type?' vraagt hij geduldig.

'Ik weet eigenlijk niet wat voor type hij is,' zeg ik met een zucht.

'Geef me maar gewoon twee pinten van dat daar, alsjeblieft,' zeg ik en ik wijs op de dichtstbijzijnde tap.

Ik loop met de drie drankjes tegen mijn borst geklemd naar onze tafel, denkend aan het moment dat ik zal gaan zitten en we elkaar aan zullen raken. Lijf aan lijf. Het is onvermijdelijk, omdat de bank zo smal is. Mijn verwachtingsvolle gevoel lijkt op het gevoel dat je kunt krijgen bij de aanblik van een heerlijk bord eten als je echt uitgehongerd bent en je die eerste mondvol zo lang mogelijk uitstelt, omdat je weet dat geen enkele volgende hap zo lekker of zo bevredigend zal zijn.

'Dank je, dat is een gul gebaar,' zegt Robert Baars.

Ik zet de drankjes neer, loop om de tafel heen en ga op de bank zitten. Ik sla mijn benen over elkaar en leun met mijn linkeronderarm op mijn dijbeen achterover, waarop ik mijn hoofd stoot aan de scherpe puntvoet van een van de uitgesneden figuurtjes op de rugleuning. Het is de heilige Eustachius, de patroonheilige van moeilijke situaties.

Robert Baars is druk bezig zijn biertjes op hun plaats te zetten. Even ben ik bang dat hij ze aan het uitlijnen is, de afstand tussen beide glazen in acht nemend zoals Tom zou doen. Niet omdat ik moeite heb met Toms eigenaardigheden, maar omdat ik nu even geen zin heb om aan hem te denken.

Het lijkt of hij de plaatsen toevallig kiest, tot ik begrijp dat hij ze zo verplaatst dat hij zijn glas kan oppakken met zijn linkerhand. En aan de iets sterker ontwikkelde spieren in zijn rechterarm zie ik dat hij beslist niet linkshandig is. Dat betekent dat de daaruit voortvloeiende combinatie van bewegingen waardoor zijn rechterarm evenwijdig aan de mijne blijft, opzettelijk is. Ik verwonder me over de subtiliteit van dit alles.

Er is een instinctieve behoefte om contact te maken, alsof we pas kunnen ontspannen als we die horde genomen hebben. Ik kan de warmte van zijn arm voelen en ben me bewust van zijn geringste beweging. Ik kan zelfs het rijzen en dalen van zijn ademhaling voelen. Ik wacht op zijn uitademing, omdat het haar op zijn arm dan zachtjes de gevoelige huid van mijn onderarm raakt, en telkens wanneer hij inademt, van mij weg, ervaar ik een verlies.

Wij horen hier geen van beiden te zijn. Nu ik hier aan dit tafeltje zit, weet ik absoluut zeker dat er in een huwelijk geen ruimte is voor drankjes op de late avond met vrijwel onbekenden op een locatie die je samen hebt uitgekozen, omdat je stilletjes weet dat er weinig kans is om iemand tegen te komen die je kent. Ik bevind me in onbekende wateren en zwem roekeloos weg van de oever, maar het is geen onplezierig gevoel.

'Hoe gaat het met je boek?' vraag ik, terwijl ik nerveus een dikke lok haar langs mijn bovenlip trek en ermee over het puntje van mijn neus wrijf, een gewoonte die ik jaren geleden in examentijd ontwikkelde. Ik moet echt andere gespreksonderwerpen verzinnen, maar dit garandeert in elk geval een zekere mate van spraakzaamheid.

'Praat me er niet van,' zegt hij in zijn bier starend. 'Ik heb die ene crisis opgelost, maar nu ben ik weer in een andere verzand.'

'En wat is het deze keer?' vraag ik.

'Wil je het echt weten? Ik beloof dat ik niet beledigd zal zijn als dat niet zo is,' zegt hij zonder mijn antwoord af te wachten. 'Ik ben een hoofdstuk aan het schrijven over de invloed van politieke onrust in Latijns-Amerika op films in de jaren tachtig.'

Ik zwijg, want zijn arm ligt nu stevig tegen de mijne en ik ben bang dat hij hem beweegt als ik iets zeg. Ik vraag me af of hij zich net zo bewust is van deze nabijheid als ikzelf. Maar het kan ook zijn dat hij zich afvraagt of Arsenal tegen Charlton gescoord heeft, of nadenkt over de esthetische waarde van de enorme snor van de hoofdpersoon in Zapata-westerns. In dit soort warme, drukke pubs lijkt ineens oneindig veel mogelijk. Ik heb er moeite mee om me te concentreren.

'Er waren ook een paar heel bekende Latijns-Amerikaanse films, zoals *The Official Version*, die zelfs een Oscar won; die moet ik natuurlijk vermelden. Die ging over een vrouw die ontdekte dat haar geadopteerde baby gestolen was van een moeder die verdween door toedoen van de militaire machthebbers. En dan had je natuurlijk de Hollywood-hits zoals *Salvador* van Oliver Stone, bijzonder interessant vanwege de Amerikaanse betrokkenheid bij Midden-Amerika. Mijn dilemma is of ik een analyse moet opnemen van de manier waarop Europese en Amerikaanse filmmakers ook geïnspireerd werden door diezelfde gebeurtenissen en hun verschillende culturele en politieke benadering van hetzelfde materiaal.'

'Heel interessant,' zeg ik afwezig. De stilte hangt weer zwaar in de lucht en ik besluit de wijste te zijn en ga aan de bar een zakje chips kopen.

Als ik terugkom zie ik dat er een kruk bij de tafel is gezet. Ik ben nu al bezitterig over het territorium dat wij als het onze hebben gemarkeerd en vraag me af waar die kruk vandaan komt. Dan zie ik er een bekende schaapsleren jas op liggen.

'We zijn niet alleen,' zegt Robert Baars.

Yammie Mammie nr. 1 verschijnt en gaat op de kruk zitten. Ik zie dat haar billen zo smal zijn dat er niets over de kruk puilt, en dat haar witte bloes met knopen haar volmaakte decolleté benadrukt.

'In antwoord op je vraag,' zeg ik. 'Ik denk dat je het zeker moet opnemen. Zo bereikt je boek een breder publiek, en met alles wat er momenteel in Irak gebeurt zou het een tijdige herinnering zijn aan andere blunders in de buitenlandse politiek van de Verenigde Staten.' Wat een geweldige reactie. Ik ben trots op mezelf.

'Dan neem ik het op,' zegt hij met een glimlach. 'Ik had iemand nodig om mijn ideeën te bevestigen. Dank je wel.'

'Goh, wat een eensgezindheid,' zegt Yammie Mammie nr. 1, en ze staart naar onze armen. 'Leuk is het hier, zeg. Heel knus.'

Ik doe mijn best om van Robert Baars weg te schuiven.

'Ik denk dat ik champagne ga bestellen,' zegt ze.

'Ik weet niet of ze wel champagne per glas serveren in pubs,' zeg ik.

Al is de pub voor ons een gematigd vijandelijke omgeving, wij zijn in elk geval in staat om op te gaan in de massa. Voor Yammie Mammie nr. 1 is het helemaal een exotische ervaring.

Ze wuift naar mensen om te proberen iets te bestellen en biedt vervolgens het meisje in de zilveren mini-jurk een fooi aan om haar jas naar de garderobe te brengen. Ik krimp gegeneerd ineen.

'Ik dacht eigenlijk aan een fles,' zegt ze monter. 'Ik bedoel, ik weet wel dat er eigenlijk niets te vieren valt, maar misschien moeten we ons in stijl beklagen over de uitkomst.' Ze staat op om naar de bar te gaan.

'Hoe meer zielen, hoe meer vreugd, hè?' zegt Robert Baars.

'Dat geldt niet voor de schapen,' zeg ik, op de jas wijzend, en hij lacht.

'Ze zei dat ze ons de pub in zag gaan toen ze naar huis reed en spontaan besloot om ook te komen.' Hij haalt zijn schouders op. 'Ze stond echt achter je met die verkiezingen. Toen Supermoeder zei dat jij zo iemand bent die een pindareep zou geven aan een kind met een notenallergie stond zij op en zei dat ze een hoop van je konden zeggen, maar dat niemand je er ooit van zou kunnen beschuldigen een onoplettende moeder te zijn, en dat jij meer luiers hebt verschoond dan zij gesneden brood heeft gegeten,' zegt hij.

'Dat klopt in elk geval, want ze is al jaren op een glutenvrij dieet,' zegt ik. 'Wat heb jij gezegd?'

'Nou, eigenlijk niks,' zegt hij.

Ik kijk vast teleurgesteld, want hij voegt eraan toe: 'Ik dacht dat het misschien zou lijken alsof...' Hij zwijgt en ik kijk hem aan om hem te dwingen de zin af te maken, omdat ik anders de rest van de avond en de komende week druk ben met proberen die aan te vullen. 'Ik dacht dat het misschien zou lijken alsof...'

Hij is echter net zo gefixeerd op Yammie Mammie nr. 1 als ik. We kijken verbaasd hoe de menigte vanzelfsprekend uiteenwijkt om haar door te laten en hoe de barman meteen haar bestelling komt opnemen. Ze herkennen een exotisch wezen in hun midden. Ze komt met lege handen terug en ik zet een meelevend gezicht.

'Die aardige man maakt het in orde,' zegt ze. En inderdaad komt de barman na een paar minuten gretig naar de tafel met een fles champagne, die hij zwierig openmaakt, en een pakje sigaretten.

'Ik hoop dat jullie het niet vervelend vinden dat ik erbij kom zitten. Na dat hele debacle moet ik nodig even ontspannen. Heb je die vriendin met die crisis al teruggebeld? Ze is ons een drankje verschuldigd. Als jij niet verdwenen was, was de verkiezing onbeslist gebleven.'

Robert Baars schuift ongemakkelijk in zijn stoel en een kloof opent zich tussen onze armen. Ik kan onmogelijk inschatten wat hij al heeft verteld, dus ik kies voor een kaal antwoord.

'Ze belt me straks terug,' zeg ik en ik doe mijn best om niet verder uit te weiden. Hoewel Yammie Mammie nr. 1 tot het soort vrouwen behoort die slechts de oppervlakkigste details van hun eigen leven onthullen, heeft ze een griezelig vermogen om anderen te verleiden tot de vreselijkste onthullingen, en vervolgens hun emotionele incontinentie af te keuren.

Ze is niet onaardig. Eigenlijk is ze meestal feilloos beleefd en attent, hoewel ik vermoed dat ze in velen van ons niet erg geïnteresseerd is. Ze is vast ambitieus, maar ik ben niet rijk, chic of slank genoeg om als een waardige rivaal te gelden. Ook ben ik niet voldoende op de hoogte van de gedragsregels, die gecompliceerde concepten omvatten zoals het dragen van H&M, design- en tweedehandskleding in precies de juiste verhoudingen. Ik zou niet weten of ze zeker is van de grond onder haar voeten, want ik weet niet veel meer over de intriges van haar leven dan toen ik haar een jaar geleden voor het eerst zag. Er zijn weinig aanwijzingen voor een complexe innerlijke dialoog. Misschien kent haar leven gewoon een gemakkelijk script. Geen naargeestige momenten. Geen twijfels.

Vroeger bestudeerde ik de kruimels die ze mij toewierp, op zoek naar sporen van een diepe innerlijke crisis. Je kunt echter niet al te veel vragen stellen om uit te vissen of haar behoefte aan steeds extravagantere verbouwingen een innerlijke crisis over de kwaliteit van haar geluk verbergt. Vanavond heeft ze een grote pleister in de palm van haar linkerhand. Haar handen zijn klein en knokig, bijna kinderlijk van afmeting, en de huid heeft een doorzichtige weerschijn zodat je de botten eronder kunt zien. Je krijgt zin om ze vast te pakken en te strelen.

'Hoe kom je daaraan?' vraag ik, in de hoop op aanwijzingen van een verborgen drama.

'Het is een beetje gênant,' zegt ze samenzweerderig, en ik buig me naar haar toe, want hier klinkt de belofte van intimiteit.

'Mijn man moet een paar dagen naar Brussel,' vertelt ze, 'dus hij nam me mee uit eten in The Ivy en toen ik probeerde om een bijzonder koppig onderdeel van de poot van mijn kreeft af te knippen, schoot de schaar uit en sneed ik in mijn hand.'

Ze lacht hard. Ik probeer mijn teleurstelling te verbergen.

'Wat een pech,' zeg ik. 'Hoe was je dag verder?'

'Druk, druk, druk,' zegt ze. Yammie Mammie nr. 1 herhaalt haar woorden vaak drie keer, vooral bijvoeglijke naamwoorden.

Het is een trekje dat ik met Tom heb besproken. Hij gaf wel toe dat een dergelijke tactiek een effectieve manier kan zijn om vragen te ontwijken, maar wilde er niet verder op ingaan.

'Ze heeft een fantastisch kontje en dat is het enige wat ik over die vrouw wil weten,' had Tom gezegd.

'Wat heb je gedaan? Precies, precies, precies?' dring ik aan. Goddelijke Huisvader onderdrukt een glimlach.

'Ik heb de hele dag lopen rennen, deadlines gehaald, losse eindjes afgewerkt, alle ballen in de lucht gehouden,' zegt ze, en als ze ziet dat ik nog steeds niet tevreden ben, gaat ze door: 'Ik heb een les kickboksen gehad van die knappe trainer, geluncht met een vriendin en toen de flat bekeken die we gekocht hebben als investering om te verhuren, om te kijken of de binnenhuisarchitect zijn werk wel doet.'

Dat lijkt er meer op. Natuurlijk heeft deze vrouw een benijdenswaardig bestaan. Misschien vertegenwoordigt Yammie Mammie nr. 1 de logische evolutie van de huisvrouw uit de jaren vijftig, bedenk ik plotseling in een helder moment. Ze belichaamt al die oude symbolen van het huisvrouwendom: haar huis is onberispelijk, lakens gesteven en gestreken, kindertjes met roze wangetjes nuttigen aan tafel de zelfgemaakte maaltijden. Alleen betaalt zij anderen om dat effect te bereiken en bekijkt dan hoe alles om haar heen zich afspeelt. Ze is een toeschouwer van haar eigen leven.

Delegeren, daar gaat het allemaal om. En de niet onbelangrijke kwestie van voldoende inkomen om die levensstijl te kunnen betalen. Met geld koop je geen liefde, maar wel tijd en jeugd. Tochtjes naar de sportschool, expedities naar Selfridges, aromatherapiebehandelingen. Daar zou ik goed in zijn. Natuurlijk zouden er offers moeten worden gebracht. Geen chocola meer, bijvoorbeeld, maar dat zou een kleine opoffering zijn.

'Heb je die vriendin nou teruggebeld?' vraagt Robert Baars. 'Wat een gesprek hadden jullie. Je neemt nogal wat aan over getrouwde mannen.' Ik trek mijn arm snel weg; het irriteert me dat hij Yammie Mammie nr. 1 op de hoogte heeft gebracht van de details van mijn gesprek op het toilet. Deels omdat het een mate van vriendschap met haar veronderstelt die niet echt bestaat, maar ook omdat ik weet dat zij plaatsvervangend plezier zal beleven aan de groezelige onderkant van het leven van iemand anders. Ik begin me af te vragen of haar komst deel uitmaakt van een door hem bedacht plan om niet met mij alleen te hoeven zijn.

'Het is eigenlijk een ingewikkelde situatie,' zeg ik in een poging het gesprek in rustiger vaarwater te brengen, want er moet toch een gulden middenweg zijn tussen trioseks en een dag uit het leven van Yammie Mammie nr. 1. Iets veiligs, tussen grimmig en suikerzoet in.

'Ze heeft een verhouding met een getrouwde man,' zeg ik.

'Hoe getrouwd?' vraagt Yammie Mammie nr. 1.

'Getrouwd zijn is nogal zwart-wit, vind je niet?' zeg ik. 'Daar zouden geen gradaties in moeten bestaan.' Terwijl ik het zeg weet ik al niet zeker meer of ik het eens ben met mijn eigen stelling. Mijn morele kompas is volledig uit het lood.

'Maar de feiten zijn één vrouw, vier kinderen, meer dan tien jaar getrouwd,' zeg ik.

'Net als ik,' zegt ze glimlachend. 'En jij. Met een kind minder dan. Weet zijn vrouw ervan?'

'Ik denk dat ze geen idee heeft. Ik vind het eigenlijk heel rot voor haar. Ze is waarschijnlijk zo druk met haar kinderen dat ze haar man even op de reservebank heeft gezet om hem later weer in te schakelen, als ze minder moe is,' zeg ik. 'Heb jij nooit de neiging om dat telefoonnummer van vermiste personen te bellen en je verdwijning aan te geven? "Help, ik weet niet waar ik ben gebleven. Ik ben getrouwd, heb kinderen gekregen, mijn werk opgegeven, iedereen om me heen gelukkig gemaakt, en toen ben ik verdwenen. Stuur alstublieft een opsporingsteam!"'

Ze kijkt me stomverbaasd aan. 'Je man verwaarlozen is altijd een slecht plan. Mannen kunnen er absoluut niet tegen om aan de zijlijn te staan. Dan gaan ze dwalen. Daarom gaan wij elk jaar veertien dagen met ons tweetjes naar de Caraïben. Dat zou iedereen moeten doen,' zegt ze nadrukkelijk.

'Misschien,' zegt Robert Baars diplomatiek, 'heeft niet iedereen de financiële mogelijkheden of de kinderopvang om zoiets te doen.'

'Als je kinderen krijgt, dalen echtgenoten steeds verder in de pikorde,' zeg ik. 'Lager nog dan huisdieren. Zelfs goudvissen.' Robert Baars is stil geworden. De cirkel is rond: we praten weer net als in het begin over vissen.

'Ontrouw kan natuurlijk ook worden uitgelegd als trouw zijn aan jezelf,' zegt Robert Baars zonder op te kijken.

'Dat is wel erg vergezocht,' zeg ik, met mijn ogen gericht op de lege champagnefles.

'Zullen we gaan? Ik kan jullie allebei een lift naar huis geven als je wilt,' zegt Yammie Mammie nr. 1, en ze kijkt ons wantrouwig aan, alsof ze vermoedt dat dit gesprek een onderstroom heeft waar zij niet bij kan.

9

Een schuldig geweten behoeft geen aanklager.

The Sound of Music speelt op de video in de zitkamer en de kinderen hebben ruzie omdat Joe wil terugspoelen naar de scène waarin de nazi's proberen de familie Von Trapp te pakken te nemen.

'Joe, er verandert niks,' hoor ik Sam gefrustreerd tegen Joe roepen. 'Het blijft altijd hetzelfde, ze ontsnappen elke keer. Ook al kijk je honderd keer, alles gebeurt precies op dezelfde manier.'

'Maar de kleur van hun broek is veranderd. Eerst waren ze donkergroen en nu zijn ze heus lichtgroen,' zegt Joe, met zijn armen verdedigend rond de televisie zodat Sam hem niet uit kan zetten.

'Dat komt doordat mama op de afstandsbediening is gaan zitten en de instellingen heeft veranderd,' roept Sam.

'Dus veranderen er wel dingen. Ik wil het nog één keer zien, voor als de nazi's ze deze keer wel krijgen,' zegt Joe dringend, op de mouw van zijn pyjamajasje kauwend. Dat is een pasverworven gewoonte, maar de manchetten van zijn schoolbloezen en truien liggen al aan flarden.

'Als de nazi's ze te pakken zouden krijgen zou de film niet geschikt zijn voor kinderen en zou mama ons er niet naar laten kijken,' zegt Sam in een poging hem met logica te overtuigen in plaats van met bruut geweld. 'Niemand gaat de Von Trapps verraden.'

Fred heeft zich verstopt achter de bank. Hij heeft stilletjes met zijn tractors en trailers zitten spelen sinds ik de woonkamer binnenkwam. Ik weet dat een stille peuter gelijkstaat aan een onontplofte bom, maar besluit toch het risico te nemen om de ongeopende post van weken af te handelen die zich heeft opgestapeld in mijn bureaula. De gevolgen merk ik later wel.

Om Tom niet ongerust te maken haal ik de enveloppen die zich op het haltafeltje verzamelen weg en prop ze in mijn la, tot die vol is. Dan zet ik me aan het achterstallige werk. Het is geen systeem dat Toms goedkeuring zou wegdragen, maar de eenvoud ervan heeft zijn verdienste, vooral omdat ik alles wat controversieel zou kunnen zijn kan censureren.

Ik vraag me af of ik tussenbeide moet komen in de discussie aan de andere kant van de kamer. Het probleem is óf tegemoet komen aan Joe's neurose en hem de film terug laten spoelen, óf hem Sam zijn zin te laten geven. Ik weet dat elke betrokkenheid bij het vredesproces meer van mijn tijd zal vergen. Pleidooien voor spelletjes, voorlezen, worstelen of cricketer Shane Warne spelen. Ik moet binnen een uur bij Emma zijn om te eten in haar nieuwe appartement, dus ik negeer ze. Als ik twee uur per dag zou kunnen verdwijnen zou ik een heleboel gedaan kunnen krijgen.

Ik zit aan mijn bureau aan de andere kant van de kamer en probeer orde te scheppen in de chaos van ongeopende rekeningen, bankafschriften en anonieme enveloppen voordat Tom straks terugkomt uit Italië. Dit komt voort uit boetvaardigheid. Sinds die avond met Robert Baars lijd ik aan aanvallen van weifelend schuldgevoel. Ik heb niet tegen Tom gelogen; ik ben echter wel zuinig geweest met de waarheid. Wat zal ik zeggen als hij vraagt wat ik maandagavond heb gedaan? Dat ik een situatie heb gecreëerd waarin ik zo dicht bij een mij welgevallige man kon zitten dat de haartjes op mijn arm recht overeind stonden als we elkaar aanraakten? Dat ik diezelfde man later deze week weer zal zien? Dat ik levendige dromen heb over wederzijdse gevoelens? Ik heb Robert Baars afgeschreven als een fantasie, een welkome afleiding, zo onschuldig als een plant die kleur geeft aan de grauwe Londense winter. Ik realiseer me echter dat het niet eerlijk is om hem te vergelijken met de toverhazelaar in onze achtertuin. En dan zijn er de kinderen. Mijn gedachten snellen vooruit, zoals altijd als akelige gevoelens me in hun greep krijgen, en ik zie mijn volwassen jongens hun vrienden vertellen over het verraad van hun moeder en hoe dat hun vermogen om duurzame relaties aan te gaan heeft aangetast en hoe het hun kinderen en hun kindskinderen zal beïnvloeden, tot het in de loop van enkele generaties wordt opgeslagen in hun genetische code.

Niet in staat om dit dilemma op te lossen, dwing ik mezelf ertoe me op mijn huidige taak te concentreren, namelijk drie grote stapels maken. De eerste bestaat uit post die specifiek aan Tom gericht is, de tweede uit rekeningen die onmiddellijk moeten worden betaald en de derde is een niet-specifieke stapel die veel later kan worden behandeld, misschien wel nooit. Laatstgenoemde gaat terug in de la. Ik glimlach bij het vooruitzicht van een opgetogen Tom als hij zijn post in een nette stapel vindt. Onmiddellijk voel ik me weer schuldig, omdat ik weet dat zoiets eenvoudigs hem zoveel genoegen zal verschaffen. In veel opzichten is hij een gemakkelijke man. Hij had een harmonieus huwelijk kunnen hebben met een heel ander soort vrouw. Als hij met zijn moeder was getrouwd, bijvoorbeeld.

Ik prop de enveloppen waarvan ik beslist niet wil dat Tom ze ziet in een la onder in het bureau. Zoals een paar vergeten bekeuringen, parkeerbonnen en creditcardafschriften. Ik heb nu schulden op zeven verschillende creditcards. Daar ben ik niet trots op. Ik heb echter ontdekt dat ik verbazend goed kan jongleren met deze rekeningen en op internet de beste deals weet te vinden. Nul procent financiering in de eerste twaalf maanden. Kleine lettertjes die de snaren van je hart beroeren.

Op weg van school naar huis, na een bijzonder intensieve serie schuldoverboekingen, geef ik Fred een statusrapport. 'Amex boeken op Visa, Visa boeken op Mastercard, Mastercard boeken op Amex...' zing ik hardop, waarbij ik de melodie aanpas aan mijn humeur. Momenteel is *Jingle Bells* favoriet. Ik voel me net een blitse makelaar op de internationale beurzen. Kopen. Verkopen. Vasthouden.

Verkeersovertredingen blijven een blinde vlek. Vorige maand stond er een deurwaarder op de stoep met een dwangbevel voor een bekeuring van zo'n twee jaar geleden. Tom werkte toevallig thuis aan bouwtekeningen. De lange, goedgebouwde deurwaarder droeg een grijs pak van slechte snit en zulk goedkoop materiaal dat er kleine vonkjes afkwamen toen hij een pen uit zijn jasje trok om mij voor ontvangst te laten tekenen.

Hij was geen onaardige man. Eigenlijk was hij heel kalm en onbewogen, een eigenschap die zijn ogen benadrukten door bij de hoeken omlaag te zakken, net als bij een vriendelijke bloed-hond. Niets wees erop dat hij de agressie en de stress die wel bij zijn baan moesten horen had overgenomen. Zijn gezichtsuit-drukking was bijna sereen. Mijn gezicht daarentegen was door-groefd van zorgen. Niet vanwege de angst voor vervolging, maar omdat ik bang was dat Tom mijn valse voorstelling van finan-ciële zaken zou ontdekken.

Toen ik Tom dus naar boven hoorde komen om te kijken wie er aan de deur was, overtuigde ik de deurwaarder ervan te doen alsof hij een Jehova's getuige was, waar hij verrassend gewillig mee akkoord ging. Hij leek volkomen op zijn gemak met deze verandering in zijn taakomschrijving.

'Als het armageddon aanbreekt,' galmde hij, terwijl hij over mijn schouder gluurde naar Tom, die nog in pyjama was, 'wor-den alleen de uitverkorenen gered. Als zondaar kunt u wel gena-de krijgen, maar pas nadat u eventuele parkeerkwesties hebt opgelost.'

Tom keek beduusd en krabde zich op zijn hoofd, waardoor zijn donkere haar recht overeind komt te staan.

'Er zijn toch wel ergere zonden?' zei hij. 'In elk geval is de sta-tistische waarschijnlijkheid dat een van de uitverkorenen een parkeerwacht is oneindig klein, dus niemand zou er iets van weten.'

'Je kunt er beter niet op ingaan, anders gaat hij nooit weg,' fluisterde ik Tom toe en ik duwde hem de gang in. 'Ik regel dit wel. Ga jij maar lekker werken.' Terug bij de voordeur onderte-kende ik het dwangbevel.

'Het zijn mijn zaken natuurlijk niet,' zei de deurwaarder, 'maar ik denk echt dat u dit in orde moet zien te krijgen, mevrouw Sweeney. Het moet erg vermoeiend zijn om dit soort dingen voor uw man te verbergen.'

'O, maakt u zich daar geen zorgen over, dat doe ik zo vaak,' zei ik nonchalant. 'Vrouwen kunnen heel goed jongleren met leu-gens, dat hoort bij al die dingen die ze tegelijk kunnen doen.' Hij schudde zijn hoofd en propte mijn papieren in een oude leren aktetas, waarna hij me de hand schudde.

Ik weet dat ik voor de oplossing op een dag te rade moet gaan bij een praktisch mens zoals Emma, die nooit rood staat. Op z'n minst zou ik alle creditcardafschriften en parkeerbonnen bij elkaar op moeten tellen om te zien hoeveel ik precies verschuldigd ben. Maar ik kan de situatie onmogelijk onder ogen zien. Het is zo lang geleden dat ik de schulden gemaakt heb dat ik me niet eens meer kan herinneren welke impulsaankopen tot deze catastrofale gebeurtenissen hebben geleid. Waarschijnlijk zijn die jaren geleden al weggegooid.

'Mama, krijgen de nazi's Maria echt nooit te pakken?' roept Joe ongerust vanaf de bank.

'Echt niet, ze ruikt veel te lekker,' roep ik van de andere kant van de kamer, en ik hoop dat de ruzie daarmee afgelopen is.

'Mam, denk je dat ik een keer een korte broek kan maken van de gordijnen in mijn slaapkamer?' zegt hij.

'Natuurlijk, schatje,' zeg ik afwezig en ik verstop de enveloppen achter in de la, waarna ik mijn sporen uitwis met een stapel catalogussen.

'Misschien moet Joe deze film niet meer zien,' zegt mijn schoonmoeder. Ik wist niet dat ze uit de keuken naar boven was gekomen. Ik doe de la iets te hard dicht en zie dat ze er argwanend naar kijkt.

'Hij heeft hetzelfde probleem, waar hij ook naar kijkt,' vertel ik, terwijl ik bij het bureau wegloop. 'Het is gewoon een heel gevoelig kind.'

'Wie is die Major Tom waar hij het steeds over heeft? Een vriend van je ouders?' vraagt ze.

Ze staart nog steeds naar de onderste la met haar handen diep in de zakken van Toms ochtendjas. Hij is gewassen en van kleur veranderd, van vuiloranje naar lichtgeel. De jas is haar zoveel te groot dat ze hem achter haar rug moet vastbinden. Haar handen en voeten zijn nog rood van het bad en steken onder de ochtendjas vandaan als druipende jam uit een cakerol.

Petra is hier al de hele week en geeft geen tekenen van aanstaand vertrek. Elke dag graaft ze zich dieper in het gezin. Dit is een bekend patroon. Ik zal op Tom moeten wachten om aan te kaarten wanneer ze misschien zal vertrekken. Als de situatie onhoudbaar dreigt te worden, bijvoorbeeld wanneer ik de klerenkast openmaak en ontdek dat ze zijn ondergoed op kleur in nette stapeltjes heeft gelegd, besluit ik haar te vragen te vertrekken. Ze weet dat ze te ver is gegaan en probeert zich de rest van die dag in te houden, maar haar organisatiedrang is te sterk. Ze probeert te compenseren door me te vragen welk deel van het huis het meest baat zou hebben bij precisieschoonmaak en biedt gratis oppassen aan, omdat ze weet dat ik dat nooit zal afslaan. Deze omkoperij drukt de golven van paniek meestal de kop in. De berg wasgoed is nu geërodeerd tot een heuvel van redelijke omvang, nog steeds golvend, maar minder imponerend. Toms overhemden zijn allemaal gestreken. Sokken die hun wederhelft jaren geleden zijn verloren zijn herenigd, en de overblijvers zijn veroordeeld tot de vuilnisbak.

'Lucy, ik vroeg me af of we volgende week eens samen kunnen lunchen,' vraagt ze, zenuwachtig friemelend aan haar parelketting als ik probeer het huis te verlaten. Tom komt later op de avond terug, maar er wordt blijkbaar nog niet ingepakt.

'Maar Petra, we hébben bijna de hele week samen geluncht,' zeg ik een beetje paniekerig en ik pak mijn jas om duidelijk te maken dat ik nu moet vertrekken.

'Ik wil iets belangrijks met je bespreken. Het moet op een neutrale plek gezegd worden. Misschien kunnen we afspreken bij John Lewis en het combineren met de kerstinkopen? Ik zoek nog iets voor je ouders.' Ze zwijgt even, zonder van haar koffie op te kijken. 'Zeg alsjeblieft niet tegen Tom dat we afgesproken hebben. Jammer trouwens dat je die verkiezing verloren hebt. Misschien is het maar beter zo, met alle andere dingen die je aan je hoofd hebt.'

Ik ben al onderweg naar de voordeur, maar sta plotseling stil. Ik vermoed dat mijn innerlijke onrust op de een of andere manier de oppervlakte heeft bereikt en door mijn poriën naar buiten bubbelt, zodat ik nu een geur van twijfel en onzekerheid bij me draag. Mijn schoonmoeder heeft vele tekortkomingen, maar grootschalig gekonkel hoort daar niet bij. In de twaalf jaar sinds onze eerste ontmoeting is dit haar opmerkelijkste poging tot toenadering en ik weet dat het ernstig moet zijn, omdat ze een afkeer heeft van emotionele eerlijkheid. Gelukkig heb ik een paar dagen om een aannemelijke verdediging voor te bereiden.

Later op de avond, in de kathedraalachtige ruimte van Emma's nieuwe appartement in Clerkenwell, waar we dure wijn drinken met Cathy, begin ik te ontspannen. Mijn schoonmoeder heeft kennelijk besloten om in te grijpen omdat ze vreest voor haar zoon. Aan de andere kant wil ze nooit de waarheid horen als die te onverkwikkelijk of verontrustend is. Ik stel me lagen van emotioneel bedrog voor, opeengepakt als sedimentaire afzettingen in kleuren die na verloop van tijd in elkaar overlopen, zodat het onmogelijk is om een enkele laag duidelijk te zien.

De muren van Emma's flat zijn spierwit, bijna klinisch. Sommige schuiven op onzichtbare rails in elkaar, zodat er nieuwe kamers en ruimten ontstaan. Het soort optische trucs waar Tom zo van houdt. Ik vind het zelf allemaal nogal verontrustend. Ik wil geen veranderlijk huis. Als Emma Cathy en mij laat zien hoe de woonkamer een logeerkamer wordt en de slaapkamer twee keer zo groot, word ik een beetje zeeziek.

Ik weet niet voor wie dit appartement gebouwd kan zijn. Zeker niet voor gezinnen of iemand die depressief is. De balkonnetjes eromheen zijn verraderlijk hoog en er staan grote bloempotten met hippe grassoorten die in je huid snijden als je er te dicht langs loopt. Het is daarentegen wel een geweldige plek voor een feest.

Ik herken een paar dingen uit Emma's huis in Notting Hill, waaronder een paar reproducties van Patrick Heron, en een kitscherige witte vaas met grote bloemen op de rand die ik haar voor haar dertigste verjaardag heb gegeven. Ze vallen weg in de ruimte. De lift van de begane grond komt indrukwekkend uit in de woonkamer, maar we moeten de zware ijzeren tralies met twee man opentrekken, en ik vraag me af hoe Emma er in haar eentje in en uit komt.

We zijn ongewoon stil. Emma schrobt nijdig een vunzige emmer mosselen schoon.

'Ik heb een rotdag gehad,' zegt ze uiteindelijk. 'Ik moest de ouders van een van onze correspondenten in Irak bellen om ze te vertellen dat hun zoon is omgekomen in een hinderlaag. Ik wil er niet over praten. Deze mosselen zijn verrekte moeilijk schoon te maken, ze hebben zo'n baard.'

'Misschien zou het beter gaan met iets wat groter is dan een tandenborstel,' stelt Cathy voorzichtig voor.

De slechte dagen van Emma zijn altijd slecht op een veel grotere schaal dan de mijne, omdat ze meestal te maken hebben met belangrijke wereldevenementen, van tsunami's tot burgeroorlogen. De ontdekking dat mijn schoonmoeder de onderbroeken van mijn man in een kleurenschema heeft gesorteerd zonder te vragen of ze onze slaapkamer in mocht, kan daar niet aan tippen.

Ik kijk de keuken rond, met zijn Gaggia-koffiezetapparaat, Kitchen Aid-keukenmachine en dubbele vaatwasser. Slechts een van de vaatwassers is in gebruik. Alles in de flat is zo enorm dat Emma in het reuzenland van Gulliver lijkt te wonen, waar ze op trapjes moet klimmen om keukenkastjes te openen die buiten het bereik van gewone stervelingen hangen en in de gigantische, Amerikaans aandoende koelkast te turen, die overigens leeg is op een heleboel flessen witte wijn na – Puligny Montrachet, volgens het etiket – en een zakje verlepte rucola. Ze ziet er nog petieteriger uit dan anders en vreemd huishoudelijk in een schort, met een pollepel in haar hand als een peuter met zijn eerste vork. Ik kan me niet herinneren dat ik ooit een door haar bereide maaltijd heb gegeten.

'Wat eten we?' vraag ik.

'Mosselen gevolgd door in de pan gegrilde sint-jakobsschelpen met pancetta,' zegt ze, waarna ze met een gefronste blik op een kookboek van Jamie Oliver haar nieuwe pannen van Le Creuset op het granieten aanrecht zet. Waarom kiezen mensen die nooit koken altijd recepten die voor een professionele chefkok al lastig zijn? Ze zet alles in de oven en klapt het deurtje iets te hard dicht.

'Laten we gaan zitten en wat drinken. Een goddelijke huisvrouw zijn is hard werken. Ik begrijp niet hoe jij het allemaal voor elkaar krijgt, Lucy,' zegt Emma, terwijl ze naar de andere kant van de kamer loopt om op een bovenmaatse bank neer te ploffen. Haar kittige hakjes klikken onevenredig hard op de gegoten betonnen vloer.

Ik heb vele uren verspild met aan Emma uitleggen waarom ik niet in aanmerking kom voor de status van goddelijke huisvrouw, en een jaar geleden heb ik me er uiteindelijk bij neergelegd dat het voor haar belangrijk is om die illusie te behouden. Terwijl zij in haar glazen hokje nieuwsberichten doorleest op het beeldscherm, weet ik dat ze zich voorstelt hoe ik in een vrolijk gebloemd schort broodjes die ik samen met de kinderen heb gebakken uit de oven haal, en tekeningen maak voor de decoraties – een ingewikkelde onderneming met verschillende kleuren glazuur, zilveren kraaltjes en kleurige spikkels.

Emma kent haar vriendinnen graag eigenschappen toe die weinig met de realiteit te maken hebben, maar omdat ze altijd positief zijn blijft die gewoonte draaglijk. Volgens haar ben ik dus een elegante, slanke moeder van drie koters, met een gezond banksaldo, een keurig huis en meegaande kinderen. Het is een mooi plaatje in basiskleuren, want het idee dat een van ons een bloedeloos leven zou leiden is haar een gruwel. Het is ook haar manier om de confrontatie met de moeilijkere kanten van het leven te vermijden. En soms is het gemakkelijker om in de mythe te geloven, omdat ik me er beter door voel.

'En, hoe bevalt je latrelatie?' vraag ik haar, in afwachting van een rozig verhaal vol spitse opmerkingen en grappige anekdotes.

'Nou, het bed is eindelijk aangekomen, dat is een zegen. Soms word ik 's nachts wakker met Guy naast me en dan ben ik zo opgewonden dat ik niet meer in slaap kan komen. Ik wil hem niet wekken omdat ik niet wil dat hij weggaat, maar ik ben ook als de dood dat zijn vrouw erachter zal komen als ik hem niet naar huis stuur. En soms voel ik me net een zangvogel in een kooitje,' zegt ze terwijl ze haar schoenen uitschopt en de bovenste knoop van haar spijkerbroek losmaakt.

'En we gaan nog steeds naar hotels onder lunchtijd, omdat het een moeilijk te overwinnen verslaving is. Ik zit te vaak avondenlang te wachten of Guy belt omdat ik vrijwel niemand ken in deze buurt. Ik maak bijna geen andere plannen voor het geval er een kans is dat hij zijn werk kan ontvluchten en een smoes kan verzinnen voor zijn vrouw. En zodra hij er is, vergeet ik hoe ik me voelde en maak uitgebreide recepten klaar uit een van deze boeken, drink heel veel wijn en heb fantastische seks.'

'Dat klink allemaal geweldig,' zeg ik, omdat het ook wel zo is en omdat Emma het graag wil horen. Ze zou niet willen dat we bleven stilstaan bij het zangvogelidee. Er klinkt echter onzekerheid door in haar stem. Ze klinkt kwetsbaar.

'Maar toch kan ik de gedachte niet van me af zetten dat dit vanaf het begin af aan een onderontwikkelde relatie is. Een ondermaatse relatie die nooit tot iets meer kan uitgroeien,' gaat ze verder. 'Wij bestaan alleen binnen de grenzen van deze flat.

Op de zeldzame momenten dat we hierbuiten samen zijn, kunnen we elkaar niet eens aanraken. Al is het dan des te opwindender als het wel kan. We gaan eten. Het moet nu wel klaar zijn. Ik kan het geluid van mijn eigen stem niet langer verdragen.'

We verhuizen naar de keukentafel om van Emma's maaltijd te genieten. Bij elke plaats heeft ze een ingewikkeld arrangement van messen, vorken en lepels gelegd en twee glazen neergezet, een voor water en een voor wijn. Midden op tafel staat een mandje met brood in dunne plakjes nu al oud te worden. Het geheel heeft iets schrijnends, alsof ze probeert een territorium af te bakenen dat het hare niet is. Alles is geleend uit het leven van iemand anders.

In de mosselen zitten nog zand en stukjes baard, en de jakobsschelpen zijn droog en rubberachtig omdat Emma ze in de oven heeft gezet in plaats van ze even op hoog vuur te grillen. Zo zitten we een paar minuten gezellig zwijgend bij elkaar. Ik kauw in mijn rechterwang op een jakobsschelp tot mijn spieren om genade smeken en verplaats hem naar de andere kant. Als we erachter komen dat ze elke inspanning weerstaan om ze tot een eetbare consistentie te reduceren, spoelen we ze weg met grote slokken rode wijn, alsof we onze vitaminesupplementen slikken. Toch complimenteren we Emma met haar ontluikende kookkunst.

'Jullie hoeven niet te doen alsof. Ik weet dat ik een waardeloze kok ben,' zegt ze lachend, alsof ze opgelucht is dat een van haar oudste eigenschappen onveranderd is gebleven. 'Eigenlijk kookt Guy meestal. Thuis mag hij van zijn vrouw de keuken niet in.'

Aan de keukentafel passen veertien mensen, misschien wel zestien. Hij is zo nieuw dat ik verlang naar de pokdalige onvolmaaktheden van onze eigen tafel, met zijn verfvlekken en de geultjes die de kinderen met hun kleine lepels en vorken hebben getrokken. Hij mag dan slordig zijn, het is wel een tafel met geschiedenis.

We zitten op een kluitje aan een hoek en het voelt een beetje eenzaam. Ik kan me Emma niet in haar eentje aan het ontbijt voorstellen, al zal ze hier 's ochtends best eten. Als je aan de lange kant met je rug naar het fornuis zit, heb je een prachtig uitzicht over Londen. Misschien compenseert dat.

'Wat een geweldige ruimte voor een feest,' zegt Cathy.

'Daar is het voor ontworpen, maar we zullen nooit een feest geven samen,' zegt Emma en ze legt haar mes en vork neer. 'We zullen niet eens gemeenschappelijke vrienden te eten hebben of op zaterdagochtend in onze pyjama's rondhangen, al hoop ik dat we misschien een weekend samen kunnen doorbrengen als zijn vrouw in de kerstvakantie naar hun landhuis gaat. Tweede huizen zijn een geweldige uitvinding. We hebben een heel fijne zomer gehad toen zijn vrouw in Dorset was.'

Ik bijt op mijn tong en denk aan de raad van Tom om mensen hun eigen leven te laten leiden.

'Je zou mensen kunnen uitnodigen om te komen eten. Je kunt ons uitnodigen, dan neem ik mijn nieuwe vriendje mee,' zegt Cathy enthousiast. 'Ik wil hem dolgraag aan jullie voorstellen.'

'Dat zou leuk zijn. Misschien kan ik Guy overhalen,' zegt Emma. 'Het probleem is dat zijn leven zo in vakjes is verdeeld. Hij wil me graag voor zichzelf houden. Hij wil me niet delen. Uitgaan met vrienden associeert hij met zijn vrouw, niet met mij. Ik vorm niet het grootste deel van zijn leven. Ik ben maar een splinter.'

'Maar van splinters kun je niet zien hoe diep ze zitten, alleen hoe breed ze zijn,' zeg ik in een poging haar gerust te stellen. Ze klinkt ongewoon mismoedig.

'Misschien gaat hij wel bij zijn vrouw weg,' ga ik verder, om een beetje hoop te bieden.

'Dat doet hij niet,' zegt ze, 'want uiteindelijk is hij iemand die op safe speelt. Een vrouw met een carrière is wel het laatst waar hij op zit te wachten. Hij is degene die zijn vrouw heeft overge-haald om haar werk op te geven zodra ze in verwachting raakte. Ik breng alleen een beetje variatie in zijn portfolio.' Ze haalt af en toe haar nagels over haar achterhoofd en krabt hevig.

'Tja, hij eet van twee walletjes,' zeg ik, en ik beschouw dit gesprek als een soort vooruitgang. Het is voor het eerst sinds Emma een jaar geleden aan deze relatie begon dat ze enige twij-fel aan zichzelf toont. Haar zelfverzekerdheid was onnatuurlijk en een beetje verontrustend.

'Ik geloof dat ik eigenlijk een bewijs wil dat hij verlangt naar emotionele verdieping,' zegt ze. 'Hij lijkt volkomen tevreden met deze situatie en dat voelt als verraad.'

Bedrog kent vele vormen, denk ik. Het kan je langzaam besluipen, een opeenhoping van zelfbedrog en leugentjes om bestwil, of je plotseling overvallen als een mistbank. Het bedrog van Emma's bankier zit 'm niet in wat hij zegt; hij belooft niets meer dan hij kan geven. Het zit 'm in wat hij niet zegt. In de loze gebaren, het feit dat hij zijn secretaresse bloemen naar zijn vrouw laat sturen op haar verjaardag, het feit dat hij iedere avond op de stoep voor zijn huis zorgvuldig de sms'jes van Emma uit zijn telefoon verwijdert, en zijn kinderen kust met de geur van zijn maîtresse nog op zijn huid.

Ik vergelijk hem met mijzelf. Mijn drankje met Robert Baars lijkt misschien niets voor te stellen vergeleken met de situatie van Emma en Guy, maar het blijft bedrog. De tijd die ik heb doorgebracht met aan hem denken en fantaseren, heeft mijn relatie met Tom al verwaterd. Ik voel me gelukkiger naarmate onze volgende ontmoeting dichterbij komt, als een schip dat de kust nadert na lange tijd op zee. Natuurlijk zal mijn flirt met Robert Baars nooit geconsummeerd worden, in tegenstelling tot die van Emma en Guy. Maar wat begon als een onschuldige afleiding van mijn andere zorgen neemt intussen wel geestelijke ruimte in die ik beter zou kunnen gebruiken voor bezigheden die passend zijn voor een moeder in het nieuwe millennium. Bijvoorbeeld het in elkaar zetten van de Ikea-schoenenplank die al twee jaar bij de voordeur staat, naast een hele uitdragerij aan schoenen, of het leren omgaan met de espressomachine die we vorig jaar met kerst van Petra hebben gekregen, of epileren, zoals betamelijk is voor een vrouw van achter in de dertig.

'Lucy, Lucy, luister je?' zegt Emma. 'Wat denk jij?' Ik besef berouwvol dat ik cruciale onderdelen van Emma's moment van twijfel aan zichzelf heb gemist.

'Voel je je eigenlijk ooit schuldig tegenover zijn vrouw?' flap ik eruit, en Cathy staart me enigszins geschokt aan, al is niet duidelijk of dat komt doordat de vraag niet past bij wat eraan voorafging of op zich al ongepast is. Als ik zekerder was van mijn eigen gevoelens zou ik Emma vertellen dat ik het niet bedoel als een oordeel, maar dat ik in mezelf verdiept was. De vraag hangt een poosje in de lucht en bedachtzaam krabt Emma zich op haar hoofd.

'Vorige maand was hij op een vrijdagavond bij mij en vergat dat hij uit eten moest met zijn vrouw en hun vrienden, omdat hij zijn mobieltje had uitgezet. Ze kon hem pas om een uur of één bereiken, toen we eindelijk uit bed kropen en hij zijn telefoon weer aanzette en ontdekte dat er een heleboel berichtjes van haar op stonden. Ze was alleen gegaan en had tegen hun vrienden gelogen dat hij plotseling naar het buitenland moest. Hij vond het verschrikkelijk en daarom vond ik het ook heel erg. Maar omdat ik geen kinderen heb en het vroeger bij mij thuis zo rot was, vrees ik dat mijn vermogen om me schuldig te voelen beperkt is,' zegt Emma, in een zeldzaam moment van genadeloze eerlijkheid. 'Hij zegt dat hij bij haar blijft omdat hij mij heeft, maar ik weet dat het niet waar is. Hoezeer ik mezelf ook voor de gek hou, ik weet best dat ik hun huwelijk niet aan het redden ben. Vaak veracht ik haar, omdat ze niet in de gaten heeft wat er aan de hand is.'

Ze kijkt op als ze dat zegt, want ze weet dat het ons tegen de haren in zal strijken.

'Er zal nooit iets veranderen. Dit is alles,' zegt ze, met een gebaar naar de kamer. 'Hij zal zijn vrouw en zijn kinderen nooit verlaten en ik weet niet eens of ik dat wel zou willen. Relaties die zo beginnen lopen meestal niet goed af. Er zitten vanaf het begin al te veel breuklijnen in. Zijn vrouw zou al haar energie besteden aan zorgen dat het mislukt, en zijn kinderen zouden me altijd haten. Trouwens, ik zou er nooit verantwoordelijk voor willen zijn dat zijn huwelijk stukloopt.'

'Een goede scheiding bestaat in elk geval niet, dat is zeker,' zegt Cathy, die nog altijd met de nasleep van de hare worstelt: ruzie over geldzaken, ruzie over de bezoekregeling voor Ben en ruzie over de verdeling van de meubels. Hét recept voor wederzijds ongeluk. Het wapenarsenaal van mislukte huwelijken is misschien niet erg verfijnd, maar de strijd is er niet minder bloederig om.

'Twee weekends per maand zonder kinderen klinkt mij niet zo gek in de oren,' zeg ik lichtzinnig om de gedaalde stemming op te vijzelen.

'Dat komt doordat jij niet buitenshuis werkt,' verklaart Cathy. 'Ik word er letterlijk ziek van dat ik Ben om het weekend moet afstaan, terwijl ik hem door de week al niet genoeg zie. En ik kan wel gillen als ik zie hoe zijn vaders nieuwe vriendin haar best doet om bij hem in de gunst te komen. Ik wil niet eens dat ze Ben aanraakt.'

'En hoe is het met die architect van Tom?' vraagt Emma aan Cathy, waarmee ze een einde maakt aan verdere zelfanalyse. 'Hij is fabelachtig,' antwoordt ze. 'Het licht aan het einde van de tunnel. In elk opzicht. Bijna. Hij is slim, grappig, we hebben geweldige seks, fantastische seks. Ik ben Tom echt ontzettend dankbaar voor zijn idee. Het enige nadeel is zijn huisgenoot, die toevallig ook zijn beste vriend is.'

'Wil je nu al bij hem intrekken? Vind je dat niet een beetje overhaast?'

'Lucy, ik ga nooit meer met iemand samenwonen,' zegt ze. 'Ik zal me nooit meer zo kwetsbaar opstellen. Ik heb mijn leven nu georganiseerd, ik verdien goed, Ben is gewend op school. Ik wil nooit meer financieel afhankelijk zijn van een man.'

'Dat gaat wel een beetje ver,' zeg ik. 'Al is het waar dat de meeste architecten in voortdurende economische onzekerheid verkeren.'

'Ik bedoel dat het lijkt alsof die man met wie hij samenwoont op de een of andere manier jaloers op me is,' zegt ze.

'Denk je dat er iets seksueels achter zit?' roept Emma gedempt vanuit de koelkast, waar ze nog een fles wijn haalt. Ik tel de flessen op de keukentafel en zie dat we er samen al bijna drie op hebben.

'Ik heb het er niet met hem over gehad omdat hij zich nergens van bewust is,' zegt Cathy. 'Al vind ik het echt opvallen, maar tot dusver zie ik geen tekenen van latente homoseksualiteit. Behalve misschien een voorliefde voor anale seks.'

'Hoe weet je dan dat hij jaloers is?' vraag ik belangstellend.

'Nou, eerst waren het kleine dingen. Als ik hem thuis opbel geeft hij bijvoorbeeld nooit mijn boodschappen door, en hij heeft herhaaldelijk gezegd dat Pete niet thuis was toen ik zeker wist van wel. Daar wilde ik niet moeilijk over doen, maar de keren dat ik die huisgenoot heb ontmoet, gedroeg hij zich echt vreemd. De eerste keer dat ik daar kwam aten we met z'n drieën, wat op zich al een beetje raar is. Pete was in de keuken aan het koken en hij zat bij mij in de woonkamer te vertellen dat Pete klassieke bindingsangst heeft en nooit een vaste relatie met iemand zou kunnen aangaan. Hij zei dat hij net een ekster is, altijd hunkerend naar de vriendinnen van zijn vrienden en altijd ontevreden met die van hemzelf, en dat hij daarom een spoor van ellende achter zich laat.'

'Misschien is dat wel waar en wilde hij je waarschuwen om je niet te ver te laten meeslepen, omdat hij weet dat je al een slechte ervaring achter de rug hebt,' zegt Emma.

'Ik wilde hem ook best het voordeel van de twijfel gunnen,' zegt Cathy, 'maar laatst dacht ik dat ik sexy berichten aan het uitwisselen was met Pete toen ik ontdekte dat het iemand anders was.'

'Hoe kun je dat in vredesnaam weten?' vraag ik.

'Ik liet hem in de val lopen,' zegt ze, met een valse grijns. 'Ik begon over iets dat Pete en ik nooit samen gedaan hebben alsof het echt was gebeurd, en hij hapte.'

'Wat was dat dan?' vraag ik.

'Ik deed alsof Pete en ik naar een feestje waren geweest en daar in de badkamer seks hadden gehad met een andere vrouw. Ik besprak het uit en te na, alsof we dat echt samen hadden gedaan, en aan het einde zei hij dat het zijn beste erotische ervaring ooit was geweest en dat hij het echt nog eens wilde doen. Ik weet zeker dat het die huisgenoot was. Wie zou er anders 's nachts bij Pete's telefoon kunnen?'

'Wat hebben mannen toch met triootjes?' vraag ik.

'Het gaat immers niet echt om triootjes,' zegt Cathy. 'Het gaat om seks met twee andere vrouwen en niet om vrouwen die seks hebben met elkaar, maar om die man die twee vrouwen over zich heen krijgt. Het heeft niets democratisch.'

'Wat heb jij aan dat plan van Guy gedaan?' vraag ik Emma.

'Ik heb jouw advies opgevolgd en gezegd dat ik uitslag had vanwege een Brazilian en toen heb ik dat ook echt laten doen – de pijnlijkste ervaring van mijn leven –, zodat het authentiek zou lijken, en ik kreeg prompt uitslag. Hij heeft nu weer een andere fantasie over seks op kantoor, die veel minder ingewikkeld is en eigenlijk erg opwindend, omdat er zo'n groot risico is dat we betrapt worden. Dat is trouwens jouw schuld, Lucy. Het begon na die sms die jij hem had gestuurd.'

'Wat heeft die vrijpostige huisgenoot nog meer gedaan?' vraag ik weer aan Cathy.

'Ik kwam laatst eerder aan dan Pete en toen begon hij echt heel duidelijk met me te flirten,' vertelt ze.

'Wat deed hij dan?' vraag ik, want sinds mijn uitje met Robert Baars lijkt het ineens van groot belang om dat soort signalen te kunnen herkennen. Maar wat zij beschrijft heeft niets subtiels.

'Hij kwam achter me staan toen ik in de keuken een fles wijn openmaakte en streek met zijn vinger langs mijn ruggengraat,' zegt ze. 'Ik voelde het bijna niet; hij begon bovenaan en kronkelde langs mijn T-shirt omlaag, stopte toen hij bij het blote vel eronder kwam en haalde toen zijn vinger weg.'

Emma en ik happen naar adem.

'Het ergste is nog dat ik het eng had moeten vinden en het meteen een halt had moeten toeroepen,' zegt ze, 'maar ik liet het toe omdat ik heel erg in de verleiding kwam. Hij is ook ontzettend aantrekkelijk, in metroseksuele zin.'

'Misschien delen ze hun vriendinnen graag,' opper ik.

'Wie weet,' zegt ze. 'Ik wil niets tegen Pete zeggen omdat het hun vriendschap in gevaar zou kunnen brengen, en we zullen toch voor de kerst wel uit elkaar gaan. Ik zie wel waar het schip strandt. Iets anders is dat Pete hem altijd wil meenemen als we uitgaan. Het lijkt wel of ze getrouwd zijn. Ze wonen al acht jaar bij elkaar.'

'Fascinerend, ik zal Tom ernaar moeten vragen,' zeg ik. Het lijkt me sterk dat hij al zijn dagen doorbrengt met deze man en nog nooit zoiets over hem heeft verteld.

'Hij staat seksueel beslist voor alles open,' zegt Cathy. 'Hij is echt ongeremd en voert me naar hoogten waar ik vergeet wie ik ben.'

'Dat klinkt mij goed in de oren,' zeg ik, om haar uit haar introspectieve bui te halen.

'Ik heb genoeg seks gehad om te weten dat het geen liefde betekent,' zegt Emma stilletjes. 'En ik denk dat ik me weer moet herinneren wie ik eigenlijk ben. Het beste zou zijn als ik er nu een eind aan maakte. Het probleem is dat verlangen iets organisch is. Je bent nooit voldaan. En met elke dag die voorbijgaat verlies ik een beetje meer zelfbeheersing. Ik kom nooit op een punt waarop alles routineus en huiselijk wordt; ik blijf in een toestand van voortdurende lust.'

'Dat lijkt me geen bezwaar,' zeg ik. 'Weet je, als Goddelijke

Huisvader laatst ook maar een halve avance had gemaakt weet ik niet hoe ik de verleiding zou hebben weerstaan. Het gevoel van zijn arm tegen mijn huid was heerlijk. Soms denk ik dat ik niet kan leven als ik dat gevoel niet nog een keer beleef voordat ik sterf.'

'O,' zegt Emma een beetje geschrokken. 'Dus jullie zijn wat gaan drinken? Dat is best heftig.'

'Cathy heeft het georganiseerd, zoals je misschien nog wel weet,' zeg ik verdedigend. 'En we waren maar even alleen, want er kwam een andere moeder langs.'

'Ik dacht niet dat het echt zou gebeuren,' zegt Cathy. 'Ik zou nooit verantwoordelijk willen zijn voor iets wat jouw relatie met Tom in gevaar kan brengen. Als jij faalt, is er voor ons helemaal geen hoop meer.'

'Misschien zijn we allemaal reddeloos verloren,' zeg ik.

'Kun je niet terugspoelen naar het begin van je relatie met Tom en wat van die hartstocht oproepen?' vraagt ze nieuwsgierig.

'Dat is net of je een vuurtje opnieuw aan probeert te steken nadat je het geblust hebt. Het probleem is dat je van seks wel kinderen krijgt, maar met kinderen krijg je geen seks meer,' leg ik uit. 'Er is nooit tijd en we zijn altijd uitgeput. En onze seksuele klok loopt niet synchroon.' Ze kijken niet-begrijpend. 'Vrouwen willen graag 's nachts vrijen en de seksuele verlangens van de man bereiken om acht uur 's morgens hun hoogtepunt: het anticonceptiemiddel van Moeder Natuur.'

'Wij hebben het nooit zover geschopt in ons huwelijk,' zegt Cathy. 'Misschien moet je het wel als een prestatie beschouwen.'

'Bovendien liggen we nooit alleen in bed,' ga ik verder. 'Soms is het net een stoelendans. We worden 's ochtends wakker en niemand van ons ligt meer in het bed waarin we in slaap zijn gevallen.'

'Kun je ze niet terugleggen in hun eigen bed?' vraag Emma.

'Dat kan wel, maar vaak zijn we te uitgeput om op te staan en dat weten ze, dus kruipen ze er stiekem in en gaan aan het voeteneind liggen, net als honden.'

'En als je eens iets anders probeert, zoals tantristische seks?' stelt Emma voor.

'Dat kost te veel tijd. Wat we ook doen, het mag niet langer duren dan tien minuten,' zeg ik. 'Maar het staat boven aan de langetermijnlijst van dingen die ik nog moet doen.'

'Wat?' vraagt Cathy.

'Seks met Tom,' zeg ik.

'Wat staat er nog meer op die lijst?' vraagt Cathy ongelovig.

'Nou, het probleem van mijn creditcardschuld,' zeg ik. 'Een schoonmaakster vinden die echt wast en strijkt. Een parttime baan bedenken. En de as van mijn grootmoeder uitstrooien in haar geboorteplaats. Dat ben ik vergeten toen we in Norfolk waren.'

'Waar is die as dan nu?' vraagt Emma.

'In de droogkast,' zeg ik. 'Dat leek me een goede plek om hem te bewaren. Knus en veilig. Net als zijzelf.'

'Maar dat klinkt als een en al prioriteiten,' zegt Emma, even afgeleid van haar eigen problemen. 'Dood, schulden, vuile kleren, geen seks. Geen wonder dat je leven je op je zenuwen werkt. En ze zijn eigenlijk zo eenvoudig op te lossen.'

'Maar als ik ze oplos, wat blijft er dan over?' vraag ik. Ze kijken me in opperste verwarring aan.

'Ik bedoel, als al die dingen zijn opgelost, ontdek ik misschien dat die problemen juist de lijm zijn die alles bij elkaar houdt, en dan valt alles uit elkaar,' leg ik uit. 'Ik probeer tegendraads te denken.'

'Dat is ontzettend irrationeel, Lucy,' zegt Cathy. 'Je zou misschien meer grip op je leven hebben als je die problemen oplost.'

'Maar ik wíl juist geen grip hebben,' zeg ik baldadig. Als ik hun bezorgde gezichten zie, bedaar ik echter. 'Of gewoon voor een poosje geen grip, om me te herinneren hoe dat was.'

'Wat staan er voor dingen op je kortetermijnlijst?' vraagt Cathy.

Ik geef ze mijn agenda en wijs op een paar smoezelige blaadjes achterin. Het papier is versleten, de hoekjes ontbreken en de inkt is doorgelopen. De vreemde, met verschillend gekleurde pennen geschreven woorden lijken op hiëroglifen.

'Is dit een soort code?' vraagt Emma. Ik begin de rechterpagina voor te lezen.

'Luizenshampoo, partijtje Sam, tandenborstel Fred, bmr-prik, uitstrijkje, bikinilijn…'

Emma zit weer op haar hoofd te krabben.

'Dat komt doordat er luizenshampoo staat,' zeg ik. 'Als je een beïnvloedbare persoonlijkheid hebt, gaat je hoofd al jeuken als je dat woord leest.'

'Waarom moet jij midden in de winter je bikinilijn waxen?' vraagt Emma.

'Dat staat al sinds mei op de lijst,' zeg ik.

'Probeer me niet af te leiden, ik ken jouw kunstjes om een gesprek te vermijden,' zegt Emma, en ze telt de dingen op de lijst. Ze stopt bij tweeëntwintig.

'Ik begrijp niet waarom dit zo ingewikkeld moet zijn,' zegt ze. 'Je kunt toch gewoon elke dag een van deze dingen doen? Dan ben je er binnen een maand vanaf en kun je beginnen aan die langetermijnlijst.'

'Er komen elke dag nieuwe dingen bij,' zeg ik. 'Er hangt nog een lijst op de koelkast met andere, nog urgentere dingen. En je rekent de routinezaken niet mee, zoals broodtrommeltjes vullen, industriële hoeveelheden spaghettisaus klaarmaken, huiswerk, de was…' Ik wil net beginnen over de rommel die ik in de woonkamer heb achtergelaten als ik merk dat het haar begint te vervelen.

Net voordat ik wegging, had ik ontdekt dat ik flink zou moeten boeten voor die tien minuten post sorteren, want Fred had alle puzzels en spellen uit de speelgoedkast gehaald en gebruikte ze om zijn verzameling trailers vol te laden. Zijn vrachtwagens zaten vol met stukjes Monopoly, Scrabble en Cluedo. Honderden, misschien wel duizenden stukjes die moeten worden uitgezocht. Uren, dagen werk die niet eens ooit op een lijst terecht zullen komen. Verwoesting op grote schaal, allemaal in minder dan tien minuten. Geldt dit als twee stappen vooruit en één achteruit, of ben ik nu in de min beland? Ik vroeg het me af terwijl ik alles onder de bank schoof en de deur uit liep. Zo komt het dus dat ik altijd net een stap achter ben.

Soms maak ik op mijn slapeloze vroege ochtenden in gedachten lijsten van Verloren Voorwerpen. Op de lijst van dit moment staan een plastic hamer uit Freds gereedschapkist, het batterijklepje van de radiografisch bestuurbare auto, een extra grote dobbelsteen van het ganzenbord en een toren van het schaakspel.

Ik stel me voor hoe ik als een forensisch patholoog het hele huis centimeter voor centimeter doorzoek, achter stoelkussens, onder klerenkasten, in schoenen, zelfs onder vloerdelen, om al die dingen terug te vinden en de orde te herstellen. Het zal nooit gebeuren, omdat er nooit genoeg tijd voor is, maar ook omdat ik weet dat diezelfde chaos binnen een paar dagen is teruggekeerd.

Een van de telefoons is ook verdwenen en een sleutel van de tuindeur, maar dat heb ik nog niet tegen Tom gezegd omdat ik weet dat hij mij ervoor verantwoordelijk zal stellen. Hij is niet vaak genoeg thuis om te beseffen dat kinderen net mieren zijn zonder systeem en voortdurend in beweging, die dingen van de ene kamer naar de andere dragen om ze te verstoppen op plaatsen die onzichtbaar zijn voor volwassen ogen.

Als Petra niet bij ons had gelogeerd, zou ik mijn toevlucht hebben genomen tot een van die keelschurende tirades die mij van mijn woede verlossen en Sam opmerkingen ontlokken over de advertenties van de kinderbescherming, waarin staat dat schreeuwen gelijkstaat aan mishandeling. Wie die campagne heeft bedacht zou hier de rotzooi op moeten komen ruimen.

Fred kroop op mijn schoot, in de hoop op genade, en mijn gloeiende ogen prikten van de inspanning om mijn boosheid binnen te houden. Fred had dit namelijk al eens eerder gedaan, nog geen twee weken geleden. Ik stel me voor hoe de bloedvaten in mijn hersenen uitpuilen onder de druk van het bloed dat erdoorheen raast, worstelend om de dijken niet te laten breken, zoals kleine riviertjes bij zware regen. Er is maar een piepkleine zwakke plek voor nodig om mijn hersenen te laten overstromen zoals de Okevango-delta in regentijd en mijn kinderen moederloos achter te laten.

Ik deed mijn ogen dicht en ademde de geur in van de zachte huid in Freds nek, het zachte velletje onder de lange krullen op zijn achterhoofd, die ik onmogelijk kan wegknippen omdat ze de laatste overblijfselen van zijn babytijd zijn. Hij giechelde omdat het kietelde, maar gunde me mijn moment van weemoed. Hij rook naar een zoete lieve mengeling van schone pyjama, zeep en het onbezoedeld pure van pasgewassen peuters en ik voelde me smelten. Golven van nostalgie naar de baby die hij nooit meer zal zijn overspoelden me en even dacht ik dat ik zou gaan huilen. Soms is het een kwestie van de dagen doorploeteren, maar ineens zijn er dan momenten die je voor altijd wilt vasthouden.

'Lucy, ik denk dat je de waarde van zekerheid in je leven misschien uit het oog bent verloren,' zegt Cathy. 'Je maakt misschien geen grote ups en downs mee, maar die zijn ook zo geweldig niet. Je weet niet wat een voorrecht het is om zoveel zekerheid te hebben.'

'Mijn oppas van achttien zei laatst dat we te gefixeerd zijn op geluk als een doel op zich,' zeg ik, denkend aan een recent gesprek met Polly. Ik hang over mijn agenda om mijn eigen lijstjes te ontcijferen. 'Ze zei dat onze onvrede gebaseerd is op de overtuiging dat wij een basaal recht hebben om gelukkig te zijn, en dat we tevredener zouden zijn als we zouden aanvaarden dat het al mooi meegenomen is als we ons beter voelen dan vrij beroerd. Misschien moet ik gewoon accepteren dat een relatie onmogelijk alles kan omvatten.'

'God, ik hoop dat je haar goed betaalt,' zegt Emma.

'Misschien is het de kunst om de grijze gebieden te waarderen en extremen met argwaan te bekijken,' zegt Cathy.

'Ik wantrouw iedereen die ergens te veel in gelooft,' zegt Emma. 'Daarom moet ik volgende week naar een begrafenis. Tony Blair en zijn goddelijke overtuiging dat hij gelijk heeft. Daar betalen we allemaal voor, en het is een schuld op lange termijn.'

Ze staat op van tafel en gaat naar de drie enorme banken aan de overkant van de gigantische kamer. Wij volgen en we gaan samen op één bank zitten met nog een fles wijn en beginnen aangeschoten aan een spelletje dat we jaren geleden hebben uitgevonden: bladzijden uit glossy tijdschriften omhooghouden en zien wie er van drie meter afstand schoenen van Jimmy Choo kan herkennen. Ik heb weliswaar nog nooit een paar Jimmy Choos van mezelf gehad – zelfs toen ik fulltime werkte behoorde ik tot de gympenbrigade –, maar ik heb de anderen altijd weten te verslaan bij dit spelletje en vanavond is geen uitzondering.

We zijn bij de derde ronde en ik heb een flinke voorsprong, ook al is mijn gezichtsveld beperkt omdat ik mijn trouwe ziekenfondsbrilletje weer draag.

'Lucy, dit is een bijzonder moeilijke strikvraag,' zegt Emma, die een pagina uit het feestnummer van *Vogue* omhooghoudt. 'Meer ga ik er niet over zeggen.'

Cathy zoekt in de koelkast naar de zoveelste fles wijn om open te trekken. 'Het is het paar helemaal rechts op de onderste rij,' zeg ik, nadat ik mijn bril hoog op mijn neus heb geduwd en lang naar negen paar schoenen heb zitten turen. 'En daar nog een paar, midden in de bovenste rij,' kraai ik triomfantelijk.

'Hoe doe je dat toch?' vraagt Cathy als altijd bewonderend.

'Het is een rekenkunstje,' zeg ik. 'Er is een geraffineerde relatie tussen de hak en de zool, een ondefinieerbare verhouding, waardoor ze echt elegant worden. Ik kan het alleen bij Jimmy Choos.' Ik leun achterover op de nieuwe bank met een wankel wijnglas in mijn hand en vraag me af hoe mijn zelfbeeld afhankelijk heeft kunnen worden van een dermate nutteloze inspanning. 'Helaas zal ik er geen fortuin mee kunnen verdienen.'

'Zomaar uit nieuwsgierigheid, Lucy, wat heeft Goddelijke Huisvader dat Tom niet heeft?' vraagt Cathy.

'Ik denk dat het komt doordat hij onbekend is,' zeg ik, 'zodat er veel te fantaseren valt. En ik vermoed dat er een beest in hem schuilt. Onverantwoordelijk.' En vervolgens vind ik mezelf trouweloos omdat ik dat heb gezegd.

10

Hoop is een goed ontbijt, maar een slecht avondmaal.

Als ik eindelijk thuiskom is het bijna twee uur 's morgens. Ik bereken spijtig hoeveel dagen het zal kosten voor ik bijgekomen ben van de excessen van vanavond door het aantal glazen wijn dat ik gedronken heb op te tellen en te verminderen met het aantal uren slaap dat ik achter elkaar weet te klokken.

Tot mijn verbazing zit Tom beneden aan de keukentafel afwezig naar het portret van zijn moeder te staren. De radio staat aan. Hij luistert op de Wereldomroep naar een programma over de Mexicaanse architect Luis Barragán en hoort mij de trap niet af komen.

Op tafel staat een maquette van zijn Milanese bibliotheek en hij heeft er een bezitterige arm omheen gelegd, als een man die zijn hand laat rusten op de bil van een nieuwe vriendin. Hij heeft een blauwgestreepte pyjama aan die hij in Milaan gekocht moet hebben. De pyjama is zo stijf gesteven dat hij strak blijft staan als Tom zich beweegt. De kraag steekt omhoog en lijkt op een ouderwetse plooikraag. De algemene indruk van een zestiende-eeuwse hoveling wordt nog versterkt doordat hij zich de afgelopen week niet geschoren heeft en nu een zware stoppelbaard heeft, die het moeilijk maakt om zijn gezichtsuitdrukking te doorgronden.

Ik kijk vanaf de laatste tree naar het portret en probeer me voor te stellen waar Tom aan denkt. Om mezelf onder controle te krijgen concentreer ik me op Petra's haar. Sinds ik haar heb leren kennen is haar kapsel niet veranderd. Eigenlijk is haar hele verschijning nauwelijks veranderd. Het kleurenpalet van haar uniform – nette twinsets en degelijke Clarks-schoenen – is misschien minder flets geworden, maar de degelijkheid is gebleven.

Haar kapsel is al zoveel jaren lang elke week in dezelfde stijl tot op de wortel gepermanent dat het niet langer beweegt, zelfs niet als ze vooroverbuigt. Ik heb het nog nooit aangeraakt, maar ik vermoed dat het aanvoelt als een staalborstel. Zelfs bij straffe wind blijft het zo stil als een bed artisjokken op een winterse morgen, onveranderd sinds de dag dat ze met Toms vader trouwde.

Maar op dit portret, dat minder dan een jaar voor haar huwelijk werd geschilderd, wordt haar gezicht omlijst door lang, bruin haar dat zacht golvend als gordijntjes aan weerskanten van haar prachtige helderblauwe ogen valt. Haar uitdrukking is zacht, elke kleine aangezichtspier ontspannen. Ze ziet er loom uit, als suikerstroop. En in een moment van dronken helderheid weet ik het ineens: ze kijkt verzadigd.

'Wat is er aan de hand, Lucy? Je kijkt me aan alsof je een spook ziet,' onderbreekt Tom mijn mijmeringen. 'Ik ben maar vijf dagen weg geweest.'

'Ik kijk naar het portret van je moeder,' zeg ik. 'Heb je de schilder ooit ontmoet?'

'Hij was een professioneel kunstenaar. Het was jaren voor mijn geboorte dat ze voor hem poseerde, dat weet je toch?' zegt hij en hij staat op om een enigszins ontstemde kus op mijn wang te planten. Zijn baard kietelt en ik wrijf over de plek waar de stoppels op mijn wang kriebelden en nies. Misschien word ik wel allergisch voor mijn eigen man.

'Maar waarom zou hij het schilderij dan aan haar geven?' vraag ik, over mijn neus wrijvend om nuchter te lijken.

'Ik heb geen idee. Het heeft jarenlang op zolder gestaan. De eerste keer dat ik het zag was toen ze het hier bracht. Waarom vraag je dat allemaal? Ik dacht dat je misschien belangstelling zou hebben voor mijn bibliotheek,' zegt hij een beetje beledigd. 'Ik hoopte eigenlijk dat je er zou zijn als ik thuiskwam.'

Er was een tijd dat we in stilte bij elkaar konden zitten en als we dan ons mond opendeden zeiden we allebei hetzelfde. We liepen synchroon. Natuurlijk houden oude klokken de tijd niet goed bij. Misschien zou ik blij moeten zijn dat we het vaker eens zijn dan oneens, al zou het beter zijn als er minder ter discussie stond. Maar misschien lijkt onenigheid nog onoverkomelijker als je het altijd overal over eens bent.

'Ik ben naar Emma's nieuwe flat wezen kijken. Je moeder bood aan om op te passen en ik moest even bij haar weg,' zeg ik. 'Het spijt me, ik dacht niet dat je op me zou blijven wachten.' 'Ze vertrekt morgenochtend,' zegt hij. 'Ze doet een beetje vreemd. Ze zei maar steeds dat ze niet wist wanneer ze terug zou komen. Ik hoop niet dat jullie ruzie hebben gehad.'

'Nee, ik was opvallend beheerst,' zeg ik, in de hoop een discussie over Petra te vermijden.

'Het ziet er allemaal heel netjes uit,' zegt hij. 'Behalve dit.' Hij wijst veelbetekenend op de verkreukelde gordijnen uit de slaapkamer van Joe, die raadselachtig genoeg in de vensterbank liggen. Zelfs vanaf de andere kant van de keuken zie ik dat er ruw uitknipte gaten in het midden zitten.

'Mijn moeder vond Joe in zijn kamer. Hij probeerde een korte broek te maken van zijn gordijnen. Hij zei dat het van jou mocht. Hij was alleen op zijn kamer met een enorme schaar,' zegt hij, een wenkbrauw vragend opgetrokken. 'Eigenlijk heeft hij het best goed gedaan. Hij is in die korte broek gaan slapen.' Hij loopt naar het raam en houdt de twee gordijnen met de gaten in de vorm van een korte broek omhoog. Smalle repen stof liggen op tafel.

'Dat zijn de bretels voor de lederhosen,' zegt hij. We lachen. Ik lach een beetje dronken en hang tegen de trapleuning om overeind te blijven.

'Nou ja, van het geld dat ik met deze bibliotheek ga verdienen denk ik wel dat we ons nieuwe gordijnen kunnen veroorloven,' zegt hij. 'Ga mee naar bed. Jammer van die verkiezing trouwens. Misschien is het maar beter zo.'

Ik denk aan aanstaande woensdag en het vooruitzicht op nog een avond in het gezelschap van Robert Baars. Ik zou de vergadering moeten afzeggen omdat mijn humeur ervan opknapt.

Als we de slaapkamer in gaan doet Tom zijn klerenkast open en ziet zijn onderbroeken. Keurige stapeltjes grijs, wit en zwart. Ze zijn allemaal gestreken en dubbelgevouwen. Zijn overhemden hangen in een kleurschakering die doet denken aan een kleurenwaaier van Flexa.

'Je hebt tranen in je ogen,' zeg ik beschuldigend.

'Ik ben niet met je getrouwd omdat ik dacht dat je mijn onderbroeken zou vouwen,' zegt hij.

'Daarom ben ik met jou getrouwd,' lach ik.

Dan grijpt hij me en we vallen wild zoenend op het bed. Hij drukt me op het bed en zoent me in mijn nek, net onder mijn oor. Met zijn baard en plooikraag ziet hij er zo anders uit dan de man die een week geleden wegging dat ik me verbeeld dat er plotseling een vreemde bij me in de kamer is. En dat is opwindend. Zijn hand zit al in mijn broek en mijn bloes is helemaal open. Zijn vingers mogen dan groot en grof zijn, maar als hij dezelfde lichte toets die hem zo goed maakt als tekenaar op mijn lichaam toepast, voel ik mezelf smelten. Zouden alle architecten diezelfde vaardigheid hebben? Moet ik Cathy eens vragen. Ik doe mijn ogen dicht en denk niet langer aan het dilemma Robert Baars.

'Ik heb je echt gemist,' fluistert hij ademloos in mijn oor, voordat hij zich op mijn linkerborst concentreert.

Maar net als het ernaar uitziet dat de seksuele hongersnood ten einde loopt, komt Joe de kamer binnen, slaperig in zijn ogen wrijvend. Hij heeft twee stukken stof bij zich die een duidelijk herkenbare korte broek vormen.

'Papa, wat doe jij met mama?' vraagt hij argwanend. Tom klimt van me af en gaat zwaar ademend op het bed liggen.

'We worstelen,' zegt hij.

'Nou, ik hoop dat je niet te ruw bent,' zegt Joe en hij klinkt precies zoals ik. 'Mama, mag ik voor Sam en Fred ook een broek maken?' vraagt hij. 'Zodat we eruitzien als de Von Trapps.' Hij slaapt half en ik til hem op en breng hem terug naar bed, en uiteindelijk valt hij in slaap met de twee stukken stof in zijn vuistjes gekneld alsof iemand ze in de loop van de nacht zou kunnen stelen. Wanneer ik in de slaapkamer terugkom, is Tom diep in slaap. Alweer een gemiste kans. Als ouders hun gesprekken af zouden kunnen maken, zou het leven er heel anders uit kunnen zien.

Dan zie ik dat hij, net als zijn middelste zoon, iets in zijn hand klemt: een klein roomkleurig doosje met een donkergroen lint. Ik wrik zijn vuist los, die al stijf is van de slaap, en maak het doosje open. Binnenin zit een klein kaartje: 'Voor Lucy. Van Tom. Voor verleende diensten.' Het is een zilveren ketting met stenen en bedeltjes eraan. Hij is zo prachtig dat ik op mijn lip moet bijten om niet te huilen. Ik probeer Tom wakker te maken om hem te bedanken, maar hij is onbereikbaar. Ik stop de ketting terug, zodat hij hem een andere keer kan geven en ik kan doen alsof ik verrast ben. Maar het doosje komt pas weken later weer tevoorschijn.

December begint niet voorspoedig. 'Mevrouw Sweeney,' zegt de juf van Joe als ik hem op woensdagochtend naar de klas breng. 'Kan ik u even spreken?' Als het om kinderen gaat is de taal van de angst universeel. En dit is een van die zinnen die elke ouder ter wereld de stuipen op het lijf jagen. Het overschrijdt alle culturele en religieuze grenzen. Met samengeknepen kcel, hamerend hart, droge mond en gespannen spieren doe ik mijn best om naar haar bureau te lopen, niet te hollen.

Er zit routine en herhaling in de dag van een gemiddelde moeder, maar we weten allemaal dat de draad die alles bij elkaar houdt zo breekbaar is als een spinnenweb. Overal om ons heen horen we over willekeurige rampen: het kind dat in de droger klom en stikte, de jongen die zich verslikte in een kerstomaat en stierf, het meisje dat verdronk in vijf centimeter regenwater in een opblaasbadje. Leven en dood in onze eigen achtertuin. Elke keer als ik een van die verhalen in de krant lees, neem ik me voor een verdraagzamere ouder te zijn.

Gisterochtend werd ik wakker en besloot het mijnenveld van ochtendlijke rampen gelijkmoedig tegemoet te treden. Toen ik zag dat er geen kaas was voor de boterhammen in de trommeltjes, improviseerde ik met jam. Toen ik ontdekte dat Fred een complete wc-rol had afgewikkeld en in het toilet had gepropt, deed ik huishoudhandschoenen aan en ontstopte de afvoer. Zelfs in de krankzinnig onverdraagzame uren voor zes uur 's morgens, toen ik ontdekte dat de jongens allemaal vroeg wakker waren en al hun kussens en dekbedden hadden verzameld om een schip te bouwen op de trap – met al hun in acht jaar verzamelde knuffels aan boord, en chocoladehandafdrukken van stiekem uit de keuken gestolen koekjes op de muren – beloofde ik dat ik het niet op zou ruimen, zodat ze er weer mee zouden kunnen spelen als ze uit school komen.

Vervolgens vergat ik Tom te vertellen dat die boot er nog lag. Toen hij na middernacht thuiskwam van de kantoorborrels, aangeschoten en moe, struikelde hij over de bovenmaatse panda op de onderste tree en viel zo hard dat hij zijn lip scheurde. Ik vond hem onder aan de trap, oog in oog met de panda, met een bloederige mond mompelend over boobytraps. Het valt niet mee om elke minuut van de dag op iedereen te passen.

Ik zie de juffrouw haar bureau opruimen en doe mijn mond open en dicht als een goudvis in een poging mijn gezicht te ontspannen, een truc die ik heb geleerd door naar televisiepresentatrices te kijken voordat ze in beeld komen. Dan zie ik uit mijn ooghoek dat Fred van dit onverwachte evenement profiteert om koers te zetten naar een hoek van de klas. Binnen luttele seconden hangen zijn lange broek en zijn Bob de Bouwer-onderbroek om zijn enkels en staat hij te plassen in de kleine prullenbak in de hoek. Hij kijkt naar mij en glimlacht, in de veilige wetenschap dat ik geen scène kan maken. Mijn verdraagzaamheid neemt gevaarlijk af. Ik maak een onopvallende omweg naar de andere kant van de klas, waar ik de prullenbak in kwestie in mijn overmaatse handtas stop en loop nonchalant verder, Freds arm iets te ferm in mijn hand. Ik voel Robert Baars naar me kijken, en voor deze ene keer is die aandacht ongewenst.

Ik ga naar het bureau van de juffrouw. Ze buigt zich naar voren en ik doe hetzelfde, tot onze voorhoofden elkaar bijna raken. Dit moet ernstig zijn. In gedachten laat ik een paar scenario's de revue passeren. Joe heeft iemand pijn gedaan. Iemand heeft Joe pijn gedaan. Ze hebben officieel vastgesteld dat hij aan dwangstoornissen lijdt. Ze geven mij de schuld. Mijn chaos is de oorzaak van zijn obsessies. Ze hebben een pedofielenschandaal ontdekt. Ze hebben mijn flirt met Robert Baars opgemerkt, die nu aan de andere kant van de klas zijn zoon staat te helpen met zijn boeken en een blik op mij werpt.

'Het is ongepast dat ouders gesprekken van het flirterige soort aangaan,' stel ik me voor dat ze gaat zeggen. 'Wij hebben dagelijks te maken met de gevolgen van een dergelijke kortstondige genotzucht onder ouders. Vier keer nablijven, mevrouw Sweeney.'

Ik kom tot de conclusie dat ik veel te veel met mezelf bezig ben en mezelf als het middelpunt van de wereld ben gaan zien, terwijl ik toch heus een positie als randfiguur moet accepteren. Natuurlijk heeft dit niets met mij te maken. Ik hou mezelf ook voor dat Joe's juf waarschijnlijk tien jaar jonger is dan ik. Toch is het onmogelijk om niet terug te vallen in het gedrag van de opstandige puber, en ik sta afwachtend in de traditionele tartende tienerhouding, met mijn hand op mijn heup.

'Moet ik mijn man bellen?' vraag ik bezorgd.

'Dat is niet nodig. Het is maar een klein probleempje, mevrouw Sweeney. We hebben dit gevonden in het zijvakje van Joes schooltas,' zegt ze met een glimlach en ze overhandigt me het halfvolle pakje sigaretten. Ik moet ze daar verstopt hebben toen ik vrijdagavond terugkwam van Emma.

'Mijn man moet ze daarin gestopt hebben,' antwoord ik.

'U bent boven de zestien, dus u hoeft niet meer stiekem achter het fietsenhok te roken,' grapt ze, en ik glimlach zwakjes.

Ik doe mijn tas open om de sigaretten erin te doen en zie hoe ze de inhoud bekijkt.

'Is dat mijn prullenbak in uw tas?' vraagt ze behoedzaam.

'Nee, het is een draagbare po,' hoor ik mezelf zeggen.

'Hij lijkt wel heel erg op een van mijn prullenbakken,' zegt ze. Ik realiseer me dat zij geen mens is om hier genoegen mee te nemen. Zij wil de waarheid, en niets dan de waarheid.

'Ik vond hem op de speelplaats onderweg naar binnen,' zeg ik, ondanks Cathy's waarschuwingen tegen liegen. 'Ik geloof dat iemand erin geplast heeft, naar de kleur en geur te oordelen. Een klein iemand, bedoel ik, geen volwassene. De hoeveelheid urine wijst op een klein iemand.' Ze kijkt werkelijk verbijsterd. 'Ik wilde hem meenemen en omspoelen op het toilet, en hem dan weer terugzetten op de speelplaats.'

Ik kijk de klas door naar het gapende gat waar haar prullenbak hoort te staan en zie dat Robert Baars langsloopt en een identieke prullenbak uit zijn jas tevoorschijn tovert, die hij uit een andere klas heeft gehaald. Hij wuift naar me en zet de prullenbak neer.

'Kijk, uw prullenbak staat daar,' zeg ik.

De juffrouw draait zich om en ziet haar prullenbak op zijn plaats staan.

'Het spijt me erg. Ik heb nog nooit een, eh... draagbare po gezien. Hij lijkt erg op een prullenbak,' zegt ze met een klassieke volte-face. 'Dat is een bijzonder sociaal gebaar, mevrouw Sweeney. Ouders zoals u kunnen we hier op school goed gebruiken.'

Ik verlaat het lokaal met Robert Baars achter me aan en wapper mezelf koelte toe met een pak natte doekjes.

'Bedankt,' zeg ik, Freds hand grijpend. 'Je hebt me gered.'

'Geen moeite, hoor. Ik vroeg me af of ik met jou mee kan rijden naar die vergadering vanavond.'

'Dat is wel het minste wat ik kan doen,' hoor ik mezelf zeggen, want van mijn vastberaden besluit om hem te mijden blijft bij deze ouverture niets meer over. Het is de eerste keer dat Robert Baars op eigen initiatief een afspraak met me maakt. Ik rechtvaardig mijn zwakheid door te redeneren dat het flauw zou zijn om hem af te wijzen, en dat het om niets gevaarlijkers gaat dan een ritje naar een vergadering bij Supermoeder om het schoolkerstfeest te regelen. De gedwongen nabijheid in auto's en de bijbehorende mogelijkheden hebben iets onverantwoord puberaals. Met verbijsterende helderheid komen er beelden bij me op van onhandige manoeuvres, de handrem die Robert Baars in zijn buik port als hij zich naar mij overbuigt om me te kussen en op zijn schoot te trekken. Zelfs met de stoel helemaal achterover zou ik nog mijn hoofd tegen het dak stoten. Dan denk ik aan de onopgemaakte auto. De beschimmelde appels op de vloer bij de passagiersstoel, de plakkerige handgreep van het handschoenenkastje en de chocola die achter in de stoel geperst zit. Ik besluit de rommel niet op te ruimen, want die zal de verleiding beteugelen.

'Dat zou geweldig zijn, Lucy,' zegt hij. 'Pas intussen wel op voor kleine iemandjes.' Hij schatert zo hard dat hij de aandacht van voorbijgangers trekt.

Als ik Fred bij de peuterschool heb afgezet ga ik naar mijn lunchafspraak met mijn schoonmoeder. Het is een koude winterdag met een helderblauwe lucht en een zon die na lange afwezigheid nog meer gewaardeerd wordt dan anders. In de bus onderweg naar John Lewis in Oxford Street leun ik met mijn wang tegen het koude raam, mijn ogen gesloten tegen de felle zon, en voel iets wat veel op tevredenheid lijkt, ondanks het vooruitzicht op een moeilijk gesprek. Het is halverwege de ochtend, er zit niemand naast me en de chauffeur neemt de bochten voorzichtig, zodat ik niet met mijn hoofd tegen het raam bonk. Voor mij is alleen-zijn net zo'n grote luxe als een sessie bij de aromatherapeute voor Yammie Mammie nr. 1.

Mijn schoonmoeder gelooft in John Lewis zoals sommige

mensen in God geloven. Zij beweert dat alles wat de moeite waard is om te hebben binnen de onverstoorbare muren van dat warenhuis verkocht wordt. Toen Selfridges zich een ander image aanmat, versterkte dat slechts haar geloof in de onvervreemdbare stabiliteit van John Lewis. Ze bekijkt de pogingen om de meubelafdeling te moderniseren en nieuwe kledinglijnen te introduceren weliswaar met enige minachting, maar haar lange liefdesrelatie met het warenhuis is trouw en ongecompliceerd, ondanks een liaison met Fenwicks kort nadat Tom en ik elkaar haalden leren kennen.

Bij binnenkomst in de winkel wandel ik over de fournituren-afdeling. De rijen verschillend gekleurde bolletjes wol en garens hebben iets eigenaardig geruststellends. Er staan dozenvol borduurvoorbeelden met kitscherige poesjes en honden aan de muur erachter. Ik stel me voor hoe ik 's avonds naast Tom op de bank zou borduren en chocolademelk drinken, elke gedacht aan Robert Baars verbannen in ruil voor niet-aflatende toewijding aan het gezin.

Breien en naaien zijn in ere hersteld als acceptabel tijdverdrijf voor moderne moeders, dus misschien kan ik borduren ook wel weer op de kaart zetten. Als blijk van berouw over mijn zonden zou ik een paar bidkussentjes kunnen borduren voor de plaatselijke kerk. Ik ga op een stoel tegenover de naaimachines zitten, sluit mijn ogen en adem diep in en uit. Ik ben volledig ontspannen.

'Lucy, Lucy,' hoor ik iemand zeggen. Ik kijk op en merk dat mijn schoonmoeder me zachtjes aan mijn schouder schudt. 'Zat je te slapen?' vraagt Petra.

'Ik was gewoon aan het mediteren,' zeg ik. Ze draagt wat ze haar beste jas zou noemen, een marineblauw wollen geval met houten knopen en brede schouders dat een jaren-tachtiggevoel oproept. Er zit een gouden broche op de kraag, een lange dunne streep met een strik aan elke kant. Ze ruikt naar zeep en Anaïs Anaïs.

We nemen de roltrap. Ik sta op de tree achter haar. Ze staat keurig rechtop, hakken bij elkaar en voeten uiteen, als een infanteriesoldaat. In het zelfbedieningsrestaurant nemen we allebei een garnalensalade met plakken avocado op bruin brood. Het is de natuurlijke evolutie van de garnalencocktail, denk ik terwijl we een tafeltje kiezen met uitzicht op Marble Arch. We kijken naar het plein beneden en roeren iets te energiek in onze cappuccino's. De introductie van wat zij 'exotische koffie' noemt is een verandering die ze enthousiast heeft begroet.

'Je hebt je vast afgevraagd waar dit allemaal over gaat,' begint ze dapper. Ze heeft haar jas nog aan, met het bovenste knoopje dicht, en dat doet me zo aan Tom denken dat het me moeite kost mijn lachen in te houden. Er moet zoiets bestaan als een alleknopendicht-gen.

'Ik denk dat ik het wel weet,' zeg ik, in de hoop haar op het verkeerde been te zetten met mijn proactieve aanpak. Ze kijkt een beetje verrast.

'Ik heb gemerkt dat je op me let,' zeg ik.

'Weet ik. Ik wil al tijdenlang iets vertellen,' zegt ze met een ongeruste blik op mij. 'Maar ik heb het aldoor uitgesteld, en nu zijn de zaken op een punt beland waarop ik waarschijnlijk meer schade aanricht als ik niets zeg.'

'Het is niet altijd gemakkelijk om getrouwd te zijn,' zeg ik en ik besluit de koe bij de hoorns te vatten. We hebben geen tijd om om de hete brij heen te draaien, want over een kleine twee uur moet ik Fred uit school halen. 'Je zit in verschillende fasen, volledige compatibiliteit bestaat niet.'

'Inderdaad,' zegt ze. 'Vaak krijgen we later de meeste moeite met de dingen waardoor we ons eerst tot iemand aangetrokken voelen. Compatibiliteit is iets om naar te streven.' Ze heeft haar mond vol cappuccino en doet er verontrustend lang over om die door te slikken. Als ze opkijkt zit er een dun laagje schuim op haar bovenlip.

'Heel waar,' knik ik. 'Het is niet altijd gemakkelijk om verdraagzaam te zijn.'

'Je gaat erg op je gevoel af, Lucy,' zegt ze. 'En je bent eerlijk. Het huwelijk is inderdaad een reeks compromissen, en vrouwen zijn betere kameleons dan mannen. Je kunt het zien als de last van het vrouw-zijn, maar eigenlijk is het eerder bevrijdend dan beperkend, omdat het de mogelijkheid biedt om veel verschillende mensen lief te hebben.'

'Daar worden de zaken niet eenvoudiger van,' zeg ik. Tien minuten geleden zou het onvoorstelbaar hebben geleken om een dergelijk gesprek te voeren met mijn schoonmoeder en ik heb er moeite mee om deze onverwachte verschuiving van de grenzen in onze relatie te verwerken. Zij heeft zich echter met kennelijk gemak aangepast.

'Als je met één persoon tot een compromis kunt komen, denk ik wel dat je dat met anderen ook kunt,' zegt Petra. 'Het idee dat mensen over de aarde rondzwerven op zoek naar hun ideale partner heb ik altijd absurd gevonden. Ik denk dat we de mogelijkheid hebben om heel veel mensen aantrekkelijk te vinden en dat we de kans moeten aangrijpen als we die krijgen.'

Ze leunt enigszins opgelucht achterover in haar stoel, alsof ze al maanden naar deze woorden op zoek is geweest en 's nachts heeft liggen oefenen op dit gesprek. Ik schrik echter van haar directheid en weet niets te zeggen. Dit had ik niet verwacht. Ik probeer me naarstig momenten te herinneren waarop ik haar het afgelopen halfjaar zo onvoorwaardelijk heb toegelaten tot de diepere regionen van mijn gedachten. Hoewel ik weet dat ze me de laatste tien jaar veroordeeld heeft, streng veroordeeld misschien wel, verbaast het me dat ze er zo gemakkelijk overheen stapt. Het lijkt alsof ze me een volmacht geeft om een verhouding te hebben. Ik ben eigenlijk een beetje beledigd dat ze zo weinig waarde hecht aan ons huwelijk.

'Ik heb altijd gedacht dat jij vóór monogamie was, Petra?' zeg ik verbaasd. Omdat de conversatie me zo ontstelt, verhef ik mijn stem en als ik omkijk zie ik dat er tientallen blikken op ons gericht zijn. Dit is niet de juiste entourage voor een dergelijk gesprek. Noch het juiste publiek. Dit zijn geen fans van reality-tv. Dit zijn Radio 4-types die rustig willen babbelen over de beste elektrische grasmaaiers.

Het lijkt alsof ze het gras voor mijn voeten heeft weggemaaid. Al mijn vooronderstellingen over mijn schoonmoeder worden twijfelachtig. Ze zal wel weten wat swingen is, maar ontdekken dat de ouders van Tom misschien wel een open huwelijk hadden is te erg voor woorden.

'Natuurlijk ben ik voor monogamie,' zegt ze, een beetje ontdaan over de wending van het gesprek.

'Maar je hebt het over het houden van verschillende mensen,' dring ik aan. 'Bedoel je platonisch, zonder seks?'

'Ik denk wel dat seks op de agenda staat,' zegt ze, bepaald niet op haar gemak. 'Hoewel de seksuele driften met de jaren afnemen.' Ze maakt het bovenste knoopje van haar jas los en wappert haar blozende gezicht met de menukaart wat koelte toe.

'Ik geloof dat ik me niet erg duidelijk uitdruk,' zegt ze.

'Ik vind je ongewoon expliciet,' zeg ik. De andere bezoekers staren naar hun eten en lepelen dat in hun mond, maar ik weet dat ze hun oren gespitst houden, want ze kauwen niet meer en hun wangen zitten vol; het lijken wel hamsters.

'Lucy. Wat ik probeer te zeggen, kort samengevat, is dat ik een man heb leren kennen van wie ik jaren geleden veel gehouden heb, en ik ga naar Marrakech verhuizen om met hem te gaan samenwonen.'

Ik probeer te bedenken of het plotselinge besef dat dit gesprek over haar ging en niet over mij opweegt tegen de schok dat mijn schoonmoeder me vertelt dat ze verliefd is geworden op een ander en naar het buitenland gaat verhuizen. Ik zit daar maar en staar haar ongemakkelijk lang aan.

'Is het de man die je portret heeft geschilderd?' vraag ik in een vlaag van inspiratie.

'Dat klopt,' zegt ze en ze kijkt verlegen. 'Ik weet niet hoe ik het Tom moet vertellen. Ik ken die man al jaren. Al die tijd dat ik met Toms vader getrouwd was, hebben we elkaar niet gezien. Hij schreef weleens een brief, maar ik schreef nooit terug. Ik ben mijn man altijd trouw geweest. Toen kwam hij een paar jaar geleden naar Londen en belde me en we gingen samen lunchen. Hij is ongeveer twaalf jaar ouder dan ik. Ik was pas twintig toen we een verhouding hadden. En nu heb ik een kans op het geluk dat ik veertig jaar geleden heb afgewezen, en ik wil hem niet weer loslaten.'

'Maar waarom ben je toen niet met hem getrouwd?' vraag ik.

'Omdat hij onbetrouwbaar was. Hij dronk te veel. Hij zou me niet trouw zijn geweest en we zouden in armoede hebben geleefd,' zegt ze. 'We hadden een hartstochtelijke, intense verhouding. Ik heb het nooit aan Toms vader verteld. Indertijd zou het niet goed zijn geweest, maar nu wel.'

'Moest je niet altijd denken aan hoe het had kunnen zijn?' vraag ik, me verwonderend over de wilskracht die ze moet hebben aangeboord om het contact met haar kunstenaar te verbreken en met de vader van Tom verder te gaan.

'Natuurlijk dacht ik aan hem, en sommige elementen van

onze relatie kon ik nooit vergeten, maar ik raakte gewend aan iemand anders,' zegt ze. 'Ik probeerde je daarstraks te zeggen dat ik denk dat je verschillende mensen kunt liefhebben. Ik hield van Toms vader, hij was ook gemakkelijker om van te houden, en hij hield van mij. Hij gaf me de stabiliteit waar ik naar verlangde. Jack zou me verdriet en ellende hebben bezorgd, en dat zou al het goede kapot hebben gemaakt.'

'Is hij ooit getrouwd?' vraag ik.

'Hij heeft twee vrouwen gehad en zes kinderen gekregen, eentje van een vrouw met wie hij nooit getrouwd is geweest. Hij zegt dat het nooit gebeurd zou zijn als ik bij hem was gebleven, maar ik wist dat één vrouw hem niet alles kon geven wat hij nodig had. Hij hield van slimme vrouwen en ik ben nooit slim geweest op die sneldenkende, intellectuele manier. Hij voelde zich aangetrokken tot gevaarlijke vrouwen. Hij hield van beschadigde mensen omdat die opwindend waren. Ik was te huiselijk. Natuurlijk dronk ik wel en ging ik naar feestjes, maar niet zoals hij. Seks was het enige wat we samen deelden.'

Tot mijn opluchting golft er een schok door het restaurant, want ik ben oprecht blij met deze perestrojka in onze relatie, maar dit is een onderwerp waar ik echt niet te diep op in wil gaan.

'Als je het niet erg vindt, wil ik dat jij het aan Tom vertelt, Lucy,' zegt ze. 'Ik heb er de moed niet voor.'

'Ik vind dat jij het moet doen,' zeg ik. 'Hij vindt het vast niet zo erg als jij denkt. Hij begrijpt de behoefte om lief te hebben en de angst voor het alleen-zijn; dat begrijpen we allemaal. Waarom kom je vanavond niet even langs? Ik moet naar een vergadering van klassenouders.'

'Als jij dat het beste vindt,' zegt ze.

'Dat weet ik zeker,' zeg ik. Ik leun achterover en bedenk hoe weinig we eigenlijk weten van de mensen die het dichtst bij ons staan. 'We zullen je echt missen.'

'Het gratis oppassen en opruimen?' glimlacht ze. 'Om van de bemoeizucht maar te zwijgen. Dat zal ik ook missen. Jullie moeten in Marrakech komen logeren. Het is een heel spannende stad en ik weet zeker dat de kinderen het leuk zullen vinden.'

'Gaan jullie trouwen?' vraag ik.

'Nee,' zegt ze. 'We gaan in zonde leven. Ik vertrek in het nieuwe jaar, zodat ik de kerst met jullie kan doorbrengen. Als je ouders daar nog steeds mee akkoord gaan.'
'Absoluut, ze vinden het geweldig,' zeg ik.
'Zullen we gaan winkelen? Ik zal een cadeautje voor je kopen. Ik voel me erg rijk nu ik het huis verkoop. We gaan je uit die spijkerbroek halen en iets moois voor je zoeken.'
'Het kost me al genoeg moeite mijn spijkerbroek ín te komen! En ik doe niet zo aan mooi, maar toch bedankt. Laten we maar liever naar cadeautjes voor de kinderen kijken.'
We gaan naar de speelgoedafdeling. Ik word een beetje misselijk van de combinatie van neonverlichting, een heleboel felgekleurd plastic en de hoeveelheid nog aan te schaffen kerstcadeaus. Ik zou het liefst even alleen zijn en verwerken wat ze me verteld heeft, het gesprek in mijn geheugen opslaan, want ik realiseer me wel dat het iets belangrijks betekent, maar op dit moment weet ik nog niet precies wat. Petra straalt omdat ze eindelijk haar hart heeft kunnen luchten en wil zich nu met prozaïscher zaken bezighouden.

Diezelfde avond laat ik mijn schoonmoeder en Tom achter aan de eettafel en rij naar Robert Baars met een vochtig exemplaar van *The Economist* op de passagiersstoel naast me. Ik hoop onze relatie op een intellectueler plan te kunnen brengen en na in bad een snelle blik op het tijdschrift te hebben geworpen, heb ik besloten dat het gesprek zich tijdens de rit naar Supermoeder moet concentreren op de toestand in de wereld en andere veilige onderwerpen. Het klinkt misschien wat geforceerd, maar ik heb besloten de zaken ter hand te nemen in plaats van alles maar te laten gebeuren.

Aan de andere kant zou het feit dat het blad zo vochtig is dat de bladzijden aan elkaar plakken hem op de gedachte kunnen brengen dat ik het in bad gelezen heb. En dus naakt, waardoor hij aan heel andere toestanden kan gaan denken. Mannen zijn erg beïnvloedbaar. Je hoeft bijvoorbeeld maar 'boter' te zeggen en ze denken al aan *Last Tango in Paris*.

Hoewel dit de eerste keer is dat ik naar zijn huis rij, weet ik de weg uit mijn hoofd. Een paar weken geleden heb ik even op de computer op de routeplanner gezocht naar de meest logische route naar school vanaf zijn huis. Op mijn schoot ligt de kaart, zo groot mogelijk opgeblazen.

Eenmaal bij zijn huis wacht ik tot hij naar buiten komt. Het is een traditioneel, vroeg-victoriaans witgepleisterd pand met een pasgeverfde blauwe voordeur. Ik kan over een laag wit muurtje in de kelderkeuken kijken. Er staat iemand af te wassen. Een vrouw met een meedogenloos kwajongenskapsel staat zonder veel animo pannen te schrobben. Die kunnen nooit schoon zijn, denk ik, terwijl ik zie hoe ze ze vervaarlijk opstapelt naast de spoelbak. Ik zie Robert Baars naar haar toe lopen en een hand op haar knokige schouder leggen. Ze draait zich om en zoent hem op zijn mond. Ze draagt een strakke spijkerboek en Uggs. Het moet zijn vrouw zijn. Op de achtergrond zie ik de kleine schaduw van een peuter die op de grond met treintjes speelt. Ik leg geschrokken mijn hoofd tegen de hoofdsteun. Ik heb zijn vrouw nog nooit gezien. Ik stelde me iemand voor die heel anders was dan ik, een hard beurstype, helemaal opgemaakt in een pak van Armani. Een vrouw met een strakke, stalen glimlach en zorgvuldig gekapt haar. Maar deze vrouw is een voorbeeld van volmaaktheid. Natuurlijk zullen er van dichtbij onvermijdelijk opkomende kraaienpootjes te zien zijn, wat slapte rond de buik en misschien een schaduw in de ogen die zegt dat niet alles ideaal is, maar van een afstand heeft ze een benijdenswaardig silhouet. Ik zit zo ingespannen te kijken dat ik Robert Baars zijn huis niet uit zie komen. Hij doet het portier open en gaat op het tijdschrift zitten.

'Lucy, wat aardig van je,' zegt hij. We rijden weg en telkens als hij beweegt zie ik een groter stuk van *The Economist* onder hem vandaan piepen, tot het blad zich eindelijk een weg naar de vloer wriemelt. Hij buigt zich voorover alsof hij het wil oprapen, maar besluit het te negeren en tilt de papieren op de vloer op om iets anders te bekijken.

'Wat is dat?' vraag ik, terwijl ik me op het autorijden probeer te concentreren.

'Het is een pakje boter,' zegt hij en hij kijkt me enigszins ongerust aan. Ik schrik en moet naar adem hebben gehapt, want hij zegt vlug dat hij nog nooit iemand heeft ontmoet met een boterfobie.

Ik weet dat hij aan Marlon Brando denkt en ik zou hem graag

vertellen over mijn diepgaande inzicht in de mannelijke psyche, maar dit is duidelijk niet het juiste moment.

'Je auto is telkens weer een verrassing voor me, Lucy,' zegt hij.

'Sommige mensen hebben een tweede huis, ik heb mijn auto. Vind je het goed als we even stoppen om te tanken?' vraag ik.

'Dat lijkt me wel aan te raden na dat debacle van laatst, denk je niet?' zegt hij zelfingenomen. Hij bekijkt de cd-hoesjes in het handschoenenvakje.

'Waarom liggen ze allemaal door elkaar?' vraagt hij. 'Laat maar, ik zeg al niets meer.'

'In antwoord op je vorige vraag,' zeg ik. 'Er zijn heel veel dingen erger dan onderweg naar school zonder benzine komen te staan.'

'Een paar, maar niet heel veel,' antwoordt hij. Als ik uit de auto stap om te gaan betalen bij het pompkantoortje voel ik ergernis, deels omdat zijn kritiek me raakt, maar vooral vanwege zijn mooie vrouw.

Ik wacht geduldig in de rij, nog steeds afgeleid door het beeld van die vrouw in de kelderkeuken, en zoek in mijn jaszak naar mijn creditcard. Er zit een gat in een van mijn zakken en uiteindelijk vind ik de kaart onder in de voering. Mensen achter me beginnen ongeduldig te schuifelen. Alles lijkt soepel te gaan tot de vrouw aan de kassa iets zegt over een 'klein probleempje', op de toon van mensen die het tegenovergestelde bedoelen. Ze buigt zich over de kassa, zodat iedereen naar ons begint te kijken, en zegt dat ze de manager moet bellen; ze raadt de overige wachtenden aan in de andere rij te gaan staan.

'Ik vrees dat ons gevraagd is deze kaart vast te houden,' zegt de manager met zijn borst gewichtig vooruit, waardoor zijn badge met MANAGER erop nog prominenter uitkomt. 'Hij is als gestolen opgegeven.'

'Luister eens, ik kan alles uitleggen,' zeg ik, omdat ik onmiddellijk begrijp wat ik verkeerd heb gedaan. 'Ziet u, ik dacht dat ik deze kaart verloren had, dus heb ik hem als gestolen opgegeven, maar nu vind ik hem ineens in de voering van mijn jas. Ik ben de kaarthouder. Ik ben Sweeney, Lucy Sweeney. Simpel.' Ik glimlach om vertrouwen te wekken. Hij kijkt weifelachtig.

'Ik zal even naar de auto lopen en een andere halen die het wel doet,' laat ik hem op kalme toon weten.

'Wij hebben hier een vaste procedure voor,' zegt hij. 'En misschien gaat u er wel vandoor. We kennen uw soort.'

'Wat voor soort is dat dan? Zijn er veel van ons op de vlucht?' hoor ik mezelf zeggen. 'Denkt u echt dat er een beweging is van moeders, allemaal tot waanzin gedreven door een combinatie van slaapgebrek, financiële zorgen en overlopende wasmanden, die hun frustratie uitleven op kleinschalige creditcardfraude? Als dat zo is, zullen we wel voor het gerecht gesleept worden. Moeders zijn immers een gemakkelijk doelwit.'

Ik stop halverwege mijn uitbarsting met praten omdat iedereen naar me kijkt en ik Robert Baars bij de pompen door de voorruit naar me zie turen.

'We moeten op de politie wachten,' zegt de manager, die me nu wat ongeruster aankijkt. Fout, fout, helemaal fout, en het wordt alleen maar erger. Robert Baars komt het kantoortje binnen met een getergde uitdrukking op zijn gezicht, en zijn handen in zijn haar.

'We komen te laat,' zegt hij.

'Is dit uw handlanger?' zegt de manager en hij neemt hem van top tot teen op.

'Zoiets,' zegt Robert Baars geïrriteerd. 'Wat is er aan de hand, Lucy?' Ik leg het hem uit.

We moeten achter de balie op een houten bank gaan zitten.

'Deze zit iets gemakkelijker dan die andere bank laatst,' zeg ik om een beetje verlichting te bieden. Maar hij zit naast me met zijn hoofd in zijn handen en woelt zenuwachtig door zijn mooie haar.

'Het komt heus wel in orde,' zeg ik tegen hem, met mijn hand ergens boven zijn schouder.

'Niet praten, en handen op uw knieën alstublieft,' zegt de manager. 'U kunt wel gewapend zijn.'

Een halfuur later komt er een politieman in een kogelvrij vest. Dat zal toch zeker niet voor ons zijn? Hij vertelt de manager dat hij de bank moet bellen en geen politietijd moet verspillen. De bank laat hem weten dat ik in dit boekjaar al elf creditcards ben verloren en adviseert hem deze door te knippen en ons te laten gaan.

We stappen zwijgend in de auto.

'Ik weet niet hoe je man dit volhoudt,' zeg Robert Baars zwakjes. Hij zet de stoel zo ver mogelijk achterover en sluit zijn ogen.

Een beeld dat ik me vandaag al vele keren voor de geest heb gehaald, maar niet in deze omstandigheden. 'Aan de oppervlakte lijkt je leven zo ordelijk, maar daaronder borrelt en smeult het als een anarchistisch Zuid-Amerikaans land. Niets is voorspelbaar. Ik snap niet hoe hij het aankan.'

'Nou, het meeste vertel ik hem niet,' zeg ik.

'Dan kun je goed geheimen bewaren.' En hij zegt niets meer tot we bij het huis van Supermoeder aankomen.

'Bedenk jij maar een excuus, dat is jouw specialiteit. Ik heb er de fut niet voor,' zegt hij zuchtend als ik de motor afzet.

Supermoeder doet de deur open in een smart-casual outfit, een look waar ik nooit in geslaagd ben.

'Jullie zijn nogal laat,' zegt ze. 'Zoals te verwachten was, neem ik aan. Maar ik heb de agenda uitgeprint, dus het zou niet te lang moeten duren.'

'Sorry,' zeg ik. 'Er is iets tussen gekomen.'

Ze gaat ons voor naar de keuken en vraagt of we iets willen drinken. Ik knik en wil om een glas witte wijn vragen, maar ze wijst op een la vol verschillende soorten thee voor elke gelegenheid. Dit wordt een lange avond.

'Wat wil jij?' vraag ik Robert Baars. '"Sublieme Dromen", "Nieuwe Levenslust", of "Stressremmer"?'

'Die laatste klinkt goed,' zegt hij.

Ik krijg een boekenplank vol opvoedboeken in het oog. *De 7 gewoontes van bijzonder effectieve gezinnen, Positief ouderschap van A tot Z, Naar School: Hoe Slaagt Mijn Kind?*

'Welke ouderschapsfilosofie heeft jouw voorkeur, Lucy?' vraagt Supermoeder.

'Slow moederen,' verzin ik ter plaatse. 'Het is onderdeel van de slowtown, slowfood beweging en gericht op het produceren van scharrelkinderen.'

'O,' zegt zij en ze probeert haar verbazing te verbergen. 'Die ken ik nog niet.'

Aan de muur naast de koelkast hangt een schema van wekelijkse activiteiten dat net zo lang is als ikzelf. Terwijl ik wacht tot het water kookt bekijk ik het schema: Kumon rekenen, Suzuki vioolles, schaken, yoga voor kinderen.

'Het valt zeker niet mee om dat allemaal bij te houden?' zeg ik met een knikje naar het overzicht op de muur.

'Het O-woord, Lucy.' Ze glimlacht veelbetekenend. 'Daar is alles op gebaseerd.'

'O…' vormen mijn lippen geluidloos. Mijn gedachten dwalen af.

'De O van organisatie,' zegt ze streng en ze roept de vergadering bijeen.

'Laten we beginnen met ons mission statement,' zegt ze met een blik op ons beiden. Dit is wat er gebeurt met succesvolle beroepsvrouwen als ze stoppen met werken en niet genoeg te doen hebben. McKinsey-moeders, managermoeders, te veel tijd, te veel energie, te weinig instinct, denk ik bij mezelf, en ik doe mijn best om mijn gezicht in een uitdrukking van enthousiaste belangstelling te houden.

'Ik wil dat men zich mijn termijn als bestuurster herinnert vanwege het hoge intellectuele peil van de schoolevenementen,' verklaart ze. Robert Baars kijkt geschrokken. 'Dus stel ik voor dat we met het kerstfeest, voordat de kerstman en zijn hulpjes de cadeautjes uit gaan delen, een kort concert geven van middeleeuwse kerstliederen.' Ze geeft ons een blad met drie liedjes uit het gelijknamige boek.

'Vind je dan niet dat het vooral leuk moet zijn?' vraagt Robert Baars met een vluchtige blik op de tekst van 1) *Wassail, Wassail all over the Town*, 2) *Bring Us in Good Ail* en 3) *As I Rode out this Enders Night*. 'De kinderen zijn dan al helemaal opgewonden over de komst van de kerstman. En ze zijn ook pas vijf. Het is niet reëel om te verwachten dat ze deze leren,' protesteert hij.

'Precies,' zegt Supermoeder. 'En daarom gaan wij ze ook zingen.' Hij verslikt zich in zijn thee.

'Ik kan helemaal niet zingen,' zegt hij zwakjes.

'Dat geeft niet, want niemand zal je herkennen. Jullie gaan allebei verkleed.' We kijken haar wezenloos aan. 'De kerstman en zijn hulpje,' zegt ze en ze wijst theatraal op ons.

'Nee,' kreunt Robert Baars.

'Ik verwachtte van Lucy wel wat weerstand, maar niet van jou,' zegt Supermoeder ijzig.

Ik kijk in vervoering naar Robert Baars, die zijn manchetten losmaakt en zijn mouwen opstroopt. Wat heb ik toch met onderarmen? Supermoeder lijkt onbewogen.

'Dat klinkt allemaal geweldig,' zeg ik dromerig.

'Verrader,' mompelt hij van de andere kant van de tafel.

Ik ben een beetje van mijn stuk gebracht. Maar pas als ik hem een uur later, als de vergadering afgelopen is, een lift naar huis aanbied, merk ik welke tol deze avond heeft geëist. 'Nee dank je, Lucy. Ik denk dat dat veiliger is.' In een andere wereld zou dat een verwijzing zijn naar het gevaar dat we onze smeulende wederzijdse aantrekkingskracht niet in de hand kunnen houden. Helaas is de waarheid prozaïscher: ik bezorg hem te veel onrust van niet-seksuele aard.

Als ik een paar weken later op school aankom voor de kerstviering, verbaast het me dan ook dat Robert Baars me, verkleed als kerstman, vanuit de kindertoiletten enthousiast toezwaait met een zakflacon.

Sinds het fiasco van de avond bij Supermoeder zijn mijn lustgevoelens voor hem leeggelopen als een lekke band, vooral nadat hij mijn aanbod van een lift had afgeslagen. Ik kon me niet langer laten gaan in fantasieën over mijn geheime onweerstaanbaarheid en naarmate de realiteit de overhand kreeg, werd mijn dweperij belachelijk. Gezond verstand keerde langzaam terug.

'Snel, ik ben aan haar ontsnapt,' zegt hij dramatisch. Hij bedoelt Supermoeder. 'Jenevermoed. Zelfgemaakt. Helemaal biologisch.' Hij kijkt om zich heen of niemand ons ziet, trekt me aan mijn arm mee de toiletten in en leunt stevig tegen de deur. Hij trekt zijn baard omlaag en neemt een slok pruimenbrandewijn.

'Denk je niet dat je het een beetje rustiger aan moet doen?' zeg ik. Hij lijkt roekelozer dan anders.

'Dit is de enige manier waarop ik haar aankan. Ze is verkleed als feeënkoningin. Ze hangt vol knipperlichtjes. Ze lijkt Oxford Street wel,' ratelt hij. Hij biedt me zijn zakflacon aan. Ik neem uit solidariteit een flinke slok en raak onmiddellijk oververhit.

'Trek je jas toch uit, Lucy,' zegt hij terwijl hij nog een slok neemt. 'Zo erg kan het niet zijn wat eronder zit.'

Maar dat is het wel. Onder de enkellange jas die Tom me heeft geleend draag ik een elfenpakje op maat, voor de gelegenheid door Supermoeder snel in elkaar genaaid. Hoewel ze me trots verteld heeft dat het geïnspireerd is op een kunstschaatspakje, vermoed ik dat het bedoeld is om me maximaal te vernederen. Het bestaat uit een kort groenvilten jurkje met een smalle taille en een plooirokje dat speciaal ontworpen is om mijn derrière er zo groot mogelijk uit te laten zien.

'Want vind je ervan?' vraag ik zenuwachtig.

'Ho, ho, ho. Daar kom ik misschien de dag wel mee door. Je ziet eruit als een prachtige overrijpe groene vrucht, als een reine-claude,' zegt hij terwijl hij een stap achteruit doet en tegen de wasbak op knalt. 'Er moet toch een positieve kant aan dit gedoe zitten.' Ik heb hem nog nooit zo meegemaakt. Toen we samen naar de pub gingen, waren zijn drinkgewoontes bepaald ingehouden. Ik help hem overeind.

'Sorry, ik heb nog niets gegeten,' zegt hij.

'Hoe gaat het met je boek?' vraag ik, in een poging om enige normaliteit te herstellen.

'Vreselijk,' zegt hij. 'Ik zit vast. Het is slecht. En ik heb al twee deadlines gemist.'

Iemand timmert op de deur.

'Kerstman, dit is de feeënkoningin, en ik beveel u naar buiten te komen. Ben je daar binnen met de elf?'

'Nee,' roept hij. 'Ik kom eraan, ik doe iets aan mijn pak.' Hij trekt zijn baard omhoog. Het gat waar zijn mond moet zitten, hangt rond zijn rechteroor.

'Waarom heb je gelogen?' sis ik. 'Als we nu samen naar buiten komen, lijkt het net of we iets onfatsoenlijks hebben gedaan.'

'Klim uit het raam,' zegt hij en hij ademt pruimenbrandewijn over me heen. Dit is de tweede keer in minder dan twee maanden dat ik dit doe, en ik heb van de vorige keer niets geleerd.

Alles gaat goed, tot mijn achterwerk klem komt te zitten. De rok van de jurk zit om mijn schouders en ik weet dat alleen mijn wollen maillot mijn billen beschut tegen Robert Baars. Ik wriemel en kronkel, en Robert Baars duwt. Onder andere omstandigheden zou dat misschien een genoegen zijn. Als ik opkijk, zie ik Yammie Mammie nr. 1 op straat lopen.

'Ik vraag niets,' zegt ze als ik mijn armen naar haar uitsteek, en ze begint me naar buiten te trekken.

'We moeten haar een beetje op haar kant rollen,' roept ze naar Robert Baars, zichtbaar genietend.

'Deze kurk gaat knallen,' gilt ze vrolijk.

Robert Baars sjort me op mijn kant en ik glij op de stoep, mijn waardigheid aan flarden.

'We zijn aan het oefenen,' vertel ik haar. 'Dat raam is net zo breed als de schoorsteen.'

Later die avond denk ik na over het incident. Er was een soort familiariteit ontstaan, meer Laurel en Hardy dan *Love Story*, en even sprak het idee me aan dat we vrienden zouden worden, zoals Cathy een paar maanden geleden zei. Ik voelde me opgelucht. Nu kon ik de ketting van Tom, als die weer verscheen, met een gerust hart aannemen.

11

Zorg dat je een man al zeven jaar kent
voor je zijn vuur opstookt.

Ik weet dat kerst een oefening in diplomatie gaat worden als mijn vader op kerstavond de deur opendoet met een wollen muts op. Het is zo'n kleurrijk Afghaans ding met oorflappen. Het zou komedie kunnen zijn om Petra te provoceren, die niet gediend is van dergelijke fratsen op kledinggebied. Waarschijnlijk draagt hij de muts echter omdat het zo koud is in hun boerderij aan de rand van de Mendips. Ik omhels hem ter begroeting en hou hem even stevig vast, uit oprechte genegenheid maar ook om te voelen hoeveel lagen hij aanheeft. Dat geeft een beter idee van welke temperatuur ons te wachten staat dan welke thermometer ook.

'Denk maar niet dat ik niet weet wat je aan het doen bent, Lucy,' fluistert hij in mijn oor. 'Het antwoord is drie, mijn onderhemd niet meegeteld.' Het onderwerp verwarming in het huis van mijn ouders is ouder dan ikzelf. De algemene opvatting is dat het huis slecht geïsoleerd is, de radiatoren niet efficiënt en het dubbele glas rampzalig ontoereikend, omdat het goedkoop werd aangeschaft van een televerkoper halverwege de jaren zeventig. De voorliefde van mijn ouders voor koopjes is beroemd.

De brede open haarden die zoveel warmte beloven, met hun stenen zitplaatsen aan elke kant, blazen koude lucht naar beneden en zuigen alle warmte onverbiddelijk omhoog. In de loop der jaren heb ik vaak gasten zien aankomen die de zitkamer binnenliepen en jassen en truien uittrokken als ze de knapperende houtblokken zagen liggen, en vervolgens tijdens de rest van hun bezoek bezig waren die lagen kleding opnieuw aan te trekken, onopvallend om mijn ouders niet te beledigen. Die zijn het spektakel vermakelijk gaan vinden en wedden soms zelfs wie er het eerst last zal krijgen van de kou.

Het is een wreed bedrog, de warmte en gezelligheid van een haardvuur zonder warmte, als een liefdeloos huwelijk. Van een afstandje kun je de illusie van comfort nog wel vasthouden. Als je te dichtbij komt en beseft dat er geen hoop is op meer warmte, krijg je het op de een of andere manier nog kouder. Vandaar dat wij lang geleden hebben geleerd om bij elkaar te kruipen op de twee banken in de zitkamer. Het zijn suffe monsters van banken met geometrische patronen die dateren uit onze kindertijd. Met haar bekende improvisatietalent heeft mijn moeder een paar kussens onder de originele zittingen gelegd ter compensatie van de versleten vering. Zelfs mensen met flinke achterwerken hebben we pijnlijk zien kijken als ze te hard gingen zitten.

De onderliggende waarheid van wat Tom de Koude Oorlog heeft gedoopt, is dat mijn ouders strengprotestantse ideeën over comfort hebben ontwikkeld door hun jeugdervaringen in de Tweede Wereldoorlog; ze zijn de tijd dat alles op de bon was nog steeds niet vergeten. Mijn vader zweert dat hij de verwarming niet lager zet, maar de hele winter lang wordt de warmte na het nieuws van tien uur op mysterieuze wijze en met veel gegorgel en geratel uit de radiatoren gezogen, en tijdens nachtelijke bezoeken aan de wc, loop je te klappertanden.

Het is bijna een halfjaar geleden dat we hier op bezoek waren en daardoor kan ik mijn ouders ongewoon objectief bekijken. Zo constateer ik dat mijn vader er wat ouder en rommeliger uitziet. Mijn moeder heeft zijn haar geknipt en het hangt in lange slierten over de rand van zijn rafelige kraag. Als hij een arm opheft om mij te omhelzen zie ik een groot gat in zijn trui. Lange zwarte haren steken als ongesnoeide struiken uit zijn oren en neusgaten.

Hij heeft een stropdas omgedaan om Petra een plezier te doen, die een man niet echt gekleed vindt zonder das. In combinatie met de muts lijkt het echter op een tweede poging om haar te ergeren. Als ik hem eenmaal verteld heb dat ze naar Marrakech vertrekt om bij haar minnaar in te trekken, vindt hij het vast niet meer nodig om haar te plagen. Hij zal het zeker goedkeuren, maar hij zou het zelf nooit doen. Net als ik beleeft hij het leven graag via dat van een ander.

Tom zet zich schrap voor het ferme schudden van mijn vaders hand. Hij heeft uit voorzorg een paar leren handschoenen aangehouden. Hij steekt nu ongeveer een halve kop boven mijn vader uit en legt zijn linkerhand op diens schouder om zijn handgreep af te zwakken.

Mijn moeder houdt zich op de achtergrond. Om de een of andere onbegrijpelijke reden gaat zij allerlei wedstrijdjes aan met Petra. Ik zie dat de houten vloer in de hal gepoetst is, maar als ik een porseleinen bord op de vensterbank verplaats om de autosleutels neer te leggen, doet een zonnestraal dikke lagen stof oplichten. Ze zal wel de lakens in de logeerkamer verschoond hebben, maar niet het bad hebben schoongemaakt. De provisie-kamer zal weer vol staan met oude kranten, plastic bakjes die ze niet weg wil gooien en stapels was in zwarte vuilniszakken, op precies dezelfde plaats als de vorige keer dat we hier waren.

Omdat ze mijn vader leerde kennen toen ze lesgaf aan de universiteit van Bristol en nog steeds een parttime baan heeft op de Engelse faculteit, heeft ze een excuus voor die chaos. Ikzelf heb daarentegen een andere weg gekozen, en heb dus geen enkel excuus.

Het feit dat ik niet lang na de geboorte van Sam ben gestopt met werken was een bron van ongenoegen voor mijn moeder, die niet kon geloven dat ik mijn geliefde werk liet vallen om thuis te blijven bij de kinderen.

'Dan word je een huisvrouw,' zei ze met nauwelijks verhulde afschuw, terwijl ze de deur van de provisiekamer dichtdeed zodat Tom ons niet kon horen. Er zat geen kap om de lamp en in de tocht die onder de deur door uit de keuken kwam, wiegde de gloeilamp zachtjes heen en weer. Schaduwen dansten op de muren en maakten me duizelig.

'Thuisblijfmoeder is de politiek correctere term,' liet ik haar weten. Ik wist dat dit een moeilijk gesprek zou worden. Want mijn moeder droeg haar rekbare overtuigingen over ouderschap bij elke gelegenheid uit, maar was eigenlijk erg dictatoriaal over hoe mijn broer en ik ons leven moesten leiden.

'Het komt zeker door Tom, hè?' zei ze. 'Hij wil het eten op tafel zien staan als hij thuiskomt. Hij wil dat je net zo wordt als zijn moeder, gevangen in twinsets.'

Aangezien zij een wollen trui met col droeg onder een lange

jurk met lawaaiige patronen die onaardig een kaftan genoemd had kunnen worden, negeerde ik haar opmerking over de garderobe van mijn schoonmoeder.

'We koken 's avonds niet zo vaak, tenzij hij het doet,' zei ik. 'Vergeleken met een heleboel mannen is hij erg behulpzaam en hij weet dat ik genetisch minder bedeeld ben op huishoudelijk gebied.'

'Heb jij soms commentaar op mijn huishouden?' zei ze. Ik moest wel lachen. Ondanks haar luidruchtige minachting voor alles wat naar huishoudelijkheid rook, ging ze altijd in de verdediging bij de minste suggestie dat zij op dat gebied tekort zou kunnen schieten. Ik denk dat ze het persoonlijk opvatte, als een geringschatten van haar eigen beslissing om te blijven werken. Hoe vaak ik haar ook vertel dat diensten van dertien uur tot halftwaalf 's avonds minder goed te combineren waren met het grootbrengen van kinderen dan haar eigen korte afwezigheden om lezingen te geven over D.H. Lawrence, ze komt nog altijd met ontwapenende regelmaat op het onderwerp terug.

Terugkeren in je ouderlijk huis met je man, kinderen en schoonmoeder op sleeptouw is altijd een hoogst verwarrende affaire. Aan de ene kant de geruststellende vertrouwdheid van de omgeving en het herhalen van ritulen. Weten dat je een paperclip mee moet nemen als je boven in bad wilt, om de stop eruit te halen. 's Ochtends om zes uur gewekt worden door het lawaai van mijn vader die de eerste kop thee zet in het theezetapparaat op hun slaapkamer. Weten hoeveel kracht je moet zetten om de beneden-wc door te trekken. En dan de herinneringen die je zonder waarschuwing overvallen, elkaar opzijduwen en je terugdwingen in de tijd. Hoewel ze meestal goedaardig zijn, geeft hun vermogen om op elk moment je gedachten te kapen een gevoel van regieverlies. Niets van dit alles vindt enige emotionele weerklank bij Tom, de kinderen of Petra, die alles eerder met een kritisch oog beschouwen.

Bij dit bezoek botsen herinneringen uit mijn kindertijd echter met iets dat veel korter geleden is gebeurd, tijdens het langverwachte schoolreisje naar het aquarium in de laatste week voor de vakantie. In die korte tijdspanne is er zoveel veranderd dat het lijkt alsof al het voorgaande van jaren geleden dateert. Sinds die tijd is mijn ochtendslapeloosheid om vijf uur uitgegroeid tot iets zeer benauwends. In plaats dat ik zo tijd krijg om te mijmeren over de middellange termijn – waar we heen gaan op vakantie, bijvoorbeeld, of hoe ik Emma moet overhalen om Guy te lozen –, ben ik nu vervuld van een sluipende ongerustheid die in elke spier, pees en zenuw doordringt. Het enige positieve is dat ik met die nerveuze energie om zes uur 's morgens het huis van onder tot boven heb schoongemaakt, opgeruimd en opgepoetst. Tom begint wantrouwig te worden. Het lijkt ongelooflijk dat het leven in zo'n korte tijd zo om kan slaan.

Er klinkt een luide knal op het plafond in de hal en mijn vader krimpt ineen. Ik vertel het verzamelde gezelschap dat ik naar boven ga om de kinderen aan te pakken, die zodra ze de voordeur door zijn vrijwel meteen de smalle houten trap op zijn geracet naar de oude kamer van mijn broer Mark. Boven aan de trap sluip ik over de overloop naar mijn eigen oude kamer in plaats van naar de kinderkamer. Ik moet even alleen zijn om de gebeurtenissen van de laatste schoolweek te verwerken, al is het maar tien minuten. En ik moet een strategie bedenken voor mijn toekomstige omgang met Robert Baars.

De kamer is nog altijd een tempel gewijd aan Laura Ashley, met de bekende bloemengordijnen en het bijpassende behang. De enige aanwijzing voor mijn status van getrouwde vrouw is het kleine tweepersoonsbed dat vroeger in de logeerkamer stond. Ik ga liggen en weet al voor mijn hoofd het kussen raakt dat de matras zo zacht is dat mijn voeten hoger zullen liggen dan mijn hoofd en we elke ochtend wakker zullen worden met vreselijke hoofdpijn, en Tom zal zich ongerust afvragen of hij soms een hersentumor heeft. Als ik de week overleef, weet ik in elk geval zeker dat de bloedvaten in mijn hoofd van stevig materiaal gemaakt zijn.

Ik kruip tussen twee koude lakens, trek drie zware wollen dekens omhoog en een sprei met een ander bloemetje van Laura Ashley eroverheen. Het voelt geruststellend zwaar, en langzaam staakt mijn lijf zijn verzet tegen het gewicht. Voor het eerst sinds het aquariumbezoek, de katalysator van deze onrust, voel ik de spanning wegglijden. Onder me voel ik nog een kriebelige wollen deken. Misschien dat een week op een boetekleed slapen iets van mijn schuldgevoel zal wegnemen.

Ik zou deze kostbare momenten alleen moeten gebruiken om

me op Kerstmis te concentreren, de cadeaus in te pakken die ik voor Tom heb gekocht in een door schuldgevoel opgeroepen vlaag van koopzucht, de kerstsokken van de kinderen te regelen, of mijn moeder te helpen de strijd met het kerstdiner aan te binden, een uitdaging die ze meestal niet het hoofd weet te bieden. Maar nee, ik lig hier eindeloos alles te overdenken, op zoek naar aanwijzingen die me hadden kunnen waarschuwen voor wat er is gebeurd.

Het schoolreisje naar het London Aquarium begon al slecht, toen ik Supermoeder in de bus zag stappen met een geïllustreerde *Gids voor het waterleven*. De juf van Joe keek achterdochtig. Ze beschikt over een fraai arsenaal aan subtiele blikken die in een enkel gebaar een scala van emoties weten weer te geven. Vernietigend, laatdunkend en ietwat ongeduldig is haar favoriete combinatie voor Supermoeder.

Supermoeder ging voor in de bus naast de chauffeur staan en zei: 'Ik heb een kleine quiz opgesteld, zodat de kinderen zich niet vervelen onderweg.' Ze zwaait met een stapel papier. 'En ik vond dat we ook de kinderen met allergieën even moeten noteren, voor het geval de broodtrommeltjes door elkaar raken. En ik heb een compleet EHBO-koffertje meegebracht, inclusief adrenaline.'

Vervolgens liep ze een paar stappen het gangpad af en ging naast mij zitten. Joe liep naar achteren om bij zijn vriendjes te gaan zitten. Ik zag dat hij ondanks zijn neuroses heel populair leek, en hij wees zijn vrienden trots op mijn aanwezigheid. Laat haar alsjeblieft niet beginnen over hoeveel zorgen ze zich maakt dat haar peuter niet op de juiste kleuterschool terechtkomt en later dus ook zijn promotie misloopt bij de bank. Al heb ik gezondigd, dat heb ik niet verdiend, dacht ik bij mezelf.

Robert Baars arriveerde niet lang daarna. Hij haalde zijn schouders op toen hij zag dat de plaats naast mij bezet was. Ik bespeurde enige opluchting op zijn gezicht, maar dat was een misvatting, naar later bleek. Als Supermoeder niet naast me was gaan zitten, had ik nauwkeuriger kunnen peilen of hij nabijheid of juist afstandelijkheid verkoos, en dat had de toekomstige loop van de gebeurtenissen kunnen veranderen. Er waren een paar dagen voorbijgegaan sinds onze laatste ontmoeting, die in

mijn ogen een hernieuwde intimiteit in onze relatie had aange-
geven.

Supermoeder deed haar tas open en stopte de papieren in een
map. Ze streek over haar keurige, stemmige broek.

'Ik maak me zorgen over peuterscholen,' zei ze. Voor ons zat
een kudde Yammie Mammies, onder wie Yammie Mammie nr.
1, die besprak hoeveel personeel ze precies mee zou nemen naar
de Caraïben en wat het beste was: een fulltime of een parttime
kok. Ik werd het niet waardig geacht om deel te nemen aan deze
specifieke discussie, ook al zou ik beslist de voorkeur hebben
gegeven aan een fulltime kok.

Zorgen zijn heel subjectief. Ik maakte me enige zorgen of er
wel een fles wijn op me zou staan te wachten als ik thuiskwam,
nogal veel zorgen dat Tom de verstopte sigaretten in de kast zou
vinden en erg veel zorgen over het feit dat ik allebei de autosleutels bij me had. Was het daar maar bij gebleven.

En het was nog een uur rijden naar het aquarium.

'Die ene waar wij een plaats hebben gekregen heeft er geen
belangstelling voor kinderen bij te brengen hoe ze hun pen vast
moeten houden,' zei Supermoeder. 'Ik ben gestopt met werken,
heb een jaar borstvoeding gegeven en elke dag biologische
maaltijden gekookt, en dat heb ik allemaal niet gedaan om mijn
kind op een ondermaatse peuterschool terecht te laten komen.'

Ik moet een beetje verward hebben gekeken, want ze voegde
eraan toe: 'Van borstvoeding gaat het IQ gemiddeld met zes
punten omhoog.'

'Misschien moet je een beetje ontspannen,' stelde ik voor. 'Doe
eens wat leuks, neem een beetje afstand. Je kunt jezelf gemakkelijk verliezen in dit alles.'

'Ik laat mijn kinderen niet in de steek,' zei ze.

'Weet je wat het is?' vertelde ik Supermoeder. 'Het heeft geen
zin om je zorgen te maken over dingen waar je gewoon niets aan
kunt doen.' Ze keek me doordringend aan.

'Weet je wat het is, Lucy? Je oogst wat je zaait,' zei ze.

'Waarom zou je vier neurotische overpresteerders willen die
elkaar beconcurreren en de bijbehorende karaktertrekken ontwikkelen?' vroeg ik. 'Is dat een recept voor geluk of voor zelf-
ontplooiing?' En daarop zweeg ze.

Toen piepte mijn telefoon. Robert Baars stuurde me een

bericht. Gedurfd, hoor. WEET JE WAT HET IS, LUCY? ER IS EEN STOEL VRIJ NAAST MIJ. Ik keek om en hij wuifde.

Ik had alerter moeten reageren op deze ouverture, maar ik werd de afgelopen weken te veel afgeleid door de terugslag van Petra's besluit om naar Marrakech te verhuizen. Ondanks zijn eerdere rustige aanvaarding was Tom ervan overtuigd geraakt dat haar kunstenaar een lanterfanter was die van plan was te leven van de opbrengst van haar huis. Ik probeerde Tom over te halen om de man een kans te geven voordat hij een oordeel velde. Vreemd genoeg groeide mijn bezorgdheid dat Petra haar situatie verkeerd inschatte naarmate mijn gevoelens voor Robert Baars afnamen.

Toen het enige interactieve deel van het schoolreisje aanbrak, waren mijn gedachten dus ver verwijderd van Robert Baars.

'Wie wil de pijlstaartroggen kietelen?' riep de juf van Joe.

'Ik!' riep ik enthousiast terug.

'Laten we eerst de kinderen maar even de kans geven, mevrouw Sweeney,' zei de juffrouw met een behoedzame blik op mij. 'Daarna kunnen ze hun brood opeten, zodat de ouders even rust krijgen.'

Toen de kinderen verdwenen om hun boterhammetjes op te eten, stond ik dus op het trapje voor het bassin van de pijlstaartroggen en stak mijn linkerhand in het water. Het was onverwacht koud en mijn mouw was meteen doorweekt. Mijn vingers deden pijn van de kou, maar ik wilde met alle geweld zo'n vreemde platte vis aanraken. Ik bewoog voorzichtig mijn vingers om ze warm te houden en om een vis aan te trekken, want dat had ik andere mensen ook zien doen. Ze kwamen iedere keer heel dichtbij en keerden zich af op het moment dat ik ze wilde aanraken, waarbij ze hun glimmende witte buiken toonden en hun kleerhangervormige monden zwijgend open- en dichtdeden. Tegen die tijd was mijn mouw nat tot aan mijn elleboog, maar dat kon me niet schelen. In mijn ogen was lichamelijk contact met een pijlstaartrog intussen onlosmakelijk verbonden met mijn geestestoestand. Als ik er een kon aanraken, redeneerde ik, zou alles goed komen. Voor altijd.

Het water in het grote bassin werd in beweging gehouden door een pomp dus telkens als ik naar mijn hand keek bewogen mijn vingers onwillekeurig. Het was onmogelijk ze helemaal stil te houden. Ik concentreerde me op een andere rog die aan mijn kant van het bassin leek te zwemmen. Mijn blik liet hem niet los, ik probeerde hem te dwingen om naar me toe te komen. Hij was de grootste vis, de leider van de school, en de randen van zijn vinnen waren rafelig van ouderdom. Hij zwom naar me toe met zijn lange snuit hooghartig uit het water, als een dolfijn die kunstjes doet, draaide zich op zijn voorkant en hield met zijn rug naar me toe vlak voor me halt. Hij voelde koud en glad aan toen ik met mijn vingers op en neer over zijn rug aaide. Hij flapte van kennelijk genoegen met zijn vinnen en deed zijn best om stil te blijven liggen, tegen de druk van het water in. Terwijl ik naar de vis bleef kijken, werd ik me bewust van een andere hand onder water die de mijne naderde. Dat ergerde me even. Ik had geduldig gewacht om te kunnen communiceren met deze oude man van de zee, en nu probeerde iemand mijn moment in te pikken.

Deze hand probeerde echter niet om de vis te kietelen. Hoewel het water het beeld vervormde was de hand duidelijk veel groter dan de mijne, en ik keek onaangedaan toe hoe hij langzaam dichter bij de plek kwam waar mijn hand de vis streelde. Toen pakte de hand heel eventjes de rug van de mijne en een stem zei: 'Weet je, Lucy, ik denk dat ik mezelf niet meer in de hand heb.'

Ik keek op. Natuurlijk wist ik dat het Robert Baars was. Het leek alsof hij de rug van mijn hand onder water urenlang streelde, maar in werkelijkheid duurde het waarschijnlijk maar een paar tellen, en het ergerde me dat ik bij mezelf een zekere opwinding constateerde. Ik was zo dicht bij zijn gezicht dat ik de sporen van vroegere waterpokken grondig kon onderzoeken, en plotseling gaven ze hem een heel aantrekkelijk verweerd uiterlijk. Hij staarde me aan en even dacht ik dat hij me wilde zoenen. Toen haalde hij zijn arm uit het water en liep weg. Ik bleef doelloos staan en probeerde te bevatten wat er zojuist was gebeurd. Toen zag ik Supermoeder naar me kijken vanaf een bankje in een donkere hoek aan de andere kant van de zaal. Haar mouwen waren niet opgestroopt en ze hield haar armen afkeurend over elkaar geslagen. Ze kon niet zien wat er onder water was gebeurd, maar de intensiteit van onze blikken en onze lichamelijke nabijheid waren onmiskenbaar.

En nu voel ik me schuldig, op de momenten dat ik niet al

zenuwachtig ben. Ik probeer te rationaliseren dat er niets is gebeurd. Ik ben niet de aanstichter van die scène geweest en ik heb er ook niet op gereageerd. Toch moet ik accepteren dat ik een rol heb gespeeld in de gebeurtenissen die tot deze ontwikkeling hebben geleid. Ik heb naschoolse ontmoetingen met Robert Baars geregeld, en me laten gaan in ongepast wellustige dagdromen en wat geflirt.

Nu ben ik bang voor wat ik misschien heb ontketend. In mijn stoutste dromen had ik me niet voorgesteld dat mijn gevoelens beantwoord zouden kunnen worden, of dat ik echt in de verleiding zou komen om erop te reageren. Waar ik niet aan gedacht had met betrekking tot Robert Baars is dat onze gevoelens niet synchroon liepen, en dat mijn subtiele afstandelijkheid na de moeizame avond bij Supermoeder zijn belangstelling juist zou stimuleren. Kortom, ik was vergeten hoe goed mannen reageren op een beetje afwijzing. Ik had te laat ontdekt dat er niets onschuldiger of onderhoudender is dan onbeantwoorde lust. Ik wilde de fantasie Robert Baars, niet de werkelijkheid.

Ik ben een beetje boos op hem omdat het aquariumincident plaatsvond toen ik net weer een zeker evenwicht had gevonden, hoewel dat uiteraard vervloog op het moment dat hij me aanraakte. Ik ben vooral boos omdat de inzet plotseling hoger is. Mijn dromen over hotels in Bloomsbury hebben ineens een hoger realiteitsgehalte, dat eerder verontrustend is dan plezierig afleidend. Het bed is er onopgemaakt, lege flessen liggen omgevallen op de grond en de kamer ruikt naar verschaalde sigarettenrook. De kleuren zijn wee.

'Zo ontstaan buitenechtelijke verhoudingen dus,' zegt Cathy gedecideerd als ik haar bel om raad te vragen, nog steeds verstopt onder de beddensprei van Laura Ashley met mijn mobieltje, voor het geval er iemand aan de deur luistert. 'Als je de neiging voelde om zijn gebaar te beantwoorden, blijf dan vooral uit de buurt. Zelfs al speelt hij alleen maar een spelletje, het blijft een gevaarlijk verzetje.'

'Ik zal proberen hem uit de weg te gaan,' zeg ik.

Ik vertel haar over een nachtmerrie die ik pas heb gehad, waarin mijn buik een hoofdrol speelde.

'Goddelijke Huisvader lag naakt op het bed en ik kon mijn spijkerbroek niet zonder worsteling uittrekken,' vertel ik. 'En toen hij mijn buik zag begon hij te schreeuwen. Hij dacht geloof ik dat die zich had afgescheiden van de rest van mijn lichaam.'

'Denk daar maar aan als je ooit in de verleiding komt,' zegt ze. 'Een voordeel: je kunt het nieuwjaarsdieet nu in elk geval overslaan, om je huwelijk te redden.'

'Maar als Tom dat nou ook vindt, van mijn buik?' vraag ik.

'Hij heeft tijd genoeg gehad om eraan te wennen,' zegt ze.

Ik hoor voetstappen op de gang. Mijn moeder laat Petra haar kamer zien. Ik neem de gelegenheid te baat om uit bed te komen en aan de overkant van de gang bij de kinderen te gaan kijken. Ik kan ze nog steeds van het bed op de grond horen springen. Ik vind het niet erg; zo blijven ze tenminste warm. We hebben ze gewassen en in pyjama en ochtendjas meegenomen vanuit Londen, omdat ik wist dat er hier niet genoeg warm water zou zijn om iedereen in bad te laten gaan. Badwater delen vormde een onlosmakelijk onderdeel van mijn kindertijd.

Ik doe de deur van mijn broers slaapkamer open. Mark heeft rond zijn eindexamen de muren zachtpaars geschilderd, omdat hij ergens had gelezen dat rood hartstocht zou opwekken en dacht dat het een mooie omlijsting zou vormen voor het testen van zijn verleidingstechnieken bij de meisjes op school, meestal mijn vriendinnen. In de hoek staat een avocadokleurig wasmeubel met louvredeurtjes die ook zachtpaars zijn geverfd.

Ik loop naar dat kastje en maak het open. Een omgevallen fles Old Spice-aftershave heeft een vlek op de plank gemaakt. Ik zie aangebroken flessen shampoo, een tandenborstel met wijduitstaande haren, een halfvolle pot Brylcreem, een paar oude *Playboys* van eind jaren zeventig, die ik weghaal en boven op de klerenkast leg en, vreemd genoeg, een paar exemplaren van het meisjestijdschrift *Jackie* die mijn broer ontvreemd moet hebben in zijn pogingen om de vrouwelijke psyche te doorgronden.

Een poster van Bo Derek is vervaagd en de plaats waar haar tepels ooit zo trots rechtop stonden is helemaal weggepoetst. Toch is Sam onder de indruk.

'Boezems,' zegt hij naar de muur wijzend.

Dan wijst hij me op een andere poster achter op de deur. Ze hebben hun kerstsokken net onder een poster gehangen van een vrouw die van achteren is gefotografeerd in een heel kort tennisjurkje. Ze tilt achteloos de ene kant van haar jurk op om te laten zien dat ze geen onderbroek aanheeft en kijkt over haar schouder recht in de camera.

Als ik naar de kerstsokken kijk die net onder de linkerbil van de tennisster hangen, moet ik glimlachen omdat ik me een woordenwisseling herinner tussen mijn moeder en Mark over deze poster. Het moet in de zomer van 1984 zijn geweest, op het hoogtepunt van de mijnwerkersstakingen. We zaten in de woonkamer naar het nieuws te kijken toen er opmerkelijke beelden voorbijkwamen van een veldslag tussen politie en mijnwerkers ergens in het zuiden van Yorkshire.

'Waarom hang jij al die posters van halfnaakte vrouwen aan je muur?' zei mijn moeder terwijl de politie met hun plastic schilden in de aanslag op de mijnwerkers af rende.

'Wat zou jij graag op mijn muren willen zien, mam?' vroeg Mark, die altijd veel beter kon discussiëren dan ik. Ik was altijd te snel geneigd om het standpunt van de ander te begrijpen.

'Wat denk je van Nicaragua, de anti-apartheidsbeweging, iets geëngageerds?' zei mijn moeder. We keken allemaal alsof we een politieman een mijnwerker op zijn hoofd zagen slaan met een wapenstok.

'Arthur Scargill doet me niet zoveel, mam,' antwoordde Mark.

'Ik vind dat je die poster weg moet halen. Daaruit spreekt een gebrek aan respect voor vrouwen,' drong mijn moeder aan.

'Ik heb juist alleen maar respect voor haar,' beweerde Mark.

'Je hebt geen belangstelling voor wat er zich in haar hoofd afspeelt, je bent gefixeerd op haar lichaam,' hield mijn moeder vol.

'Natuurlijk is hij dat,' zei mijn vader, die opkeek van zijn krant. 'Hij is een opgroeiende jongen.' We staarden hem allemaal aan, want mijn vader – een rustiger, bedachtzamer persoonlijkheid dan mijn moeder – had al vroeg in zijn huwelijk geleerd dat het diplomatieker was om zijn mening voor zich te houden wanneer moeder plots bleek te geloven in een nieuwe goede zaak.

'Ik dacht dat jij voor vrijheid van meningsuiting was, mam,' zei Mark, die de overwinning rook. Mijn moeder zei niets en drentelde naar de keuken.

De slaapkamerdeur gaat open en de vrouw met de billen verdwijnt even, tot Tom de deur stevig achter zich dichtdoet. Hij heeft een positieve houding aangenomen ten aanzien van het verwarmingsprobleem en grijpt elke gelegenheid aan om de aandacht te vestigen op de kou, wat een beetje vermoeiend is, maar hij gaat de uitdaging even enthousiast aan als Scott de zijne op de Zuidpool. Hij draagt nog steeds een muts en handschoenen. Deze opwinding zal omslaan in wrevel naarmate de dagen verstrijken en hij de drang om kritiek te leveren niet langer kan weerstaan.

Het is de koudste decembermaand sinds 1963. Er ligt sneeuw en de gevoelstemperatuur is al een week in het nieuws. Het is een heerlijke tijd voor mensen die van cijfers houden, zoals Joe, die het stijgen en dalen van de temperatuur elke dag op een grafiek bijhoudt, onder applaus van zijn vader.

'Ik wilde even de teentjes nakijken op sporen van bevriezing,' grapt Tom en hij zet de kinderen ter inspectie op een rijtje.

'Die ziet er een beetje zwart uit, Joe,' zegt hij als hij Joe's voet heeft opgetild en zijn teentjes op ooghoogte bekijkt. Als hij het zorgelijke gezicht van Joe ziet probeert hij terug te krabbelen, maar het is al te laat.

'Mijn teen valt er vannacht af,' zegt Joe.

'Mam, mogen we hem ontleden als dat zo is?' vraagt Sam.

'Papa maakt maar een grapje. Het moet ver onder nul zijn voordat je tenen bevriezen,' zeg ik rustig.

'De thermometer in de hal zegt dat het elf graden is in huis,' zegt Tom.

'Ik denk dat ik dat op mijn weerkaart ga zetten,' zegt Joe, afgeleid door het gepraat over cijfers.

'Bips, papa,' zegt Fred en hij trekt Tom aan zijn arm mee naar de deur, waar hij opgewonden naar de poster wijst. 'Geen broek. Net als ik.'

'Papa, zou jij die bips sexy noemen?' vraagt Sam peinzend. Hij heeft te veel naar Christina Aguilera geluisterd.

'Wat betekent sexy, Sam?' vraagt Tom met een klassieke afleidingsmanoeuvre. Hij gebruikt dezelfde tactiek bij mij.

'Weet ik eigenlijk niet,' zegt Sam. 'Ik denk dat het iets met fruit te maken heeft. Als een bips op een perzik lijkt, is het sexy, denk ik.'

De kinderen logeren altijd in deze kamer en ze vinden het telkens weer spannend. Hoewel er een eenpersoonsbed staat, liggen ze liever samen op de grond, verstrengeld als jonge hondjes in een mandje, en omdat het vaak zo koud is, moedig ik die gewoonte aan. Fred, die meestal een eeuwigheid voorgelezen moet worden, ligt altijd in het midden.

'Ik kan mijn adem zien, mama,' zegt hij nu trots.

'Je rookt,' zegt Sam. 'Net als mama.'

'Ik rook niet,' protesteer ik.

'Nou, waarom bewaar je dan sigaretten in je laars?' vraagt Sam.

'Die zijn alleen voor speciale gelegenheden,' zeg ik. 'Wat doe jij trouwens in mijn kledingkast?'

'Ik ben niet in jouw kast geweest,' zegt hij. 'Oma zei het.'

'Ik kan haast niet geloven dat je zo doortrapt bent, Lucy,' zegt Tom.

'Dat is de helft van de pret,' zeg ik. 'Je zou blij moeten zijn dat ik nog weleens iets mysterieus doe.'

'Weet de kerstman wel dat we hier zijn?' vraagt Joe, die een ruzie voelt aankomen. 'Omdat het zo koud is, denkt hij misschien dat hier niemand woont. Denk je dat hij zo'n hittezoekende bril heeft?'

Sam sleurt Marks platenspeler uit de kast en zoekt naar zijn oude singles en elpees. Hij kiest David Bowie uit de stapel en zet hem op. Ik ga met Tom in Marks bed liggen, trek het dekbed op tot aan mijn neus en luister naar *Scary Monsters*. Als Joe tijdens het refrein op zijn mouw begint te kauwen, vraag ik Sam om de naald voorzichtig op te tillen en op een ander nummer te zetten en zeg dat ik over twintig minuten terugkom om het licht uit te doen. Ik neem me voor Tom alles te vertellen. Maar als ik terugkom slapen ze allemaal, Tom inbegrepen.

12

Een beetje kennis is een gevaarlijk iets.

Met verontrustende regelmaat worden er in de dagen daarop banden gesmeed en weer verbroken. Er zijn geen openlijke oorlogsverklaringen, alleen een onderstroom van spanning die uitloopt op vlagen van verbale krachtmetingen. Mijn broer Mark, die gisteravond laat en zonder zijn vriendin aankwam, zegt dat hij dankbaar is voor dergelijke familiebijeenkomsten omdat ze hem in januari een heleboel nieuwe klanten bezorgen.

Als ik op eerste kerstdag naar de keuken loop, voel ik een kilte in de lucht die niets met het weer te maken heeft. Petra staat bij de grote grenen tafel midden in de keuken moeizaam te roeren in een kom glazuur, bij een naakte kersttaart. Ik weet dat deze taart aan het begin van de dag nog gekleed was in de gladde, strakke lijnen van een in de fabriek geglazuurde taart, en ik probeer te begrijpen wat er aan de hand is.

Tom staat aan de andere kant van de keuken een grote dosis op recept verkrijgbare pijnstillers te slikken die mijn broer hem geeft gegeven tegen de door het bed veroorzaakte hoofdpijn.

'Niet te veel drinken bij die dingen,' waarschuwt Mark.

'Wat zijn de symptomen van een hersentumor ook alweer?' zegt Tom tussen twee slokken water door.

'Hoofdpijn, 's ochtends meestal erger, duizelingen, misselijkheid,' zegt Mark zonder op te kijken van de krant van gisteren.

'Denk je dat ik naar een specialist moet?' vraagt Tom vasthoudend.

'Nee,' zegt Mark. 'Het komt door het bed. Het komt altijd door het bed. Je denkt altijd dat je een hersentumor hebt als je hier logeert. Waarom ga je niet iets nuttigs doen, de kruiden en specerijen op alfabet zetten of zo? Dat is een prima afleiding. Een vorm van bezigheidstherapie die ik dagelijks voorschrijf.'

'Als de pijn aanhoudt, kun jij dan een hersenscan voor me regelen?' vraagt Tom.

'Ik kan een neuroloog aanbevelen, maar we weten allebei dat de hoofdpijn verdwijnt als je niet meer in dat bed slaapt. Zorg in elk geval dat je activiteiten vermijdt waardoor het bloed naar je hoofd stroomt,' zegt Mark lachend. Ik vraag me af of hij zijn patiënten beter gerust kan stellen. Hij is wel net bevorderd tot hoofd van de afdeling Psychologie in een groot Londens academisch ziekenhuis, dus hij zal wel íéts goed doen.

Petra kijkt afkeurend omdat Mark dat van haar verwacht, maar ze is altijd verrassend welwillend tegen mijn broer. Als ze met hem praat, zet ze een irritant meisjesstemmetje op, dat wankelt op het randje van geflirt.

'Vertel eens over je Afrikaanse avontuur, Petra,' zegt Mark goedig. 'Wanneer krijgen we je minnaar te zien?' Hij spreekt 'minnaar' langzaam en nadrukkelijk uit.

Petra draagt dezelfde dubbele laag kasjmieren twinset die ze gisteren aanhad. Bleekroze op roomwit, net een marshmallow. Ze negeert zijn vraag en bloost. Ik kijk bezorgd naar Tom, die er nog steeds moeite mee heeft dat zijn moeder een vriend heeft.

Fred ligt onder de tafel in de hondenmand tevreden een houten lepel af te likken. Mijn moeder vertelt Petra dat ze de cake weken geleden gebakken heeft. Ik weet dat ze liegt, want ik heb de verpakking gisteravond in de provisiekamer gevonden. Voor dit bedrog moet ze het oorspronkelijke glazuur er vanmorgen vroeg vanaf hebben gepeuterd.

'Volgens mij zul je merken dat je met een theelepel citroensap door het mengsel het glazuur makkelijker kunt opspuiten,' zegt Petra kortaf.

'Ik maak mijn glazuur altijd met water en poedersuiker,' antwoordt mijn moeder vol vertrouwen vanaf de andere kant van de tafel. 'Gewoon blijven roeren tot het zachter wordt.'

'Volgens mij wordt het juist harder naarmate je langer roert,' zegt Petra vastbesloten, maar ze legt de lepel niet neer.

Ze spant zich nogal in om het stijve glazuur door de kom te roeren en trekt een van haar vesten uit. Ik merk op dat ze de hakken van haar schoenen stevig tegen elkaar zet en haar tenen naar buiten draait, in die onverzettelijke houding die alleen mensen die haar al jaren kennen zou opvallen.

'En Petra, waar gaan jullie wonen?' vraagt Mark. Tom en ik proberen al weken de moed te verzamelen voor die vraag, en ik bewonder het gemak waarmee Mark hem zo rechtstreeks stelt. Sinds de beruchte lunch bij John Lewis is er weer een kilte tussen ons ontstaan. Hoewel ze Tom verteld heeft van haar plannen, noemde ze nauwelijks details, en ze hebben het sindsdien alleen gehad over alles wat er geregeld moet worden in verband met de verkoop van haar huis.

Het lijkt alsof ze haar schuldgevoel alleen draaglijk kan maken door alle discussies, behalve de meest oppervlakkige, uit de weg te gaan. Misschien is ze bang dat een meer diepgaand gesprek haar van gedachten zal doen veranderen.

'Jack heeft een huis in Medina,' zegt ze. 'Maar hij heeft ook iets gekocht in het Atlasgebergte en daar zullen we een deel van het jaar doorbrengen, als het te heet wordt in Marrakech. Hij schildert daar graag. Hij heeft ook een huis in Santa Fe. Hij is Amerikaan, weet je, hij is bekend in de Verenigde Staten.' Tom en ik kijken elkaar aan; dat wisten we niet. Ze houdt even op met roeren en kijkt weemoedig uit het raam naar het witbevroren landschap. Allemaal verschillende tinten wit. Een kudde dicht opeengepakte schapen kijkt terug vanuit de wei aan het einde van de tuin. Af en toe blaten ze, alsof ze roddelen over wat ze zien. Er gaat niets boven een publiek om de ergste excessen van familiebijeenkomsten te beteugelen, denk ik, en ik vind het fijn voor de schapen dat ze van hun eigen kerstspecial kunnen genieten.

Ik doe mijn best om te bepalen of al deze plotselinge onthullingen de situatie nou verbeteren of verslechteren. Toms gezichtsuitdrukking is moeilijk te doorgronden. Hij staat op een trapje tegenover het fornuis de detente tussen onze moeders zorgvuldig te negeren. Hij heeft Marks advies opgevolgd en zet de kruiden van mijn moeder op alfabetische volgorde.

'Vind jij dat de zwarte peper onder de Z of de P moet staan?' vraagt hij aan Petra.

'Ik denk dat onder de P beter werkt, met daarna de gedroogde pepers en dan de witte peper,' zegt ze. Dit soort gedachtewisselingen vertegenwoordigt een soort diepe verbondenheid tussen hen.

Soms denk ik dat dit onverzoenlijke geloof in huishoudelijke routine Petra heeft geholpen de dood van haar man te verwerken. Alles moest tot in de puntjes geregeld zijn, ook in de afschuwelijke eerste dagen nadat hij haar had achtergelaten na een zware en fatale hartaanval. Ik weet nog dat Petra ons een paar weken na zijn overlijden vroeg om naar het huis te komen waar zij al veertig jaar woonden, om te helpen zijn oude kleren weg te doen. Het leek wat overhaast. Maar vanaf het vreselijke telefoontje, vroeg op zondagmorgen, was Petra verontrustend waardig in haar reactie op de dood van haar echtgenoot. Geen hysterie. Geen zelfmedelijden. Geen emotionele uitbarstingen.

'Ze huilt niet waar wij bij zijn,' zei Tom. 'Dat is niets voor haar. Ze spaart het allemaal op tot ze alleen is.'

Toen ik dan ook op een ochtend in mijn slapeloosheid vroeg de keuken in liep en haar stil zag huilen boven de strijkplank, waarop ze ondergoed van Toms vader stond te strijken, dat ze kennelijk de avond tevoren had gewassen toen wij al naar bed waren, was ik bijna opgelucht. Haar schouders schokten en op de witte onderbroeken en singlets kwamen dikke tranen terecht. Waarom werd haar wasgoed nooit grauw, vroeg ik me af. Hoe deed ze dat, zo elegant en geluidloos huilen? Ik dacht aan mijn eigen emotionele instortingen, een zout mengsel van water, snot en spuug waar ik rood en opgezwollen uit tevoorschijn kwam. Ik had een herenzakdoek nodig om alles op te dweilen. Petra daarentegen depte haar ooghoeken met een kanten doekje vol geborduurde roosjes.

In de hoek stonden drie grote zwarte vuilniszakken, eentje netjes gevuld met de gestreepte overhemden die haar man naar kantoor had gedragen. Hij was een man die zichzelf vooruitstrevend vond omdat hij felgekleurde sokken droeg bij zijn stemmige pakken en dassen. Accountants horen saai te zijn, zei hij altijd. Niemand wil een excentrieke boekhouder. Er waren colbertjes uit de tijd dat smart-casual precaire beslissingen vereiste over de andere gasten, of zij voor een blazer met grote koperen knopen zouden kiezen, voor het meer ontspannen sportieve colbert, of zelfs een vrijetijdspak. Een paar grote zwarte rubberlaarzen lag geveld op de vloer.

'Gaat het wel?' vroeg ik haar en ik hield haar elleboog vast tot zij het stomende strijkijzer had neergezet.

'Het is niet gemakkelijk, Lucy,' zei ze met een delicaat snuifje.
'Waarom ben je deze kleren aan het strijken?' vroeg ik voor-zichtig.
'Ik kon ze onmogelijk gekreukeld naar de tweedehandswinkel brengen,' zei ze met een ontsteld gezicht. 'Als ik dat deed zou alles instorten.'

Petra bleef in die donkere tijden eens per week de lakens was-sen. Haar ondergoed werd altijd gestreken. En de vrieskist bleef vol met zelfbereide maaltijden, al waren het kleine verdrietige, in aluminiumfolie verpakte eenpersoonsporties. Ze werden zel-den opgegeten.

Ik hou dit beeld in gedachten om mijn sympathie voor haar op te roepen, die ernstig gecompromitteerd is sinds ik gister-avond laat mijn kerstcadeau openmaakte. Ze had zowel voor mijn moeder als voor mij het boek *De Modepolitie* van Trinny en Susannah gekocht, en overhandigde ze met groot enthou-siasme. 'Ik vond dat ik ze jullie nu maar moest geven, voor het geval ze van pas komen tijdens de feestdagen,' zei ze. Mijn moe-der bekeek het boek niet-begrijpend. Behalve het nieuws heeft ze sinds het begin van de jaren tachtig nauwelijks tv gekeken. *De Modepolitie* is niet op haar radar verschenen.

Mijn moeder komt vanaf de koelkast op ons toe lopen. Ze heeft het boek duidelijk niet ingekeken, want haar kerstoutfit bestaat uit een curieus ensemble van een rok met een losse zoom aan de achterkant en een onderjurk, die zowel bij de openstaande hals van haar blouse als onder de ongelijke zoom van haar rok zichtbaar is. Haar blouse, een gestreept geval dat ik me herinner van toen ik nog thuis woonde, is verkeerd dichtge-knoopt. Alles zit scheef.

Eerder een werkpaard dan een luxepaard, denk ik bij mezelf, in een ongunstige vergelijking met Petra. Mijn moeder heeft zelfs make-up gebruikt. Dat is ze echter niet meer gewend en haar make-upproducten zijn waarschijnlijk meer dan tien jaar oud. De foundation is dik en zalvig en hoopt zich op in de rim-pels op haar voorhoofd en rond haar ogen, waardoor er een klein stroompje uitloopt als ze lacht. Haar lippen zijn oranje geverfd, haar wangen kersenrood van de rouge.

De zorgeloze houding van mijn moeder ten aanzien van haar persoonlijke verschijning had vroeger een ontwapenende excentriciteit. Nu maakt het haar slonzig en oud. Ik voel ineens de behoefte om haar te beschermen tegen onvriendelijke blikken. Dit is een nieuw gevoel voor me, en voor het eerst besef ik dat het evenwicht in onze relatie aan het verschuiven is en dat ik meer en meer verantwoordelijkheid op me zal moeten nemen. Ik begin het benauwd te krijgen bij dat vooruitzicht.

Mijn gevoelens voor mijn moeder zijn nogal duidelijk, omdat zij vrij ongecompliceerd is. Er is geen emotionele chantage. Geen passief-agressief gedrag. Geen kritiek op mijn ouderschap, buiten het onvermijdelijke ongeloof dat haar dochter haar carrière heeft laten schieten. Haar geloofssysteem is nauwelijks geëvolueerd sinds ik een klein meisje was en met de jaren zijn haar krachtige meningen geruststellend geworden in hun voorspelbaarheid. De meeste dateren uit een ander tijdperk. Haar geëmancipeerd-zijn heeft de vorm die Betty Friedan eraan gaf. Haar trouw aan de Labour-partij heeft meer te maken met Neil Kinnock dan met Tony Blair. Ik weet dat ze hoopte dat ik zou opgroeien met mijn kompas in dezelfde richting, maar niets heeft mij ooit zeker geleken. Ik vind het nog steeds te eenvoudig om het standpunt van de ander te begrijpen. Te veel in iets geloven lijkt bijna roekeloos. Haar angst dat ze door kinderen te krijgen aan het aanrecht gekluisterd zou worden en haar moeizaam verkregen vrijheden in gevaar zou brengen, betekende dat ze in onze kindertijd vaak van ons probeerde weg te lopen. Alsof alles in orde zou komen als ze maar bleef rennen. Ze was bang om toe te geven aan moederlijke neigingen, voor het geval die onweerstaanbaar zouden blijken. Fysiek was ze vaak wel aanwezig, maar haar geest was elders, meestal in een of ander boek. Mijn broer wijt zijn onvermogen om duurzame relaties aan te gaan aan deze emotionele afstandelijkheid.

'Je gedraagt je net alsof je in therapie bent als je je ouders de schuld geeft van je eigen tekortkomingen, in plaats van de verantwoordelijkheid te nemen voor je eigen lot,' heb ik hem tijdens onze meest recente discussie hierover gezegd, kort nadat hij zijn laatste relatie van twee jaar verbroken had.

'Als ik me gedraag alsof ik in therapie ben, komt dat misschien wel doordat ik in therapie bén,' antwoordde hij, omdat psychologen zowel moeten leren incasseren als uitdelen. Jij hebt gewoon nog niet het vereiste bewustzijnsniveau bereikt om je te realiseren dat onze jeugd afschuwelijk was.'

'Alle ouders hebben fouten,' zei ik hem. 'De volmaakte ouder bestaat niet. Ouders moeten hun best doen om goed genoeg te zijn.'

'Je hebt Winnicott gelezen,' zei hij beschuldigend.

'Ik weet niet waar je het over hebt,' zei ik.

'Dat is de theorie van Winnicott,' zei hij. 'De moeder die goed genoeg is... begint met een bijna volledige aanpassing aan de behoeften van haar zuigeling en in de loop der tijd past ze zich geleidelijk steeds minder volledig aan, al naargelang het groeiende vermogen van de zuigeling om met haar falen om te gaan.'

'Goed gezegd van Winnicott,' zei ik. 'Mensen zoals jij ondermijnen moeders. Jullie hebben een hiërarchische structuur geschapen waarin deskundigen bovenaan staan en ouders onderaan. Daarom werden die arme vrouwen in de gevangenis opgesloten, beschuldigd van de moord op hun baby's op basis van valse bewijzen van een wetenschapper die ze nooit hebben ontmoet. Het is de Guantánamo-aanpak van moeders: je bent schuldig tot je je onschuld kunt bewijzen.'

Nu wil ik niet zeggen dat mijn moeder geen feiten kent. Maar zelfs toen ik een tiener was, had ik alles met haar kunnen bespreken als ik dat had gewild. Ze veroordeelde niets en ze was praktisch. In ons gezin bleef weinig verborgen, in tegenstelling tot in dat van Tom, waar ik evenveel moeite moest doen om gesprekken te ontcijferen en blikken te interpreteren als iemand die voor het eerst in een Frans gastgezin terechtkomt; jaren later realiseerde ik me uiteindelijk dat ze vaak het tegengestelde zeiden van wat ze bedoelden. Wij hadden lange, lawaaiige discussies tot diep in de nacht, met halflege flessen wijn die de volgende ochtend pas werden opgeruimd. De meeste ruzies bleven onbeslist en vooral mijn moeder kon verbaal flink uithalen – mijn vader discussieert meer op grond van bewijs en minder op instinct –, maar in elk geval was alles bespreekbaar. Niets werd onderdrukt. Mijn broer is minder vergevingsgezind over onze kinderjaren, maar dat komt, denk ik, doordat ik weet waar vrouwen tegenop moeten boksen.

'Misschien wil je het zelf even proberen?' hoor ik Petra ineens op ijzige toon zeggen. Ze geeft de houten lepel aan mijn moeder

187

en zwaait ermee voor haar gezicht als was het een zwaard. Het glazuur op de lepel is net zo hard als de uitdrukking op Petra's gezicht. Ze maakt het bovenste knoopje van haar vest dicht. De gevechtslinies zijn getrokken.

Mijn moeder gaat een uitdaging nooit uit de weg en zet haar niet-onaanzienlijke spierkracht in om de witte massa in beweging te krijgen. Die verschuift een beetje en zij vindt gerechtigheid in die subtiele beweging, maar het is één grote komvormige massa, met de consistentie en de vorm van een vikinghelm. Als de wilskracht van mijn moeder het glazuur niet in beweging krijgt, moet er minstens een ijspriem aan te pas komen.

'Ik ga het doormidden snijden en de bovenste helft op de taart leggen,' zegt mijn moeder uitdagend en ze wijst naar de messenla. Ik trek hem open. Ik wil dat zij deze strijd wint, want ze heeft alles tegen. De messenla zit klem en is moeilijk open te krijgen, en áls ik hem eindelijk open krijg, zit er van alles in, behalve een scherp mes.

'Dat hebben we al sinds begin jaren tachtig niet meer in huis,' zegt mijn vader weinig behulpzaam met een blik op mij, en hij kijkt dan weer in zijn krant, zich niet bewust van het drama dat zich in zijn keuken afspeelt. Petra buigt zich over mijn schouder en tuurt in de la. Ik zie dat ze de inhoud ontleedt. Oude rekeningen, verweesde speelkaarten, kurken, plastic deksels, een uitgeknipt overlijdensbericht uit de *Guardian*, roestige spuitmonden in verschillende maten, stukjes touw in diverse kleuren, rijstkorrels, havermoutvlokken en andere niet te identificeren overblijfselen van jaren her. Buiten blaten de schapen luidruchtig, alsof ze de uitstalling bespreken. Ze voelen hoe de dramatische spanning zich opbouwt.

'Zal ik dat even voor je uitzoeken?' vraagt Petra gretig. Zonder op een antwoord te wachten haalt ze de la los en begint. 'Hoe moeten de kinderen de rendieren en de kerstman op het glazuur vastmaken? Het is keihard, niemand kan erdoor komen,' zegt ze terwijl ze efficiënt voorwerpen sorteert. 'Waarom laat je mij niet opnieuw beginnen?'

'Omdat ik het altijd op deze manier heb gedaan,' zegt mijn moeder vinnig.

Ik betwijfel of ze ooit glazuur heeft gemaakt en ik snap niet waarom ze de schijn op wil houden. Het is gewoon niet haar ding en beide vrouwen zouden gelukkiger zijn als Petra alles op zich nam wat met kerst te maken heeft.

'Zal ik beginnen met de aardappelen?' vraagt Petra, die op het moment de diplomatieke overhand heeft. 'Volgens mij zul je merken dat ze knapperiger worden als je ze met griesmeel bestrooit voordat je ze in de oven zet, in plaats van gewone bloem.'

Ze gaat naar de fruitschaal en ik weet al voor ze daar is aanbeland dat ze zich er niet van zal kunnen weerhouden de muffe appel die bovenop ligt in de prullenbak te gooien.

Mijn moeder gaat naar de provisiekamer achter in de keuken en ik volg haar op de voet.

'K staat voor Krengen,' sist ze woedend, en ik doe de deur dicht voor een kalmerend gesprekje.

'Dit is een moeilijke tijd voor ze,' leg ik uit. 'Hoe nerveuzer ze zijn, hoe meer ze opruimen. Probeer er maar van te genieten. Trek het je niet persoonlijk aan. Petra is trots op haar huishoudelijke talenten; ze vormen een integraal deel van haar zelfbeeld. Jij hebt een heleboel andere dingen in je leven, probeer haar dit te gunnen.'

'Dit is moeilijk voor me, dat ze hier allebei tegelijk zijn,' zegt zij, terwijl ze op een krukje gaat zitten en per ongeluk een muizenval laat dichtklappen met haar voet. 'Ik dacht dat ze wat rustiger zou zijn na haar beslissing om naar Marokko te gaan. Ik begrijp niet dat ze zoiets impulsiefs kan doen en zich toch nog druk kan maken over de dikte van taartglazuur.'

'Ze put troost uit de herhaling van die rituelen, net als jij telkens als je dat eerste college geeft over D.H. Lawrence en de gezichten van die eerstejaars ziet als je "kut" zegt,' zeg ik. 'Ik denk dat je wilt dat ze zich opwindt over dat glazuur omdat ze naar Marokko gaat verhuizen. Zodat ze aan je verwachtingen voldoet. Ik denk dat je boos bent omdat Petra zo laat in haar leven nog opbloeit en dat je haar daarom terug in haar hoek wil drijven. Ze heeft trouwens wel gelijk over dat glazuur.'

'Waarom zou ik jaloers zijn?' zegt ze. Ik ben verbaasd dat ze dat woord gebruikt, want ik had niet echt verwacht dat mijn moeder Petra zou kunnen benijden.

'Omdat ze voor het eerst sinds jij haar kent iets spannenders doet dan jij,' zeg ik. 'Je bent niet gewend dat zij alle aandacht trekt.'

Deze verklaring lijkt bevredigend en ik merk dat ze een ander gespreksonderwerp bedenkt.

'En, Lucy, wanneer ga je nou een baan zoeken?' vraag ze.

'Ik heb al een baan,' zeg ik. 'Voor kinderen zorgen is een baan.'

'Het is onbetaalde dwangarbeid,' zegt zij.

'Dat ben ik helemaal met je eens,' zeg ik. 'Maar ik zou denken dat jij, gezien je politieke voorkeuren, wel de laatste zou zijn die de waarde van een mens afmeet aan de inhoud van haar loonzakje. Dat ik toevallig geen geld verdien betekent niet dat wat ik doe geen waarde heeft.'

'Ik begrijp niet dat een dochter van mij ervoor kiest om huisvrouw te zijn,' zegt ze met vertrokken mond, alsof het woord een bittere smaak heeft.

'Mam, het probleem ligt in feite gedeeltelijk bij feministen zoals jij, omdat jullie het huiselijk leven alle waarde hebben ontnomen door te veel nadruk te leggen op het belang van betaald werk voor vrouwen,' zeg ik. 'Eigenlijk zijn jullie indirect verantwoordelijk voor de kloof die er tegenwoordig is tussen werkende en niet-werkende moeders.'

Ze kijkt een beetje geschrokken.

'Fred zit nu op de peuterschool. Dan moet je toch meer tijd hebben?' houdt ze vol.

'Maar dan zijn er de schoolvakanties,' zeg ik. 'Weet je hoeveel ik zou moeten verdienen om oppas te betalen?' Dat argument negeert ze.

'Ik bedoel: wanneer ga je iets doen waarbij je je hersens moet gebruiken?' vraagt ze.

'Dat is een andere vraag. Ik gebruik mijn hersens wel degelijk, alleen minder opvallend en meer zijdelings,' zeg ik. 'Hoe dan ook, ik heb niet zozeer mijn werk opgegeven, mijn werk heeft míj opgegeven. Als ik iets parttime kon vinden dat valt te combineren met kinderen, zou ik het doen.'

'Het is zo zonde!' zegt ze, met haar bekende hartstocht voor het onderwerp.

'Weet je dat moeders met kinderen die al meer dan vijf jaar niet deelnemen aan het arbeidsproces minder inzetbaar zijn dan immigranten uit Oost-Europa die geen Engels spreken?' zeg ik. 'Heb je dat vorige week niet gezien in de krant? Niemand wil ons werk geven, in elk geval niet het soort werk dat ik zou willen doen. Dat is nog eens een dilemma om met je feministische vriendinnen te bespreken in de kroeg.'

'Maar geeft het je voldoening, Lucy?' dringt ze aan. 'Vind je het bevredigend?'

Een van de aardigste karaktertrekken van mijn moeder is haar eindeloze nieuwsgierigheid naar wat mensen drijft, vooral als hun keuzes anders zijn dan de hare. Haar volhardende manier van vragen stellen kan kritisch lijken, vooral omdat ze een vrouw is met duidelijke ideeën, maar haar benadering heeft een kinderlijke onschuld, een onblusbaar verlangen om echt te begrijpen wat iemand beweegt.

'Aan het eind van de dag heb ik vaak het idee dat ik niets heb gedaan,' antwoord ik haar. 'Een succesvolle dag bestaat uit het handhaven van de status-quo. Dan ben ik erin geslaagd om drie kinderen zonder grote tegenslag van en naar school te krijgen. Ik heb drie maaltijden bereid, drie kinderen gewassen en ze allemaal een verhaaltje voorgelezen. Als ik dat vergelijk met wat ik vroeger deed klinkt het absurd, vooral omdat ik er niet beter in schijn te worden.'

'Maar jij gaat zo gemakkelijk om met je kinderen. Ik geloof niet dat ik dat ooit gehad heb,' zegt ze droefgeestig.

In mijn zak begint iets te piepen.

'Wat is dat?' vraagt mijn moeder argwanend.

'De Tamagotchi van Joe,' zeg ik en ik haal het elektronische huisdier van mijn zoon tevoorschijn. Ik druk op wat knopjes. 'Hij moet eten. Ik heb hem beloofd dat ik erop zou passen terwijl hij naar *The Sound of Music* kijkt.'

In de hoek van de provisiekamer zie ik iets groots bedekt met aluminiumfolie.

'Wat is dat?' vraag ik aan mijn moeder.

'O god, de kalkoen. Ik ben zo van slag door die vrouw dat ik vergeten ben hem in de oven te zetten,' zegt ze, en ze verwijdert het folie om een enorme kale vogel met loszittend vel te onthullen. De kleur en de structuur zijn hetzelfde als die van haar armen. 'Ze heeft weer gewonnen.'

'Waarom ga je zo'n concurrentiestrijd aan met Petra?' vraag ik verwonderd. 'Jouw culinaire rampen worden meestal luid geprezen. Niemand verwacht immers iets anders?'

'Het is moeilijk uit te leggen,' zegt ze. 'Ik denk dat ik mezelf aan haar afmeet en vind dat ik tekortschiet als huisvrouw. En dan vraag ik me af of ik het met mijn kinderen wel goed gedaan heb.'

'Natuurlijk wel,' zeg ik. 'We zijn niet meer dan gemiddeld gestoord. We zijn zelfs minder dan gemiddeld gestoord. Dat is een goed resultaat. Gemiddeld is goed. Dat voorkomt extremen.'

De deur gaat open en Mark komt binnen met een zakje chips. 'Ik voorzie een late lunch,' zegt hij.

'Nog meer kritiek,' zegt mijn moeder en ze stormt de keuken in met de kalkoen in haar armen.

Mark gaat op mijn moeders stoel zitten en trapt meteen op een andere muizenval.

'Shit. Dat doet pijn,' zegt hij, over zijn grote teen wrijvend. Hij draagt een paar handgebreide sokken die Petra voor hem heeft gemaakt voor kerst. De muizenval bungelt aan het uiteinde.

'Hoe is het met je, Lucy?' vraagt Mark. 'Ik heb nauwelijks tijd gehad om met je te praten. Je lijkt een beetje afwezig,' zegt hij en hij trekt zijn sok uit om over zijn teen te wrijven.

'Is dat je professionele oordeel?' vraag ik hem. 'Of probeer je gewoon de aandacht af te leiden om geen moeilijke vragen te hoeven beantwoorden over de afwezigheid van je vriendin en van kerstcadeaus?'

'Die zijn in Londen achtergebleven,' zegt hij schuldbewust.

'De cadeaus of de vriendin?' vraag ik.

'Allebei,' zegt hij. 'Maar niet op dezelfde plaats. En dat is van belang. Ik heb voor de jongens wat dingetjes gekocht bij het benzinestation. Hoe dan ook, laten we het niet over mij hebben.'

'Maar ik weet zeker dat jouw verhalen interessanter zijn dan de mijne,' zeg ik.

'Wil je dat ik je vertel wat ik van Joe denk?' vraagt hij ineens. 'Ik beloof je dat ik geen moeilijke vragen probeer te ontwijken. Ik dacht alleen dat je je daar misschien zorgen over maakt.'

'Dat is een van de vele dingen die me bezighouden,' zeg ik vertederd. Mark is altijd een goede en trouwe oom voor onze kinderen geweest. 'Zeg maar wat je ervan vindt.'

'Ik denk dat hij weliswaar een aantal neurotische neigingen vertoont, maar zonder veel van de herhalingen en rituelen die traditioneel bij een dwangstoornis horen,' zegt Mark.

'En al die angst bij *The Sound of Music* en dat krimpen dan?' vraag ik.

'Dat is een symptoom van ongerustheid, van een diepgewortelde wens dat dingen hetzelfde blijven, een verlangen naar voorspelbaarheid en routine in zijn leven,' zegt Mark. Hij is opgestaan en loopt de provisiekamer rond, waarbij hij deksels van bakjes opent en kijkt wat erin verborgen ligt. 'Dat krimpen is gecompliceerder. Ik denk dat het iets te maken heeft met een verlangen om zich terug te trekken uit de wereld naar een plek waar alles veilig en logisch is. Hij is een buitengewoon gevoelig kind. Uiteindelijk zal hij wel iets creatiefs gaan doen.'

'Je denkt niet dat het mijn schuld is? Dat mijn chaotische gedoe hem neurotisch heeft gemaakt?' vraag ik.

'Nee, je kunt beter te chaotisch zijn dan te beheerst,' zegt hij. 'Achter een angstig kind schuilt vaak een neurotische ouder. Hoe je een goede moeder bent, heeft te maken met de juiste dosis toewijding. Te weinig en het kind verkommert, te veel en het wordt verstikt.'

'Dus je denkt niet dat ik met hem naar iemand toe moet?' vraag ik.

'Ik denk dat je vooral moet aanvaarden dat hij de zoon van zijn vader is,' zegt hij.

Mark is bezig een bus rijst vol maden weg te gooien die hij op een plank heeft gevonden. Er piept weer iets in mijn zak en ik haal de Tamagotchi eruit. Maar die slaapt, dus haal ik mijn mobiel uit de zak van mijn spijkerbroek om naar mijn berichten te kijken, en ik zie tot mijn schrik dat er drie berichten van Robert Baars op staan, allemaal van veel vroeger op de ochtend.

'WIL SEKS. WAAR BEN JE?' zeggen ze alle drie.

Dit is niet echt een logisch vervolg op zijn toenadering in het aquarium. Ik laat van verbazing de telefoon vallen en die glijdt over de vettige vloer naar mijn broer.

'Maar goed dat mam deze rijst niet aan Petra heeft opgediend,' zegt hij en hij bukt zich om de telefoon op te rapen. Ik haast me ernaartoe, maar hij is me voor. Hij kan een blik op het scherm niet weerstaan en houdt de telefoon hoog in de lucht, profiterend van zijn grotere lengte. Privacy komt niet in Marks woordenboek voor. Als tiener moest ik mijn dagboek onder de vloerdelen van mijn slaapkamer verstoppen om te zorgen dat hij het niet las.

Zijn gezicht betrekt onmiddellijk. Hij tuurt naar het bericht en leest het nog eens, om zeker te weten dat hij het niet verkeerd begrepen heeft. Dan rommelt hij wat met de telefoon om te kijken wie de afzender is.

'Wie is GH in godsnaam?' vraagt hij.

'Weet ik niet,' zeg ik, niet overtuigend.

'Hij staat in je adresboek, anders zou zijn naam niet tevoorschijn komen,' zegt Mark en hij kijkt me wantrouwend aan.

'Als je het per se wilt weten: het betekent "Goddelijke Huisvader",' zeg ik verdedigend.

'Is hij van zo'n schoonmaakdienst waar mannen bij je thuis komen en naakt je huis opruimen?' vraagt Mark.

Dat is zo'n dwaas idee dat ik begin te lachen.

'Zie je daarom niets in het huwelijksleven in de buitenwijken?' vraag ik hem, en ik giechel zo hard dat ik mijn benen over elkaar moet houden.

En omdat ik zo nerveus ben over het bericht en de ontdekking ervan door mijn broer kan ik niet meer stoppen, en elke keer als ik serieus begin uit te leggen wat er aan de hand is, lach ik nog harder. Ik voel me ineens weer helemaal zijn kleine zusje, een gevoel dat tussen ons niet vaak meer voorkomt sinds ik de vrouw-met-man-en-kinderen ben geworden en hij met de ene na de andere date uitgaat, niet in staat om te beslissen met welke vriendin hij moet trouwen.

Dan gaat de telefoon en Mark laat hem op de vloer vallen. We staren er samen naar en ik pak hem op om de oproep te beantwoorden.

'Lucy, met mij,' zegt Robert Baars. 'Hoor eens, het spijt me verschrikkelijk, ik wilde die berichten naar mijn vrouw sturen maar ik moet per ongeluk jouw nummer hebben ingevoerd. Ik hoop niet dat je dacht dat, eh…' sputtert hij.

Ik probeer niet al te opgelucht te klinken en zeg: 'Om eerlijk te zijn geef ik de voorkeur aan een subtielere aanpak.' Meer gesputter. 'Je zult wel in mijn gedachten zijn,' lacht hij zwakjes. Hij heeft gelijk. Ik kan er niets aan doen dat ik me gevleid voel. Dan valt de lijn stil. 'Hallo, hallo, ben je er nog?'

'Wie heb je aan de telefoon?' hoor ik zijn vrouw zeggen. 'Wie heb je in gedachten? Je kunt het me net zo goed vertellen, ik hoef toch alleen maar in je telefoon te kijken.' De verbinding wordt verbroken. Ik heb weinig tijd om na te denken over de implicaties van deze onderbreking, omdat mijn broer op me neerkijkt met zijn handen in zijn zij.

'Heb jij iets met een ander?' vraagt Mark.

Toen we jonger waren varieerde mijn broers houding ten opzichte van mijn vriendjes van laatdunkend, als de flirt onbeantwoord bleef, tot onopvallend beschermend als ik een nieuwe relatie had. Hij ging er in principe van uit dat alle mannen net zo willekeurig promiscue waren als hij.

'Het komt doordat mijn moeder een feministe is en we te veel au pairs hadden om mee te slapen. Ik ben bezig met een oedipale wraakoefening,' zei hij altijd. 'En Lucy, vergeet niet dat mannen wel een vlotte babbel kunnen hebben, maar die niet noodzakelijkerwijs waarmaken.'

En dan maak ik, tegen beter weten in, ruimte op de vensterbank door lege koffieblikken en vieze oude melkflessen opzij te schuiven en ga zitten om Mark het hele verhaal van Robert Baars te vertellen. De onschuldige flirt die uitliep op een lauwe toenaderingspoging tijdens een schoolreisje. Ik hoor zelf hoe belachelijk het allemaal klinkt als ik het van begin tot eind vertel. Hij onderbreekt me niet en kijkt me aandachtig aan.

'Het is niet echt belangrijk,' zeg ik. 'Er is niets gebeurd.'

'Vind je hem aantrekkelijk?' vraagt hij.

'Ja, abstract gezien,' geef ik omzichtig toe.

'Dan is het wel belangrijk, want hij vindt jou duidelijk leuk.'

'Denk je dat echt?'

'Wees niet zo naïef, Lucy. Als je iets anders gelooft, is dat grootschalig zelfbedrog. Je houdt jezelf voor de gek als je een situatie toestaat waarin een verhouding kan opbloeien. Eerlijk gezegd sta ik daar echt van te kijken.'

'Denk je dat ik een midlifecrisis heb?' vraag ik hem. 'Ik dacht dat alleen mannen die hadden.'

'Nee,' lacht hij. 'Je hebt je van Tom losgemaakt en in plaats van die kortsluiting te repareren, ben je op zoek naar een nieuwe band met iemand anders. Maar je zult de antwoorden niet bij deze man vinden. Die zitten in jezelf.'

'Kan ik niet een heel korte verhouding hebben en het dan allemaal achter me laten?' vraag ik hem.

'Vrouwen zijn daar vrij slecht in,' zegt hij. 'En ik bedoel niet dat dat een negatieve eigenschap is. Het onvermogen van vrouwen om emoties en seks van elkaar te scheiden is geen zwakte, maar een kracht. Het zorgt voor binding en wederzijds begrip. Ik heb nooit begrepen waarom vrouwen scharrels voor één nacht en het vermogen om gigantische hoeveelheden alcohol te consumeren als een teken van maatschappelijke vooruitgang beschouwen. Wat is er positief aan om dingen over te nemen die meestal met mannen geassocieerd worden? Mannen zouden beter meer op vrouwen kunnen gaan lijken. En dat zeg ik als iemand die dat als bijzonder moeilijk heeft ervaren.'

'Wat moet ik dan doen?' vraag ik.

'Het aan Tom vertellen,' zegt hij. 'Door andere mensen in je fantasie toe te laten, verklein je de mogelijkheid dat je die verwezenlijkt. En als jij het hem niet vertelt, doe ik het. Jullie mogen dan heel verschillend zijn, maar jullie relatie functioneert in het algemeen goed en het leven draait om veel meer dan genoegens op de korte termijn, vooral nu jullie kinderen hebben. Daarom zijn wij allemaal zo ongelukkig. Wij zijn onophoudelijk op zoek naar de snelle kick, een paar lijntjes coke om een feestje op te leuken, een snelle wip met een getrouwde vrouw.

Maar dat maakt ons los van wie we zijn. Het vernietigt onze geest in plaats van die te verlichten. Weet jij wat de grootste groeimarkt is in mijn branche? Het behandelen van puberjongens die zoveel tijd hebben doorgebracht met op internet naar porno surfen dat ze absoluut niet in staat zijn om met vrouwen om te gaan, seksueel of emotioneel. Als je soms dacht dat de mannen van jouw generatie gestoord zijn, dan moet je eens naar die kinderen kijken. Met *Playboy* opgroeien was heilige onschuld.'

'Ik begrijp niet echt wat dat met mij te maken heeft,' zeg ik aarzelend. Ik ben geschrokken door de tirade van Mark, niet vanwege de inhoud, maar vanwege het feit dat hij meestal afstand neemt van alles wat kan worden opgevat als een geloofsovertuiging uit angst om te klinken als mijn moeder. 'Hoor eens, ik probeer wel uit zijn buurt te blijven.'

'Wat ik probeer te zeggen is dat jij je lot in eigen hand moet nemen, Lucy. Dat is een van je slechtste trekken: dingen om je heen laten gebeuren alsof jij niet betrokken bent bij het resultaat.'

'Daarom eet ik ook zoveel,' zeg ik. 'Hoe meer ik eet, hoe dikker ik word, en dan wordt het onmogelijk om met iemand een verhouding te hebben.'

'Dat is niet helemaal wat ik bedoel,' zegt hij. 'Maar het kan worden opgevat als een kleine stap in de goede richting.'

Mijn telefoon piept weer. Hij kijkt er met hernieuwd wantrouwen naar, maar deze keer is het een bericht van Emma om Tom en mij uit te nodigen om bij haar en Guy te komen eten in hun nieuwe huis. Ze zegt dat Guy vandaag eindelijk heeft toegestemd omdat hij zich zo schuldig voelde dat hij met de kerst geen tijd voor haar kon maken.

'Het is Emma,' zeg ik. 'Ze wil ons aan haar nieuwe vriend voorstellen.' Mark kijkt geïnteresseerd.

'Een serieuze relatie?' vraagt hij bedenkelijk. 'Ik dacht dat Emma er gespecialiseerd in was emoties op afstand te houden.'

'Ze wonen samen,' zeg ik verdedigend.

'Maar waarom heb je hem dan nog niet ontmoet?' vraagt hij. Hij grijnst veelbetekenend. 'Hij is getrouwd, hè? Dat zat er altijd al in, dat ze iemand zou vinden die ze onmogelijk kon krijgen.'

'Ik geloof anders dat hij erg gek op haar is,' zeg ik en ik begin over iets anders omdat het onderwerp Emma bij mijn broer zo gevoelig ligt. 'Mam vindt dat ik weer moet gaan werken.'

'Dat is geen wondermiddel voor het menselijk tekort,' zegt hij. 'Wat heeft je gezin eraan als jij in Irak op een verhaal gaat jagen?'

'Of als ik in Londen moest blijven en jaloers was op mijn collega's die zomaar naar het buitenland kunnen vertrekken: maar misschien zou ik me dan meer betrokken voelen bij het grote geheel.'

'Het menselijk bestaan is de som van onze relaties. We willen ons allemaal aan mensen binden,' zegt hij. 'En we houden nooit op met mensen leuk vinden. Kijk maar naar Petra. Zij krijgt straks meer seks dan wij allemaal en zij is in de zestig, of "sekstig", zoals dat heet in het Viagra-tijdperk.'

'Begin daar nou niet over,' smeek ik hem.

De deur gaat open en Tom kijkt voorzichtig om het hoekje. 'Beetje jammer om helemaal hierheen te komen en dan al je tijd in de provisiekamer door te brengen,' zegt hij. 'Ik zoek een paar kippen. We hebben besloten de kalkoen te laten zitten, die eten we morgen.' Ik pak mijn mobiel van de vensterbank en stop hem diep in mijn achterzak, met het vaste plan om zodra ik even tijd heb die berichten te verwijderen.

Later op de avond lig ik naast Tom in bed, vervuld van goede voornemens om hem te vertellen wat ik Mark verteld heb. We liggen de boeken te lezen die we elkaar voor kerst hebben gegeven. Voor hem: Alain de Botton over architectuur. Voor haar: een biografie van Mrs. Beeton door Kathryn Hughes. En raad eens: Mrs. Beeton blijkt net zo'n namaakhuisvrouw te zijn als ik. Ik wilde dat ik dit aan Petra cadeau had gegeven.

Het is zo koud dat ik het bovenste knoopje van mijn Schots geruite pyjama dicht heb gedaan. We hebben allebei dikke fleecetruien aan en Tom draagt sokken die zijn moeder heeft gebreid. Hij is zo slim geweest om boeken onder de poten aan het hoofdeinde van het bed te stapelen en voor het eerst kijken we niet omhoog naar onze voeten, maar omlaag.

De kinderen liggen in hun kamer te slapen in een nest van dekbedden, met hun lievelingscadeaus om zich heen. Joe knelt zijn vingerverfdoos in zijn armen. Ik draai me om naar Tom en haal diep adem, maar hij steekt zijn hand op om te laten zien dat hij eerst iets wil zeggen. Hij stopt zorgvuldig een boekenlegger tussen de bladzijden van zijn boek en legt het midden op het nachtkastje, heen en weer schuivend tot het precies in het midden ligt. Ik leg het mijne op mijn schoot en hij trekt een pijnlijk gezicht.

'Zo breek je de rug,' zegt hij vriendelijk. Hij pakt Mrs. Beeton op en legt de voorflap van het omslag voorzichtig bij het einde van het tweede hoofdstuk.

'Ik weet wat je gaat zeggen,' zegt hij. 'En ik neem het mezelf kwalijk. Ik word helemaal in beslag genomen door mijn bibliotheek. Geobsedeerd zelfs. Ik vergeet dat voor kinderen zorgen nog zwaarder is dan werken omdat je niet de luxe hebt je op een enkel onderwerp te concentreren. Ik weet ook dat mijn dwangmatige behoefte aan orde en netheid irritant is, maar als ik mijn moeder zie, weet ik dat er geen hoop is dat ik ooit zal veranderen. Het is mijn genetische lotsbestemming. Je broer zegt dat er geen onderscheid is tussen de persoonlijkheid van mijn gebouwen en mijn innerlijke geest. Let wel: het is beter dan getrouwd zijn met een minimalist zoals John Pawson.'

'Maar zo ben je altijd geweest,' zeg ik. 'Zelfs toen je zolders verbouwde ging je altijd helemaal op in je werk. Jij bent dezelfde man als toen ik met je trouwde. Het probleem zal wel bij mij liggen.'

'We hebben gewoon meer tijd met ons tweeën nodig,' zegt hij. 'Het kost moeite om niet bezeten te raken van die bibliotheek. Het is het meest prestigieuze project waar ik ooit aan meegewerkt heb en het beheerst mijn leven. Alles wat me ervan afleidt, heeft me geërgerd.'

Ik besef dat hij echt nergens van weet. Tom denkt dat het allemaal aan hem ligt – een nobel sentiment in die zin dat hij niet probeert de verantwoordelijkheid voor de situatie af te schuiven. En hij probeert niet mij de schuld te geven. Maar hij zoekt ook niet buiten zichzelf naar antwoorden en dat irriteert me. Hij scheert alleen over de oppervlakte, schuurt een probleem lichtjes op, maar ik heb iemand nodig die mijn emoties afschaaft, elke laag afpelt tot de kern blootligt.

Voordat ik de kans krijg om hem uit te leggen dat hij het mis heeft, dat ik mijn balans kwijt ben, dat ik kan zien waar ik vandaan kom maar niet waar ik heen ga, en dat ik hem nodig heb om me te helpen mijn evenwicht te hervinden, haalt hij een cadeautje onder zijn kussen vandaan en overhandigt het me met een glimlach. Ik trek een naar ik hoop verrukt en verrast gezicht en maak het open, in afwachting van de ketting. Maar nee, het is een elastische onderbroek. Ik vouw hem open. Het slipje heeft de kleur en de structuur van worstvel en vervult waarschijnlijk dezelfde functie. Er zit een groot gat op de plaats van het kruis om te plassen.

'Ik heb ze in Milaan gekocht,' zegt hij trots. 'De winkeljuffrouw zei dat zelfs Gwyneth Paltrow ze draagt. Ze strijken elk bobbeltje glad.'

Ik kreun hardop en zink onder het dekbed.

'Ik heb nog iets voor je,' zegt hij, met zijn hoofd onder het dekbed om mij het bekende roomkleurige doosje te geven. 'Ik heb gewacht op het juiste moment om het je te geven. Ik heb het in Milaan laten maken.'

Ik maak het doosje open en omhels hem snel, want het is moeilijk om te doen alsof ik de ketting nog nooit heb gezien. We hebben zoveel kleren aan dat we als we ons aan elkaar vastklampen alleen lagen fleece tussen onze vingers houden. Door de krachtige beweging schiet het bed van de stapels boeken en komt met een klap op de grond terecht. Het zou fijn zijn om seks te hebben. Maar soms is het gewoon te koud. Morgen eten we kalkoen. Morgen draag ik mijn nieuwe ketting. Morgen vertel ik Tom over Robert Baars.

13

De weg naar de hel is geplaveid met goede voornemens.

Terug in London maakt het oude jaar plaats voor het nieuwe.
De feestelijkheden glijden voorbij. Ik vind dat er in deze tijd
van het jaar weinig is om je aan vast te houden, en maak een
paar goede voornemens om wat structuur aan te brengen in de
onzekerheid die zich voor me uitstrekt. Ik kan maar niet begrijpen waarom mensen het begin van een nieuw jaar willen vieren. Hoe weten ze zo zeker dat wat er komen gaat beter is dan
wat er is geweest? Na je dertigste vereist het nogal wat lef om
aan te nemen dat de toekomst meer belofte in zich houdt dan
het verleden. Er kan immers veel meer fout gaan dan goed?
Tegen het eind van dit jaar is de aarde nog verder opgewarmd.
Meer kans op een vogelgriepepidemie. Meer doden in Irak.
Meer kans dat ik een verhouding krijg met Robert Baars en zo
mijn huwelijk onherroepelijk beschadig en mijn kinderen
levenslang therapierekeningen bezorg om mij daarvan de
schuld te geven.

Om hier weerstand aan te bieden heb ik besloten dit jaar eindelijk bij anderen respect in te boezemen. Zo ga ik de gevoelens
die me beheersen overwinnen en orde in mijn leven scheppen.
Tegen het eind van het jaar zullen creditcardschulden, een
beschimmelde auto en al het andere dat op huishoudelijke slon-
zigheid wijst een vage herinnering zijn.

Toen ik vanmorgen om vijf uur wakker werd, was ik ondanks
al mijn goede voornemens uitgelaten bij het vooruitzicht van
mijn weerzien met Robert Baars, na een onderbreking van drie
weken kerstvakantie. Ik bedacht wat ik aan kon doen voor de
schoolrit – een catwalk met moeders in jeans en verschillend
gekleurde topjes – in het besef dat ik uiteindelijk mijn kleren

van gisteren aan zou trekken, want een kleerkastcrisis op een gewone schooldag is een onmogelijke luxe.

Ik geniet van een paar van mijn lievelingsfantasieën, voornamelijk over gekleed gefriemel in donkere straatjes in de buurt van Greek Street, en ik bezweer dat het de laatste keer is dat ik me in gedachten zover laat gaan. Ik rechtvaardig mijn uitspatting met de gedachte dat het 's avonds binnenkort veel te licht zal zijn om zoiets echt te doen. Omwille van het respect inboezemen dwing ik mezelf ook een paar neutrale gespreksonderwerpen te bedenken, voor het geval dát, te beginnen met de verdwijning van Groenland en eindigend met de voordelen van Poolse au pairs ten opzichte van andere nationaliteiten. Niet dat we ruimte hebben voor een au pair, maar het is een goed onderwerp om iets over te kunnen zeggen.

Toen Tom wakker werd, bood hij echter aan om de kinderen naar school te brengen. Ik moest heel veel moeite doen om mijn teleurstelling te verbergen.

'Ik dacht dat je daar blij om zou zijn,' zei hij.

'Ja, geweldig, reusachtig behulpzaam,' zei ik, niet overtuigend.

'Echt, soms zijn vrouwen onbegrijpelijk,' zei hij bij het opstaan. Hij bekeek de stapel kleren op de grond met een wantrouwige blik. 'Opgetut naar school?' vroeg hij retorisch. 'Word je een Yammie Mammie? Of is er iemand op wie je indruk wilt maken?'

'Ik word een moeder die respect inboezemt,' zei ik.

'Word alsjeblieft niet neurotisch,' smeekte hij.

Ik heb Tom mijn dweperij nog niet opgebiecht, al heb ik Mark verteld van wel, zodat ik me voel alsof ik het bijna gedaan heb. Ik wil liever niet denken dat ik tegen mijn broer lieg, maar dat de waarheid zichzelf nog niet heeft ingehaald, alsof die in een andere tijdzone woont, een paar uur voor de mijne. Tenslotte komt hij ook nooit met een probleem bij mij voordat hij al het plezier ervan heeft geoogst. Ik besluit om het later deze week aan Tom te vertellen.

Ik vraag me af of Supermoeder zich met zo'n hartstochtelijke overgave zou laten gaan. Zij zou ongetwijfeld de zelfdiscipline hebben om de fantasie te beheersen, haar in een doosje op te sluiten in een van die keurige keukenlaatjes, naast die met 'kaarten voor elke gelegenheid'. Van sommige vrouwen kun je je gemakkelijk voorstellen dat ze met een heleboel mensen seks bedrijven. Neem bijvoorbeeld Yammie Mammie nr. 1. Ook al heb ik haar man nooit ontmoet, ik kan me heel goed voorstellen hoe zij in een innige omhelzing met haar personal trainer enthousiast de uitdaging aangaat van seksuele standjes die de atletische vaardigheden van een twintigjarige vereisen. Ik kan me haar zelfs verstrengeld met haar kinderjuffrouw voorstellen, of met Tom, nu ik erover nadenk. Supermoeder is een moeilijker geval, omdat obsessies met reinheid, netheid en bacteriën minder aardse bezigheden zijn.

Ik roep mezelf tot de orde door me mijn goede voornemens te herinneren: 1) zo'n moeder worden aan wie men advies vraagt over educatieve onderwerpen (speciale scholen in Noord-Londen); 2) geen details meer vergeten, zoals de kinderen uit school halen; en 3) regelmatig ontharen met speciale aandacht voor het epileren en kleuren van wenkbrauwen.

Tom was blij met de eerste twee voornemens toen ik hem later op de avond mijn strategie voorlegde, maar van het laatste was hij minder gecharmeerd.

'Ik snap niet hoe dat verschil kan maken,' zei hij. Ik liet hem een foto van Fiona Bruce zien die ik uit een tijdschrift had gescheurd.

'Het zit 'm allemaal in de wenkbrauwen,' vertelde ik hem. 'Als ik er zo uitzag, zouden mensen me echt serieus nemen. En ik zou mezelf serieuzer nemen.'

Hij keek twijfelachtig. Ik hield mijn mond over voornemen nummer 4: geen ongepaste gedachten meer over Robert Baars (al verbroken) en alleen-zijn met hem vermijden.

Ik besluit me in eerste instantie op het derde voornemen te concentreren. Nadat ik Fred op de peuterschool heb afgezet, koop ik bij een drogist een basiskit voor het kleuren van wenkbrauwen.

'Kan er iets mee verkeerd gaan?' vraag ik aan het meisje achter de kassa.

'Niet als u de instructies opvolgt,' zegt ze loom, terwijl ze haar tijdschrift dichtslaat om me aan te kijken. MIJN MOEDER SLIEP MET MIJN VRIENDJE, IK ONTDEKTE DAT MIJN BROER MIJN VADER WAS, MIJN VADER VERTROK MET MIJN ZUS, zeiden de koppen op het omslag. Gewone buitenechtelijke verhoudingen zijn zo passé.

'Vind je die dingen leuk om te lezen?' vraag ik haar met belangstelling.

'Ik blader alleen maar,' zegt ze en ze priegelt aan haar navelring. Haar buik is niet echt een pluspunt en ik vraag me af waarom ze de ontluikende omvang ervan zo heeft willen benadrukken. 'Behalve als het echt raar is.'

Ik weerhoud me ervan haar te vragen wat zij 'echt raar' vindt.

'Heb je ooit iets gelezen over mensen die schade oplopen door verkeerd gebruikte wenkbrauwverf?'

'Nooit,' verklaart ze met klem.

Als Fred dus onderweg naar huis na de lunch in slaap valt in de buggy en ik een uur overheb voordat ik de andere jongens moet gaan halen, besluit ik het wenkbrauwexperiment uit te voeren. Ik ren naar boven om de vergrotende spiegel te halen die Tom altijd gebruikt om zich te scheren. Ik staar naar mijn gezicht als iemand die net aan haar ogen geopereerd is en zichzelf voor het eerst in jaren duidelijk ziet.

Elk foutje wordt belicht. De kraaienpootjes rond mijn ogen hebben zich verdiept tot kanalen die op een dag de tranen langs de zijkant van mijn gezicht zullen leiden. Nieuwe geulen hebben zich geopend, sommige in curieuze kriskraspatronen met verticale lijnen. Ik probeer een paar grimassen om te zien welke gezichtsuitdrukking die kan hebben veroorzaakt. Uiteindelijk kom ik uit op een onwaarschijnlijke combinatie met mijn mond wijd open en mijn ogen tot piepkleine spleetjes toegeknepen. Het bestaat niet dat ik regelmatig onbewust zo'n gezicht trek, behalve misschien in mijn slaap.

Mijn neus lijkt scherper en puntiger. Die groeit zeker door, en ik probeer me voor te stellen hoe ik er dan over twintig jaar uit zal zien. De huid van mijn nek ziet er een beetje geplooid uit. Het duurt nog wel even voor ik een hagedis word. Of mijn moeder. Op mijn kin heb ik een klein pukkeltje. Welke vloek zorgt ervoor dat vrouwen van in de dertig puberpukkels krijgen? Welk giftig hormonenmengsel is de aanstichter van dat verraad? Maar goed, een mooi stel wenkbrauwen zal dat allemaal compenseren en de aandacht afleiden van mijn gebreken, net als een fraaie open haard in een kamer met afbladderende muren. Dan ontdek ik dat ik de gebruiksaanwijzing kwijt ben.

Ik laat me niet uit het veld slaan en besluit gewoon door te gaan. Het ziet er niet al te ingewikkeld uit. Overal ter wereld doen vrouwen dit dagelijks. Ik meng de verf en de waterstofperoxide, met evenveel plezier als iemand die op de middelbare school een scheikundeproef uitvoert. De simpele handelingen geven me het gevoel dat ik mijn leven alweer onder controle heb. Ik smeer de verf op mijn wenkbrauwen en wacht tot de cosmetische alchemie plaatsvindt. Als er na vijf minuten nog niets gebeurt, besluit ik beide wenkbrauwen opnieuw te verven.

Dan zoek ik het huis door naar een pincet, klaar voor het tweede deel van de procedure. Ik lig plat op de grond in de slaapkamer, tuur onder het bed en schop afgewezen broeken van vanmorgen opzij, en ja hoor: daar ligt het pincet. En de dobbelsteen van het ganzenbordspel. En een creditcard. Dit wijst op positieve veranderingen in mijn leven, bedenk ik. Dan zie ik Toms konijnenwekker. Het is al drie uur geweest en om op tijd op school te zijn moet ik het grootste deel van de weg rennen.

Ik begin op een drafje met Fred in de buggy en vraag me af hoe goede voornemens zo snel kunnen samenspannen om te verhinderen dat de natuur zijn beloop krijgt. We zijn bijna bij school als Fred wakker wordt. Hij werpt één blik op mij en krimpt luid krijsend ineen in zijn wagentje. Ik blijf even staan om een pakje zonnebloempitten uit mijn zak te halen – gezonde tussendoortjes horen bij mijn Grote Sprong Voorwaarts. Mijn handen zijn glad van het zweet en het pakje is moeilijk open te krijgen. Wanneer ik het ten slotte openscheur met mijn tanden, rollen de pitten over het trottoir. Ik maak troostende geluidjes – hoop ik tenminste – om een van die weerspannige buien af te wenden die een bijna-driejarige na een middagslaapje kunnen overvallen als je niet meer dan een halfvol pakje zonnebloempitten hebt om hem te laten glimlachen.

Hij gooit ze boos op de grond. Ouders die hun kinderen al hebben opgehaald, staren naar ons als ik bij Fred neerhurk in een poging hem te troosten. De gezichtsuitdrukkingen variëren van meelevende glimlachjes tot nauwelijks verborgen afkeuring, afhankelijk van het aantal uren dat zij worden blootgesteld aan hun kinderen; de moeders met het meeste personeel vallen in de laatste categorie.

'Harige monsters,' roept hij, en ik neem aan dat hij een nare droom heeft gehad over het nummer van David Bowie waar Joe zo bang van werd met kerst.

'Er zijn geen harige monsters,' zeg ik herhaaldelijk, maar hij blijft naar mijn gezicht wijzen. Iemand tikt op mijn schouder en ik weet al voor ik omkijk dat het Robert Baars is, want ook al zit Fred midden in een driftbui, ik voel een rilling door mijn lichaam trekken en ergens in mijn kruis landen.

Ik probeer me te herinneren wat Mark me verteld heeft over woelmuizen. De prairiewoelmuis is monogaam en kiest een partner voor het leven. De weidewoelmuis daarentegen heeft vele partners. Partners paren en gaan huns weegs. Maar het enige echte verschil tussen beide is hormonaal.

'Jij bent een prairiemuis, Lucy,' zei Mark. 'Ik ben een weidemuis.'

'Maar ik kan wel meevoelen met de weidemuis,' zei ik.

'Dat betekent nog niet dat je iets met die gevoelens moet doen,' zei hij. 'Jij denkt misschien dat je alleen maar een gewoon gesprek hebt met die Goddelijke Huisvader, maar er vindt een ingewikkeld chemisch proces plaats in je lichaam, en als jij het gevoel hebt dat er een klik is, dan is dat waarschijnlijk ook zo. Het is wetenschappelijk bewezen dat we aangetrokken worden door mensen met een bepaald stel genen, voornamelijk door onze reukzin. Partners met verschillende genen produceren gezondere jongen. Dat is nou seksuele chemie. Ben jij aan de pil?'

'Eh... nou nee,' zei ik, onzeker over de richting van het gesprek.

'Mooi, want vrouwen die aan de pil zijn hebben het tegengestelde instinct en kiezen partners die genetisch niet geschikt zijn,' zei hij. 'Maar dat terzijde. Wat ik eigenlijk wil zeggen is dat er waarschijnlijk inderdaad een aantrekkingskracht bestaat als jullie elkaar aantrekkelijk vinden. Tijdens intieme gesprekken komen er hormonen vrij die een gevoel van verbondenheid met iemand scheppen. Er is zelfs empirisch bewijs dat je iemand aantrekkelijker gaat vinden naarmate je hem of haar vaker in de ogen kijkt. Je moet er dus allereerst mee ophouden met die man te kletsen, om te zorgen dat de biochemie van de liefde niet in werking kan treden. En als je dat niet kunt, moet je je rationele zelf erop wijzen dat je de wilskracht hebt om die grens niet te overschrijden.'

'Waar ligt die grens?' vroeg ik hem.

'Dat weet je als je moet beslissen of je hem wilt overschrijden. Maar ik zou je aanraden om nu meteen een stap terug te doen, voor je die grens bereikt.'

'Gelukkig Nieuwjaar, Lucy. Leuke kerst gehad?' vraagt Robert Baars jolig. Ik schrik op.

'Ik ben een prairiemuis, ik ben een prairiemuis,' fluister ik tegen mezelf, tussen Freds uithalen door. Het is een lastig dilemma. Als ik hem uit zijn buggy haal, stort hij zich waarschijnlijk languit op de stoep en wordt een dood gewicht, een geheim wapen dat peuters inzetten als ze hun zin niet krijgen. Ik besluit mijn eigen geheime wapen in te zetten en trek een pakje chocobeertjes uit mijn jaszak. Het huilen wordt meteen minder.

'Zei jij nou net dat je een prairiemuis bent, Lucy?' vraagt Robert Baars met een afkeurende blik op de beertjes. Hij is beslist meer van de zonnepitten. Wat hem tot een weidemuis bestempelt, want op de prairie groeien geen zonnebloemen.

'Dat vindt Fred rustgevend,' vertel ik hem.

Ik draai me naar hem om, maar probeer nog steeds om oogcontact te vermijden. Ik breek voornemen nummer 4 niet, want ik heb Fred bij me, maar ik voel me onmiddellijk schuldig dat mijn jongste zonder het te beseffen als chaperonne fungeert.

'Ja, scholen geregeld voor Sam en zo, alles in orde maken. De gewone dingen,' zeg ik met overtuiging. Dit is zo moeilijk niet.

'O mijn god,' zegt hij zonder op mijn woorden te letten. 'Waar zijn die uit ontsnapt?' Zijn gezicht komt zo dicht bij het mijne dat ik zijn adem warm tegen mijn wang voel, een niet onaangenaam mengsel van koffie en pepermunt. Ik vraag me vluchtig af of dit Het Moment kan zijn, ondanks de aanwezigheid van tientallen ouders en Fred. In plaats van mijn rationele verstand in te schakelen lijk ik nog troebelere diepten van mijn onderbewustzijn te hebben aangeboord. Dat krijg je ervan als je te veel met psychologen praat.

Vanuit de vagere regionen van mijn geheugen dringt een onverstandig hartstochtelijk incident van jaren geleden zich naar voren, in verbijsterende details. Maar het zijn niet de details van wat er gebeurde maar de schuldgevoelens die het veroorzaakte die mijn maag omklemmen. En dan voel ik me nog berouwvoller, want die laatste onverstandige hartstocht was echt verdorven, omdat er een getrouwde man bij betrokken was en ik dacht dat ik de herinnering had verbannen naar een deel van mijn brein waar ik nooit meer zou komen.

Kort voordat ik met Tom trouwde, ergens in de winter van 1995, net voor het eind van de Balkanoorlog, stond ik samen met de collega die mij onbewust getroost had na de ontrouw van Tom op een taxi naar huis te wachten, in de vroege ochtenduren na een lange nacht bij *Newsnight*. We spraken nooit meer over onze uitspatting van het jaar daarvoor en hoewel we nog altijd met flirterig enthousiasme om elkaar heen draaiden, was het minder oprecht dan eerst, omdat we wisten dat we het niet nog eens moesten doen, anders zou het een gewoonte kunnen worden. Bovendien waren onze collega's minder toegeeflijk ten aanzien van dergelijke slippertjes nu hij pas getrouwd was en ik over enkele maanden zou trouwen.

Ik kwam terug van twee weken filmen in Sarajevo. Ik wist dat hij me had gemist, want telkens als ik belde wilde hij de details bespreken van de tijd waarop ik mijn satellietverbinding had ingesteld, of ik eraan had gedacht om mijn door de BBC voorgeschreven kogelvrije vest en helm te dragen, wat niet het geval was omdat er een flap aan zat, ontworpen om de mannelijke anatomie te beschermen, zodat ik er als een pinguïn in rondliep.

Die nacht werden we allemaal erger dronken dan anders na een programma. Er was een foutje opgetreden in de verbinding met de Verenigde Staten en de presentator moest ongeveer dertig seconden improviseren voordat we dat weer in orde hadden. Iain Duncan Smith had in de studio vragen beantwoord over Srebrenica en hij bleef na afloop altijd graag tot in de kleine uurtjes drinken in de green room. En ik was blij dat ik weer in Londen was omdat ik over vier maanden ging trouwen en op zoek moest naar iets om aan te trekken.

'Kan ik meerijden met jouw taxi?' vroeg de collega. Ik moet hebben geaarzeld, want hij voegde eraan toe: 'Ik ga wel voorin zitten voor het geval je me niet kunt weerstaan.' Ik glimlachte. Op de een of andere manier stelde zijn stilzwijgende verwijzing naar het gebeuren me gerust. Hij zorgde ervoor dat het idee belachelijk klonk. Toen stapte hij achter in de auto.

We reden door de achterstraten van Shepherd's Bush naar mijn flat. Voordat we bij Uxbridge Road kwamen, was zijn hand naar de mijne gekropen, totdat hij er zachtjes over streelde met zijn middelvinger. Ik wist dat ik verder bij hem vandaan moest gaan zitten, maar elk zenuwuiteinde in mijn hand verlangde naar meer aandacht en mijn wilskracht ebde weg totdat ik het gevoel had dat alles om die kleine beweging draaide.

'Ga mee naar mijn flat, Lucy,' fluisterde hij in mijn oor.

'En je vrouw dan?' hoorde ik mezelf zeggen.

'Die is er niet,' zei hij. Toen begonnen we te zoenen, als tieners rommelend achter in de taxi, zijn knie tussen mijn benen, zijn hand steeds verder in mijn broek. Ik probeerde hem weg te duwen toen ik zag dat de taxichauffeur – die bij dit bedrijf indertijd allemaal Bosnisch of Servisch waren – via de spiegel het schouwspel zat gade te slaan. Maar ik kon de verleiding onmogelijk weerstaan en stond mezelf toe van het moment te genieten.

'Gaan we ergens anders heen?' vroeg de taxichauffeur met een zwaar accent.

'Ja,' zei ik en ik citeerde zijn adres uit mijn hoofd. We brachten samen de nacht door. Kort daarop schreef hij zijn eerste filmscript en verliet *Newsnight*. Tot mijn opluchting. Hij beloofde contact te houden, maar ik wist dat hij dat niet zou doen, en jarenlang zag ik hem niet. Het probleem met de herinnering aan goede seks is dat de verleiding altijd blijft bestaan om terug te gaan – net als bij een geliefd restaurant, om nog eens hetzelfde gerecht te proberen – om te kijken of het nog beter kan. Als Mark hiervan wist, zou hij niet zo zeker zijn over mijn status van prairiewoelmuis.

Als Robert Baars dan ook zijn hand uitsteekt en mijn wenkbrauw aanraakt, vraag ik me af wat er nu gaat gebeuren. Gelukkig zijn wenkbrauwen een niet al te erogene zone, en bovendien kijkt hij iets te ingespannen naar mijn gezicht. Hier stort Marks theorie over oogcontact in, denk ik opgelucht.

'Vergeet Lucy Sweeney, het is Denis Healey,' zegt hij verwonderd. Ik buig me naar de achteruitkijkspiegel van een auto. Mijn wenkbrauwen zijn niet langer witbleek. Ze zijn veranderd in harige zwarte rupsen. Er lopen zoutige strepen verf vermengd met zweet langs mijn gezicht. Hoe gaat dat reageren met de waterstofperoxide? Blijven die strepen zitten? Ik zie het meisje in de drogisterij voor me die een stuk over mij leest onder de kop 'Experiment met thuisverf maakte van mij een tijger'. Ik wrijf verwoed over mijn wenkbrauwen en ze gaan er nog wilder en ongetemder uitzien. De zwarte verf blijft op mijn hand achter.

'Duidelijk meer zuidelijk halfrond,' zegt Robert Baars. 'Doet me denken aan jungles op Borneo.'

Yammie Mammie nr. 1 steekt de straat over om ons gedag te zeggen, maar als ze dichterbij komt blijft ze stokstijf staan met haar hand in de lucht.

'Ik zal ze moeten bleken,' zeg ik wanhopig.

'Zou ik niet doen,' zegt Robert Baars. 'Dan lijk je op een luipaard, of een albinoleeuw. Of…'

'Ik snap het al,' zeg ik.

'Geen zelfgemaakte oplossingen meer, Lucy,' zegt Yammie Mammie nr. 1, die de situatie in de hand neemt. 'Denk jaren dertig. Denk kokerrokken. Roland Mouret. Scarlett Johansson. Elegantie is het nieuwe bohemien.' Robert Baars luistert met grote ogen. 'Denk Marlène Dietrich en smalle gebogen wenkbrauwen door mijn discrete thuisplukster. Zij doet Fiona Bruce ook. Kom volgende week naar mijn huis.'

Robert Baars en Yammie Mammie nr. 1 wandelen beschermend links en rechts van me mee naar school met hun respectievelijke nageslacht op een paar passen afstand achter ons, als de pretoriaanse garde. Op verbaasde blikken reageren ze met zorgzame glimlachjes. Ik zal mijn mening over Yammie Mammie nr. 1 moeten bijstellen. Ondanks haar natuurlijke neiging om bij haar eigen soort te grazen, geeft ze in een crisis blijk van de juiste instincten.

Als we de rij ouders bereiken die op de kinderen van het eerste jaar wachten, heerst er opwinding die gelukkig geen verband houdt met mijn wenkbrauwen. Ouders zouden normaal gesproken allang weg zijn bij school.

'Wat is er aan de hand?' fluister ik tegen Yammie Mammie nr. 1. 'Is iedereen te laat?'

'Heb je het nog niet gehoord?' zegt ze samenzweerderig. 'We hebben er een beroemde ouder bij. Daarom zijn we zo blij met een excuus om op het speelplein te staan.'

Net nu januari er saai en grijs bij ligt, is Beroemde Vader bij Joe in de klas gekomen. Of liever gezegd: zijn zoon. Ik kan de identiteit van Beroemde Vader niet onthullen uit angst dat er paparazzi op de stoep bij school komen staan. Laat ik volstaan met te vertellen dat hij een Amerikaanse acteur is, van het donkere, broeierige liftsekstype en, als je de roddelbladen moet geloven, een berucht versierder, ondanks de aanwezigheid van echtgenote nummer 3.

'Ik voorzie kinderpartijtjes met thuisbioscopen, binnen- en buitenzwembaden, een kans om je in een duur jurkje o zo informeel te mengen onder rijke beroemdheden,' zegt Yammie Mammie nr. 1. Ik heb meteen medelijden met Beroemde Zoon, omdat hij altijd in de schaduw van zijn ouders zal staan, en zelfs als hij erin slaagt die achterstand te overwinnen, zal hij nooit het gevoel hebben dat hij dat op eigen kracht heeft bereikt.

Feromonen zweven boven het speelplein. Ik zie dat Yammie Mammie nr. 1 alle trossen heeft losgegooid en een witte Chloe Paddington-tas draagt met een jas van namaakbont, heel erg rockchick.

Ik moet toegeven dat ik Beroemde Vader niet herken als ik hem zie, omdat hij er heel anders uitziet dan op foto's in tijdschriften. Bovendien heb ik maar één contactlens in. Een wazige scène ontvouwt zich ongeveer als volgt: 'Mam, mam, Fred gaat op die meneer zijn voet piesen,' zegt Sam als we buiten de klas staan te wachten op Joe. Fred heeft ontdekt dat dit een unieke manier is om de ouderlijke aandacht van zijn broers af te leiden. Voordat ik in actie kan komen hangt zijn broek al op zijn enkels en piest Fred op de voet van de man.

Beroemde Vader buigt zich voorover om een duur ogende gymschoen te inspecteren. Ik haast me ernaartoe en begin zijn voet te deppen met *The Times*, omdat ik niet het soort moeder ben dat allerhande doekjes bij zich heeft.

'Fred, dat is heel stout,' zeg ik verwijtend tegen mijn jongste zoon. 'Zeg dat het je spijt.'

'Het spijt me,' zegt Fred met een trotse glimlach.

'Geen probleem,' zegt Beroemde Vader, die graag ontspannen over wil komen, maar erg bezorgd kijkt. 'Eerlijk gezegd denk ik dat de drukinkt vlekken zal maken.' Te laat: de drukinkt hééft al vlekken gemaakt op de unieke gymschoen. Ik weet dat hij uniek is, want Yammie Mammie nr. 1 staat te kijken en vertelt me later op eerbiedige toon dat ze 'het gymschoenenequivalent van Chloe Paddington zijn. Je kunt er geen prijs op plakken.'

Robert Baars komt erbij en reikt doekjes aan, want hij is het soort vader dat altijd doekjes bij zich heeft. Hij blijft even dralen maar loopt dan weer weg, want hij heeft geen excuus om te blijven.

'Het spijt me echt,' zeg ik tegen Beroemde Vader.

'Het geeft echt niet,' houdt hij vol. 'Eerlijk gezegd vind ik het al fijn dat er iemand tegen me praat. Iedereen negeert me, behalve die vrouw daar. Dat is zeker typisch Engels?' Hij wijst naar Supermoeder. 'Zij heeft me gevraagd voor een commissie die een feestje voor de ouders organiseert.'

'Maar we geven geen feestje,' zeg ik.

'Maar ik heb ja gezegd,' zegt hij bevreemd.

'Misschien alleen voor jullie tweeën dan,' zeg ik raadselachtig.

'Wat is er met je wenkbrauwen gebeurd?' vraagt hij.

'Een rampzalige thuisverftoestand,' vertel ik hem. Van dichtbij en zelfs halfblind ben ik me bewust van al zijn pracht. Beroemde Vader vindt zijn zoon en wandelt weg. Moeders zwermen om mij heen.

'Waar hadden jullie het over?' vraagt Yammie Mammie nr. 1.

'Zijn huwelijksproblemen, of hij een andere impressario moet zoeken, waarom hij geen kinderjuffrouw heeft en zo. Je weet wel, het hele verhaal,' zeg ik nonchalant.

'Hij speelt in een van de films waar ik over schrijf,' zegt Robert Baars. Maar niemand luistert naar hem. Hij is zijn positie van alfamannetje kwijtgeraakt. Hij kijkt naar me met een ongewone blik in zijn ogen, een blik die ik al jaren niet meer gezien heb: jaloezie.

Ik besluit dat mijn gesprek met Tom wel een paar weken kan wachten. Robert heeft meer van zijn zelfbeheersing verloren dan ik, en daardoor geniet ik even van mijn macht. Het nieuwe schoolseizoen is veelbelovend begonnen. Ik kan de grens dan misschien niet vermijden, maar ik ben in elk geval niet degene die hem waarschijnlijk zal overschrijden. En dat lijkt een benijdenswaardige positie.

Later die week verkondig ik aan Tom dat ik me terugtrek op kantoor om een e-mail te versturen. Onderwerp: borrel voor ouders/onderwijzers, die Supermoeder in haar rol van klassenmoeder mij, in mijn rol als haar secretaresse, gevraagd heeft te helpen organiseren.

'Ik snap niet waarom je jezelf dit aandoet,' zegt Tom met gedempte stem. 'Het wordt vast een ramp.'

Zonder te kijken weet ik dat hij bezig is met zijn tweewekelijkse koelkastcontrole. 'Kijk dan,' zegt hij en hij houdt triomfantelijk twee half leeggegeten potjes pesto omhoog. 'Hoe kan dit nou?' Hij raadpleegt een getypte lijst van de koelkastinhoud die aan de deur geplakt zit. Dit was de nalatenschap van Petra tijdens haar laatste weekend in Engeland.

'Volgens mij wordt het boodschappen doen veel makkelijker als je elk artikel afkruist als je het opmaakt,' zei ze. Ik knikte vriendelijk, want ik wist dat ze voorlopig niet terug zou komen.

Ik probeer geduld te hebben met Tom, want hij is stuurloos sinds het vertrek van zijn moeder.

'Er staat nergens dat de tweede pot pesto de koelkast heeft verlaten,' zegt hij.

'Misschien heeft hij stiekem een verhouding met de spaghetti,' zeg ik. Hij mompelt iets over systemen en ik doe de keukendeur stevig dicht en ga naar boven om een e-mail op te stellen aan de ouders op de klassenlijst.

Ik ben echter nog nauwelijks begonnen of het verveelt me al. Ik besluit om eerst een e-mail te sturen naar Cathy, van wie ik weet dat ze nog op kantoor is, met details over een nog belangrijker evenement dat zich van de week onder ons dak heeft afgespeeld.

De vastentijd is voorbij, vertel ik haar. De seksuele detente is verbroken. Hoera!

Ik vertel nogal uitgebreid hoe Tom en ik elkaar vannacht om drie uur tegenkwamen in Freds kamer.

'Wat doe jij hier?' zei ik tegen hem.

'Ik zoek de tijger,' antwoordde hij vermoeid.

'Dat is toevallig,' zei ik. 'Ik ook. Maar waar is Fred?'

'Die ligt in ons bed te slapen,' verklaart hij.

'Waarom,' vraag ik, 'zijn wij dan allebei wakker in het holst van de nacht, op zoek naar een tijger?' Het is een beetje raar, maar dit zijn wanhopige tijden, schrijf ik Cathy. En zo kwam er een eind aan de droge maanden en zijn wij de rest van de nacht onder Freds Thunderbird-dekbed gaan liggen. Tom besprak een van zijn favoriete postcoïtale onderwerpen.

'Als er een pistool tegen je hoofd werd gehouden en je seks

moest hebben met een van de ouders uit de klas van Joe, wie zou je dan kiezen?' vroeg hij.

'Waarom uit de klas van Joe?' vroeg ik.

'Daar zitten knappere ouders,' zei hij terwijl hij mij vorsend aankeek.

Ik protesteerde dat ik moe was en toen zei hij: 'Ik vind die moeder met dat volmaakte kontje erg leuk.' Hij bedoelde Yammie Mammie nr. 1.

'Maar die is heel oppervlakkig,' protesteerde ik.

'Niet zo oppervlakkig als Diepe Ondiepte,' antwoordde hij vernietigend. 'Al die zorgvuldige slordigheid is te gemanierd. Ik durf te wedden dat hij ondanks dat image zijn schaamhaar trimt met een nagelschaartje. En zijn gekwelde schrijversact is bespottelijk.'

'Over wie heb je het in vredesnaam?' vroeg ik, ook al wist ik het antwoord al.

Ik druk op Verzend en tut een beetje rond, om het schrijven van de e-mail voor school uit te stellen. Een paar minuten later maakt mijn hart een sprongetje als ik zie dat Robert Baars mij een e-mail heeft gestuurd. Voor het eerst. Omdat dit niet tegen mijn regels indruist, ben ik stilletjes vergenoegd.

'Bijzonder blij het goede nieuws te vernemen,' lees ik, 'maar begrijp niet goed waarom je dit met de klas wilt delen, tenzij je een jaren-zeventigfeestje wilt geven waar autosleutels bij te pas komen. Kan slechts aannemen dat ik de Diepe Ondiepte ben. Niet erg goed voor mijn zelfvertrouwen.' Ik staar geschrokken naar het scherm, maar er is geen tijd om na te denken, want er volgt bijna onmiddellijk een mail van Yammie Mammie nr. 1: 'Lieve Lucy, iets te veel informatie naar mijn smaak. Kan slechts aannemen dat ik de vrouw met het volmaakte kontje ben. Ciao, ciao.'

Dan schrijft Supermoeder: 'Ik kan je ordinaire pogingen om mijn gezag als klassenmoeder te ondermijnen niet langer tolereren en verzoek je om je positie te heroverwegen.'

Vergeet de Diepe Ondiepte, ik zit diep in de puree. De e-mail is naar iedereen op de klassenlijst gegaan. Ik verlaat een beetje beverig de kamer. Tom is al naar bed. Ik kijk *Newsnight* helemaal af en besluit dat niets wat ik ooit op mijn werk heb meegemaakt ooit zo beangstigend was als wat er zojuist is gebeurd.

De ochtendslapeloosheid leidt tot een nacht van woelen en draaien. Het donker vergroot angsten op een vreselijke manier. Mijn maag kolkt van de zenuwen. Om halfdrie meen ik iets te horen en kruip met een lichtsabel van Star Wars naar beneden. 'May the force be with me,' zeg ik tegen mezelf.

In de woonkamer besluit ik de geheime snoepvoorraad van Sam te plunderen, met de belofte dat ik alles wat ik opeet zal vervangen. Ik neem een met room gevuld ei mee naar bed en dwing mezelf om het langzaam op te eten. Eerst lik ik het als een lolly tot het begint te smelten. Als de witte room zichtbaar wordt mag ik aan de randen knabbelen als ik tussen elke mondvol twintig tellen wacht. Dan laat ik alle voorzichtigheid varen en prop de rest van het ei in mijn mond, luid kauwend met mijn mond open. Dat is veel bevredigender, maar mijn zenuwen worden er niet minder van. De drang om mijn hart bij Tom te luchten is onweerstaanbaar. Ik por hem in zijn ribben. Hij bromt.

'Er zijn geen inbrekers en ik ga niet kijken,' mompelt hij. 'De hond pakt ze wel.'

'Maar we hebben geen hond,' zeg ik met mijn mond vol chocola.

'Visualiseer er maar een, dan ben je minder bang,' zegt hij.

'Het is veel erger dan dat, Tom,' zeg ik.

'Is de geiser weer ontploft?' vraagt hij doezelig, en hij valt onmiddellijk weer in een diepe slaap. Ik maak hem wakker door mijn linkerteennagel langs zijn kuit te halen.

'Lucy, heb meelij,' zegt hij terwijl hij zijn ogen weer sluit.

'Tom. Ik heb een e-mail verstuurd aan alle ouders uit de klas van Joe waarin ik alles vertel wat er gisternacht gebeurd is,' zeg ik. Nu ik het probleem hardop beschrijf, klinkt het nog erger.

'Wat is er gisternacht dan gebeurd?' prevelt hij.

'Wij hadden seks en toen bespraken we met welke ouder je het liefst naar bed zou willen,' zeg ik. 'En jij zei dat je voor Yammie Mammie nr. 1 was vanwege haar volmaakte kontje.'

'Probeer je me te verleiden?' vraagt hij en hij rolt slaperig op zijn zij met een hoopvolle blik in zijn ogen. 'Jezus, wat heb je in je mond?'

'Een chocolade-ei. Ik probeer je duidelijk te maken dat ik iets vreselijks heb gedaan,' zeg ik en ik lik mijn lippen schoon.

'Mensen zoals jij doen geen vreselijke dingen, Lucy,' zegt hij. 'Ga nou maar slapen.'

'Dat doen we wel,' zeg ik, smekend om zijn aandacht. 'Niet expres. Per ongeluk. Niet dat ik mezelf vrij probeer te pleiten van verantwoordelijkheid voor mijn daden, want ik weet dat dat een van mijn slechtste eigenschappen is.'

'Wat heb je precies gedaan?' vraagt hij, zuchtend en met zijn ogen weer dicht.

'Ik dacht dat ik een e-mail stuurde aan Cathy over de herleving van ons seksleven, maar ik stuurde hem aan de hele klassenlijst,' zeg ik.

Hij schiet overeind. Hij begrijpt het.

'Stomme idioot,' zegt hij, met zijn hoofd in zijn handen heen en weer wiegend. 'Ik doe al jarenlang mijn best om vriendschappelijk om te gaan met die ouders, met een zorgvuldig uitgebalanceerde strategie van niet te vriendelijk of te onvriendelijk, en nu heb jij het verloop van ons seksleven uit de doeken gedaan. Nu ben ik waarschijnlijk impotent, ik ga seks vast voorgoed met doodsangst associëren.'

'Het spijt me ontzettend,' zeg ik. 'Ik geloof dat Yammie Mammie nr. 1 eigenlijk nogal gevleid was. Ze ziet haar man niet vaak, dus het streelt vast haar ego.' Hij kreunt. 'Ik geloof dat de thuisblijfvader meer beledigd was.'

'Heb je verteld dat ik hem Diepe Ondiepte heb genoemd?' vraagt hij zwakjes.

'Ja,' zeg ik.

'Eigenlijk vind ik het best een aardige vent. Ik wilde je gewoon pesten omdat ik denk dat jullie elkaar wel zien zitten,' zegt hij. 'Waarom moest je dat trouwens aan Cathy vertellen?'

'Omdat ze wist dat we al tijden geen seks hadden gehad,' zeg ik met tegenzin en ik negeer zijn voorgaande opmerking.

'Moet je dat soort dingen echt aan je vriendinnen vertellen? Ik moet er binnenkort mee aan tafel zitten.'

'Weet ik. Maar het goede nieuws is dat je daar niet over in hoeft te zitten, want ze heeft die e-mail nooit gekregen,' zeg ik.

'Jij bent echt het zonnetje in huis, weet je dat?' zegt hij. 'Ik breng de kinderen nooit meer naar school. Zeg, heb je verteld dat we het twee keer hebben gedaan?'

'Nee,' zeg ik.

'Dat was nou net het indrukwekkendste,' zegt hij spijtig en hij valt weer in een diepe slaap.

Vroeger vond ik Toms vermogen om door een crisis heen te slapen geruststellend. Het verminderde het belang van mijn zorgen, verpulverde ze tot stof. Met de jaren begon het me te ergeren, omdat ik altijd degene leek te zijn die door het huis stommelde en in een krankzinnige staat van vermoeidheid probeerde de donkere spoken te bestrijden die de nacht op me af stuurde. Ik was de nachtwacht voor huilende baby's en later voor kinderen met koorts die 's nachts altijd hoger werd. Ik zag hoe de nacht gewone huis-tuin-en-keukenaangelegenheden tot leven bracht en er exotische problemen van maakte. Naast mij sliep Tom echter overal doorheen, immuun voor het wrakhout van het leven dat aanspoelde in onze slaapkamer, en af en toe klagend als ik hem stoorde wanneer ik weer in bed kroop, uitgeput maar zonder veel hoop om de slaap vinden.

De volgende morgen loop ik tollend van vermoeidheid van school naar huis, alleen. Ik besluit een kop koffie te gaan halen om mijn hoofd helder te krijgen. 'Hallo Lucy, doe je met mij mee?' zegt Robert Baars plotseling achter me in de rij. 'Ik heb geen afspraken voor figuursnoeiwerk vanmorgen en ik beloof dat ik het niet over mijn boek zal hebben.' Ik schrik.

Vanwege de e-mail zou het onbeleefd zijn om hem af te wijzen, al weet ik dat ik verschillende voornemens tegelijk op het spel zet. Ik staar vastbesloten naar de grond. Oogcontact vermijden is niet moeilijk op een ochtend als deze.

'Ik wil graag een dubbele magere latte-frappuccino,' zeg ik ademloos aan de toonbank.

'Bestaat niet,' zegt de serveerster.

'Zal ik voor je bestellen?' vraagt Goddelijke Huisvader. 'Ga jij alvast daar zitten.' Hij wijst naar een tafeltje voor twee in de meest discrete hoek van het café.

Met twee koppen koffie bij zich komt hij tegenover me zitten.

'Hoe is het met je wenkbrauwen?' vraagt hij, alsof hij naar een huisdier vraagt. 'Hebben ze de roep van de jungle niet beantwoord?'

'Het gaat prima,' zeg ik knarsetandend en ik wrijf afwezig over mijn voorhoofd. 'Ik ben gewoon een beetje moe.'

'Dat verbaast me niets, na al je, eh… activiteit,' zegt hij.

We zwijgen een paar tellen vriendschappelijk, drinken onze koffie en staren uit het raam.

'Het spijt me van dat bericht op eerste kerstdag. Technologie is duidelijk niet ons sterkste punt,' zegt hij. 'Ik zou het waarderen als je dat tegen niemand vertelde. Niet dat ik denk dat je met opzet indiscreet bent, maar na dat bericht gisteravond maakte ik me zorgen dat je ongewild mijn eigen ongepastheid wereldkundig bekend zou maken.'

'Ik zeg geen woord,' zeg ik en ik probeer me te herinneren aan wie ik het al verteld heb. 'Ik heb mijn lesje geleerd van deze vergissing.'

'Eerlijk gezegd was het best geruststellend voor mijn vrouw,' zegt hij. 'Na mijn, eh… tegenslag op eerste kerstdag werd ze onwaarschijnlijk wantrouwig over jou. Ze zei dat er in relaties grenzen zijn die niet overschreden mogen worden. Toen ik haar gisteravond jouw bericht liet zien, besefte ze dat je nog steeds één bent met je man, als je begrijpt wat ik bedoel.'

'Ik snap het,' zeg ik en ik knik zo heftig dat de koffie uit mijn kopje druppelt.

'Als je weet dat er een grens is, wordt het moeilijker om die te overschrijden,' zegt hij langzaam, alsof hij zoekt naar de juiste woorden.

Ik weet niet zeker waar hij het over heeft en kijk op. Hij steekt zijn hand uit en grijpt het vlezige deel van mijn arm onder de elleboog. Ik voorzie aangename sensaties, maar hij houdt me zo strak vast dat ik het bloed in mijn vingers voel kloppen. Hij kijkt naar de andere kant van het café en ik volg zijn blik.

Uit mijn ooghoek zie ik Supermoeder en de meeste andere moeders uit de klas van onze zonen aan een ronde tafel in de andere hoek zitten. Een dodelijk stilzwijgen daalt neer over het café wanneer de andere groep zich omdraait om naar ons te kijken.

Met grote helderheid van geest herinner ik me ineens dat dit de dag is van de koffieochtend voor moeders. Zelfs Robert Baars verbleekt.

'Wij waren hier al,' zeg ik vrolijk zwaaiend en ik stoot mijn koffie over hem heen. 'We hadden niet zoveel animo verwacht. Willen jullie hier komen zitten of zullen wij bij jullie komen?'

roep ik en ik dweil intussen dampende koffie van zijn knieën met mijn sjaal. Hij krimpt ineen.

'Wie sociaal wil zijn moet pijn lijden,' fluistert hij samenzweerderig terwijl hij in de houding schiet. Ik loop resoluut naar de tafel en ga naast Yammie Mammie nr. 1 zitten; Robert Baars neemt plaats aan mijn andere kant. Ik bewonder zijn lef.

'Je nooit verontschuldigen, nooit uitleg geven, dat is mijn motto, Lucy,' fluistert Yammie Mammie nr. 1 in mijn oor. Het is niet duidelijk naar welk deel van mijn leven ze verwijst. 'Maar ik heb je iets veel belangrijkers te vragen. Kan ik op je discretie rekenen? Ik wil niet dat er e-mails over naar de klassenlijst gaan.'

Ik ben geïntrigeerd maar een beetje behoedzaam, want ik weet dat haar onthulling onvermijdelijk tegen zal vallen.

'Mijn man heeft luizen,' zegt ze vol afschuw. 'Niet alleen neten. Echte luizen.'

'Heeft hij ze van de kinderen overgenomen?' vraag ik.

'Nee,' zegt ze. 'Ik heb ze laten nakijken door de kinderjuf. Geen eitje te zien. Hij zegt dat hij ze van zijn secretaresse heeft, die ze van haar kinderen heeft gekregen. Maar ik vroeg me af of jij misschien weet hoe we er het best vanaf kunnen komen, aangezien jouw kinderen ze op school hebben geïntroduceerd.'

Supermoeder schraapt afkeurend haar keel. Ze draagt een powersuit uit haar tijd bij McKinsey en heeft een laptop bij zich, die ze aanzet. 'Hoe minder we zeggen over de e-mail van Lucy gisteravond, hoe beter, denk ik. Ze is buiten haar boekje gegaan en zal haar positie heroverwegen,' zegt ze met een ernstig gezicht.

'Zo te zien overweegt Lucy een aantal posities,' zegt Beroemde Vader, die laat aankomt. Hij vraagt Robert Baars om op te schuiven zodat hij naast mij kan zitten, ondanks de extra stoel naast Supermoeder. De koffieochtend is ineens veel spannender.

'Waar is de tijger?' fluistert hij in mijn oor. Ik zit met een bevroren glimlach naast hem.

'Als iemand bereid is Lucy te vervangen, hoor ik dat graag. Dit klassenmoederschap wordt nog een fulltimebaan,' zegt ze met een hartelijke lach. Wij glimlachen zwakjes.

'Ik ben nog nooit op een koffieochtend voor moeders geweest,' zegt Beroemde Vader tegen me. 'Geweldige e-mail, trouwens. Scholen in de VS waren zo opwindend niet. Dat zet mij in elk geval op mijn plaats, en daar ben ik dankbaar voor. Dus ik kom zeker op het feest. Ik hoop dat het aan de verwachtingen beantwoordt.'

'Heeft iemand nog punten voor de agenda?' vraagt Supermoeder in een poging de aandacht van de groep weer naar zich toe te halen en klaarblijkelijk hopend dat er geen punten zijn. Yammie Mammie nr. 1 steekt haar hand op. 'Ik maak me ernstig zorgen over het nylongehalte van de schooltruien,' zegt ze. 'Daarin kunnen de kinderlijfjes niet ademen.' Supermoeder voert dit zorgpunt plichtsgetrouw in op een spreadsheet.

'Ik wil een paar nieuwe ideeën opwerpen,' zegt Supermoeder. Ik krimp ineen en kan voelen dat Robert Baars hetzelfde doet. 'We moeten buiten de bekende kaders denken,' zegt ze en ze stelt voor dat we plannen maken voor het zomerfeest.

'Misschien is het handig als jullie me vertellen wat jullie hebben gedaan voor je kinderen kreeg, zodat ik jullie sterke en "zwakke punten" als groep kan bepalen,' zegt ze, waarbij ze naar mij kijkt als ze 'zwakke punten' zegt. 'Wat deed jij voor die tijd, Lucy, of was je altijd al huismoeder?'

'Nou nee, ik was producent bij *Newsnight*,' zeg ik. Een verbijsterd zwijgen volgt.

'We gaan snel door. De directrice heeft ouders gevraagd om alstublieft niet meer te parkeren op de dubbele gele strepen als ze 's morgens te laat zijn, en niet te vergeten dat er een kind in de klas zit dat ernstig allergisch is voor noten. Een ouder, die ik niet bij naam zal noemen, heeft een kind naar school gestuurd met een pindareep,' zegt ze, met haar ogen op mij gericht.

'Was jij dat?' zegt Robert Baars hardop.

'Ik zei toch dat ze gevaarlijk was?' zegt Beroemde Vader.

'Zeg, luister eens, jij hebt een heel verkeerd beeld van me,' begin ik tegen hem te zeggen.

Supermoeder drukt energiek op een andere toets op haar computer. 'Lijst voor het ouderfeest,' zegt ze zelfvoldaan. Op het scherm verschijnt echter een weelderige naakte brunette in een bijzonder compromitterende houding gezeten op een wellustig blondje.

'Game, set en match voor Lucy, geloof ik,' zegt Yammie Mammie nr. 1.

14

Er gaat heel wat mis tussen beker en lip.

In stilte staan Tom en ik een paar weken later in de lift, onderweg naar boven in de flat waar Emma woont. We staan stijfjes tegenover elkaar voor levensgrote spiegels, zodat ik Tom, als hij ten slotte iets zegt, van voren en van achteren kan bekijken. Hij krabt aan zijn oor en steekt zijn andere hand steeds in zijn zak en haalt hem er weer uit, een gewoontegebaar als hij zenuwachtig is. Zijn lippen lijken bleker en smaller omdat ze strak staan van spanning. Ik voel een plotselinge opwelling van genegenheid voor hem. Ik ben waarschijnlijk de enige ter wereld die elk element van deze verborgen taal begrijpt. Het kost jaren om zo'n uitgebreide vocabulaire op te bouwen van het gedrag van een ander. Ik kan precies zien hoe zenuwachtig, boos, nieuwsgierig en vermoeid hij is. Ik weet welk deel bij hem hoort, en welk deel te wijten is aan het etentje van vanavond. Ik doe een paar stappen naar voren en strijk met mijn hand over de zijkant van zijn gezicht; hij leunt naar me toe en sluit zijn ogen.

'Jij zei dat ik moest leven en laten leven,' zeg ik teder. Ik bedoel het niet verwijtend.

'Een verhouding tolereren is niet hetzelfde als er daadwerkelijk mee geconfronteerd worden,' zegt hij. 'Ik vind het prima als Emma non-stop over hem praat, al hoeft het niet zo gedetailleerd als jij graag hebt, maar ik wil hem niet zien. Niet omdat ik hem moreel veroordeel, maar meer omdat de situatie me ongemakkelijk maakt en dat is niet mijn idee van een leuk avondje uit met mijn vrouw.'

'Maar je begrijpt wel waarom we erheen moeten?' Hij negeert mijn vraag.

'De positieve kant zal wel zijn dat ik ontzettend dankbaar ben dat wij zo'n ongecompliceerd leven leiden,' zegt hij gapend. 'Ik kan me geen scenario voorstellen waarin ik een etentje geef met een vrouw met wie ik niet getrouwd ben en al haar vrienden ontmoet, in de wetenschap dat mijn gezin thuis in bed ligt. Het is te krankzinnig voor woorden.'

'Ik ook niet,' zeg ik. En ik kan het echt niet. Ik vraag me af of het feit dat ik dat niet zie gebeuren de oppervlakkigheid van mijn gevoelens voor Robert Baars weerspiegelt – dat is tenslotte een relatie op basis van een enkel gevoel –, of dat dit knusse huiselijke gebeuren gewoon het tegenovergestelde is van dat waar ik heen zou willen vluchten.

'Ik weet dat het je uithoudingsvermogen op de proef stelt,' zeg ik. 'Je hoeft het maar te zeggen als je eronderuit wilt.'

'Het codewoord is Diepe Ondiepte,' zegt hij plagerig. 'Heb je hem alweer gezien?'

'Ja, een paar keer,' zeg ik naar waarheid.

'En hij negeerde je weloverwogen?' vraagt hij.

'Nee, hij was eigenlijk erg attent,' zeg ik, en hij trekt een wenkbrauw op. 'Zijn vrouw is ook steeds vaker in de buurt. Beroemde Vader heeft erg veel aantrekkingskracht. Hij geeft een beetje glamour aan ons leven.'

'Hoe gaat het met Joe op school?' vraagt hij.

'Behalve dat hij met zijn schooluniform naar bed gaat voor het geval we ons verslapen, geloof ik dat alles goed gaat. Weet je dat hij de hele *Sound of Music* heeft gekeken zonder ook maar één keer terug te spoelen naar de nazi's?' zeg ik. 'Hij heeft ook een vriendinnetje, maar hij zegt dat ze het T-woord nog niet in de mond genomen hebben.'

'Hij weet toch dat we twee wekkers hebben. Wij verslapen ons nooit. Wat is het T-woord?'

'Trouwen,' zeg ik. 'Hij neemt die dingen ernstig op.'

'Heb je de aannemer gebeld over dat lek in de badkamer?' vraagt hij.

'Ja,' zeg ik.

'Heb je de opstalverzekering verlengd?' vraagt hij.

'Ja,' zeg ik.

'God, Lucy, wat ongekend georganiseerd van je. Als ik niet beter wist, zou ik zeggen dat je een slecht geweten hebt,' zegt hij.

'Dan ken je me dus te goed,' zeg ik, maar de lift komt tot stilstand en hij verstaat me niet.

De deuren gaan open en met moeite schuiven we de ijzeren traliehekken uit elkaar. Zo'n entree is gunstig voor de mensen die er al zijn. De hekken komen uit op de grote woonkamer en zijn ontworpen om pas aangekomen bezoekers op het verkeerde been te zetten, als ze uit het duister met hun ogen samengeknepen tegen het licht de kamer in stappen. Ze maken zo'n herrie dat het onmogelijk is om onopgemerkt binnen te komen. Nerveuze ogen bekijken ons bij aankomst, maar wij krijgen geen kans om de configuratie van de in de kamer verspreide mensen te beoordelen of een eigen territorium te bepalen. Wij zijn te druk met ontsnappen uit onze kooi.

Emma's bankier merkt onze onbehaaglijkheid op en steekt zijn arm uit om ons de hand te schudden, waarbij hij Emma met zich meetrekt. Zijn andere arm heeft hij stevig om haar heen geslagen. Ik staar naar die arm, van boven naar onder, waar hij ergens net boven haar linkerbil rust, met zijn vingertoppen achter in haar laag gesneden spijkerbroek.

Emma's kont is een van haar grootste pluspunten. Dat is jaren geleden al vastgesteld. En hij is het er duidelijk mee eens. Ze zijn verstrengeld op een manier die doet vermoeden dat het moeilijk zal worden ze voor het eten naar tegenoverliggende kanten van de tafel te dirigeren.

'Hi,' zegt ze en ze buigt zich voorover om ons te kussen. Vervolgens legt ze haar hoofd op de schouder van Guy en staart ons onnozel aan, wachtend tot een van ons iets zegt. Ze heeft die dromerige, afwezige blik in haar ogen die vrouwen krijgen als ze zwanger zijn of net seks hebben gehad. Hij heeft dat enigszins zelfvoldane airtje over zich van een middelbare man die zojuist heeft ontdekt dat zijn aanraking een vrouw nog altijd kan laten smelten.

'Ik ben Guy,' zegt de bankier zelfverzekerd. Ik voel Tom naast me terugdeinzen. Ik ben blij voor Emma dat Guy besloten heeft het voortouw te nemen bij dit feestje en zich samen met haar in de penibele feestvreugde te storten. Dit is tenminste een situatie waar ze niet alleen voor staat. Hij ergert me nu al en zij in mindere mate ook. Dan voel ik me schuldig, omdat dit voor zover ik me kan herinneren het eerste dineetje is dat Emma geeft. Ze willen dat wij genieten van hun geluk, maar ik vind het kennelijk moeilijker om te vergeten dat hij een vrouw heeft dan zij. Ik weet niet wat ik verwacht had, maar ik vond dat ze wat terughoudender hadden kunnen zijn, of een beetje bedeesd, of op z'n minst gevoelig genoeg om zich te realiseren dat anderen het allemaal een beetje verontrustend zouden kunnen vinden.

Omdat ik me onmiddellijk geroepen voel om de ongemakkelijke stilte op te vullen die er tussen ons heerst, kan ik weinig meer dan een oppervlakkig oordeel vellen over de man voor ons. Hij draagt een fijnzinnige interpretatie van smart-casual waarvan ik vermoed dat Emma die heeft samengesteld. Een spijkerbroek van True Religion, een gestreept overhemd van Paul Smith en gymschoenen zo glimmend en nieuw dat ik betwijfel of ze dit gebouw al eens verlaten hebben. Ik vraag me af wat hij thuis draagt, maar dat zou ervan afhangen of zijn vrouw Boden of Marc Jacobs draagt. Mannen gaan uiteindelijk altijd op hun vrouw lijken.

Hij is kleiner dan ik dacht – niet klein, maar wel zo klein dat Emma goudkleurige ballerina's draagt. Aantrekkelijk, zij het niet zo opvallend als ik me had voorgesteld, en hij lijkt jonger dan zijn drieënveertig jaar, want zo te zien aan zijn platte buik onder het iets te strakke overhemd is hij een man die naar de sportschool gaat. Ik vraag me af wanneer hij daar tijd voor heeft. Van alles twee hebben is een uiterst vermoeiend idee: twee vrouwen, twee superkingsize bedden, twee garderobes, de ene gevuld met kleren gekozen door zijn vrouw en de andere met kleren gekozen door Emma, en hij moet precies onthouden wie wat gekocht heeft. Hij heeft tenminste geen twee stel kinderen. Nog niet.

'Wat leuk om je eindelijk eens te ontmoeten,' zeg ik.

'Dat hoop ik,' zegt hij. 'Het is onconventioneel, dat weet ik.'

Als hij glimlacht begrijp ik wat ze in hem ziet, want ondanks zijn bombastische zelfvertrouwen wijst de openheid in zijn gezicht op iemand die minder zeker is van het lot dat hij getrokken heeft in het leven. En daar kan ik me iets bij voorstellen. Hij kijkt me iets te lang aan en ik neem hem niet kwalijk dat hij mij opneemt op dezelfde manier als ik hem zojuist heb bekeken. Hoewel we elkaar totaal niet kennen, weten we veel meer over elkaar dan we zouden moeten weten. Ik vraag me af wat Emma precies over mij heeft verteld en of we zoveel verschillen. Hij heeft de grens dan wel overschreden, maar ik lig niet ver achterop. Ik ben dichtbij genoeg om hem aan de overkant te kunnen zien.

Ik zie Cathy op de bank tussen twee mannen zitten die ik geen van beiden herken. Ze kijkt me verontschuldigend aan en haalt haar schouders op om aan te geven dat ze de huisgenoot heeft meegenomen. Vanwaar ik sta, aan de andere kant van de kamer, is echter niet meteen duidelijk welke man haar vriendje is. Ze zit blootsvoets op de bank met haar benen onder zich gevouwen, zodat haar knieën tegen de man links leunen. Maar hij lijkt de metroseksueel te zijn, denk ik een beetje verward. Zijn korte stekeltjeshaar vereist minstens één maandelijks bezoek aan de kapper en er is duidelijk iets in gesmeerd. Hij lacht luid. De man aan de andere kant speelt met Cathy's haar, strijkt een paar lokken uit haar gezicht. Het lijkt op een oud schilderij waarop je moeizaam alle relaties tussen de afgebeelde personen moet uitpluizen door aanwijzingen te vinden in de symboliek van de voorwerpen op de achtergrond, behalve dat bijna alles in dit appartement nieuw is, zodat het nog verwarrender wordt.

Tom trekt me aan mijn hand mee alsof hij een ietwat weerspannige pony meevoert. 'Geweldig appartement. In het algemeen gesproken,' zegt hij. 'Ik ben niet zeker van het mechanisme waar de muren over glijden, dat lijkt me een beetje goedkoop. Laten we nog wat drinken.' Hij loopt naar de fles aan het uiteinde van het kookeiland in de keuken. Ik merk verontrust op dat hij al een heel glas champagne op heeft.

'Welke man is de vriend van Cathy?' fluister ik terwijl hij mijn glas volschenkt.

'Die aan de rechterkant,' zegt hij trots. 'Ik dacht wel dat ze bij elkaar zouden passen. Pete lijkt wel een fatsoenlijke vent, hij is nooit getrouwd geweest, heeft voor zover ik weet geen kinderen en ik vind hem er goed uitzien, al kan ik dat natuurlijk moeilijk beoordelen. Ik weet wel dat hij op kantoor de droomprins is.'

'Hoe weet je dat?' vraag ik en kijk steels naar de man aan de andere kant van de kamer.

'Ik heb een enquête gehouden onder mijn vrouwelijke collega's,' zegt hij.

'Het probleem van koppelen is dat het niet iets methodisch is,' zeg ik, 'maar eerder iets chemisch.' Als we dichterbij komen, wordt echter duidelijk dat Tom gelijk heeft: deze man is beeld-schoon. Zelfs al is hij gekleed in het uniform van de architect: zwart overhemd, zwarte spijkerbroek en colbertje. Hij is ook bijna veertig en ongetrouwd, en dat roept altijd dringende vragen op.

'Ik ben trouwens nog vergeten te zeggen dat je er geweldig uitziet,' zegt Tom. 'Ik vind die jurk ontzettend leuk.'

'O, dank je wel,' zeg ik waarderend. Het is een wikkeljurk met een lange sjerp die vroeger in mijn zij sloot, maar sinds ik wat weelderiger ben geworden, sluit hij steeds verder en verder richting mijn middel.

De collega van Tom gebaart dat we bij hem moeten komen zitten. Hij lijkt opgelucht ons te zien en staat op om zich voor te stellen, waarbij hij een onwaarschijnlijk lange arm uitsteekt om ons de hand te schudden. Hij is lang en slungelig en torent boven ons allebei uit.

'Dit is Pete,' zegt Cathy vrolijk. 'En dit is zijn huisgenoot James.'

'Leuk om kennis met je te maken, Lucy. Ik herken je natuurlijk van de foto die Tom van jou en de kinderen op zijn bureau heeft staan,' zegt Pete. Dit ontwapent me een beetje, want ik wist helemaal niet dat Tom een foto van ons had meegenomen naar zijn werk. Op het eerste gezicht lijkt het een lief gebaar, een toonbeeld van familietrots. Van een afstandje ziet het gezinsleven er immers keurig netjes uit. Maar normaal gesproken zou ik eerst mijn goedkeuring willen verlenen aan een foto waarop ik in het openbaar te zien ben.

'Welke foto is dat?' vraag ik aan Tom.

'Die waarop je Sam en Joe vasthoudt en bijna moet bevallen van Fred,' zegt Tom met zijn ogen strak op zijn glas gericht, want hij weet wat een grote misstap dit is. Om de een of andere reden is hij gek op die foto. Misschien omdat die zijn mannelijkheid benadrukt. Maar ik ben ontsteld, en dat weet hij. Ik heb die hertachtige uitdrukking op mijn gezicht van vrouwen in de laatste maand van de zwangerschap en mijn gelaatstrekken zijn versmolten met de zachte plooien van mijn gezicht en hals. Ik zie eruit als een hond met een nest puppy's. Daar zal ik iets aan moeten doen, ook al is het te laat, want dat beeld zal mensen bijblijven.

'Je ziet er fantastisch uit, als een krachtig Azteeks vruchtbaarheidssymbool,' zegt Pete. Ik ben sprakeloos. Dat is niet het image waar ik naar streef. Ik ben ervan overtuigd dat Yammie Mammie nr. 1 nooit wordt vergeleken met eeuwenoude vruchtbaarheidssymbolen. Haar laatste zwangerschap, van haar vierde kind, bleef de eerste zes maanden onopgemerkt en zelfs toen werd er nog getwijfeld of ze niet gewoon dikker werd.

Ik merk tot mijn opluchting dat Emma niet aan haar lot wordt overgelaten in de keuken. Guy lijkt de leiding te hebben. Hij wijst precies aan hoeveel rucola er op elk bord moet worden gelegd en in welke volgorde de prosciutto, de fetakaas en de walnoten moeten worden toegevoegd. De hele procedure neemt nogal wat tijd in beslag omdat ze elke paar minuten stoppen om te zoenen.

'Als ze zo doorgaan, redden ze het niet tot na het eten,' zegt Pete, die toegeeflijk naar Cathy kijkt en zich naar haar toe buigt om haar op de mond te zoenen. 'Wij misschien ook niet.'

'Als ik dacht dat dit de eerste en de laatste keer zou zijn dat ik een dineetje zou geven met de man van wie ik hou, zou ik misschien ook wel zo zijn,' zegt Cathy. Pete legt bezitterig een arm om haar heen.

'Wij kunnen zoveel dineetjes geven als je wilt,' zegt hij.

'Ik help wel met koken,' zegt James.

'Hij is een geweldige kok,' zegt Pete. 'Nietwaar, Cathy?'

'Heel goed,' zegt Cathy, die naar mij kijkt en met haar ogen rolt.

'Ik ga buiten een sigaretje roken. Ga je mee, Lucy? Gewoon om me gezelschap te houden.'

'Ik weet van haar rookverslaving,' zegt Tom geringschattend. 'De kinderen hebben het me verteld.'

We openen de deuren naar het balkon. Het is warmer dan verwacht en we gaan aan een ronde tafel zitten, omringd door potten waar kleine bolletjes uitpiepen. Binnen zie ik Tom en Guy geanimeerd met elkaar praten. Ik steek een Marlboro Light op uit Cathy's pakje. Ik heb geprobeerd zo lang mogelijk te doen met mijn eigen pakje, want zolang ik geen nieuw pakje koop, heb ik het idee dat mijn verslaving niet serieus is. Ik heb zelfs een sigaret half opgerookt, hem uitgemaakt in de tuin en hem een paar dagen later pas verder opgerookt. Ik heb het gevoel dat als ik dit onder controle kan houden, de rest van mijn leven ook wel in orde komt.

Ik probeer dit aan Cathy uit te leggen, maar ze kijkt weifelend. 'Lucy, hoe je de boel ook voor jezelf probeert te rationaliseren, ik weet dat je op een botsing aanstuurt,' zegt ze. 'Je broer heeft gelijk. Je moet bij die man uit de buurt blijven, vooral nu je weet dat je gevoelens beantwoord worden.'

'Dat je toevallig ergens aan denkt betekent nog niet dat het gaat gebeuren,' zeg ik. 'Bovendien krijg ik door hem een beter humeur. Ik heb een heleboel plezier.'

'Als jullie allebei aan hetzelfde denken is er een grotere kans dat het gebeurt,' zegt zij. 'Vooral omdat je geen zin hebt om je ervan los te maken.'

Ik wil de discussie graag voortzetten, maar op dat moment komt James naar buiten en wordt het allemaal een beetje verwarrend, omdat hij zijn arm om Cathy heen slaat op een manier die suggereert dat er tussen hem en haar veel meer heeft plaatsgevonden dan tussen Robert Baars en mij. Hij kijkt me recht in de ogen terwijl zijn vingers op en neer langs Cathy's zij dwalen. Ze probeert van hem weg te komen, niet zozeer omdat ze wil dat hij ophoudt als wel omdat ze mijn gedachten kan lezen. Ik vraag me af waarom ze bezorgd is over mijn morele rechtschapenheid als zij zo overduidelijk met beide mannen naar bed gaat. De tweede vraag waar ik een antwoord op wil is of Pete hiervanaf weet, maar dat idee heeft nauwelijks tijd om te rijpen voordat hij naar buiten komt. Als Cathy en James geen aanstalten maken om zich van elkaar los te maken, besef ik dat dit ingewikkelder is dan ik dacht.

'Het eten is klaar,' zegt Pete en de twee mannen gaan naar binnen.

'Wat gebeurt hier?' vraag ik resoluut.

'Ik weet het niet precies,' fluistert ze. 'Ik weet dat het een beetje raar is. Er is niets homofiels met ze. Ik denk dat ze zo vaak ruzie hebben gehad over dezelfde vrouw dat ze uiteindelijk besloten hebben om te delen. Zo worden ze geen van tweeën onder druk gezet om echt betrokken te raken. Ik weet dat het onconventioneel is, maar het is wel goed voor mijn ego.'

Ik bedenk ineens dat iedereen die mij na staat, met inbegrip van mijn schoonmoeder, midden in een groot avontuur verwikkeld is. Een stoeipartijtje met Robert Baars is er niets bij. Ik ben realistisch genoeg om te weten dat mijn lichaam me in de komende tien jaar nog veel vaker zal verraden en ineens lijkt het redelijk, en zelfs aan te raden, om de kans op een laatste uitspatting te grijpen. Het zou weleens mijn laatste kans kunnen zijn. Kijk maar naar Madonna. Vier uur gymnastiek per dag. Streng macrobiotisch dieet. Na je vijftigste wordt de tand des tijds bevechten een dagtaak. Tom heeft daarentegen nog twintig jaar voor de boeg om jonge vrouwen aan te trekken. Als Robert Baars en ik een keer met elkaar naar bed gingen, en een verbond sloten om het bij die ene keer te laten, zouden we de schokgolf kunnen bedwingen. De kunst is om het niet verder te laten komen. Net als met roken. Zo kan ik de gevolgen in bedwang houden. Het is misschien een overhaaste beslissing, maar ik neem me voor dat ik weliswaar niets zal doen om een relatie na te jagen, maar ook geen stappen zal ondernemen om die tegen te houden.

Voor het eerst in een halfjaar heb ik alles duidelijk op een rij. 'Keur je het af, Lucy?' vraagt Cathy. 'Je ziet er erg onrustig uit.'
'Nee,' zeg ik. 'Ik vraag me alleen af of het kan.'
'Natuurlijk niet,' zegt zij. 'Er is geen lobby die van driehoeksverhoudingen een aanvaardbare relatievorm heeft gemaakt.'
'Zou je het overwegen, als dat wel zo was?' vraag ik.
'Als ik geen kinderen had misschien, maar volgens mij zou het lastig worden om Ben uit te leggen wat het betekent om drie vaders te hebben,' lacht ze. 'Heus, het is gewoon een manier van vooruitkijken na alle narigheid van de scheiding, om alle haat achter me te laten.'
'Ik dacht dat het wat gemakkelijker werd?' vraag ik.
'Ik denk dat het gemakkelijker zou zijn als een van ons was overleden,' zegt ze. 'Dan bleven we tenminste achter met een paar positieve herinneringen. Nu vraag ik me af waarom ik ooit met hem getrouwd ben en daardoor wantrouw ik mijn oordeel over alle andere relaties. Vriendschappen daargelaten, natuurlijk. Emma en jij zijn er altijd voor me geweest.'

We staan op om naar binnen te gaan. Ik kom zo snel overeind dat ik mijn been openhaal aan een pot pampagras. Ik trek een vinger langs de schram en kijk ernaar. Ik bloed. Guy gebaart me naar de tafel.

'Ik wil graag naast jou zitten, Lucy,' zegt hij, terwijl hij een stoel voor me uitschuift. 'Je komt me zo bekend voor.' Je weet niet half hoe bekend, denk ik bij mezelf, en doe mijn best om beelden van hun seksuele uitspatting op kantoor te onderdrukken.

'Hoe lang kennen Cathy en jij Emma al?' vraagt hij.

'Wij waren al een trio lang voor mijn huwelijk,' zeg ik. Ik voel mezelf blozen. Hij staart naar zijn salade met een kritisch oog voor de verhouding tussen walnoot en vijgen en ik kan zijn gezicht niet zien.

'We hebben elkaar leren kennen op de universiteit. Het laatste jaar woonden en feestten we samen. Met z'n drieën. Als een trio,' zeg ik. Ik heb nu binnen een minuut al twee keer 'trio' gezegd.

'Wat zou je anders bedoelen?' vraagt hij verstrooid. Diepe Ondiepte, Diepe Ondiepte, wil ik over de tafel naar Tom roepen.

Aan de mouw van Guy hangt een kaartje waar '£110' op staat en ik wijs hem erop. Hij is zo fatsoenlijk om ervan in verlegenheid te raken en vraagt me het te verwijderen. Hij maakt zijn manchetknoop los en stroopt zijn mouw op, waarbij hij zijn onderarm onthult. Ik kijk ernaar. De arm is krachteloos, zwak, bijna vrouwelijk. De haartjes zijn donzig en zo licht dat je de sproeten eronder kunt zien. Zijn pols is zo dun dat ik hem bijna zou kunnen omsluiten met mijn middelvinger en duim. Ik merk zijn eenvoudige gouden trouwring op.

'Emma probeert me voor mijn rol te kleden,' glimlacht hij. Ik worstel met het plastic draadje waarmee het etiket aan zijn overhemd vastzit. Als het eindelijk in tweeën breekt, schiet mijn hand uit en stoot ik mijn glas wijn om, over hem heen. Hij probeert zichzelf van de tafel weg te duwen, maar het is al te laat: zijn overhemd is doorweekt.

'Jeetje, wat spijt me dat,' zeg ik. Ik zie Tom verbaasd naar me kijken vanaf de andere kant van de tafel.

'Is dit een soort test?' vraagt Guy, maar hij glimlacht welwillend. 'Maak je geen zorgen. Ik heb nog een overhemd in mijn koffertje. Mijn secretaresse stopt er altijd een in. Ik weet niet wat ik moet doen als zij ooit met pensioen gaat.'

'Is ze dan niet veel te jong om met pensioen te gaan?' vraag ik onnadenkend. Ik vraag me af of ik misschien aan een vorm van Tourette lijd, zodat ik elk gesprek moet doorspekken met seksuele toespelingen die voortkomen uit wat ik over hun relatie weet.

'Hoe zou jij moeten weten hoe oud mijn secretaresse is?' zegt hij argwanend, terwijl hij zichzelf droogdept met een theedoek die Emma hem heeft aangereikt. Zij hoort zijn vraag en kijkt me fronsend aan.

Terwijl hij een ander overhemd aantrekt, geef ik mezelf vijf minuten om een goedaardig gespreksonderwerp te bedenken, maar dat valt niet mee. Ik haal een paar keer diep adem om rustig te worden. Het is een moeilijke opdracht. Praten over vrouwen, kinderen, scholen en andere huishoudelijke zaken is strikt taboe. Ik probeer me te herinneren welke film ik het laatst gezien heb.

De inktvis en de walvis. Die ging helemaal over het stuklopen van een huwelijk. Wat heb ik nog meer gezien? *Syriana.* Maar daar kan ik echt niet over praten, want ik was de plot al kwijt toen ik nog in de bioscoop zat. Speelde het zich af in Dubai of in Qatar? Dan weet ik het: Irak. We moeten het over Irak hebben, daar is zoveel over te bespreken. Geen tijd voor gepraat over verhoudingen, triootjes of secretaresses.

Bovendien zegt het een heleboel over iemand als je weet of hij voor of tegen de oorlog in Irak was, al ontkennen mensen nu natuurlijk dat ze ervoor waren. Ik stel vast dat hij voor een interventie was, maar alleen met de goedkeuring van de VN. Ik vraag hem of zijn baan ook een politieke context heeft en hij zegt van niet. En dan vraag ik hem wat hij precies voor werk doet.

'Ik probeer eigenlijk manieren te bedenken om buitenlandse schulden te verhandelen op de internationale markt,' zegt hij. Ik kijk wezenloos. 'Maak je geen zorgen. Zelfs de mensen van mijn bank begrijpen niet wat ik doe. Maar Emma wel.' Hij kijkt trots naar Emma, die hem toelacht.

Vervolgens vertelt hij me over een recent diner met prominenten uit de zakenwereld en Gordon Brown, en dat Gordon Brown geen grapjes kan vertellen, en dat mensen hem daarom wantrouwen.

'Mis je dat niet, ermiddenin zitten?' vraagt hij. 'Ik weet alles van jouw verleden.' Uit de manier waarop hij het zegt blijkt dat hij het niet alleen over mijn baan heeft.

'Soms mis ik de adrenalinekick, want het was een ontzettend spannende baan, en ik mis mijn collega's zeker,' zeg ik, om het gesprek op veilig terrein te brengen. 'Maar ik ben blij dat ik geen opwinding meer hoef te onderdrukken als er rampen gebeuren, maar er met onvervalst medeleven op kan reageren. Onthullen dat je een huismoeder bent, zet niet het soort zoden aan de dijk als vertellen dat je bij *Newsnight* werkt, al wilden de mensen meestal weten wat Jeremy Paxman voor man is.'

'En wat is hij voor man?' vraagt hij. Ik doe mijn best om niet te zuchten.

Het is altijd de eerste vraag die mensen stellen als ze ontdekken dat ik zeven jaar bij *Newsnight* hebt gewerkt. Sommigen draaien om het onderwerp heen met welgekozen vragen, in de hoop dat ik onder de indruk zal raken van hun serieuze belangstelling voor de productie van een nieuwsuitzending en een nooit eerder vertoond inzicht over Jeremy Paxman te berde zal brengen. Maar ik weet dat ze toch algauw naar hem zullen vragen.

'Hij is een geweldige vent. Heel intelligent. Iedereen is dol op hem,' zeg ik, en ik hoop dat hij daar genoegen mee zal nemen. 'Maar meestal heb ik moeite me een leven vóór de kinderen te herinneren.'

Hij lacht.

'Ach, daar hebben we allemaal moeite mee,' zegt hij.

'Geniet jij van je werk?' vraag ik.

'Vroeger wel,' zegt hij. 'Toen ik in de twintig was, wilde ik me bewijzen tegenover mensen en werkte ik als een paard. Toen ik in de dertig was, werd ik managing director van mijn bank en werkte ik nog steeds als een paard. Ik verdiende meer dan zelfs mijn vrouw kon uitgeven. Toen ik veertig werd, verloor ik alle belangstelling. Ik wil niet arrogant overkomen, maar het was geen uitdaging meer. Ik kan het met mijn ogen dicht en geld verdienen motiveert me niet meer genoeg.'

'Alleen iemand zonder geldzorgen kan zoiets zeggen,' zeg ik. Een paar dagen daarvoor was ik aan mijn bureau gaan zitten, had mijn creditcardafschriften uit hun verstopplek tevoorschijn gehaald en mijn onbetaalde parkeerboetes opgeteld, en kwam uit op een totaalbedrag waar ik het benauwd van kreeg. Twaalf-duizendzevenhonderdzestig pond en tweeëntwintig pence. De oorspronkelijke schuld bedroeg waarschijnlijk de helft; de rest had zich opgehoopt omdat de rekeningen onbetaald bleven en de rente bleef stijgen.

'En ik begon me ook zorgen te maken over mijn sterfelijkheid,' zegt hij. 'Ik vraag me af of ik terug zal kunnen kijken op een welbesteed leven als ik uit deze tredmolen stap. Jouw man is een gelukkig mens.'

'Omdat hij met mij getrouwd is?' vraag ik, verrukt over het compliment.

'Dat zou ik niet weten,' zegt hij. 'Ik bedoel dat hij iets doet waar hij enthousiast over is. Het enige waar ik echt enthousiast over ben is Emma. Zij heeft een leemte opgevuld, me nieuw leven ingeblazen. Ik ben al heel lang niet gelukkig in mijn huwelijk.'

'Maar denk je niet dat dat gewoon een argument is om je bedrog te rechtvaardigen? Misschien moet je leren leven met je midlifecrisis,' zeg ik tegen hem. 'Je kunt Emma niet gebruiken als een tegengif voor de korte termijn.'

'Misschien is ze wel tegengif voor de lange termijn,' zegt hij.

'Mensen die een verhouding hebben denken graag dat hun situatie uniek is, alsof hun gevoelens op de een of andere manier veel sterker zijn dan die van iemand anders die zoiets heeft meegemaakt. Maar eigenlijk is het een cliché. Je bent maar één van de duizenden mannen van middelbare leeftijd die dit doormaken,' zeg ik en ik weet al voor ik klaar ben met mijn tirade dat ik na de eerste zin had moeten stoppen. 'Mijn broer, die psycholoog is, zegt dat mannen gedreven worden door seks, dat ze niet voor monogamie bedoeld zijn. Ze zijn ontworpen om hun zaad te verspreiden en degenen die zo'n situatie vermijden staan hoger op de evolutieladder. En je vrouw? Heeft zij enig idee wat er aan de hand is? Verdient zij geen kans om te begrijpen wat er zich in jouw hoofd afspeelt? En ben je het anders niet aan je kinderen verplicht om het te blijven proberen?'

Guy kijkt verschrikt. Even is hij stil. Het schiet me te binnen dat Emma heeft gezegd dat hij niet graag aan zijn vrouw herinnerd wordt en ik besef dat hij kwaad op me is. Hij zet zijn wijnglas iets te hard neer en strijkt met zijn vinger over de rand, wat een zacht gezoem voortbrengt.

'Ik hoef mijn gedrag op geen enkele manier tegenover jou te rechtvaardigen, maar in het belang van vriendschap wil ik je wel vertellen dat ik geprobeerd heb om met mijn vrouw te praten over mijn gevoelens, maar zij doet mijn crisis af als een luxeprobleem. Ik heb haar verteld dat ik anders wil leven, kleinschaliger. Ik heb gezegd dat ik genoeg heb van dineetjes met andere bankiers en hun echtgenotes, waar de gesprekken draaien om scholen, kinderen en banen, met een expliciete ondertoon van competitie. Zij zegt dat we ons niet kunnen veroorloven dat ik minder geld verdien, maar wat ze eigenlijk bedoelt is dat zij geen minder luxueus leven wil leiden. Soms denk ik dat ik dat voor mijn geld heb gekregen: een vrouw, vier prachtige kinderen, een huis in Notting Hill en een fantastische vriendin die voor mijn ego zorgt, en voor al die andere plekken die niemand anders meer weet te bereiken.'

'En Emma dan? Verdient zij niet beter dan de status van maîtresse?' zeg ik. 'En kinderen?'

'Emma wil geen kinderen,' zegt hij. 'En wil ze die wel, dan zie ik niet waarom dat niet zou kunnen.'

Ik ben geschokt.

'En jij dan, Lucy, weet jouw man wat er in jouw hoofd speelt?' zegt hij, nog steeds over de rand van zijn glas wrijvend. 'Weten twee mensen ooit van elkaar wat ze denken? Weet jij wat er in je eigen hoofd gebeurt?'

'Maar het zou toch beter zijn om je existentiële crisis op te lossen vóórdat je aan een verhouding begint?' zeg ik. 'Lust leidt erg af.'

'Dat zeggen ze,' zegt hij en hij trekt een wenkbrauw op. 'Is dat wat jij doet?'

'Pardon?' zeg ik, en vraag me af of ik hem verkeerd heb verstaan.

'Emma heeft me verteld dat jij zelf met een crisis worstelt,' zegt hij. 'We zijn niet zo heel verschillend. Weet je wat het is, Lucy? We zijn met veel verschillende mensen verenigbaar, en dat is zowel fantastisch als vreselijk.'

Ik laat mijn mes op de grond vallen en iedereen kijkt naar ons. Dan gaat mijn telefoon. Het is de oppas.

'Fred heeft overal overgegeven, Lucy. Hij is ontroostbaar. Het spijt me verschrikkelijk maar kun je alsjeblieft naar huis komen? Hij zegt dat hij een pakje pillen heeft leeggegeten dat hij op je slaapkamer heeft gevonden,' zegt Polly met een van angst en spanning trillende stem.

'Wat voor pillen?' vraag ik, mijn buik in de greep van bezorgdheid.

'Er staat "OMEGA 3" op de zijkant,' zegt ze.
'Visolie,' zeg ik met enige opluchting. 'We komen eraan.'

De avond eindigt op de eerstehulpafdeling van het ziekenhuis waar Mark werkt.
'Wat denkt u ervan?' vraag ik de dokter.
'Ach, een beetje een vis op het droge,' zegt hij glimlachend. 'Sorry, flauwe grap. Ik ben al sinds vanmorgen negen uur aan het werk.'
'Zijn er blijvende gevolgen?' vraagt Tom.
'Kom maar langs als hij vinnen begint te krijgen, dan kijken we hem even na,' zegt de dokter.
Ik draag Fred als een baby in mijn armen en fluister liedjes in zijn oor. Hij valt algauw in slaap, uitgeput van het huilen en kokhalzen. Het zijn dezelfde liedjes die moeders al eeuwen voor hun kinderen zingen, een draad die de generaties met elkaar verbindt.
Het is bijna drie jaar geleden dat we Fred uit ditzelfde ziekenhuis naar huis droegen. Ik voel de tijd als zand door mijn vingers glippen. Misschien is het maar goed dat we ons niet meer dan fragmenten van hun kindertijd herinneren als we ouder worden; anders zou het verlies te groot en ondraaglijk zijn.
We zijn thuis, maar we kunnen onmogelijk slapen. Angst is moeilijk te beheersen als die eenmaal in je bloed zit. Tom, die meestal in slaap valt zodra hij in een horizontale houding wordt geplaatst, ligt klaarwakker naar het plafond te staren.
'En, wat vond je ervan?' vraagt hij.
'Ik had die pillen in het medicijnkastje moeten leggen,' zeg ik.
'Niet daarvan,' zegt hij. 'Ik bedoel: wat vond je van Guy?'
'Ik weet het niet zeker. Ik denk niet dat hij betrouwbaar is, maar hij had wel een soort kwetsbaarheid over zich die ik niet had verwacht,' zeg ik.
Tom snuift.
'Beschikbaarheid, zul je bedoelen,' zegt hij. 'Hij is gewoon een typetje.'
'Wat voor typetje?' vraag ik.
'Het soort man dat buiten de deur neukt en dat probeert te rechtvaardigen door mensen medelijden te laten hebben omdat hij niet begrepen wordt,' zegt hij. 'Dat is een uitstekende strate-

gie als je veertig bent, een strategie die je misschien zelfs door je jaren als veertiger heen kan helpen. Het enige verrassende was dat hij me zo bekend voorkwam. Ik geloof dat ik hem al eens ergens heb ontmoet.'

15

Het is beter één dag als een tijger te leven
dan duizend jaar als een schaap.

Als het leven uit balans raakt, ontgaan ons essentiële aanwijzingen, en andere worden onderwerp van veel te veel onderzoek. Dus vergat ik het gevoel van déjà vu dat Tom bij Guy had al snel. In plaats daarvan maakte ik me druk over een kwestie die mij rechtstreeks betrof, want begin februari, in een jaargetijde waarin elke vrouw een dagelijkse dosis sublimiteit verdient, verdween Robert Baars, zonder enige verklaring voor zijn afwezigheid.

Elke maandag begon ik naar school te wandelen met een klein sprongetje in mijn stappen, in de hoop dat dit de dag zou zijn waarop hij zou opduiken. Tegen het einde van de week vertraagde mijn tempo en hingen mijn schouders af bij het vooruitzicht van wéér een weekend vol onvervulde verwachtingen. Ik keek te vaak of ik gemiste oproepen op mijn mobieltje had staan en schreef hem e-mails die ik nooit verstuurde, omdat ik de juiste toon niet kon vinden en bang was dat ik ze ongewild aan de verkeerde zou sturen. Zijn vrouw en de au pair verschenen op school met de kinderen. Ik probeerde hen te negeren, omdat ik niet wilde dat ze mijn dagdromen bezoedelden.

De weken sleepten zich voort zonder dat ik hem ook maar even zag. Beroemde Vader verdween een maand naar Los Angeles om zijn film te promoten. Tom was door de week vaak lang in Milaan. Cathy had het druk met haar twee mannen. En Emma probeerde nog steeds om van haar appartement een thuis te maken met zowel meubels als een man te leen van een ander.

Eigenlijk belde ze niet zo vaak meer, en als ze belde praatte ze minder over Guy. Er was sprake van een reisje naar Parijs, een nieuwe promotie op haar werk en ze had het een keer over een nieuwe auto, maar dat was om me onder de neus te wrijven dat ik haar verjaardag vergeten was. Ik weet dit aan een combinatie van mijn onbetamelijke optreden bij het diner en aan het feit dat haar relatie in een rustiger fase was beland. Daar liet ik het bij. Vriendschappen komen soms weer tot bloei als ze een poosje verwaarloosd worden, net als tuinen. Al bleek dat alweer een ongelukkig verzuim.

Zelfs Yammie Mammie nr. 1 was verdwenen en stuurde haar huishoudster om de kinderen naar school te brengen. Nu mijn eigen vluchtroute opeens afgesloten leek, benijdde ik hen allemaal omdat ze ergens anders heen konden, zonder te bedenken dat de plek waar je heen gaat niet noodzakelijkerwijs bevredigender is dan die waar je vandaan komt.

Ik bleef over met Supermoeder, die lessen Latijn volgde om haar oudste zoon te kunnen helpen met zijn huiswerk. 'Errare humanum est. Ego te absolvo,' zei ze op een ochtend. 'Je mag je functie houden.'

Ik gaf antwoord met het enige Latijn dat ik niet vergeten was. 'Non sum pisces,' zei ik, wat 'ik ben geen vis' betekent. Ze keek verbaasd. 'Ik had niet verwacht dat jij Latijn zou spreken, Lucy.'

Ik maakte me niet meer druk over wat ik 's ochtends aan moest en gooide Toms grote overjas over mijn snel bijeengeraapte outfits, zodat niemand merkte dat ik me terugtrok in mezelf. Ik begon te denken dat ik Robert Baars nooit meer zou zien en werd boos omdat ik hem mijn humeur zo liet beïnvloeden, vooral op een moment dat het beter met me ging. Aan de andere kant was er, nu hij verdwenen was, geen reden meer om Tom over hem te vertellen. Hij was een historische figuur geworden. Mijn zelfverzekerdheid nam af en ik raakte ervan overtuigd dat hij mij probeerde te mijden, omdat zijn genegenheid nu ergens anders lag.

Er waren dagen dat ik er moeite mee had me te herinneren hoe Robert Baars eruitzag, al kon ik niet vergeten hoe ik me bij hem voelde. Ik kon me elk trekje op zich wel voor de geest halen, maar ik kon er geen samenhangend geheel van maken. Ik kon me zijn groene ogen herinneren, maar dan werd zijn neus onscherp; ik kon de stand van zijn kin voor me zien, maar werd dan onzeker over de vorm van zijn lippen. Hij werd een puzzel van deels onthouden trekken die niet in elkaar versmolten. Ik keek naar schoolfoto's van zijn dochter om zijn gezicht te vinden, maar besloot algauw dat zij veel meer op haar moeder leek, wier vlotte loopje en kwajongensuiterlijk mij intussen bekender waren dan dat van haar man.

Het weer in februari benadrukte wat er allemaal niet kon, in plaats van wat er wel mogelijk was. Er viel weinig regen, alleen eindeloze dagen van vochtig gemiezer. Ondanks alle aanwijzingen was het niet de koudste winter sinds 1963, alleen maar de grauwste. Mijn triomf over de verwarming verloor zijn betekenis. Ik putte enige troost uit de herhaling van dagelijkse rituelen: boterhammen met kaas in plastic verpakken, Fred duwen op de schommel in lege parken, stoppen om naar straatschoonmakers te kijken die met machines als reusachtige haardrogers bladeren op een hoop bliezen, en dan kijken hoe de wind ze naar de andere kant van de straat liet dansen voordat de mannen ze konden verzamelen. De kinderen stelden elke ochtend dezelfde vragen en omdat de antwoorden zo bekend waren, kon ik praten en denken tegelijk.

'Is dat twee stappen vooruit en eentje achteruit?' vroeg Sam, wijzend op de mannen die bladeren bliezen.

'Dat is het precies,' zei ik. 'Geeft niets, het voorjaar komt eraan.'

'En wat komt er dan, mam? Komt dan de zomer?' vroeg Joe. Kinderen dwingen je vooruit, en in deze tijd van het jaar is dat maar goed ook.

Op de achtergrond oefende Fred zijn dagelijkse inventarisatie van de strepen op de weg. 'Enkel geel,' zei hij en hij leunde daarbij uit zijn buggy om het plaveisel te onderzoeken. En een paar minuten later: 'Dubbel geel.' Elke markering op de weg was zijn commentaar waard.

'Stippellijn,' kraaide hij triomfantelijk, want die zijn er niet zoveel.

Sam verzamelde de brede elastieken die de postbodes op de grond laten vallen. Ik dacht aan alle dingen die me niet waren opgevallen voordat ik kinderen had gekregen: dat mensen in de meeste andere Europese steden aardiger zijn voor moeders en kinderen; dat je niet in je eentje naar het toilet kunt gaan, dat je niet alles kunt hebben.

'Ik snap niet waarom ze bladeren oprapen en elastieken laten vallen,' zei Sam.

Begin maart zit ik op een woensdagochtend lusteloos met een tamboerijn te schudden bij Muziekgroep de Moppies en verzoek Fred dringend om minder woest te zwaaien met zijn sambaballen, omdat hij het kleine meisje naast hem bang maakt. Ik bedenk dat mijn kinderen over twintig jaar naast mensen zullen werken die Tiger en Calypso heten, in plaats van Peter en Jan.

Hoewel er aftandse stoelen met skaizittingen langs de wanden van het kerkgebouw staan, moeten wij om redenen die ik nooit heb begrepen op schuimrubberen matten op de vloer zitten met onze kinderen tussen onze benen, uit eerbied voor de vrouw die de groep leidt en op ons neer mag kijken vanuit haar stoel. Het is koud en ongemakkelijk, en na afloop slapen mijn dijen en billen, wat opstaan tot een pijnlijke ervaring maakt. Maar het idee van zelfopoffering en lijden voor Fred geeft mij een vroom gevoel dat meestal de rest van de dag aanhoudt, hoewel die duizeligheid misschien meer te maken heeft met het inademen van een combinatie van bleekwater en ontsmettingsmiddel. Het kerkgebouw doet namelijk, behalve als ontmoetingsplaats voor moeders, ook dienst als daklozencentrum, beide groepen die deel uitmaken van de rechtelozen.

Vandaag heb ik dubbele pech, want ik zit naast de vrouw die door de moeders met alleen zonen de Zelfingenomen Moeder van Dochters wordt genoemd, oftewel ZMD. In een goede week beperkt ze zich tot diepe zuchten en zelfvoldane opmerkingen.

'Mijn meisjes eisen heel weinig aandacht, ze kunnen hele dagen tekenen,' zegt ze met een blik op de jongens die wild door de gang rennen, met hun moeder achter hen aan. Op een slechte dag mompelt ze over hyperactiviteit en het toevoegen van Ritalin aan de nationale watervoorziening. Elke week zweer ik dat haar borst aan het eind van het uur zo opgeblazen is als die van een kalkoen.

'Maakt die wilde jongen je bang?' vraagt ze aan haar dochter en ze kijkt naar Fred. Mijn haren gaan recht overeind staan en ik bijt op mijn tong.

'Weet je dat ik geen derde kind wilde omdat ik bang was dat ik een jongen zou krijgen?' gaat ze verder.

'Dat is jammer, want misschien was je dan niet zo'n kreng geworden.' Ik schrik al van mezelf terwijl de woorden nog uit mijn mond tuimelen. Ze kijkt me verbijsterd aan en schuift over de vloer om zoveel mogelijk afstand tussen ons te scheppen, wat nog niet meevalt als je samen op een schuimrubberen matje zit. De deur van het kerkzaaltje gaat open en een bekende kop met haar verschijnt, iets langer en wilder dan toen ik hem voor het laatst heb gezien en duidelijk ongewassen. Robert Baars komt binnen met zijn peuter. Mijn stemming stijgt en ik schud mijn tamboerijn met hernieuwde levenslust. Hij kijkt een beetje geschrokken als hij Fred en mij ziet, omdat dit een ongeplande ontmoeting is.

Hij is laat, een overtreding die normaal gesproken minstens tot een verzengende blik van de vinnige leidster zou leiden. Als hij haar echter een van zijn charmante glimlachjes toewerpt, zie ik haar blozen en ze nodigt hem uit om mee te doen, waarbij ze gedecideerd op een plekje naast haar wijst. Hoe gemakkelijk smelten vrouwen van mijn leeftijd bij een beetje aandacht. We weten dat er jaren van onzichtbaarheid in het verschiet liggen.

Ondanks haar inspanningen wijst Robert Baars de avances van de leidster van Muziekgroep de Moppies af en kiest een plek naast mij en Fred, iets waar ik later voor zal moeten boeten. Dat weet ik nu al. Haar welwillendheid strekt zich meestal niet uit tot moeders.

Terwijl ik ruimte maak op de mat, bedenk ik dat we tijdens onze hele flirt nog niet zo dicht bij elkaar zijn geweest. Vergeet pubs en cafés; als je dicht bij een man wilt komen, zijn peuter-muziekgroepen de aangewezen plaats. Het grootste deel van mijn rechterzij raakt hem aan, al is het genoegen wat minder doordat ik geen gevoel meer heb in mijn bovenbeen. Bij de gedachte dat ik een uur lang vlak naast hem zal zitten, zie ik de eindeloze refreinen van *De Maneschijn* in een heel ander licht. Omdat het initiatief van hem uitgaat en we omringd worden door andere mensen, besluit ik dat ik gewoon mag genieten van het moment, dat des te heerlijker is door de lange periode van droogte die eraan voorafging.

Nu is dat allemaal vergeten en met Fred tussen mijn benen zwaai ik vervuld van herboren enthousiasme met de tamboe-rijn.

'Stop, mama, stop,' zegt hij, met plakvingertjes aan mijn bloes trekkend.

'Sst, Fred,' zeg ik tegen hem en ik schud energiek met het instrument om zijn gebrek aan activiteit te compenseren.

'Mevrouw Sweeney, mevrouw Sweeney,' zegt de leidster van de muziekgroep. 'Er klimmen geen spinnen meer op het hek. U mag nu stoppen.' Ik kijk rond en zie iedereen me aanstaren, inclusief Robert Baars, die me behoedzaam bekijkt.

'Je lijkt erg enthousiast, Lucy,' fluistert hij in mijn oor.

'Ik laat me soms meeslepen,' fluister ik terug, genietend van het gevoel van zijn adem in mijn nek. Ik ben zo dichtbij dat ik hem kan ruiken. Ik doe mijn ogen dicht en ruik een scherper mengsel van zweet, koffie en tandpasta dan anders. Ik vraag me af of hij hetzelfde doet en heb spijt dat ik vergeten ben deodorant op te doen. Maar goed, zo ontdekken we of onze genetische opmaak te combineren valt.

'En wat doet het schaapje?' roept de leidster, waarmee ze mijn gedroom doorbreekt.

'Baaa,' hoor ik mezelf enthousiast krijsen. Er valt een ijzige stilte.

'Dat vroeg ik aan de kindertjes, mevrouw Sweeney,' zegt ze kil.

'Waar zat je?' fluister ik tegen Robert Baars.

'Mijn vrouw heeft een paar maanden verlof genomen terwijl ik mijn boek afmaak,' fluistert hij terug. 'Ik wilde je bellen, maar ik vond, eh... dat het te veel zou afleiden.'

Ik heb een pakje appelsap in mijn hand en ben zo verrast door zijn opmerking dat ik er te hard in knijp; uit het rietje spuit een natte straal recht in zijn gezicht.

'Een voltreffer,' zegt hij, bij het afvegen van zijn ogen en het groene jasje dat er zo goed bij past. Tom heeft gelijk. Deze aandacht voor details is niet onbewust. Of het voor mij in het bijzonder is of voor vrouwen in het algemeen valt nog te bezien. Ik zie dat alle ogen weer op ons gericht zijn.

'Ik vergeet altijd wat voor mengeling van pijn en genoegen jij met je meebrengt,' zegt hij. 'Kwelling en extase.' Ik krijg het nog warmer.

'Wilt u de gesprekjes bewaren voor na de les?' zegt de leidster streng.

Ik doe mijn tas open en begin blindelings naar doekjes te zoeken, maar Fred heeft genoeg van me en kronkelt tussen mijn benen. Hij raapt kruimeltjes chocoladekoek op die aan de vloer vastgeplakt zitten en stopt ze in zijn mond. Zijn handen en zijn gezicht zitten vol chocola. Ik hou zijn handjes gevangen, zodat hij zich niet verder vies kan maken. Zelfingenomen Moeder van Dochters kijkt afkeurend toe.

Robert Baars biedt aan me te helpen zoeken en in de geest van deze nieuwe familiariteit laat ik hem in mijn tas rommelen terwijl ik mijn plakkerige peuter vasthou. Ik trek Fred dicht tegen me aan en geniet met volle teugen van de zachte vlezigheid van zijn dijen en bips. Ik kietel hem in zijn nek en word beloond met slobberige kusjes in chocoladesmaak. Dit is tenminste een genoegen dat niet te lijden heeft van herhaling.

Uit mijn tas trekt Robert Baars, niet noodzakelijkerwijs in die volgorde, een klokhuis, een Bob de Bouwer-onderbroek (schoon), een paar lollystokjes en dan de superstunt: een boterham met kaas, in plastic, groen en blauw van de schimmel.

'Jouw tas leeft,' zegt hij. 'Het verbaast me dat hij geen tamboerijn speelt.'

'Probeer het zijvakje,' zeg ik dringend en ik schud heftig met mijn sambaballen. Hij trekt een condoom tevoorschijn en draait ermee alsof hij er nog nooit een heeft gezien. O god. Hoe is dat daar terechtgekomen? Zou hij denken dat het voor hem is?

De muziek stopt en de leidster kijkt ons vernietigend aan. Het zaaltje is stil geworden, op wat brullende kinderen na.

'Ik heb er een bij me voor als de kinderen zich onderweg vervelen in de auto,' hoor ik mezelf tegen de groep moeders en Robert Baars zeggen. 'Je kunt ze opblazen, dan zijn het net ballonnen.'

'Mevrouw Sweeney,' zegt de leidster. 'Zo is het echt wel genoeg. Ik moet u en uw vriend vragen de zaal te verlaten.'

Robert Baars verzamelt onze peuters en we trekken ons beschaamd terug. We zijn verwijderd uit de muziekgroep. Zelfingenomen Moeder van Dochters is zo opgeblazen dat ik vrees voor ontploffing.

'Nou, dat was een kort genoegen,' zegt hij buiten op de stoep. Het miezert weer. Ik besluit hem een lift naar huis aan te bieden en probeer me te herinneren hoe groot de rommel precies is.

'Zal ik je thuis afzetten?' vraag ik aarzelend, omdat hij de laatste keer een lift van mij weigerde.

'Dat zou fijn zijn,' zegt hij. 'Zolang we niet bij een benzinestation hoeven te stoppen.'

We zetten de kinderen achterin en ik merk dat hij zijn adem inhoudt als hij zich naar binnen buigt om de veiligheidsriem vast te maken, en pas uitademt als hij weer buiten op de stoep staat.

'Voorin valt het wel mee,' zeg ik.

'Ik weet nooit wat ik hier zal aantreffen,' lacht hij nerveus. 'Het is altijd net iets avontuurlijker dan ik verwacht. Waar gaan we heen?'

'Wat denk je van een wandeling op de Heath?' stel ik gedurfd voor. 'Of moet je werken?'

'Ik vind dat ik wel een kleine pauze verdien,' zegt hij.

Hij zoekt iets op de vloer en vraagt of er iets te drinken is. Ik ben bezig met een moeilijke afslag over een drukke weg vol verkeer en zeg hem zonder na te denken dat hij naar de achterbank moet kijken. Voordat ik 'carburateur' kan zeggen zie ik Robert Baars een plastic fles met gele vloeistof oppakken en dorstig slikken.

Dan maakt hij een geluid dat het midden houdt tussen pijn en walging en spuugt de drank over mij uit.

'Wat doe je?' hoor ik mezelf roepen. 'Ik ben drijfnat.'

'O mijn god, wat is dat? Wat ranzig, het smaakt naar pis,' zeg hij met waterige ogen.

Ik begrijp direct dat hij wat wij de 'piesfles' noemen heeft gepakt. Al vroeg in de ouderschapsbeleving ontdekte ik dat we nooit ergens op tijd zouden zijn als we telkens zouden stoppen wanneer er een van de jongens moest plassen. Dus zijn alle drie de kinderen op jonge leeftijd getraind in het gebruik van een plastic fles.

Hij snuffelt voorzichtig aan de vloeistof die nog in de fles zit.

'Het is pies, hè Lucy?' schreeuwt hij.

'Vond je niet dat het een vreemd kleurtje had?' is mijn weerwoord.

'Ik dacht dat het AA-drank was, zo'n soort sportdrankje,' zegt hij. 'Denk je dat ik naar de dokter moet? Of naar de eerstehulpafdeling?'

'Nee,' zeg ik ferm. 'Doe niet zo belachelijk. Sommige mensen drinken urine voor medicinale doeleinden. Tito, lady Di…'

'Maar dat is vers. Er zit een liter pies in deze fles. Hoe lang ligt dat er al, Lucy?' vraagt hij dringend.

'Echt, het komt helemaal goed met je,' zeg ik geruststellend en ik vraag me af of hij het soort man is dat vindt dat een vrouw moet douchen voor hij met haar het bed in duikt.

'Breng me alsjeblieft naar huis, ik moet echt mijn tanden poetsen,' smeekt hij.

Ik besluit dat dit uiteindelijk toch een voornamelijk positieve ontmoeting was.

Tom komt op een vrijdagavond laat thuis. Ik lig al in bed als hij de kamer in stommelt met zijn koffer, zo moe dat ik niet zeker weet of ik slaap of niet. Hij doet het licht aan en ik knijp mijn ogen dicht terwijl hij alweer een nieuwe pyjama aantrekt. Hij is in een opgewekte stemming. Dat weet ik omdat hij alleen het middelste knoopje dichtmaakt.

De bouw van zijn bibliotheek is begonnen, vertelt hij opgewonden. Enorme blokken beton, zo groot dat ze vrachtwagens hebben moeten vorderen die eigenlijk voor het vervoer van gevelde bomen worden gebruikt, om ze in langzaam konvooi door Milaan te vervoeren, zodat het verkeer een dag stillag.

Er stond een stuk over hem in de krant en hij duwt me de *Corriere della Sera* in handen met de kop 'Il genio inglese'. En een foto van hem eronder, met zijn arm rond een aantrekkelijke brunette die niet naar de camera kijkt, maar naar hem.

'Wie is dat?' vraag ik.

'Dat is Kate,' zegt hij. 'Ze is een van de junior-architecten die aan het project werken.'

'Ze is heel aantrekkelijk,' zeg ik.

'Ze is een oude vlam van Pete,' zegt hij afwijzend.

'Gaat ze op al je reizen mee?' vraag ik.

'Ja,' zegt hij. 'En voordat je het vraagt: het antwoord is nee.'

Haat jegens de Italiaanse bureaucratie, die gezorgd heeft dat het project bijna twee jaar moest worden uitgesteld, is vervangen door liefde voor Lombardische kazen. Hij haalt een grote plak gorgonzola, een stuk grana padano en een Milanese salami uit zijn koffer. Hij heeft zelfs een truffel mee naar huis gebracht, gewikkeld in een stuk keukenrol, die hij van plan is elke ochtend over roereieren te schaven. Hij zwaait ermee onder mijn neus en ik maak dankbare geluiden van waardering. Hij haalt de kazen uit hun verpakking, legt ze in een rij op de ladekast en sluit zijn ogen om er met een extatisch gezicht aan te snuffelen.

'Ze lagen te slapen,' verklaart hij.

'Ik ook,' zeg ik en ik probeer niet nors te klinken.

'Ze moeten ademen,' zegt hij, op de uitgepakte kaas wijzend.

'Wij ook,' zeg ik en ik sta met tegenzin op om ze naar beneden te brengen.

Dat blijkt een goed idee, want op de keukentafel vind ik een brief van Petra die vanmorgen bij de post zat. Het is een kort en formeel briefje, met correct geplaatste leestekens, in haar bekende nette handschrift. Ik lees het nog eens door om zeker te zijn dat ik het niet verkeerd begrepen heb:

Lieve Lucy,

Lees dit alsjeblieft als Tom er niet is en vernietig het dan, want ik weet dat je het anders op de keukentafel zult laten liggen. Toen ik bij jou in Londen logeerde voordat ik naar Marokko vertrok, ruimde ik op een ochtend je bureau op en vond een aantal rekeningen en brieven van schuldeisers waaruit bleek dat je aan verschillende mensen een aanzienlijk geldbedrag verschuldigd bent. Ik hoop dat je me niet bemoeiziek vindt. Het geld van de verkoop van mijn huis is eindelijk binnengekomen en ik sluit een cheque bij die dat probleem voor een goed deel zal oplossen. Ik begin te wennen aan het leven in Marrakech.

Veel liefs,
Petra

PS: Lees dat boek over Mrs. Beeton. Niemand van ons is wat hij lijkt, maar ik zou toch een specifieke dag voor de was aanbevelen.

Onderweg naar boven prop ik de brief en de cheque van tienduizend pond in de bovenste la van mijn bureau en voel de onwennige lichtheid van het bestaan. Dit betekent respijt. Ik ben al aan een lijst begonnen van wie ik eerst moet afbetalen, met de aardige deurwaarder bovenaan.

Toms vrolijkheid is aanstekelijk, dus als ik terugkom vind ik het een goed moment om te vragen of hij volgende week wil oppassen, zodat ik uit kan om Emma's meest recente promotie te vieren. Ik weet dat zijn project halverwege volgende week weer een ramp zal beleven en dat zijn stemming navenant zal dalen.

'Dat is prima,' zegt hij. 'Er komt die avond iemand langs om me te interviewen voor een stuk in de *Architects' Journal*. Heb ik je verteld dat een van de Italiaanse architecten ons zijn huis in Toscane heeft aangeboden voor twee weken?'

'Wat fantastisch,' zeg ik, oprecht enthousiast. 'Zonder tenten?'

'Zonder tenten,' zegt hij. 'Een palazzo met een wijngaard nog wel. Hoewel ik niet geloof dat het kamperen het fiasco van Norfolk helemaal kan verklaren.'

'Wat dan wel?' vraag ik.

Hij krijgt geen kans om te antwoorden omdat de telefoon op het nachtkastje rinkelt. We kijken er allebei wantrouwig naar, want telefoontjes midden in de nacht kondigen meestal slecht nieuws aan. Ik buig me over hem heen om op te nemen, maar Tom legt zijn hand stevig op de hoorn en laat hem precies vijf keer overgaan.

'Hallo,' zegt hij voorzichtig. 'O, Emma, wil je Lucy spreken? Ik geef haar meteen.'

'Ze klinkt een beetje vreemd,' fluistert hij met zijn hand over de verkeerde kant van de hoorn. Toms goedgunstigheid ten aanzien van mijn vriendinnen strekt zich niet uit tot het omgaan met emotionele crises.

'Lucy, met mij,' zegt Emma. Ze huilt niet, maar ze klinkt ademloos en paniekerig.

'Is ze ziek?' vraagt Tom, die aan mijn arm trekt. 'Misschien is ze zo'n hooggeplaatste vrouw die een ziekte krijgt die eerder bij mannen hoort, zoals een hartaanval of een hersenbloeding. Daar heb ik over gelezen op internet.'

'Waar ben je?' vraag ik. Ik negeer Tom, want zelfs als hij het over de kwalen van anderen heeft, praat hij nog over zichzelf.

'Ik sta buiten voor je huis,' zegt ze. 'Kom je naar beneden?' Ik ga naar het raam, doe het gordijn open en zie haar naar me zwaaien vanuit een oude kobaltblauwe Mercedes-sportwagen die ik niet ken. Dat moet een cadeau van Guy zijn geweest.

Ik denk aan mijn vorige verjaardagscadeau van Tom: een geurkaars uit een warenhuis die naar verbrande suiker en chemicaliën rook toen ik hem aanstak. Het was een lichte verbetering ten opzichte van het jaar daarvoor, toen hij me een manicureset gaf. Bij nader inzien besluit ik dat het die prijs waard is om je man niet te hoeven delen. Dan herinner ik me hoezeer de kwaliteit van zijn cadeaus recentelijk is verbeterd.

'Kun je niet binnenkomen?' vraag ik Emma.

'Nee, ik heb iets vreselijks gedaan en ik moet er nu iets aan doen,' zegt ze, langzaam en duidelijk om de ernst van de situatie te benadrukken. 'Zeg alsjeblieft dat je me zult helpen.'

'Wat je ook gedaan hebt, Em, zo erg kan het niet zijn,' zeg ik.

'Waar ga je heen?' vraagt Tom.

'Crisis,' fluister ik hem toe.

'Trek je iets donkers aan?' zegt Emma. 'Ik kan zien dat je je pyjama nog aanhebt. Ik leg alles uit als je beneden bent. Het spijt me erg.'

Emma is niet gewend zich te verontschuldigen. Ik denk zelfs dat dit de eerste keer is dat ze tegen mij zegt dat iets haar spijt. Het is niet dat ze niet weet wanneer ze iets verkeerds heeft gedaan; ze geeft gewoon niet graag toe dat ze het mis zou kunnen hebben. Ze is een vrouw met overtuigingen.

Ik doe de voordeur open en klim bibberend van kou en vermoeidheid in de passagiersstoel van haar auto, waar ik de warme geur van oude leren stoelen inadem en het houten dashboard met zijn wijzers en notenhouten afwerking bewonder. Ik zou er graag zo een willen hebben. Even denk ik aan de cheque van Petra in de la van mijn bureau.

'Heb je een Thelma & Louise-moment?' vraag ik haar als ze Fitzjohn's Avenue af rijdt en dan, volgens de instructies van de draagbare satellietnavigator boven op het dashboard, naar het westen in de richting van Maida Vale gaat.

'Het is toch niet ten zuiden van de rivier?' vraag ik, want ik heb al eens eerder gehoord dat mensen de rivier in werden gestuurd door hun satellietnavigator.

'Nee, Notting Hill,' zegt ze.

Emma rijdt altijd harder dan ik. Ze houdt haar hand constant op de versnellingspook en schakelt op en neer in plaats van te remmen. Eigenlijk doet ze, sinds we elkaar eind jaren tachtig hebben leren kennen op de universiteit van Manchester, alles al sneller dan de rest van de wereld. Ik kan me haar voorstellen als kind, zuchtend van verveling toen haar vierjarige vriendinnetjes liever met poppen wilden spelen dan met make-up experimenteren. En dan gefrustreerd als tiener toen haar vriendinnen urenlang goedkope make-up opsmeerden, terwijl zij zich al een natuurlijke look had aangemeten waar geen foundation in indianenkleuren aan te pas kwam.

Ik heb foto's gezien van haar als kind en zelfs toen zag ze er al gepolijster uit dan wij. Als overtuigd Londenaar begon ze aan de universiteit met alle voordelen die het grotestadsleven met zich meebrengt. Ik kocht mijn kleding uit nood in tweedehandswinkels en ontwikkelde een look die ik het best kan beschrijven als hobbezakkerig, met de nadruk op slecht passende gebreide vesten en overmaatse jassen, maar zij combineerde al goedkope ouderwetse kleding met dingen van Miss Selfridge. Zij wist hoe je cocaïne moest snuiven zonder te niezen en de pret voor alle anderen weg te blazen. Ze zong in een band. Zelfs de scheiding van haar ouders leek opwindend, met al de bordengooiende verwijten. Naast Emma voelden wij ons allemaal alsof we geen levenservaring hadden. In die tijd leek ze door haar voorzichtigheid en cynisme cool, niet kribbig. Op haar negentiende was ze het leven al zat. Ze was ook de enige die ik kende die zeker wist wat ze wilde gaan doen als ze van de universiteit kwam. Tijdens onze laatste twee jaar in Manchester werkte ze elk weekend bij een plaatselijke krant. Zij wist al waar ze heen ging toen wij nog nauwelijks op de kaart hadden gekeken.

In ons laatste jaar kwam ze met Cathy een weekend bij mijn ouders logeren. Dat was het weekend dat mijn beeld van haar zich goed uitkristalliseerde. Mark was een paar dagen thuis om zijn wonden te likken na zijn meest recente opgebroken relatie. Hij wilde er met mij over praten. Toen Emma de kamer in liep, verdween zijn misère over zijn onvermogen om trouw te blijven echter als sneeuw voor de zon.

'Hoe kan ik nu één vrouw kiezen als er zoveel prachtige vrouwen rondlopen?' zei hij.

'Maar is er dan niet eentje die je prachtiger lijkt dan alle anderen?' vroeg ik met enige wrevel in mijn stem.

'Ze zijn allemaal fantastisch op verschillende momenten,' zei hij.

'Je kunt geen vriendin hebben voor elke stemming,' zei ik vastberaden.

'Maar dat kan wel, dat is juist het probleem,' zei hij. Terwijl ik hem nog streng toesprak over de noodzaak van een tijdje braak blijven liggen voordat hij zich in een nieuwe relatie zou storten, wierp hij bij zijn antwoorden al vurige blikken op Emma.

Tegen het eind van die eerste avond deden Mark en Emma hun best om flauwe smoesjes te verzinnen om samen alleen te zijn. Het was niet de eerste keer dat hij voor een vriendin van mij viel en ik wist bijna zeker dat het niet de laatste keer zou zijn. Dit was echter wel de eerste keer dat iemand hem niet terugbelde. Een paar maanden later kreeg Mark het bittere venijn van een afwijzing te verduren. Daar werd nooit met mij over gesproken, noch door hem, noch door Emma, maar Mark droeg zijn gekrenkte trots altijd met zich mee.

Tegen die tijd waren Cathy en ik eraan gewend dat Emma altijd het middelpunt van de voorstelling was. Ik was tevreden met mijn status van toeschouwer. Het leven hoefde niet om mij te draaien; ik draaide om het leven, en vond dat wel zo comfortabel.

Onderweg naar Notting Hill krijg ik weer dat gevoel een toeschouwer te zijn van Emma's leven, maar als ze de motor afzet in een donkere straat vlak bij Colville Terrace weet ik dat ze dit keer meer van me verlangt.

'Lucy, je weet dat ik meestal een verstandig mens ben die zelden haar zelfbeheersing verliest,' begint ze en ze draait in haar stoel zodat ze me aan kan kijken. Ik knik. Maar ik geloof het niet langer.

'Nou, de afgelopen maand verkeerde ik in een totale staat van verwarring,' zegt ze. 'Ongeveer vier weken geleden vertelde Guy me dat hij had besloten om zijn vrouw te verlaten en bij mij in te trekken.' Ze zwijgt even voor het dramatische effect en ik mompel gewillig een paar passende bijvoeglijke naamwoorden. Het voelt ineens heel laat aan, en mijn lichaam wil slapen.

'Dat is fantastisch,' zeg ik slaperig en ik vraag me af waarom ze helemaal naar Notting Hill moest rijden om me dit te vertellen.

'Dat zou het ook zijn, behalve dat hij het niet heeft gedaan. Begin deze week zag ik op zijn BlackBerry dat ze in augustus twee weken vakantie hebben geboekt op Sicilië. Toen ik hem daarop aansprak zei hij dat hij nog één keer op vakantie ging met het hele gezin en haar dan alles zou vertellen. Toen zouden we dit weekend samen naar Parijs gaan, en op het laatste moment belde hij af omdat hij met hen wilde gaan skiën in Frankrijk. Ineens drong het tot me door dat hij altijd een excuus zou vinden om het haar niet te vertellen, en dat ik nog jaren zou kunnen blijven wachten, oud en verbitterd, of dat hij het misschien wel nooit zal vertellen. Dus besloot ik om het heft in eigen handen te nemen.'

Ik ga overeind zitten en rek me uit, te moe om te bedenken wat er zou kunnen volgen.

'Dus heb ik vanavond iets radicaals gedaan. Ik wist dat ze weg waren, dus ik belde naar zijn huis en liet een bericht achter dat waarschijnlijk hun hele antwoordapparaat in beslag neemt, met een gedetailleerd verslag van onze verhouding en alles wat er gebeurd is.'

Ik kijk haar ongelovig aan.

'Maar hij blijft nooit bij je nadat je zoiets gedaan hebt,' zeg ik. 'Zijn vrouw raakt volkomen van streek.'

'Precies,' zegt ze, met haar hoofd op het stuur. 'En daarom zijn we hier. We moeten hun huis in om dat bericht te wissen.' Ze gaat resoluut rechtop zitten, opent het portier, stapt uit, trekt een paar gele keukenhandschoenen aan en geeft mij ook een paar.

'We mogen geen vingerafdrukken achterlaten,' zegt ze. 'Geef me die handtas eens aan, Lucy.' Ze komt het portier aan mijn kant opendoen en wijst naar mijn voeten. Het is haar geliefde Chloe Paddington. Hij is zo zwaar dat ik hem met twee handen moet optillen.

'Ik ga dit doen, met of zonder jou,' zegt ze met ijzeren vastberadenheid. Ik maak de tas open en kijk erin. Hij zit vol gereedschap. Een paar schroevendraaiers, een boor en een fors uitziende hamer. Ik doe hem onmiddellijk weer dicht en klamp me eraan vast. Emma probeert hem uit mijn handen te trekken.

'Je bent krankzinnig,' zeg ik. 'Ik ga nu meteen Tom bellen.'

'Ik heb geen keus,' zegt ze. 'Ik heb een verkeerde beslissing genomen en als ik dit doe, kan ik de loop van de geschiedenis veranderen. Ik beloof je, Lucy: als je me helpt, maak ik het uit met Guy. Uiteindelijk.'

'Maar je zei dat je dit doet zodat hij niet bij je weggaat!' zeg ik.

'Lucy, het is niet zo erg als het eruitziet,' zegt ze en ze negeert mijn opmerking. 'Ik heb de huissleutels van zijn secretaresse gekregen en ik weet hoe ik het alarm uit moet zetten. Dit is gewoon rugdekking voor als het antwoordapparaat in een afgesloten kamer staat. Ik heb een plan. Vergeet het gereedschap. Er zal toch wel wat in huis zijn?'

Ze loopt bij de auto weg, de straat uit. Ik mag haar volgen, worstelend met haar Chloe-tas. Het is een gevaarlijk uur van de nacht om alleen buiten rond te lopen, hoewel wij in onze donkere kleding en met die gele rubberhandschoenen waarschijnlijk van het soort zijn dat je beter uit de weg kunt gaan. Ze begint langzaam te joggen en trekt een muts over haar gezicht.

'Voor het geval er camerabewaking is,' zegt ze, alsof ze dit eerder heeft gedaan.

Ik doe mijn best om haar bij te houden en slaag er uiteindelijk in op een sukkeldrafje naast haar te blijven terwijl we Powis Square oversteken. Mijn buikjes hobbelen onplezierig op en neer. Ik ben zo buiten adem dat ik niet kan praten. We vinden een soort ritme en gaan een geplaveid steegje in. Mijn borst doet pijn van de inspanning.

Ineens krijg ik een visioen. Ik weet heel zeker dat Emma de eerste straat links gaat nemen en dat we zullen uitkomen bij een groot, vroeg-victoriaans huis in St. Luke's Road. Ik ben er nog nooit geweest, maar ik weet wie er in dat huis woont.

Op dat moment weet ik namelijk volkomen zeker dat Emma, in een van die vreemde toevalligheden waaruit het hele leven bestaat, een verhouding heeft met de man van Yammie Mammie nr. 1. Er zijn al veel aanwijzingen geweest, maar ik werd zo in beslag genomen door mijn eigen dilemma's dat ik het voor de hand liggende heb genegeerd.

'Ik ken de mensen die hier wonen,' zeg ik tegen Emma terwijl we de treden voor het huis op lopen. Ik sta voorovergebogen met mijn handen op mijn knieën uit te hijgen.

'Natuurlijk, dit is het huis van Guy,' zegt ze en ze kijkt me vanonder de rand van haar muts aan. 'Gaat het wel, Lucy?'

'Ik bedoel dat ik zijn vrouw ken. En zijn kinderen,' zeg ik. 'Ze zitten op dezelfde school. Zij is iets tussen een kennis en een vriendin van me in. We komen trouwens volgende week hier voor een schoolfeestje.'

'Jezus, dat is niet zo mooi,' zegt ze, maar ze houdt niet op met sleutels uitproberen in het voordeurslot. Elke paar tellen kijkt ze nerveus de straat in om te zien of er niemand staat te kijken. Dit is Emma's drama en ze wil niet echt dat ik er een deel van opeis.

'Sorry dat ik je erbij betrokken heb, maar ik wist dat jij genoeg fantasie zou hebben om me te helpen. Jij bent zo onverstoorbaar.'

De voordeur gaat open en we staan in de gang van het huis van Yammie Mammie nr. 1.

'Vind je?' zeg ik een beetje verrast terwijl ik de deur achter me dichtdoe, want ik vergeet dat Emma altijd vleierij gebruikt om haar zin te krijgen. Ze trekt een papiertje uit haar zak en begint cijfers op het alarm in te toetsen.

'Ik denk dat het komt doordat je gewend bent aan onvoorziene situaties in vijandelijke omgevingen,' fluistert ze. 'Moeders zijn daar goed in.'

'Zo klink ik als iemand van de speciale strijdkrachten,' zeg ik rondkijkend. Ik weet niet wat ik verwachtte; ik had immers de luxe niet om me vooraf een beeld te vormen. Ik knip het licht aan en kijk omhoog naar een schitterende kroonluchter met veelkleurige kristallen die verschillende kleuren licht werpt op de roomkleurige muren. Ik moet met mijn ogen knipperen vanwege de felheid. Er staan een tafel en een bos bloemen naast een grote spiegel, en in die spiegel zie ik een zwart-wit familieportret onder aan de trap hangen.

Yammie Mammie nr. 1 ligt met Guy op een veld met hoog gras. Op de achtergrond staat een huis waarvan ik vermoed dat het hun optrekje in Dorset is. Ze heeft haar hoofd achterover omdat ze lacht. Guy kijkt toegeeflijk naar haar. Ze worden omringd door hun vier kinderen. De foto moet in de zomer zijn genomen, want de kinderen hebben hun zwempak aan en Yammie Mammie nr. 1 draagt een kort afgeknipte spijkerbroek waarin haar lange benen volmaakt uitkomen. Emma loopt naar de foto en zucht.

'Hoe ben ik hierin verzeild geraakt?' zegt ze vermoeid.

'Foto's vertellen nooit het hele verhaal,' zeg ik in een poging om haar te troosten. 'Ze zijn een projectie van hoe mensen willen dat je ze ziet.'

Er staat een enorme vaas paarse alliums, seringen en groene chrysanten op tafel.

'Dat is precies zo'n bos als hij mij op mijn verjaardag stuurde,' zegt ze bitter. 'Hij heeft zeker een deal met die bloemist. Kom op, we gaan het antwoordapparaat zoeken.'

We sluipen vanuit de hal een enorme dubbele woonkamer in en trekken onze schoenen uit. Voor de ramen hangen gesloten houten luiken, van de vloer tot het plafond. Ik doe de kleine lamp aan op een tafel aan de kant van de kamer die op de weg uitkijkt. Daar staat het antwoordapparaat te knipperen ten teken dat er nieuwe berichten zijn.

'Ik hoop dat ze ze niet op afstand hebben afgeluisterd,' zegt Emma, die er ongerust uitziet en op de mouw van haar zwarte trui staat te kauwen. Ze lijkt klein en kwetsbaar. Ik druk op de afspeelknop van het apparaat. Emma's stem vult de leegte en op schorre, langzame toon doet ze verslag van zichzelf aan Guy en zijn vrouw. Ik ga op een stoel voor het bureau zitten, zet mijn bril af en wrijf slaperig in mijn ogen.

'Jouw man leidt een dubbelleven…' begint het bericht. Ik wil het afluisteren, maar Emma drukt al op de knop om het te wissen voordat ik de kans krijg om haar tegen te houden. Ik voel me een beetje bedrogen omdat ik denk dat ik door het hele bericht af te fluisteren inzicht zou krijgen in aspecten van haar die anders altijd onbereikbaar blijven.

'Ik wil niet dat jij het hoort,' zegt ze. 'Ik klink ziekelijk wanhopig. Mijn verstand weet dat ik een einde moet maken aan die verhouding, maar ik ben er te slap voor. Ik heb me nog nooit zo dicht bij iemand gevoeld. Ik denk dat hij het meent als hij zegt dat hij van me houdt, maar wat ik me nu realiseer is dat hij ook gelukkig is met zijn gezin, terwijl mijn leven in de wacht staat tot hij terugkomt. Ik heb me nog nooit zo fragiel gevoeld. En het was allemaal zo klaar als een klontje dat dit zou gebeuren.' Dan begint ze te huilen. 'Dit gebeurt er nou als je van iemand afhankelijk wordt. Je wordt machteloos. Dat is wat er met mijn moeder is gebeurd en nu overkomt mij hetzelfde.'

'Verliefd worden is altijd een risico,' zeg ik, een beetje geschrokken van Emma's relatiefilosofie die zo zonder omwegen uiteengezet wordt. 'Maar het is geen teken van zwakte. Je zou zelfs kunnen zeggen dat het een teken van kracht is. Omdat er onvermijdelijk perioden van twijfel en onenigheid zullen komen, maar als je daaroverheen komt veranderen ze in iets wat nog waardevoller is. Laten we naar beneden gaan en een kop thee zetten.'

Ze lacht zwakjes.

'Soms wilde ik dat ik jou was, Lucy,' zegt ze. 'Alles op een rijtje.'

'Doe niet zo idioot,' zeg ik. 'Het is een kaartenhuis. Het kan elk moment in elkaar storten.'

We staan onder aan de trap in de kelderkeuken. Ik doe het licht aan. We zijn in een enorme ruimte beland en staren naar een keukeneiland zo lang als een landingsbaan. Aan de ene kant staat een waterketel en aan de andere kant ligt een stapel papieren. Ik trek de rubberhandschoenen uit en doe kastjes open en dicht om thee te zoeken. Emma kijkt de stapel papieren door, verdiept in wat eruitziet als een bankafschrift van Yammie Mammie nr. 1.

'Kijk eens, Lucy,' zegt ze. 'Zijn vrouw denkt dat ze huur ontvangt van de flat waar ik woon.' En ja hoor, elke maand wordt er 2500 pond gestort op haar rekening met de vermelding 'Huur Clerkenwell'. Ik kijk de keuken rond. Er is van alles twee: twee spoelbakken, twee afwasmachines, twee waterketels. Ik begin kopjes pepermuntthee te brouwen.

'Ik zie net dat al deze apparaten precies dezelfde zijn als die in mijn appartement,' zegt ze, en er sluipt weer een vertwijfelde toon in haar stem. 'Ik ga even naar de slaapkamer kijken.'

Ze rent de trap op en ik loop haar achterna nadat ik mijn kopje thee op de trap heb gezet. Op de tweede verdieping vindt Emma de slaapkamer van Guy.

'Ik wist het wel,' zegt ze. 'Het is precies hetzelfde bed. Kun je je voorstellen dat hij exact hetzelfde bed kiest als waar hij met zijn vrouw in slaapt?'

'Het geeft nogal blijk van gebrek aan fantasie, ja,' zeg ik. 'Maar je zegt altijd dat bankiers op safe spelen, en als je het ideale bed eenmaal hebt gevonden, zul je wel geen ander meer willen. Ik denk dat we nu maar eens moeten gaan, voordat iemand zich afvraagt waarom alle lampen branden.'

Maar Emma is in een inloopkast verdwenen. Ik volg. Ik ben altijd al nieuwsgierig geweest naar de kledingcollectie van Yammie Mammie nr. 1 en ik word niet teleurgesteld. Al ben ik meer onder de indruk van de manier waarop ze alles heeft geordend dan van de inhoud. Er staat een rij schoenen, allemaal in een schoenendoos met een foto op de buitenkant. Er hangen rijen op kleur gesorteerde kasjmieren truien. Ik maak met mijn mobieltje een foto om aan Tom te laten zien.

Emma lijkt ergens naar te zoeken. Ze trekt haar rubberhandschoenen uit en ik ben ontzet als ik haar door de ondergoedla van Yammie Mammie nr. 1 zie rommelen. Ze trekt er een prachtige beha van Agent Provocateur met bijpassend slipje uit en propt ze in haar broek.

'Je gaat haar ondergoed toch niet stelen?' zeg ik en ik grijp een behabandje vast. 'Dat is echt pervers. Leg terug, jullie hebben vast niet eens dezelfde maat.'

'Ik wil het als bewijs,' zegt ze. 'Weet je dat hij voor mij precies dezelfde heeft gekocht?'

'Als ik dit behabandje loslaat, loop je dan met me mee dit huis uit?' zeg ik.

'Deal,' zegt ze. 'Ik wil nog één laatste dingetje doen.' Ze gaat de aangrenzende badkamer in en komt terug met een vibrator in de vorm van een kwispelend konijntje.

'Hier zijn er ook twee van,' zegt ze.

'Bedoel je dat ze er meer dan een heeft?' vraag ik.

'Nee, hij heeft voor mij hetzelfde model gekocht,' zegt ze.

Ik zal Yammie Mammie nr. 1 nooit meer in de ogen kunnen kijken. Emma zet hem aan. Het lawaai vult de ruimte. Dan gaat ze de inloopkast weer in en stopt het trillende Kwispelkonijn in de zak van een van de pakken van Guy.

'Dat is zijn bewijs dat ik hier echt geweest ben,' zegt ze en ze stuurt hem een sms om te vertellen wat ze heeft gedaan. Guys weekendje in de Alpen komt abrupt ten einde. Ik weersta de neiging om medelijden met hem te hebben. Dat is het probleem als je in staat bent om je altijd in anderen in te leven.

16

Een huwelijk is meer dan vier blote benen in een bed.

Sam ligt op ons bed terwijl Tom en ik ons voorbereiden op het schoolfeestje vanavond. Hij vertelt me dat zijn volgende project over de middeleeuwen gaat en vraagt of wij enig licht kunnen werpen op dat onderwerp. Ik ben blij met de afleiding. Tot Toms grote verbazing ben ik al bijna een uur klaar, opgetut in mijn wikkeljurk met al zijn decolletéverbeterende en buikplettende mogelijkheden. In de afgelopen week is nervositeit mijn constante metgezel geworden en ik heb ontdekt dat het er, behalve voor gewichtsverlies, ook voor heeft gezorgd dat ik een klokkijker ben geworden. Vergeet respect; onder de huid van elke georganiseerde moeder schuilt een rijke laag neuroses.

Ik trek mijn jurk glad over mijn buik. De jurk is als een oude vriendin en herinnert me aan vroeger, aan andere feestjes, met andere mensen die bij elkaar werden gebracht door iets minder willekeurigs dan het toeval dat onze kinderen dezelfde school bezoeken. Ik voel me weer verbonden met een tijd voor ik getrouwd was, en in die zin is het een machtige jurk, want alleen ik ken de gevaren ervan.

Sam kijkt hoe ik handcrème in de palm van elke hand laat lopen en die dan in mijn vingers masseer, met speciale zorg voor de bovenkant van mijn handen. Hun knoestige uiterlijk, de opkomende bruine levervlekken en de papierachtige huid rond de knokkels herinneren me aan mijn moeder. Wij hebben allebei altijd onze eigen pannen gewassen. Mijn moeder droeg nooit handschoenen omdat ze vond dat die het symbool waren van een vrouw met als enige recht het aanrecht. Ik droeg ze nooit omdat ik ze nergens kon vinden als ik ze nodig had. Ik denk dat daarmee het essentiële verschil tussen ons wordt samengevat. Haar passie en mijn passiviteit. Toch is de oorsprong van die twee woorden hetzelfde, van het Latijnse *passus*, dat 'lijden' betekent. De huid om mijn nagelriemen is afgekloven en de crème prikt in die rauwe, rode gleufjes. Als mijn handen zo glad en vet zijn dat ze glimmen, verleg ik mijn aandacht naar mijn onderarmen en zie dat Sam met zijn ogen mijn handen volgt, die ferm op en neer bewegen over mijn arm.

'Wat ben je aan het doen?' vraag ik hem.

'Ik probeer mezelf te hypnotiseren,' zegt hij en hij zit heel stil. Ik aai over zijn haar en voor deze ene keer laat hij dat toe en vlijt zich tegen mijn schouder. Ik herinner me dat ik naast Sam op de keukenvloer lag toen hij een baby was, voordat hij zichzelf kon omdraaien, en probeerde de waarde te berekenen van de kleine ruimte die hij innam, en begreep toen dat daar geen prijs aan te geven was. Toen ik in verwachting was van Joe leek het onmogelijk dat ik evenveel van die baby zou houden. Ik verbeeldde me dat ik mijn genegenheid zou moeten halveren, omdat liefde toch zeker eindig moest zijn? Maar dat was het wonder van het moederschap: de ontdekking dat er altijd onaangeboorde reserves zijn. En elke dag, ondanks de toestanden en de chaos, zijn er korte momenten waarop dat het enige is wat ik voel: het ongebreidelde, zuivere genot van de liefde.

Ik heb Tom een verkorte versie verteld van wat er met Emma gebeurd is, omdat ik weet dat hij zou weigeren mee te gaan als hij het hele verhaal kende. Als hij Guy eenmaal herkent, zal hij zich wel realiseren dat er een kleine botsing heeft plaatsgevonden tussen twee werelden, maar dan is het al te laat. Het is waarschijnlijk onverantwoordelijk, maar misschien dat die ontdekking de aandacht zal afleiden van het onfortuinlijke incident met de verkeerd verstuurde e-mail, want die is hem een bron van grote zorg. Wij zijn dus allebei nerveus over het weerzien met Robert Baars, al is het om heel verschillende redenen. En ik denk dat je zorgen maken over de ontmoeting met één persoon wel genoeg is. Het zou bepaald ondraaglijk worden als Tom dezelfde angsten doorstond als ik bij het zien van Guy en Yammie Mammie nr. 1. Ik begin afwezig handcrème op mijn gezicht te smeren, vergetend dat ik zo mijn make-up saboteer.

'Waar denk jij dat de middeleeuwen over gaan?' vraag ik aan Sam terwijl ik opnieuw foundation opbreng.

Hij slaat zijn benen over elkaar, denkt met zijn vinger tegen zijn lippen even over de vraag na en zegt dan: 'Jouw nieuwe wenkbrauwen, papa die kaal wordt, de hele tijd moe zijn, vergeetachtigheid. O, en desintegratie.' Dat is zijn favoriete nieuwe woord.

'Jij denkt aan middelbare leeftijd,' leg ik hem uit. 'De middeleeuwen zijn iets heel anders.' Ik begin over minstrelen, steekspelen, bloedvergieten en de komst van olijfolie in Engeland. Sam kijkt opgelucht.

'Dat klinkt een heel stuk leuker,' zegt hij. Hij loopt de slaapkamer uit om naar beneden te gaan, waar de oppas warme chocolademelk maakt voor de kinderen.

'Denk jij dat wij aan het desintegreren zijn?' vraag ik Tom. Het is geen beeld dat mij aanspreekt.

'In de zin dat er meer van ons afsterft dan aangroeit denk ik van wel,' roept hij uit de badkamer. 'We gaan richting de middelbare leeftijd, ook al noemen mensen zichzelf liever niet meer zo.'

'Ik voel me anders niet echt middelbaar,' zeg ik.

'Dat komt doordat jij een midlifecrisis hebt,' zegt hij met zijn mond halfdicht. Hij is zeker dat stukje rechts van zijn kin aan het scheren. 'En je vastklampt aan de laatste overblijfselen van je jeugd.'

'Wat bedoel je met midlifecrisis?' vraag ik een beetje verontrust.

'Onvrede met de bestaande situatie, rusteloosheid, twijfelen aan beslissingen van jaren geleden, denken dat je van je man vervreemdt, je afvragen of het geluk bij een andere man ligt, inbreken in het huis van een volslagen onbekende,' zegt hij, terwijl hij om het hoekje van de deur kijkt en met zijn scheermes naar me zwaait om dat laatste te benadrukken. 'Maar je komt er wel overheen.'

'Waarom heb je dat allemaal niet eerder gezegd?' vraag ik hem.

'Omdat ik niet wil toegeven aan jouw crisis,' zegt hij. 'En ik ben bang dat het besmettelijk zou kunnen zijn.'

'Mark zegt dat wij niet goed meer communiceren,' zeg ik.

'Dat komt doordat we altijd door iemand onderbroken worden, meestal door onze kinderen, maar soms door jouw vriendinnen en recentelijk door mijn werk. Lucy, ik heb geen tijd om mezelf toegang te verschaffen tot alles wat er in jouw hoofd omgaat,' zegt hij. 'Maar ik heb een goed beeld van het geheel en ik denk niet dat uren analyse er iets aan zouden verbeteren. Misschien zou dat het juist erger maken. Op dit moment vind ik het echter veel belangrijker dat jij nuchter genoeg blijft om verder geen details over ons seksleven te onthullen aan volslagen onbekenden.'

'Het zijn geen volslagen onbekenden,' zeg ik. 'Sterker nog: we zullen de komende zes jaar met deze mensen te maken hebben. Soms ontdek je dat je mensen van wie je denkt dat je ze niet kent eigenlijk een stuk beter kent dan de mensen van wie je dacht dat je ze kende. Als je begrijpt wat ik bedoel.'

'Dat weet ik niet zeker,' zegt hij zuchtend. Straks wel, denk ik bij mezelf.

'En we hebben trouwens niet ingebroken bij Guy,' zeg ik met klem. 'We hadden de sleutels.'

'Dat is net zoiets als zeggen dat de man die de auto stal omdat jij de sleutel op de stoep liet vallen hem alleen maar even leende,' werpt hij tegen.

'Je hebt beloofd dat je daar nooit meer over zou beginnen,' zeg ik.

'Ik moet er nog van bijkomen dat je met Emma's plan hebt meegedaan,' zegt hij. 'En dat je me toen je thuiskwam wakker maakte om me een foto te laten zien van een inloopkast, alsof dat het opmerkelijkste van de hele exercitie was.'

'Dat was het ook best wel,' zeg ik.

Minder dan een uur later staan we op de stoep bij Yammie Mammie nr. 1. Het is nu 's avonds licht genoeg om te zien dat de treden ingelegd zijn met witte, blauwe en bruine mozaïeksteentjes. Er groeit een blauweregen aan de zijkant die nog niet bloeit. De voortuin is beplant met grassen, wolfsmelk en enorme wijnkleurige agaven. Het ziet er bedrieglijk nonchalant uit, maar ik weet dat het een nauwkeurige planning heeft gekost, want het was een van de Grootse Projecten van Yammie Mammie nr. 1. De andere zijn de Dubbelhoge Glazen Aanbouw en het Appartement voor de Verhuur, waar Emma nu woont.

Iemand die ik niet ken doet de deur open. Dat moet volgens

mij de Filippijnse huishoudster zijn. Ik probeer me de exacte omvang van het personeel te herinneren. Ik weet dat ze het gehad heeft over een stel Oost-Europese au pairs, man en vrouw, 'zodat ze niet gaan dwalen', en een Engelse kinderjuffrouw. En er was een tijdlang een nachtkinderjuffrouw, die de baby met ayurvedische technieken leerde om de hele nacht door te slapen. En de Slowaakse personal trainer. Dat is nou globalisatie.

We worden naar de woonkamer verwezen, waar glazen wijn worden uitgedeeld. Ik weet voordat ik de fles zie dat het Pulligny Montrachet is. Emma heeft gelijk: Guy heeft weinig fantasie.

Ik luister naar een gesprek achter me.

'We gaan misschien die MBO die we vorig jaar deden wel IPO'en, en Jan gaat een fortuin verdienen aan zijn LTIP,' zegt de ene man in pak tegen de andere. Tom trekt een wenkbrauw naar me op. Dat kon weleens een lange avond worden, zegt die blik.

Yammie Mammie nr. 1 glijdt de kamer door. Ze lijkt nog dunner dan voor de vakantie, spichtig en doorschijnend. Ze ziet zichzelf duidelijk als gastvrouw, ook al is het een schoolfeestje. Ze draagt een strakke witte spijkerbroek, met dikke kurken sleehakken en een topje dat door Selfridges van ergens heel ver weg is gehaald. Ze ziet er fantastisch uit.

Wat zonde van al die uren die ze heeft geïnvesteerd in de sportschool en haar zorgvuldig uitgekozen garderobe. Het is net of ze heeft geleerd voor examens die op het laatste moment niet doorgaan. Het lijkt niet veel zin te hebben om aan al die tijdvretende, ouderdomstrotserende technieken te beginnen als je man uiteindelijk toch vreemdgaat. Je kunt beter ruimte overlaten voor verbetering dan perfectie bereiken. Terwijl ik naar die lange benen kijk, die Emma vorige week op de foto zo bewonderde, in een spijkerbroek die zo strak gesneden is dat hij smal toeloopt bij de knie en dan een beetje uitloopt om de kuit te omsluiten, besluit ik dat ik, wat de mode ook voorschrijft, vasthoud aan mijn pondjes extra en de rest van mijn leven spijkerbroeken met rechte pijpen ga dragen.

Ik kijk de kamer rond naar de aanwezige ouders. De andere Yammie Mammies dragen variaties op hetzelfde thema, en niet voor het eerst vraag ik me af hoe ze van elkaar weten wat ze gaan aantrekken en wat het voor zin heeft om je zo in te spannen als iedereen er uiteindelijk toch hetzelfde uitziet. Maar misschien is dat juist wel de bedoeling. Het is een stamgebeuren. Is weten welk merk spijkerbroek uit Los Angeles in opmars is een kunst of een wetenschap? Yammie Mammie nr. 1 heeft het in elk geval tot kunstvorm verheven.

De bedrijfsmoeders dragen pakken uit hun kantoorgarderobes die een beetje formeel ogen, met hun rechte lijnen en sobere kleuren. Dan zijn er de moeders zoals ik, de ploetermoeders, de modderaars en de dromers, die niet weten wat ze moeten doen met een uurtje vrij omdat het zo zelden voorkomt, in oude jurken die in de loop der jaren met ons meegerekt zijn.

'Lucy, wat fijn dat je er bent,' zegt ze en ze kust me op beide wangen. Dit contact is onvoorzien en uiteindelijk kussen we elkaar onhandig op de mond. 'En jij moet Tom zijn,' zegt ze, alsof dit de eerste keer is dat hij op haar radar verschijnt, al moet ze hem bij school zijn tegengekomen.

Ik zie dat ze die omgekeerde pandalook heeft die voorjaarsskiërs zo graag nastreven: witte ogen in een bruinverbrand gezicht.

'Heb je een leuke vakantie gehad?' vraag ik.

'Les Arcs, met vrienden,' zegt ze. 'Fantastische sneeuw. En jullie?'

'Les Mendips,' zeg ik met een Frans accent. 'Bij mijn ouders. Er viel verse sneeuw met Pasen. Heel ongebruikelijk voor het seizoen.' Tom doet een stap opzij om naar me te kijken, verbaasd over de richting die het gesprek neemt, en haalt zijn schouders op.

'Dat gebied ken ik niet. Ligt het in Bulgarije?' vraagt ze.

'Iets verder naar het westen,' zeg ik vaag.

'Mark Warner? Powder Byrne? Off-piste? Spannend?' vraagt ze, in verbaal steno om het aanstaande afsluiten van ons gesprek over skigebieden aan te kondigen. Jawel, ik zie vanaf het andere eind van de kamer een kudde Yammie Mammies met identieke gebruinde gezichten naar haar zwaaien.

Ik denk aan het gespannen uur dat we hebben rondgezworven door dorpjes in het dal van de Avon, toen ik tegelijkertijd vergat om Tom te vertellen dat hij de M4 moest verlaten en ontdekte dat een belangrijke pagina met die dorpjes erop in ons Britse landkaartenboek ontbrak.

'Dramatisch,' zeg ik. 'We hebben van alles meegemaakt.' Waaronder ruzies over 1) waarom onze kleren in plastic zakken zaten
in plaats van in koffers; 2) dat er ondanks de overvloed aan plastic zakken in de kofferbak geen eentje beschikbaar was voor
aanvallen van wagenziekte; en over 3) op welke grond wij ooit
hadden besloten dat we goed genoeg bij elkaar pasten om te
trouwen.

'Lag het skigebied erg hoog?' vraagt ze beleefd.

'Gemiddeld. Het was er wel erg koud,' zeg ik. 'Heeft jouw man
vrij kunnen krijgen?'

'Hij kwam beide weekends met het oranje oog,' zegt ze. Als ze
mijn verwarde blik ziet voegt ze eraan toe: 'De vroege zaterdag-
ochtendvlucht van Easy Jet naar Genève.'

Yammie Mammie nr. 1 vestigt haar aandacht op Tom.

'Ik zou je graag het huis laten zien, Tom, en horen wat je ervan
vindt,' zegt ze. 'Al weet ik dat je de glazen uitbouwen jaren geleden al gedag hebt gezegd.'

'Ach, het heeft heel lang brood op de plank gebracht,' zegt
Tom. Ze roept haar man om hem aan ons voor te stellen.

'Guy, Guy!' galmt ze. 'Kom eens kennismaken met de Swee-
neys. Ze komen net terug uit Les Mendips – klinkt fantastisch!'

Guy komt aanlopen van de andere kant van de kamer. Hij
glimlacht als iemand die gewend is situaties in de hand te hebben. Een man die altijd wel een leuke anekdote te vertellen heeft
bij het diner, die weet hoe hij een vrouw het gevoel kan geven
dat zij de enige ter wereld is voor wie hij belangstelling heeft, die
een kamer rond kan kijken en in één oogopslag weet te bepalen
wie er het nuttigst is voor zijn carrière en met die persoon aan
de praat raakt zonder dat die in de gaten heeft dat hij aan het
netwerken is.

Het is dezelfde glimlach die hij gebruikt voor het afsluiten van
een Grote Deal, of om zich uit te sloven voor juniorcollega's, of
om de vrienden van zijn maîtresse voor het eerst te ontmoeten.
Hij heft een fles wijn ter begroeting. Ik bekijk hem goed, want
ik wil het precieze moment registreren waarop hij zich realiseert
dat hij niet langer elke situatie meester is.

Het duurt een paar tellen langer dan verwacht, omdat hij
onderweg stopt om andere gasten te begroeten en de gelegenheid aangrijpt om de kamer rond te kijken en van alle aandacht

te genieten. Hij neemt grote stappen voor een kleine man. Als hij hooguit twee meter van ons vandaan is, verdwijnt de glimlach. Even blijft hij stokstijf staan en kijkt snel van Tom naar mij. Ik verbeeld me dat de kamer even stilvalt en dan loopt Guy door, een beetje stijfjes misschien, maar toch met een redelijk vertoon van genoegen, al zie ik wanneer hij dichterbij komt om mijn hand te schudden dat zijn wangspieren zich samentrekken van de inspanning die het hem kost om die vriendelijke uitdrukking in stand te houden. Zijn ogen glimlachen echter niet. Die staan kil, en woedend.

'Ik heb geluk dat hij er is. De laatste keer dat we mensen te eten kregen moest hij naar Parijs voor zijn werk,' zegt Yammie Mammie nr. 1. 'Zijn werk is zijn minnares. Nietwaar, schat?' Ik voel Tom naast me verstrakken en we houden elkaars hand iets te stevig vast om elkaar gerust te stellen.

'Aangenaam kennis met je te maken,' zegt Guy, terwijl hij formeel onze handen schudt. Tom heeft meer tijd nodig om bij te komen en hoewel hij Guys hand wel aanpakt, deinst hij licht terug wanneer hij losgelaten wordt en steekt zijn hand in zijn achterzak, waar hij vijf minuten lang nerveus in en uit schiet.

'Lucy zit in de oudercommissie,' vertelt Yammie Mammie nr. 1 hartelijk aan Guy. 'Ze heeft geholpen met de organisatie van deze avond en is erin geslaagd de vrouw die de leiding heeft ervan te overtuigen dat we niet verkleed als ons lievelingspersonage uit een boek hoefden te komen.'

'Daar staat wel tegenover dat het zomerfeest absoluut een Romeins thema moet krijgen,' zeg ik.

Tom en Guy staan bewegingloos te zwijgen.

'Ze is een van mijn beste bondgenoten,' zegt Yammie Mammie nr. 1 en ze kijkt nerveus naar Guy alsof ze wil dat hij iets passends zegt. Ik probeer me niet gevleid te voelen, want ik weet dat ze gewoon het spel speelt en dat ik nog altijd niet gekozen zal worden als er op de speelplaats iets beters in de aanbieding is.

'Ik heb al veel over je gehoord,' zegt Guy, die zijn arm om Yammie Mammie nr. 1 heen slaat om steun te zoeken. Hij vult Toms glas met wijn en ik merk dat zijn hand licht trilt.

'Mag ik hem even lenen?' vraagt ze mij en ze wijst naar Tom. 'Ik wil hem zo graag de uitbouw in de keuken laten zien. We hadden dezelfde architect als David Cameron. Hij woont om de hoek. Het is heel spannend om in de schaduw van de volgende premier te wonen.' Ze loopt weg, een hand in de achterzak van haar spijkerbroek, waarmee ze haar achterwerk in al zijn strakgekonte glorie toont, een gebaar waarvan ik weet dat het speciaal voor Tom bedoeld is. Terwijl hij wegloopt, fluistert hij in mijn oor: 'Daar is niks middelbaars aan.' Ik weet dat ik onderweg naar huis op een muur van stilzwijgend verwijt zal stuiten, maar ik weet ook dat Tom geen scène zal schoppen.

'Ik zie jou straks nog, Lucy, ik wil iets met je bespreken,' zegt Yammie Mammie nr. 1. Deze keer slaag ik erin mijn impuls te onderdrukken om opwindende scenario's te bedenken. Maar toch, als zij advies wil over scholen, dan is mijn transformatie tot Moeder met Respect compleet.

Guy en ik blijven samen achter. Ik neem hem de fles wijn uit handen en schenk een gul glas in voor mezelf, waarna ik de fles op de tafel zet, naast het antwoordapparaat. Het knippert ditmaal niet naar me. Ik leun op de rand van de tafel en Guy draait zich om naar het raam, zodat niemand ons kan zien praten.

'Ben jij een fan van Cameron?' vraag ik beleefd. 'Of denk je dat de geest van Norman Tebbit zich verschuilt in iedere Tory?'

'Waar ben jij verdomme mee bezig?' vraagt hij. Zijn stem klinkt stil maar vol agressie, en zijn gezicht is zo dicht bij het mijne dat ik de hitte van zijn adem kan voelen. 'Alweer op bezoek, binnen een week nog wel? Ik overweeg om de politie te bellen. Je vingerafdrukken zitten vast overal.'

'Doe niet zo belachelijk,' zeg ik. 'Wat zou je de politie vertellen?'

'Jullie zijn mijn huis binnengedrongen, jullie hebben ondergoed van mijn vrouw gestolen en toen dat... dat díng in mijn jaszak achtergelaten,' zegt hij furieus. 'Het liep nog toen we thuiskwamen.'

'We hadden handschoenen aan,' zeg ik.

'Dat weet ik, want jullie hebben een paar laten liggen in de kleedkamer van mijn vrouw,' zegt hij. 'Ik moest ze meenemen naar kantoor om ze kwijt te raken.'

'Ik was slechts toeschouwer. Het enige wat ik heb gedaan was Emma helpen haar bericht aan jullie beiden te wissen, en ik denk dat jij ook wel van mening zult zijn dat ik je daarmee een plezier heb gedaan. Denk eens aan het alternatief,' zeg ik, in een poging hem met logica te kalmeren.

Hij legt een hand op zijn achterhoofd en begint geïrriteerd te wrijven. Ik zie dat hij kalend is.

'Hoor eens, het spijt me,' zegt hij. 'Ik sta ontzettend onder druk op het moment. Emma weigert mijn telefoontjes aan te nemen, mijn vrouw houdt me constant in de gaten. Ik vind dat je me wel had kunnen waarschuwen. Waarom heeft Emma me niet verteld dat je mijn vrouw kende en dat onze kinderen bij elkaar op school zitten?' Hij kreunt.

'Ik moest wel komen, omdat ik dit allemaal heb helpen organiseren,' zeg ik en ik wuif mijn hand iets heftiger door de kamer dan de bedoeling was. 'Wat Emma betreft – misschien kun je die vraag beter aan haar stellen.'

Mijn arm raakt iets hards en ik draai me om, net op het moment dat de inhoud van een glas wijn op het gestreepte overhemd van een andere vader van school terechtkomt. Ik kijk op om te zien of ik degene ken aan wie ik mijn verontschuldigingen ga aanbieden en voel de bekende rilling van opwinding als ik Robert Baars zie proberen het resterende vocht op te deppen met een niet al te propere zakdoek.

'Jeetje, het spijt me,' zeg ik en ik vraag me af hoe zo'n klein glas wijn zo'n grote vlek op zijn overhemd heeft kunnen maken.

'Guy, dit is Robert Baars. Zijn zoon zit in dezelfde klas als de onze.'

'Zo, dus jij bent de schrijver,' zegt Guy koel na een ongepaste stilte, en ik weet dat hij dit spoor naar de logische conclusie heeft gevolgd. 'Lucy heeft me over je verteld.'

'O,' zegt Robert Baars met een vergenoegd gezicht.

'We hadden het over haar skivakantie in Les Mendips,' zegt Guy. 'En over of je naast de piste mag skiën als je weet dat dat een lawine kan veroorzaken.'

Dan loopt hij weg zonder verder iets te zeggen.

'Ik zal een handdoek of zoiets gaan halen,' zeg ik tegen Robert Baars, ongewoon beduusd door de situatie.

'Wat mankeert hem?' vraagt Robert. 'Ik ga met je mee.' We lopen de woonkamer uit naar de hal. Daar is niemand. Iedereen staat in de kamer die wij zojuist hebben verlaten, of beneden in de keuken. Ik ga een kleine ruimte in, naast de voordeur, die ik me herinner van vorige week. Het ziet eruit als een kast, maar loopt over de hele breedte van het huis door en wordt gebruikt als garderobe en algemene bergruimte. Aan het uiteinde, bij de tuin, hangt een kleine wastafel. Ik pak een handdoek op en geef hem die.

'Hoe wist jij dat deze kamer hier was?' vraagt Robert Baars. Hij dept de wijn op met de handdoek. Hij pakt zijn glas en slikt wat er nog in zit snel door zonder zijn ogen van me af te wenden. Hij kijkt naar mijn wikkeljurk, waar de stof tegen de huid van mijn schouder ligt, en volgt die lijn met zijn ogen, van het harde bot van mijn borstbeen naar de zachte contouren van mijn decolleté. Hij bijt bedachtzaam op zijn onderlip en staart me zo intens aan dat ik moet wegkijken.

'Instinct,' zeg ik.

'Dan moet je goede instincten hebben,' zegt hij.

'Soms,' zeg ik.

'Nou, hier zijn we wel ver van de pistes, Lucy,' zegt hij, terwijl hij de deur achter zich sluit.

Op een bepaald punt in een relatie wordt dat wat er niet wordt gezegd belangrijker dan wat er wel wordt uitgesproken, en ik heb die kruising met Robert Baars zojuist bereikt. Wat ik had moeten zeggen op dit moment, was dat ik met nobele bedoelingen aanbood een handdoek voor hem te halen en dat het niet de opzet was om hem een buitenmaatse kast in te lokken. Maar ik zwijg. Het licht is aan, maar het blijft schemerig, en we zijn van de buitenwereld afgeschermd door dikke lagen jassen en truien die netjes aan de wanden hangen. Het is zo'n moment waarvan je je achteraf afvraagt hoe het zou zijn geweest als je een andere weg had gekozen. Het is tijd om beslissingen te nemen.

Hij steekt zijn hand uit en streelt met zijn vinger langs de lijn die hij daarnet met zijn ogen in mijn huid brandde, tot hij in de zachte gleuf tussen mijn borsten rust. Ik hoor iemand naar adem snakken, een geluid dat in een minder stille omgeving onopgemerkt zou blijven, en ik ben verbaasd als ik ontdek dat het van mij afkomstig is. Het genot is subliem. Het voelt alsof mijn verstand zich heeft losgemaakt van mijn lichaam, alsof ik dit iemand anders zie overkomen. Ik leun achterover tegen de schapenleren jas van Yammie Mammie nr. 1 en hef mijn kin, zodat hij bij de lagere regionen van mijn nek kan. Nu ben ik degene die op haar onderlip bijt. Ik wil niet dat hij ophoudt, maar ik wil geen verantwoordelijkheid nemen door te reageren. Hij haalt zijn vinger weg en ik snak weer naar adem. Elk deel van mijn lichaam smeekt om meer aandacht. Dan zie ik hem naar me toe buigen. Hij legt zijn ene hand op de muur en dan op mijn bovenarm, steekt de andere bij de schouder in mijn jurk en trekt die omlaag om het grootste deel van mijn bovenlichaam te onthullen. Ik beef van het genot dat me te wachten staat. Het gevaar van ontdekking maakt de opwinding alleen maar groter en ik vraag me af hoe ik een dergelijk treffen zo lang uit de weg heb weten te gaan. Dan leunt hij naar voren, trekt mij met de hand die op mijn schouder lag naar zich toe, en we staan net op het punt om te gaan zoenen als er op de deur wordt geklopt.

'Lucy, ben jij dat daar binnen?' vraagt een mannenstem. 'Lucy?'

De angst voor ontdekking wordt enigszins verlicht door het feit dat het noch Tom, noch de vrouw van Robert Baars is. Maar het kloppen klinkt zo nadrukkelijk dat het onvermijdelijk de aandacht van de andere gasten zal trekken.

Ik loop naar de deur en als ik die een klein stukje opendoe, zie ik Beroemde Vader buiten staan.

'Ssst,' zeg ik met mijn vinger tegen mijn lippen.

'Op een feestje hoef je niet stil te zijn,' roept hij en hij dringt zich een weg naar binnen. 'Ik wist wel dat jij het was, Sweeney. Ik keek vanuit de tuin naar het raam en herkende je jurk.'

'De tuin?' zeg ik.

'Ik dacht dat je misschien coke stond te snuiven,' zegt hij.

'Coke snuiven?' zeg ik.

'Ga je nou telkens elk woord dat ik zeg herhalen?' vraagt hij.

Hij is nu in de garderobe en sluit de deur achter zich. Robert Baars staat achter in het vertrek achter een paar lange jassen naast de wasbak. Ik kan tussen de regenlaarzen en schoenen zijn benen onder de jassen uit zien steken. Beroemde Vader heeft daar echter geen oog voor en haalt een creditcard en een zakje wit poeder uit zijn jaszak. Hij doet de deur op slot en dan gaat hij, in snelle opeenvolging, op een krukje zitten, pakt een tijdschrift van een stapel bij de deur, en begint efficiënt lijntjes cocaïne fijn te hakken. Hij biedt mij het tijdschrift grootmoedig aan, maar ik weiger.

'Het kost me al genoeg moeite om in slaap te vallen zonder chemische middelen,' zeg ik.

Hij buigt zich over het tijdschrift en snuift door een opgerold biljet van twintig dollar een lijntje op. Hij ziet er zo bekend uit dat ik me even, door het waas van wijn, ongeconsumeerde hartstocht en gebrek aan frisse lucht heen, afvraag of ik niet naar een van zijn films zit te kijken. Misschien eentje geregisseerd door Quentin Tarantino. Dan probeer ik na te gaan of het erger zou zijn als ik op heterdaad zou worden betrapt met de ene ouder, of als er werd verondersteld dat ik drugs gebruikte met een andere, en ik begrijp dat er niet veel te kiezen valt tussen die twee en dat ik zo snel mogelijk hier weg moet zien te komen.

'Zo, en wat was jij hier aan het doen dan?' vraagt Beroemde Vader. Hij kijkt naar mijn jurk, die van mijn schouder hangt. Ik trek hem omhoog, maar hij valt open bij mijn buik. De enige oplossing is de jurk helemaal losmaken en opnieuw beginnen. Dus trek ik de jurk even los en wind hem dan weer om me heen, met een strakke knoop in de taille.

'Ik trek mijn kleren recht,' zeg ik. 'Ik verwachtte geen publiek.'

'Het is zo heerlijk om uit LA weg te zijn en in een land te wonen waar vrouwen eruitzien als vrouwen,' zegt hij enthousiast. 'Ik ben dol op al dat borsten-en-billengedoe hier. Veel gezonder dan al die middelbare vrouwen met prepuberale lichamen. Hou je vooral niet in.'

'Ik moet echt een beetje frisse lucht hebben,' zeg ik als ik zeker weet dat ik er weer fatsoenlijk uitzie. 'Ik denk dat ik even de tuin in loop.'

'Ik ga met je mee,' zegt hij. 'Die vrouw maakte me hoorndol. Ze vroeg steeds maar wat mijn kinderen aan buitenschoolse activiteiten doen, of ze naar Harvard gaan, wat mijn ideeën zijn over ouderlijke discipline. Zij zou iedereen aan de drugs krijgen.'

'Wat heb je tegen haar gezegd?' vraag ik.

'Ik vroeg of ze me kon voorstellen aan die twee vrouwen die ineens op haar computerscherm verschenen toen we in het café waren,' zegt hij.

We lopen naar de keuken beneden en de menigte wijkt uiteen, zoals altijd als Beroemde Vader langskomt. Een serveerster biedt ons een dienblad met Thaise loempiaatjes aan en ik doe een greep. Ik vraag me af of Beroemde Vader al die stille aandacht nog opvalt. Begon deze eerbiedige behandeling ineens na die film van de gebroeders Coen, of was het iets wat langzaam groeide, zodat niet te zeggen viel wanneer het begon? Ik zoek Tom tussen de aanwezigen, maar kan hem niet vinden. Ondanks de jaloerse blikken van de andere moeders is hij de man bij wie ik nu het liefst zou willen zijn. Ik ga de tuin in met Beroemde Vader, me bewust van de jaloerse ogen die naar me kijken. Terwijl ik de nachtlucht inadem, de miezerregen negeer en nog een glas wijn achteroversla, zakt mijn lichaam in van de opluchting die volgt op een onverwachte schok. Ik ben niet iemand die zich aan dergelijke situaties kan aanpassen, denk ik bij mezelf. Dat is het verschil tussen Guy en mij: hij is ontrouw op een professionele manier en ik zal altijd een amateur blijven. Ik word nu al gekweld door schuldgevoel, om een zoen die nooit heeft plaatsgevonden. Op dat moment neem ik me stellig voor nooit meer in zo'n compromitterende situatie terecht te komen. En toch ben ik al bezig de scène in mijn gedachten steeds weer te herhalen, me afvragend waar het toe geleid zou hebben en of het, in vergelijkbare omstandigheden, nog eens zou kunnen gebeuren. Want soms, als mensen over de rand van de afgrond hebben gekeken, besluiten ze dat ze liever een paar stapjes achteruitgaan, ook al is het uitzicht nog zo fantastisch. En hoe meer ik erover nadenk, hoe meer ik wens dat ik nog in de garderobekast stond.

'Vind je het vervelend, zoals de mensen zich tegenover jou gedragen?' vraag ik Beroemde Vader, op zoek naar een gespreks-onderwerp om me af te leiden van mijn tumultueuze gedachten.

'Wat bedoel je?' zegt hij en hij haalt luidruchtig zijn neus op. We zijn bij het einde van de tuin aangekomen, maar dat heeft wel vijf minuten geduurd. In de hoek naast de zitgrasmaaier en een klimrek zoals je dat in goede Londense parken kunt vinden, staat een authentiek speelhuisje in pastelkleuren, met een veran-da en een vensterbank met echte planten. Er hangen fonkelende lichtjes rond het raam.

Hij doet de deur open.

'Na u,' zegt hij met gespeelde beleefdheid. 'Eigenlijk ga ik niet zo vaak om met mensen die niet beroemd zijn. Ik weet dat het arrogant klinkt, maar het is zo, en soms hebben die mensen uit het oog verloren wie ze zijn, dus is het leuk om met echte mensen om te gaan. Onvoorspelbaar. Zoals die vrouw die voorzitter is van de commissie. Dolkomisch. Ik ga er eens flink werk van maken haar te corrumperen. De corrumpeerbare types haal je er zo uit, en jij hoort daar niet bij.'

'Hoe weet je dat?' vraag ik.

'Instinct,' zegt hij.

We bukken om het deurtje door te kunnen, maar binnen is het ruim genoeg om rechtop te staan.

'Zeg het niet. Ik weet dat ik in het echt kleiner ben. Vertel me geen dingen die ik al weet, vertel me iets wat ik nog niet weet,' zegt hij.

'Dat bedoel ik nou,' zeg ik. 'Jij verwacht dat je wordt vermaakt, maar voor de rest van de wereld zit het leven zo niet in elkaar. Wij moeten ons eigen vermaak vinden.'

'Lucy, als ik bij jou ben, weet ik zeker dat ik vermaakt zal worden,' zegt hij en hij trekt een kinderstoeltje naar zich toe om nog een paar lijntjes coke te hakken. Ik kijk naar een wastafel in een hoek van het speelhuisje en ben verbijsterd dat er echt water uit de kraan komt als ik aan het kinderkraantje draai.

'Dat kun je hier niet doen,' zeg ik en ik werp een blik uit het raam, voor het geval er andere ouders aankomen.

'Doe dat weg. Zo'n soort feestje is dit niet.'

'Trouwens, ik zag hem heus wel staan, als een kunstinstallatie tussen al die jassen,' zegt Beroemde Vader, die mijn verzoek negeert.

'Wat bedoel je?' zeg ik behoedzaam, al weet ik het antwoord al.

'Ik zag Diepe Ondiepte daar bij jou in die kamer,' zegt hij. 'Maar ik zal jouw geheimpje niet verklappen als jij niets zegt over het mijne.'

'Zo zit het helemaal niet,' protesteer ik. Er is niets erger dan beschuldigd worden van ontrouw zonder dat je daar enig plezier van hebt gehad.

Dan staat hij op en zegt theatraal, met een redelijk Engels accent:

'Wat verlangen mannen van vrouwen?
De kenmerken van Bevredigde Lust?

Wat verlangen vrouwen van mannen?
De kenmerken van Bevredigde Lust.

Lucy, daar draait de wereld om,' zegt hij. 'William Blake wist het.
Ik weet het. Waar ik vandaan kom, doet iedereen het. Het is niet
zo belangrijk.'
'Je begrijpt het niet, voor mij is het dat wel,' zeg ik. 'Ik hou echt
van mijn man, op een langetermijnachtige manier.'
'Nou dan, waarom wil je dan met die andere man neuken?'
vraagt hij met een spoor van irritatie in zijn stem.
'Ik weet het niet zeker,' zeg ik. 'Ik vermoed dat ik iets roekeloos
wil doen, me springlevend wil voelen.'
'Ik ben beslist geen wijs mens,' zegt Beroemde Vader, 'maar ik
kan je wel vertellen dat onzekerheid nergens een goede basis
voor is. Ik ben aan mijn derde huwelijk bezig, weet je nog? Ik
leef met een heleboel onzekerheid. Ik loop al langer bij mijn
therapeut dan ik ooit bij mijn vrouwen ben gebleven.' Hij gaat
plotseling staan.
'Misschien had je dan met je therapeut moeten trouwen,' zeg
ik.
'Het is een man,' zegt hij. 'Kom, ik moest me maar eens onder
de mensen begeven. Ik denk dat ik wat muziek ga opzetten. Ze
moeten een beetje losser worden. Behalve jij, natuurlijk. Misschien moet jij jezelf juist strakker in de hand houden.'
We gaan weer naar binnen. Beroemde Vader zet een cd van
Radiohead op en gaat Supermoeder zoeken om te vragen of ze
wil dansen. Ik zie Robert Baars in de hoek met Tom staan praten.
Ze kijken allebei naar mij. Robert Baars wendt zijn blik iets te vlug
weer af. Hoe je het ook bekijkt, er is een grens overschreden. Maar
grenzen zijn soms onduidelijk en je kunt ze overschrijden zonder
het te merken. Daar heeft Mark niet aan gedacht.
Ik sla nog een glas wijn achterover, in de hoop dat het een ver-
dovend effect zal hebben op mijn lichaam. Elk zenuwuiteinde
verkeert in verhoogde staat van paraatheid. Reflexen staan klaar
om geactiveerd te worden. Ik voel me vreemd energiek, klaar
voor ontploffing. Mark zou zeggen dat de adrenaline door mijn
lijf racet en dat ik in vlucht-of-vechtmodus verkeer. Maar als je
gevoelens zo verklaart dat ze verdwijnen, verdwijnt alle myste-
rie uit het leven.

Ik zie de drukke directrice kwiek op me af komen.

'Erg bedankt voor al je harde werk,' zegt ze glimlachend.

'Het was geen moeite,' zeg ik.

'Georganiseerd, maar niet té georganiseerd. Precies goed. Ik wist wel dat u een remmende invloed zou hebben, mevrouw Sweeney. Het is al moeilijk genoeg om te weten wat je aan moet, zonder de extra complicatie dat je je moet verkleden als je lievelingspersonage. Het zal wel een opluchting zijn om de last te kunnen delen met meneer Baars.'

Ik stik bijna in mijn miniloempiaatje. Toen ik er zeven op had, ben ik gestopt met tellen.

'Nou en of,' zeg ik, enthousiaster dan de bedoeling was. Dan kuch ik nog even en het begin en het eind van haar volgende vraag ontgaan me. De middelste woorden zijn geloof ik: 'een vierde overwegen.'

'Drie is onze tax. Mijn man denkt zelfs aan sterilisatie,' hoor ik mezelf zeggen. Ik zou nu moeten stoppen, maar een onweerstaanbare drang om onze slaapkamergeheimen te kuisen dwingt mij om Toms obsessie met anticonceptie te vermelden.

'Hij gebruikt nog net geen twee condooms over elkaar, maar het scheelt niet veel,' zeg ik met een lach. 'Hij steekt trouwens nog steeds af en toe een hele tirade af omdat ik ooit iets over een vierde heb gezegd. Geen vierde condoom, ik bedoel een vierde kind.'

Ze heeft een strakke glimlach op haar gezicht. Ze is gewend aan ouders die bij haar te biecht gaan. Ik voel dat andere moeders aandachtig naar ons kijken; ongetwijfeld vragen ze zich af waardoor de drukke directrice zo lang geboeid blijft. Zowel Supermoeder als Yammie Mammie nr. 1 is erbij komen staan en luistert naar het laatste stukje van ons gesprek.

'Ik vind vier een prima aantal, omdat er dan niemand buiten de stoeltjeslift valt,' zegt Yammie Mammie nr. 1. Ze zegt, in vloeiende bankiersvrouwentaal, dat ze er vier onder de drie heeft, of was het vijf onder de twee, of zes onder de één? Onmogelijke rekenkunde in elk geval.

'Het moeilijkste is die van vijf naar haar harplessen te krijgen, omdat die van vier op hetzelfde tijdstip naar vioolles moet,' zegt Supermoeder om de waardering van de directrice te winnen, maar ze oogst slechts een ijzige glimlach. Ze zet door. 'Rennen met een harp is zwaar werk als er deadlines dreigen. Aan het begin van elk schooljaar hang ik een schema aan de keukenmuur met alle activiteiten van mijn man en kinderen erop, zodat we nooit iets vergeten.'

Ze kijkt doordringend naar mij.

'Eigenlijk was mijn vraag of u zou willen overwegen nog een vierde termijn in de oudercommissie te blijven,' zegt de directrice tegen mij. Ze knikt nadrukkelijk voordat ze zich bij een andere groep ouders voegt.

'Zo, dus jij schrijft al je activiteiten op?' vraag ik Supermoeder, oprecht onder de indruk.

'Alles,' zegt ze.

'Seks ook?' vraag ik, alsof dat misschien de oplossing zou zijn voor het feit dat die activiteit bij ons thuis ontbreekt. 'Wordt het daar niet minder spontaan van? En je zou wel een heel groot schema aan de muur moeten hangen, omdat vijf uur 's morgens het enige moment lijkt te zijn waarop beide partijen tegelijk vrij zijn.'

'Dat is niet iets wat we van tevoren inplannen,' zegt zij.

Ik zeg dat het vreemd is dat mijn alleenstaande vriendinnen zeeën van tijd hebben voor seks, maar niemand om het mee te doen.

'Ik heb eigenlijk geen alleenstaande vriendinnen meer. Wij gaan meer met andere stellen om,' zegt ze op de toon van moeders die beweren dat hun kinderen alles, maar dan ook werkelijk alles lusten. Dus vertel ik haar dat ze niet weet wat ze mist, want bij een recente borrel met alleenstaande vriendinnen ging het over niets anders dan seks en activiteiten die mij blij maakten dat postnatale aambeien en tijdgebrek alles uitsluiten behalve vluggertjes. Zij zegt dat ze bijzonder tevreden is over het nieuwe antipestbeleid op school en loopt dan weg.

'Daar gaat een vrouw die al in geen jaren seks met haar man heeft gehad,' zegt Yammie Mammie nr. 1. 'Lucy, heb je even?'

Ze gaat naar boven naar de hal en wenkt me haar te volgen. Even denk ik dat ze me naar de vestibule leidt voor een bestraffende preek over mijn gedrag, maar ze loopt door naar boven, naar de slaapkamer. Deze avond wordt een van die nachtmerries waarin alle verschrikkingen die je ooit hebt uitgehaald terugkeren om je te kwellen, en waarin vrienden en vijanden en mensen die elkaar niet eens kennen op mysterieuze wijze tegelijkertijd verschijnen om je te ontmaskeren. Onderweg naar boven overweeg ik het slechtste scenario dat ik kan bedenken en vraag me af of mijn ex-collega van *Newsnight* in haar slaapkamer met Tom op me zit te wachten, intussen ervaringen vergelijkend.

'Vind je het goed als ik even van je toilet gebruikmaak?' vraag ik haar wanneer we de kamer in lopen. Ik ben duizelig en wil koud water in mijn gezicht plenzen om te proberen mijn hoofd weer aan mijn lichaam te koppelen.

'Natuurlijk,' zegt ze, en ik ga dezelfde badkamer binnen die ik vorige week met Emma heb doorzocht.

'Hoe wist je dat dat de badkamer is en geen klerenkast?' vraagt ze argwanend.

'Instinct,' zeg ik opgewekt.

Ik doe de deur achter me dicht en leun ertegenaan om op adem te komen. Ik doe mezelf allerlei wilde beloften. Ik zal nooit meer klagen dat het leven saai is. Ik zal me in iedere situatie met de grootst mogelijke waardigheid gedragen. Ik zal nooit meer te veel uitgeven op mijn creditcard. Ik zal nooit meer schreeuwen tegen de kinderen. Ik zal elke week een hele dag vrijhouden voor de was. Al deze dingen beloof ik, als ik nu maar overal mee weg kan komen. Ik kijk ongelovig op mijn horloge. Hoe kan er zoveel gebeurd zijn in zo weinig tijd? We zijn hier pas twee uur.

Ik vang een blik van mezelf op in de spiegel. Mijn mascara is doorgelopen. Het water is koud en ik veeg de make-up van mijn gezicht, op zoek naar iemand die ik herken. Dan ga ik de slaapkamer weer in, waar Yammie Mammie nr. 1 met rechte rug en gekruiste benen op het bed zit.

'Gaat het, Lucy?' vraagt ze, terwijl ze mijn lichaam in mijn wikkeljurk opneemt zoals alleen vrouwen dat kunnen. 'Je ziet er een beetje verhit uit.'

Even overweeg ik haar alles te vertellen. Wat er net gebeurd is met Robert Baars, dat haar man een verhouding heeft met een van mijn beste vriendinnen, dat haar huis in Notting Hill gebouwd is van stro. Maar ik weersta de verleiding, want ik weet dat de opluchting van de biecht snel zal worden vervangen door een heel nieuw stel zorgen over het ontketenen van een nieuwe onvoorspelbare opeenvolging van gebeurtenissen. Wat ik nu moet doen is me veilig verschansen. Hergroeperen. Voedzame maaltijden eten. Twee dagen slapen. Een zwijggelofte afleggen.

'Wat vond je van Guy?' vraagt ze me, op een plek naast haar op het bed kloppend. De deur van haar inloopkast staat open en ik word een beetje misselijk bij de aanblik van de bekende stapels schoenendozen.

'Hij lijkt me aardig, heel hartelijk en vriendelijk,' zeg ik resoluut.

'Volgens mij heeft hij een verhouding,' zegt ze. Mijn borst spant zich en ik adem geconcentreerd door mijn neus om niet te gaan hyperventileren.

'Waarom zou hij?' vraag ik ademloos. 'Hij heeft een prachtige vrouw, een stel fantastische kinderen, een volmaakt leven. Het zou onlogisch zijn om dat allemaal in gevaar te brengen.'

'Maar daarom zou hij het juist doen. Het is allemaal te voorspelbaar,' zegt ze en ze komt overeind om naar de ladekast te lopen. Ze haalt er een pakje sigaretten uit, zet het raam open, steekt er een op, inhaleert diep en reikt het mij aan. 'We kunnen op het balkon gaan staan; dat doe ik altijd.'

'Waarom denk je dat hij een verhouding heeft?' vraag ik.

'In afnemende volgorde van belangrijkheid,' zegt ze, waarschijnlijk dankbaar dat ze de kans krijgt om haar hart te luchten. 'Ten eerste heeft hij een nieuw overhemd dat ik beslist niet voor hem gekocht heb. En ik weet dat hij het niet zelf heeft gedaan, want het is van Paul Smith en daar komt hij nooit. Ik heb zijn bankafschriften doorgenomen en ik kan geen nota's vinden voor die nieuwe kleren van hem die almaar opduiken. Ten tweede doet hij dingen die hij al jaren niet heeft gedaan als we vrijen. Ten derde is hij de afgelopen tien dagen in een ontzettend slecht humeur en hij roept de naam van iemand anders in zijn slaap. Ten vierde is daar de kwestie van de kleine gasten.'

'Is dat een verwijzing naar de zeven dwergen?' vraag ik, want inmiddels zou het me niet verbazen als Elvis Presley ten tonele verscheen.

'De luizen,' zegt ze. 'Ik heb er zijn secretaresse naar gevraagd en die was hoogst beledigd dat ik dacht dat zij hem hoofdluis had bezorgd. Maar als zij het niet was, wie was het dan wel?'

'Oké, dat klinkt allemaal alsof er niets tegen in te brengen is,' zeg ik, want het lijkt belachelijk om het niet met haar eens te zijn. 'Maar het is geen overtuigend bewijs.' Ik neem een diepe haal van haar sigaret.

'Doe maar niet alsof je medelijden met me hebt,' zegt ze. 'Ik ben niet iemand met wie mensen medelijden hebben. Eigenlijk ben ik iemand van wie iedereen hoopt dat haar zoiets overkomt.'

'En wat ga je nou doen met die vermoedens?' vraag ik en ik weersta de neiging om op mijn hoofd te krabben.

'Er zijn een aantal opties. Ik kan doen wat mijn moeder deed en zijn misstap negeren, maar het probleem is dat Guy iemand is die gemakkelijk zou kunnen denken dat hij verliefd is op een ander en kan besluiten om bij mij weg te gaan. En dat risico wil ik niet nemen. Hij is niet praktisch ingesteld, en als mijn leven instort wil ik degene zijn die de leiding in handen heeft. Ik zou kunnen doen wat zijn moeder deed bij zijn vader: van hem scheiden met een flinke afkoopsom in mijn zak. En dan zou ik nooit meer ergens worden uitgenodigd om te komen eten omdat vrouwen bang zouden zijn dat ik hun man afpak. Of ik kan alles aan het licht brengen en proberen ons huwelijk opnieuw op te bouwen.'

'Hou je van hem?' vraag ik haar.

'Ik hou van wat hij was, maar ik hou niet van wat hij geworden is,' zegt ze peinzend. 'En ik denk dat hij van mij hetzelfde zou zeggen. Het klinkt vreemd, maar geld kan je onzekerder maken over dingen, omdat het te veel keuzes biedt. Ik denk dat we radicale oplossingen nodig hebben. Ik heb trouwens ook al actie ondernomen.'

'Wat voor actie?' vraag ik behoedzaam.

'Ik volg een cursus,' zegt ze.

'Een tuiniercursus?' zeg ik, iets te enthousiast, want dat is de volgende logische stap voor haar.

'Doe niet zo belachelijk, Lucy,' zegt ze. 'Het is een detectivecursus. Bedoeld voor mensen die andere mensen willen bespioneren. En erg populair bij vrouwen in mijn situatie. Zelfs als mijn instinct verkeerd blijkt te zijn, is het een goede verzekeringspolis voor de volgende decennia, tot zijn libido vermindert. Hij is een man die strak gehouden moet worden. Hij is ijdel, en ijdele mannen zijn gevoelig voor vleierij.'

'Indrukwekkend,' zeg ik, terwijl er zich in mijn hoofd verschillende discussies tegelijk afspelen. Ik kan Emma waarschuwen en erop aandringen dat ze de relatie absoluut nu moet beëindigen als ze dat toch al van plan is, en zo zorgen dat er niets te ontdekken valt. Yammie Mammie nr. 1 kan het bewijs laten rusten, het Paul Smith-overhemd verbranden en de vreugden van een gevarieerder seksleven smaken. Als ik haar was, zou ik het dan willen weten?

'Welke naam roept hij eigenlijk in zijn slaap?' vraag ik quasionschuldig.

Ze drukt nijdig haar sigaret uit, iets te dicht bij mijn blote linkerkuit. Er valt een lange stilte, waarin zij nerveus de pijpen van haar spijkerbroek gladstrijkt. Ik ben een en al aandacht, want ik weet wat ze gaat zeggen.

'De jouwe,' zegt ze ten slotte. En dan kijkt ze me doordringend aan. 'Hij zegt steeds weer hetzelfde: "Lucy Sweeney, Lucy Sweeney, wat heb je gedaan?" En nu wil ik graag hetzelfde weten. Dus vertel: neuk jij met mijn man? Waar heb je hem ontmoet? Is dat geflirt met Robert Baars alleen maar een dekmantel? En voor je me nog verder vernedert door te liegen, kan ik je vertellen dat ik heb ontdekt dat Guy nog twee mobiele telefoons op zijn naam heeft staan en op de rekeningen van een van die twee zag ik dat jouw nummer talloze malen is gebeld. En het is geen geheim dat de luizenplaag van vorig seizoen is begonnen met jouw kinderen.'

Ik doe mijn mond als een goudvis open en dicht, maar er komt geen geluid uit. Ze moet Emma's telefoon bedoelen.

'Kunnen we hier later op terugkomen?' vraag ik hoopvol.

'Nee,' zegt ze streng. We zwijgen even.

'Heb je er al aan gedacht dat die telefoon misschien niet van mij is, maar van iemand anders die mij kent?' vraag ik ten slotte, mijn woorden zorgvuldig kiezend.

'Nee,' zegt ze. 'Maar dat kan eigenlijk wel kloppen, want op de tweede telefoonrekening staan een heleboel gesprekken naar de eerste telefoon en toen ik de eerste telefoon belde was jij het niet, en toen ik de tweede belde nam Guy op. Vertel me wat jij weet. Alsjeblieft. Als je het niet voor mij kunt doen, doe het dan voor de kinderen. Als je de kinderen op de eerste plaats zet, spreekt al het andere vanzelf.' Ze heeft mijn knie stijf vastgegrepen. 'Je kunt je niet voorstellen wat een hel het is om zoiets mee te maken, Lucy. Alles wat je voor waar hebt aangenomen, lijkt ineens onzeker. Er zijn geen garanties. Ik wantrouw alles en iedereen. Kun je je voorstellen hoe vernederd ik me voelde toen ik op hem zat te wachten in dat restaurant? Ik zei steeds maar dat hij zo zou komen en belde eindeloos naar zijn mobiel, en hij kwam maar niet. De mensen wisten dat er iets vreemds aan de hand was, want ze vermeden de gewoonste vragen over waar hij uithing. Daarom moet ik dit nu oplossen, anders ga ik een hekel aan hem krijgen.'

'Misschien moet je Guy erop aanspreken?' zeg ik.

'Ik laat niets los voordat ik alle bewijzen heb. Op het moment leren we surveillancetechnieken. Daarna, als de tijd rijp is, kies ik mijn moment en ga tot actie over,' zegt ze. 'Welke vriendin van jou zou een verhouding met Guy kunnen hebben? Denk eens na. Er is vast een duidelijke kandidaat, iemand die hij via zijn werk heeft leren kennen. Hij is altijd zwaar onder de indruk van slimme vrouwen in een pak. Zo heb ík hem ontmoet.'

'Ik ga er serieus over nadenken en kom erop terug,' zeg ik.

'Ben je er heel zeker van dat je het niet weet?' vraagt zij.

'Ik heb wel wat ideetjes, maar ik weet niets zeker,' zeg ik en ik vraag me af of dat als een leugen zou kunnen worden aangemerkt.

We horen de slaapkamerdeur opengaan en als we om de hoek van het balkon kijken zien we Beroemde Vader en Supermoeder binnenkomen. Ze kijken de kamer rond en doen de deur achter zich dicht. Beroemde Vader klemt een stoel onder de deurknop. Hij gaat aan de slag met nog meer lijntjes cocaïne en Yammie Mammie nr. 1 en ik kijken verbaasd hoe Supermoeder er gretig een paar opsnuift, waarna ze allebei weer vertrekken.

'Dat heeft ze beslist vaker gedaan,' fluistert Yammie Mammie nr. 1. Daar is geen twijfel over mogelijk.

In de taxi onderweg naar huis zwijg ik en probeer alles wat er die avond gebeurd is op een rijtje te zetten. Ik heb nooit begrepen hoe mensen hetzelfde feestje zo verschillend kunnen ervaren.

'God, wat was dat saai,' zegt Tom. 'Behalve dat met Guy, maar ik denk dat je gelijk had om het me niet te vertellen. Zijn vrouw lijkt me best aardig. Verrassend aardig zelfs. Ik heb ook een leuk gesprek gehad met Beroemde Vader. Hij zegt dat jij de meest authentieke persoon bent die hij ooit ontmoet heeft en hij wil dat ik hem meeneem naar een wedstrijd van Arsenal. En ik heb vrede gesloten met Diepe Ondiepte. Ik denk dat hij me heeft vergeven. Dus alle losse eindjes zijn afgewerkt. Waar was jij ineens naartoe?'

Ik sluit mijn ogen en doe alsof ik slaap: de oplossing van de lafaard.

17

Oude zonden werpen lange schaduwen.

Soms probeer ik tijdens mijn ochtendslapeloosheid weer in slaap te komen door te tellen hoeveel beslissingen ik op een dag heb genomen. Toen we vorige zomer in Norfolk kampeerden, het moment waarop – nu ik erover nadenk – de slapeloosheid definitief haar intrede deed, telde ik er op een dag maar liefst eenenzeventig. Ze besloegen een piramidevormige reeks, van onderaf beginnend met de allerkleinste: of we nog een dag niet zouden douchen in de koude, modderige gemeenschappelijke wasruimte op de camping, of we zouden toegeven aan de smeekbeden van de kinderen om in de tent te ontbijten vanwege de kou, in de wetenschap dat Rice Krispies hun weg zouden vinden naar mijn slaapzak om zich daar met het zand en de opgedroogde modder te vermengen tot schuurpapier, waardoor inslapen nog moeilijker zou worden dan het al was in de beperkte ruimte van een tentje met drie woelige kinderen. 'Beschouw het als een gratis bodyscrub,' zei Tom eerder die week toen hij de rol van leuke papa probeerde te spelen, voordat zijn humeur verslechterde. Opgewogen tegen het grote geheel der dingen waren de gevolgen van die beslissingen niet van belang.

Daarop volgden de middelgrote beslissingen: moesten we de camping verlaten voor een klein familiepension ergens aan de kust? Moest ik Tom vertellen dat het ontbrekende paspoort, de reden dat we onze vakantie in Frankrijk hadden opgegeven voor een regenachtige camping in Norfolk, gevonden was in het handschoenenkastje van de auto? Ik besloot in beide gevallen van niet. En dan waren er de grote beslissingen: lachen of huilen? Blijven of vertrekken? En dat noodlottige besluit, waardoor overal de klad in kwam. Een van die rebelse beslissingen die onder aan de piramide begon en aan de top uitbarstte toen ik er het minst op verdacht was.

Als het huwelijk een landschap is, denk ik dat ik die zomer aan de kust van Norfolk mijn natuurlijke thuis vond. Vanaf het strand keek ik achter me en zag uitgestrekte moerassen met erachter een rij reumatisch ogende bomen, hun takken door windvlagen in onvoorspelbare bochten verwrongen. Voor me lag de zee, grillig en verraderlijk. Afhankelijk van het tij kon die je kilometers ver dragen langs de kust naar Cromer, of verder weg naar Nederland. Ik kon zien waar ik vandaan kwam, maar niet waar ik heen ging. Ik zag mezelf als een stuk bagage op een van de grote passagiersschepen die aan de horizon voorbijdreven, MET ONBEKENDE BESTEMMING op mijn zij gestempeld.

Binnen in mijn oren deed de kou zo'n pijn dat ik het in mijn keel kon voelen, maar het was niet onaangenaam, eerder geruststellend. Ik werd verkleind door de elementen. Die lieten me even aan mezelf ontsnappen. We stonden daar op een rijtje, voorovergebogen tegen de wind, hoofden omlaag, ineengedoken als soldaten op de aftocht; Fred met zijn handjes in die van mij en Tom, omdat we hadden ontdekt dat een sterke windvlaag hem omver kon gooien en Joe bang was dat hij zou worden meegesleept de lucht in, net als Dorothy in de openingsscène van *De tovenaar van Oz*.

'Die wind komt rechtstreeks uit Rusland,' riep Tom boven de wind uit tegen de jongens, en zelfs Fred leek onder de indruk. 'Daarom is hij zo bitter koud.' Ik pakte nog een trui uit mijn tas en trok hem aan.

'Zo koud is het nou ook weer niet,' brulde Tom tegen de wind in. 'Als je geen onderbroek aanhebt is het erger, zoveel is zeker. Mijn ballen zijn nog maar een schaduw van zichzelf.'

'Je hebt beloofd dat je het niet meer over de onderbroeken zou hebben,' zei ik.

'Alleen als jij niet meer zou klagen over het weer,' brulde hij terug.

'Jij zei dat het koud was,' hield ik vol. 'Ik klaagde niet over het weer. Ik trok gewoon nog een trui aan.'

'Ik stel alleen maar feiten vast. Een trui aantrekken is impliciete kritiek,' zei hij. 'Trek je truien dan minder demonstratief aan.'

'Waar stel jij dan voor dat ik discreet mijn trui aantrek?' vroeg ik en ik gebaarde met mijn arm naar het verlaten strand. Een zwart-witte scholekster wendde zijn kop, die hij laag tegen zijn lichaam hield om warmte te sparen, en keek me onderzoekend aan, alsof hij zich afvroeg waarom ik zo emotioneel was. Spaar je energie, leek de vogel te willen zeggen.

'Ik snap gewoon niet hoe je kunt vergeten om mijn onderbroeken in te pakken als je er voor Sam tien hebt ingepakt, en zes korte broeken voor Joe, en drie ijsmutsen voor Fred. Het slaat allemaal nergens op, Lucy. Had je geen lijstje gemaakt voor we weggingen?' riep Tom. Zelfs boven de wind uit was zijn stem onnodig hard.

'Waarom kijk je niet eens naar alle dingen die ik wél heb onthouden,' zei ik, 'in plaats van naar alles wat ik vergeten ben? Je had ook je eigen kleren kunnen inpakken.'

'Je weet best dat ik het druk had met dat probleem in Milaan regelen,' antwoordde hij.

'Nou, je zou onderbroeken kunnen kopen in Holt,' reageerde ik, vastbesloten om niet toe te geven.

'Dat doe ik uit principe niet,' zei hij, met een schijnheilig toontje zijn stem.

'En welk principe mag dat dan wel zijn?' vroeg ik, en ik wist onmiddellijk dat die vraag een strategische vergissing was.

'Het principe dat het belangrijk is om van je fouten te leren, en dat jij nooit meer zult vergeten om mijn onderbroeken in te pakken als ik een week zonder moet doen,' zei hij zelfingenomen.

'Dat zal ik ook niet, want ik pak nooit meer je koffer voor je in. Je doet volslagen belachelijk, Tom, ik geef hier niet eens antwoord op.' En toen begonnen we te lachen omdat het zo absurd was, en de kinderen lachten ook, zonder te weten waarom. Maar het klonk allemaal een beetje schril.

We waren een gestrand gezin, veroordeeld tot elkaars gezelschap, in een tent van ongeveer dertien kubieke meter. Dat wist ik, want Tom en Sam hadden een regenachtige middag doorgebracht met een meetlint om het nauwkeurig uit te rekenen. Het ging al mis vanaf het moment dat we thuis weggingen. De toekomst van Toms bibliotheek in Milaan, een project dat al het grootste deel van de afgelopen twee jaar in beslag had genomen, was in gevaar. Onze financiële situatie zag er somber uit. Toms bedrijf had al te veel tijd en geld in de bibliotheek geïnvesteerd. Toen we op de stoep voor ons huis stonden terwijl hij de auto inpakte, bedacht ik voor het eerst dat we het misschien zouden moeten verkopen.

Ik keek hoe hij alle bagage naast elkaar op de stoep zette om te proberen de ideale inpakmethode te vinden. Hij kon dan misschien de grillen van de afdeling Ruimtelijke Ordening van de gemeente Milaan niet bedwingen, maar hij kon wel orde scheppen in de achterbak van de auto.

'Het maakt toch niet echt uit hoe het ingepakt zit? Als het er allemaal maar in gaat,' pleitte ik bij het beeld van ongeduldige kinderen vastgegespt op de achterbank.

'Systemen, het gaat allemaal om systemen,' mompelde Tom. 'Ik probeer na te gaan wat we het eerst nodig hebben als we aankomen en dat leg ik dan bovenop. Weet jij al wat je voor het middageten gaat klaarmaken?'

Alweer een beslissing. Maar dan een die kon en moest wachten, want als je vóór negen uur 's morgens moet bepalen wat je tussen de middag gaat eten, ben je een stapje dichter bij krankzinnigheid.

'We halen daar wel wat,' zei ik. 'Of onderweg.'

'Maar als we onderweg stoppen vereist dat een ander systeem,' zei hij en hij gaf kleine vouwstoeltjes prioriteit boven gasflessen. 'En stoppen we dan bij een benzinestation of eten we broodjes langs de weg?'

'Je zult moeten aanvaarden dat we een zekere mate van flexibiliteit nodig hebben, Tom,' zei ik, om nog een discussie te omzeilen. 'Het kan bevrijdend zijn om niet te weten wat er gaat gebeuren. Eigenlijk helpt de eindeloze herhaling van routine de veerkracht van de menselijke geest om zeep.' Hij keek me aan alsof ik van een andere planeet kwam. Ik sloot mijn portier en opende het handschoenenkastje, en toen ontdekte ik het paspoort. Sam zag het.

'Mondje dicht,' zei ik tegen hem. Hij begreep het. Sam wordt later een heel goede echtgenoot.

En dan waren er de onderbroeken. Omdat ik me na onze woordenwisseling op het strand 's middags schuldig voelde, en het de enige dag was waarop de zon meer dan een paar uur bleef schijnen, bood ik aan om naar Holt te gaan en een ondergoedwinkel te zoeken. Het was een gebaar dat een wapenstilstand markeerde tussen mij en Tom. Een bilateraal vredesakkoord.

'Weet je het zeker, Lucy?' zei hij dankbaar. 'Dat is lief van je.'

'We zitten misschien krap, maar van nieuwe onderbroeken gaan we niet failliet. Het is inderdaad wel edelmoedig van me,' beaamde ik, omdat ik genoeg punten wilde verzamelen om de laatste drie dagen van de vakantie door te komen. Natuurlijk komt er weinig zelfopoffering kijken bij een middagje in je eentje winkelen in een stadje in Norfolk, waar men de druk om een winkelcentrum buiten de stad te bouwen heeft weerstaan en waar vijf verschillende soorten olijfolie te koop zijn. Ik vond het niet erg om alleen te zijn en hem die middag op het strand achter te laten met de kinderen.

In Holt vond ik al snel een winkel die kon bogen op een ondergoedafdeling met grote ambities. Het assortiment was verontrustend uitgebreid voor een zaak van die omvang op een dergelijke locatie. Het varieerde van zwoele gevalletjes in pastelkleuren tot herenslips in kleuren die ik niet meer had gezien sinds mijn tienertijd, toen Mark alleen nog rode onderbroeken wilde om uit te dragen dat hij een 'hete minnaar' was. Er waren kanten slipjes en beha's die me tot tranen toe ontroerden omdat ze zo wit en delicaat waren, en in mijn bezit onvermijdelijk binnen een week grauw en rafelig zouden worden. Ze waren ook peperduur en omdat het bibliotheekproject van Tom voor onbepaalde tijd in de wacht stond en mijn creditcardschuld al volledig uit de hand was gelopen, weerstond ik de verleiding ze te kopen, maar ik kon niet weggaan zonder ze te passen.

Ik stond daar voor de spiegel en ontdekte dat het setje op de een of andere manier de rollen vet rond mijn buik verminderde en zorgde dat mijn borsten de zwaartekracht trotseerden. Nadat ik voor Tom dus een boxershort had gekozen van dikke, witte katoen die zijn mannelijkheid zou beschermen tegen allerlei soorten zeestormen, besloot ik dat ik dit setje van beha en slip aan zou houden om er nog even van te genieten.

Ik stond te dagdromen onder een groot bord met LINGERIE VOOR HEM EN HAAR erop, met een rood hart rond HEM EN HAAR, toen ik me realiseerde dat ik niet langer alleen was. Een man doorzocht het assortiment van Calvin Klein. Ik probeerde te bedenken of het ego van een man aangetast werd door een kleine maat onderbroek te kopen en of ik de M die ik voor Tom had gekozen moest ruilen voor een XL om zo nog meer in de gunst te komen. Toen draaide de man zich om en ik herkende hem onmiddellijk.

Na tien jaar was hij wat zwaarder geworden. Hij had volle, blozende wangen en ik kon beter zien hoe hij er als mollige peuter moest hebben uitgezien, omdat het extra gewicht minder rimpels betekende. Hij kreeg er vlees van op zijn botten. Hij had het voorkomen van een man die goed eet en drinkt. Zijn haar was dunner, waardoor zijn gezicht onevenredig groot leek, en onder zijn eerste kin zag ik een spoor van een tweede. In grote lijnen was hij dezelfde gebleven. Enkele tellen lang namen we elkaar meedogenloos op en ik concludeerde ten slotte dat de tijd mij vriendelijker gezind was geweest, voornamelijk omdat mijn gebreken gemakkelijker te verhullen waren.

'Lucy,' zei hij verrast. 'Wat doe jij hier? Ben je me naar binnen gevolgd?' Mijn stekels stonden meteen overeind. Het was echt iets voor hem dat hij er zelfs na al die tijd nog van uitging dat hij door mij gevolgd was. De basis van onze vriendschap was een wederzijdse flirt, te lang met onze schouders tegen elkaar over een bureau leunen om iets in een krant te lezen, elkaar te hard aan het lachen maken zonder anderen erbij te betrekken, op feestjes altijd zorgen dat we naast elkaar zaten. Het was gelijkwaardig. Maar achter zijn gedwongen nonchalance school een ijdele man. Het deed me genoegen te ontdekken dat een ongeplande ontmoeting, bijna een decennium na dato, mij een inzicht verschafte dat vergelijkbaar was met het heldere oordeel van een eerste indruk. Afstand verleent een beeld, niet noodzakelijkerwijs betovering en dat is maar goed ook tijdens de Middelbare Jaren, wanneer nostalgie naar het verleden en angst voor de toekomst in het heden een explosief mengsel kunnen vormen.

'Ik was hier eerder dan jij, en zo te zien komen we voor hetzelfde,' zei ik en ik hield mijn ondergoed omhoog.

'Ik kan niet beslissen of ik een medium of een large ben,' zei hij.

'Medium, voor zover ik me herinner,' zei ik. Hij lachte. Soms is de communicatie met een oude minnaar zo simpel dat het de jaren overbrugt. Er kan een even groot gevoel van verlies bij komen, omdat diezelfde intimiteit nooit kan worden herhaald. Tot mijn opluchting voelde ik alleen het eerste.

'Dat was een schot voor open doel,' zei hij vrolijk. 'Heb je zin in een kop koffie?'

Volgens mij is een vrouw uitnodigen voor een kop koffie het moderne equivalent van een negentiende-eeuwde man die een vrouw uitnodigt om zijn etsen te komen bekijken. Het lijkt een onschuldige uitnodiging, ingegeven door schijnbaar onschuldige bedoelingen, maar de onderliggende gedachte is om samen alleen te zijn. We legden daarom allebei onze ondergoedbuit iets te snel neer en gingen naar een klein café, waar thee werd geschonken in echt porseleinen kopjes op witte tafelkleden. In het uur daarop vertelde hij me dat hij met zijn vrouw en twee kinderen op vakantie was in Norfolk. Ze hadden voor een aanzienlijk bedrag een verbouwde schuur gehuurd ergens aan de kust buiten Holt. Hij was een onafhankelijke film aan het regisseren die in Bradford speelde, over een liefdesrelatie tussen een Aziatisch meisje en een blanke jongen. Hij zat in de directie van het Britse Filminstituut. Hij was vaak op reis. Met zijn vrouw ging het goed. Ze waren zo vaak niet samen dat het des te moeilijker was om wel samen te zijn, omdat ze zulke afzonderlijke levens leiden. Hij had haar nooit over ons verteld en er was nooit meer iets dergelijks gebeurd. Ik wist niet zeker of ik hem geloofde, maar het zei wel iets over het beeld dat hij van zichzelf wilde hebben. Het was typerend voor hem dat hij niet naar mij vroeg tot de thee in de pot koud was en het buiten weer was gaan regenen; ik was vergeten hoe vol hij van zichzelf was.

'En wat doe jij tegenwoordig, Lucy?' vroeg hij ten slotte.

'Getrouwd, drie kinderen. Ik ben thuisblijfmoeder,' zei ik. Dat is nog eens een functieomschrijving waarmee je een gesprek ter plekke beëindigt. 'Ik ben een paar jaar nadat jij was weggegaan gestopt met *Newsnight*, al heb ik wel een tijdje doorgewerkt nadat onze eerste zoon was geboren.'

'Waarom ben je gestopt? Je hield toch zo van je werk?' vroeg hij. 'Jij had zoveel plannen, zoveel ideeën. Ik dacht dat jij voorbestemd was voor grootse dingen. Ik zou je zó een baan geven.'

'Het juiste evenwicht vinden tussen werk en privéleven bleek te ingewikkeld,' legde ik uit. 'Daarom leek het me een goed idee er een jaar uit te stappen, maar toen werd ik weer zwanger, en toen nog een keer, en ineens waren er acht jaren voorbij.'

Ik wilde hem vragen of hij zich mijn goede ideeën nog kon herinneren, want ik kon dat beslist niet en ze zouden nu misschien van pas kunnen komen. Net als alle uren extra slaap die ik heel gewoon vond voordat ik kinderen kreeg. Ik wou dat ik die allemaal op de bank had gezet, voor later.

'En bevalt het fulltime moederschap je?' vroeg hij.

'Je werk opgeven is net zoiets als van de stad verhuizen naar het platteland,' zei ik. 'Als je het eenmaal hebt gedaan, is het moeilijk terug te draaien. Ik werd meegezogen in de draaikolk van het ouderschap. Het tempo van het leven verandert, het is wild en opstandig terrein, de hedendaagse cultuur gaat aan je voorbij en je gaat steeds vroeger naar bed omdat het zo uitputtend is, maar je leert wel weer met de seizoenen te leven. En ik denk dat mijn kinderen het fijn vinden dat ik er ben, en ik vind het fijn om bij ze te zijn. Ondertussen ben ik uiteraard volstrekt onbemiddelbaar, en heb ik nog minder status dan een paaldanseres.'

Hij lachte. En we glimlachten om de ironie van onze gedeelde ambities met hun zo verschillende resultaten, want de emancipatie is een heel eind gekomen, maar het zijn nog steeds de vrouwen die de moeilijke beslissingen nemen.

'Paaldanseressen zijn machtige mensen,' zei hij. Toen zweeg hij even. 'En hoe bevalt het huwelijk?' De vraag bleef in de lucht hangen, want dit was gevaarlijk terrein. Ik staarde in mijn koude kop thee.

'Prima. Hobbelig op zijn tijd, ook wel tragikomisch, denk ik,' zei ik met de eerlijkheid die toelaatbaar is tegen iemand van wie je weet dat je hem niet zult weerzien. De eerlijkheid die is toegestaan bij het reizen in verre landen. 'Kinderen drijven je tot uitersten en relaties kunnen verdwalen in het huiselijke moeras.'

'Wat je zegt. Soms denk ik dat het gemakkelijker is om verliefd te zijn op mensen voordat je ze echt leert kennen en ze van hun voetstuk kieperen,' zei hij. 'Toen ik bij mijn vrouw introk en zag hoe ze haar teennagels knipte en vervolgens de nagels opat, stierf er iets bij mij vanbinnen. Daarom hebben oude relaties die het stadium van de lust nooit zijn gepasseerd zo'n greep op je geheugen.'

'Helemaal waar,' zei ik onnadenkend.

'Daar gaat mijn volgende film over. Die is commerciëler, over een man en een vrouw die elkaar weer ontmoeten op oudevriendenvinden.com en proberen hun vroegere relatie nieuw leven in te blazen,' zei hij. 'De sponsors zijn Amerikaans, dus hij moet een Hollywoodeinde hebben.'

'En blijft ze bij haar man of vertrekt ze met het oude vriendje?' vroeg ik.

'Ze verlaat haar man,' zei hij.

'Hoezo is dat dan een happy end?' vroeg ik.

'Ik zei niet dat het een happy end was; ik zei dat het een Hollywoodeinde was.'

'Maar het zou toch romantischer zijn als ze bij haar man bleef?' drong ik aan.

'Lucy, dan zou het een beetje saai worden,' sprak hij me tegen.

'Wat gebeurt er dan met de echtgenoot?'

'Hij krijgt uiteindelijk een ander,' zei hij, een beetje ongeduldig.

'En de vrouw van het oude vriendje?'

'Die is dood,' zei hij gapend. 'Dat is wel zo makkelijk. Over oude relaties valt geen goede film te maken. Het publiek wil de vroege stadia zien, de seksuele spanning, de opwinding.'

'Ik denk dat liefde op de lange termijn meer te maken heeft met een bepaalde houding dan met een gemoedstoestand. Het gaat om hoeveel je elkaar te geven hebt en niet om wat je van elkaar kunt krijgen. Op sommige punten is het interessanter dan een onvolwassen relatie,' zei ik. 'Daar hoop ik tenminste wel op.'

'Een geleidelijk en gegarandeerd rendement op je investering in de loop der jaren?' vroeg hij.

'Zoiets,' zei ik.

'Nou, dan is de mijne ten dode opgeschreven, want ik ben een egoïstische zak,' zei hij. 'En jouw man?'

'Hij is erg detailgericht. Dat kan waanzinnig irritant zijn, maar hij is niet structureel egoïstisch,' zei ik. 'Niet zoals jij dat bent. Maar misschien ben je daarom wel zo succesvol.'

'Het probleem met succes is dat je altijd mensen tegenkomt die succesvoller zijn dan jij. Na mijn eerste film dacht ik dat het genoeg zou zijn. Nu weet ik dat ik nooit het gevoel zal hebben dat ik goed gepresteerd heb als ik geen groot succesvol oeuvre kan produceren. Er zijn momenten van euforie, maar ik ben zelden tevreden. Tevredenheid is niet voor mij weggelegd.'

Ik weet dat ik indertijd duidelijke aanwijzingen niet had opgemerkt, maar ik vond deze man niet langer aantrekkelijk. Ik was nieuwsgierig, zoals je dat kunt zijn als je het begin van een verhaal kent. Ik wilde weten wat er in het midden was gebeurd, om te kunnen nagaan of er een happy end zou komen.

Toen ik op mijn horloge keek, zag ik tot mijn afschuw dat ik bijna twee uur in dat café had gezeten. De winkel was intussen gesloten en ik was de onderbroeken vergeten te kopen. Zonder de onderbroeken terugkeren naar de camping was ondenkbaar. Ik rommelde in mijn tas, op zoek naar mijn portemonnee. Toen ontdekte ik dat ik het setje dat ik had gepast per ongeluk had meegenomen. Het was de eerste keer in mijn leven dat ik iets had gestolen. Ik besloot onmiddellijk het te houden. Ik voelde geen berouw, omdat het geen diefstal met voorbedachten rade was. Onbezonnen handelingen van dubieus allooi waren toegestaan, zolang ze onbewust geschiedden.

'Weet je dat ik altijd aan je ben blijven denken, Lucy?' zei hij opeens. 'Ik heb me altijd afgevraagd hoe het zou zijn gegaan als wij samen waren gebleven. Of jij misschien het antwoord zou zijn geweest.' Het theekopje dat hij in zijn handen klemde, leek piepklein.

'Echt waar?' zei ik verbijsterd. Ik zag een van zijn handen naar de mijne toe komen en stond abrupt op. Mijn stoel viel achterover en kwam vervaarlijk schuin tegen een radiator te hangen. Ik liet hem zo staan.

'Ik zou het antwoord niet zijn geweest. Het is altijd een vergissing om van andere mensen te verwachten dat ze je gelukkig maken. Het helpt wel, maar het is geen wondermiddel,' zei ik. 'Ik denk dat ik nu beter kan gaan.' Ik legde een biljet van vijf pond op tafel omdat ik wist dat hij geen geld bij zich zou hebben, want dat had hij nooit. 'Ik vond het erg leuk je weer eens te zien.' Hij stond onhandig op en zei dat ik contact met hem moest opnemen, maar ik wist dat hij dat niet meende. We hadden te veel dingen besproken en het zou moeilijk zijn om elkaar nog eens te zien.

In zekere zin was het een fortuinlijke ontmoeting, omdat die voor mij een hoofdstuk afsloot. Maar ik bleef zitten met de onaangename gevolgen van het vergeten van Toms ondergoed en het stelen van mijn slip en beha. Toen ik terugkwam op de camping was hij razend, zelfs al voor ik hem vertelde dat het een vruchteloze expeditie was geweest.

'Wat heb je de hele middag gezeten?' wilde hij weten. 'Fred is in de modder gevallen en heeft bijna een uur lang gehuild. Joe dacht dat hij aan het verschrompelen was omdat het zeewater zijn huid rimpelig maakte. En ik heb het paspoort in de auto gevonden, en Sam ging huilen omdat hij bang was dat jij zou denken dat hij het me verteld had.'

Ik keek naar Fred. Zijn haar zat aan elkaar geplakt met stukjes zeewier, harde opgedroogde stukjes modder en hier en daar een klein veertje. Over zijn gezicht liepen een paar schone geultjes tussen de modder en ik verbeeldde me dat daar plassen tranen langs zijn wangen waren gestroomd.

'Waarom heb je hem niet gewassen?' vroeg ik, met zijn gezichtje tussen mijn handen.

'Ik dacht dat jij op tijd terug zou zijn om te helpen,' zei Tom afkeurend. Ik keek hem aan en zei tegen Sam: 'Wij gaan even een klein ruzietje maken. Wil jij alsjeblieft op Fred en Joe letten?'

Ik vertelde Tom dat ik een ex-collega was tegengekomen. Hij herinnerde zich de man ongewoon helder en vroeg of ik ooit met hem naar bed was geweest, want hij had altijd vermoed dat er iets was tussen ons. Ik nam een verkeerd besluit. Ik slaagde er niet in de situatie vanuit Toms gezichtspunt te bekijken en ging ervan uit dat het er voor hem net zomin toe zou doen als voor mij. Dus vertelde ik hem de waarheid over de eerste ontmoeting, omdat ik dacht dat het zo lang geleden was gebeurd dat het niets meer gaf, en omdat ik verheugd was over de ontdekking dat deze man zo weinig voor mij betekende. Maar het deed er natuurlijk wel toe. Ik zei dus niets over de tweede keer. En toen zei ik tegen Tom dat hij schijnheilig was, want hij was met Joanna Saunders naar bed geweest en dat had hij veel langer en vaker gedaan dan ik. Hij stond rood bij de bank. En al die oude, rauwe wonden werden opnieuw opengereten. Soms is vergeten gemakkelijker dan vergeven.

18

Als je geen twee paarden tegelijk kunt berijden,
hoor je niet in het circus.

Als ik een maand na het feestje van Robert Baars een sms krijg
met 'We moeten praten. Koffiedrinken? Boek af', weet ik dat dit,
ongeacht mijn antwoord, een beslissing is van het niveau top-
van-de-piramide. Na de gebeurtenissen op het feestje was ons
contact beladen met specifieke ondertonen. De ontmoeting in
de vestibule had niets impressionistisch. De aantrekkingskracht
was uitgesproken, en dat betekent dat ik meer verantwoordelijkheid moet nemen voor mijn handelen. Het is het verschil
tussen bewust en onbewust ondergoed stelen in Holt. Dit
gebeurt er nou als fantasie overstroomt in werkelijkheid.

Ik dwing mezelf minstens een halfuur te wachten voor ik
reageer en dan tik ik: 'Gefeliciteerd maar geen goed idee denk
ik.' Door het gebeurde stilzwijgend te erkennen beperk ik niet
alleen de kans dat er weer iets gebeurt, maar maak ik ook zelfs
het kleinste beetje onschuldig geflirt onmogelijk. Ik weet dat ik
rationeel gezien de juiste beslissing heb genomen en doe mijn
best om daar blij mee te zijn. Als er geen verboden vruchten
waren geweest in het paradijs, had Eva niet hoeven beslissen of
ze ervan zou eten, vertel ik mezelf. Er klinkt weinig twijfel door
in mijn bericht aan Robert Baars, maar het is niet in volle overtuiging geschreven. Rationeel reageren is zo'n langetermijn-
investering die weinig direct dividend oplevert.

Ik heb me wel schuldig gevoeld, maar het is niet het acute
soort schuldgevoel dat verlichting vindt in een dramatische
biecht. Het is eerder de chronische variëteit, waarvan ik verwacht dat het mettertijd zal slijten. Ik troost me met de gedachte dat er niet echt iets is gebeurd. Een klit, niet eens een knoop,
wat betekent dat er niets te ontrafelen valt en nog veel minder

te biechtcn. Niemand, behalve Beroemde Vader, weet zelfs maar dat we samen alleen zijn geweest. Ik negeer het bekende feit dat geheimen fantasieën van zuurstof voorzien.

Een paar weken na het versturen van dat bericht, als de paasvakantie alweer een verre herinnering is, wandel ik het plaatselijke café binnen nadat ik de oudste jongens naar school heb gebracht en Fred naar de peuterschool, voor een vergadering die Supermoeder bijeengeroepen heeft om het komende schoolfeest te bespreken. Het is voor het eerst sinds het feestje dat ik zo dicht bij Robert Baars zal zijn, omdat ik tot dusver elke vorm van onoppervlakkig contact met succes heb weten te vermijden.

Yammie Mammie nr. 1 zwaait naar me als ik naar binnen loop. Ze klopt bezitterig op een plekje naast haar en ik ga zitten, opgelucht dat ik vroeg ben en Robert Baars er nog niet is. Ik ben zowel dankbaar als ongerust. Aan de ene kant val ik niet op naast haar felgekleurde jaren-vijftigjurk en haar enorme zonnebril; aan de andere kant zal ze onvermijdelijk over Guy willen praten.

'Hallo, Isobel,' zeg ik.

'Dat is de eerste keer dat ik je mijn naam hoor gebruiken,' zegt ze met een vergenoegd gezicht.

Ik kijk nostalgisch terug, naar een tijd nog niet zo lang geleden, dat ik blij mocht zijn als Isobel me wat kruimeltjes aandacht toewierp, ook al hadden die kruimels emotioneel niets te betekenen. Nu bestaan mijn gevoelens voor haar uit een oncomfortabele mengeling van onverenigbare smaken, zoals een culinair experiment waarbij een amateurkok onwaarschijnlijke ingrediënten bij elkaar gooit in een hopeloze poging om een gedenkwaardig nieuw gerecht te produceren. Kerriepoeder, suiker en zout. Bewondering, sympathie en schuldgevoel. Bewondering voor de manier waarop ze besloten heeft de situatie aan te pakken, de emotionele last zelf te dragen zonder haar kinderen aan te steken met haar angst, en de wereld tegemoet treedt met dezelfde melange van humor, afstandelijkheid en onberispelijk goede smaak. En die karaktertrekken vergroten mijn sympathie voor haar.

Ik voel me echter bovenal schuldig. Mijn loyaliteit is diep verdeeld. Van het begin af aan vond ik het verkeerd om Emma te verraden. De strekking en diepgang van mijn relatie met haar zijn niet te vergelijken met de opbloeiende vriendschap tussen Isobel en mij. Nu voel ik me echter schuldiger over het misleiden van Isobel dan over mijn eigen vluchtige contact met Robert Baars. Als ik vastberaden blijf zal er voor mij geen terugslag volgen, alleen een terugkeer tot de status-quo. Haar situatie is veel minder voorspelbaar en zal onvermijdelijk een flinke dosis pijn met zich meebrengen.

De eerste paar weken na het feestje heb ik een paar ongemakkelijke telefoongesprekken met Isobel gevoerd over de mogelijke identiteit van de minnares van haar man en nieuwe ontdekkingen over de schaal van Guys bedrog. Dat deze telefoontjes minder zijn geworden, kan alleen maar betekenen dat ze Emma's identiteit op eigen kracht bijna heeft ontdekt of dat ze voelt dat ik deel uitmaak van de samenzwering, en dat is ook zo.

Ik raak ook steeds gefrustreerder door Emma. Ik heb haar geprobeerd uit te leggen dat Isobels pijn en woede steeds dieper komen te zitten naarmate haar relatie met Guy langer duurt, en dat het des te moeilijker zal zijn om hun huwelijk te herstellen. Elke keer als ik met haar praat belooft ze dat ze de verhouding binnenkort beëindigt. Ze gebruikt een tactiek die zij de 'langzame terugtocht' noemt, wat mij in de oren klinkt als een tantristische sekstechniek, maar waarvan zij beweert dat het onderdeel is van haar opzet om de situatie vanuit een sterke positie te verlaten.

Het is verleidelijk om Emma te ontmaskeren, maar op dit punt zou dat de situatie niet verbeteren. Isobels waardigheid is deels behouden door haar detectivewerk, dat haar woede richting geeft en haar tijd geeft om een passende reactie te bedenken.

Dus richt ik mijn reserves aan woede op Guy. Tot mijn grote verbazing heb ik verscheidene telefoontjes van hem gehad, waarin hij gerustgesteld wil worden dat ik zijn vrouw niet zal vertellen wat er aan de hand is, of dat ik Emma niet zal overhalen hem te verlaten. Ik vraag me af of Isobel nog steeds zijn telefoongesprekken bijhoudt en wat ze zal opmaken uit deze nieuwe aanwijzing op zijn telefoonrekening.

Ik kijk naar haar. Ongerustheid staat haar goed, besluit ik. Ze straalt.

'Je lijkt op Jackie Kennedy toen ze op huwelijksreis was in Acapulco,' vertel ik haar.

'Dat is in diverse opzichten een nogal ongelukkige vergelijking,' zegt ze met een blik over de rand van haar bril. 'Al is Guy neerschieten wel een van mijn vele mogelijkheden. Vooral sinds ik heb ontdekt dat hij op die bewuste avond van dat diner helemaal niet in Frankrijk was.'

'Ik had het over je look. En trouwens, JFK had toen waarschijnlijk nog geen verhoudingen,' zeg ik, zowel om haar gerust te stellen als om het gesprek op een ander onderwerp dan haar man te brengen.

'Ik had het niet over zijn verhoudingen,' fluistert ze kortaf. 'Ik heb deze bril op vanwege een sportblessure.'

'Ik wist niet dat je gezichtsspieren kon trainen,' zeg ik oprecht verbaasd. 'Zou je daar geen rimpels van krijgen?'

'Ben je met opzet zo lastig, Lucy?' vraagt ze, maar ik weet dat ze dit soort gesprekjes aangenaam ontspannen vindt.

Ik zou haar graag laten weten dat ik diepongelukkig ben met de gedwongen intimiteit van onze relatie en terug wil naar het soort onderwerpen waar we ons vroeger mee bezighielden. Maar daar is het te laat voor; wij zijn door omstandigheden met elkaar verbonden.

Ze schuift haar bril omhoog en onthult een enorm blauw oog, van haar linkerwenkbrauw tot haar jukbeen.

'Ik heb mezelf per ongeluk in mijn gezicht gestompt bij kickboksen,' zegt ze. 'Dat komt doordat ik zo afwezig ben.'

'Zo'n fraaie kont moet wel een bepaalde hoeveelheid lijden met zich meebrengen,' zeg ik.

'Lucy, je hebt twee mogelijkheden in je leven,' zegt ze met een zucht. 'Je kunt je gezicht redden of je kont, en ik heb voor het laatste gekozen.'

Ik moet verward gekeken hebben, want ze gaat verder met: 'Als je veel traint krijg je rimpels, maar als je dik bent lijkt je gezicht jonger.'

'Maar je man ziet je toch vaker van voren dan van achteren?' vraag ik. 'Kun je dan niet beter in je voorkant investeren?'

'Nu je erover begint, hij krijgt van geen van beide veel te zien tegenwoordig. Ik heb alle service ingetrokken. Bovendien zegt mijn personal trainer dat ik me moet concentreren op mijn unieke verkooppunt,' zegt ze. 'Het is een investering voor de toekomst, als het niet meer goed komt.' Haar stem trilt een beetje en er ontsnapt een traantje uit de linkerbenedenhoek van de zonnebril.

Ze veegt het weg en snift een beetje.

Ik pak haar arm vast. Ik wou dat Emma deze kant van het verhaal kon zien.

'Niet lief doen, ik kan er niet tegen als mensen medelijden met me hebben,' zegt ze. 'Zeg iets gemeens, zodat ik niet ga huilen.'

'Je jurk is zo blommig als een bed chrysanten. Rechters zijn niet gediend van personal trainers bij scheidingen. Je volgende auto wordt een Trabant,' zeg ik. Ze glimlacht een beetje.

Robert Baars voegt zich bij de groep en ik probeer me erop te concentreren met veel lawaai mijn sinaasappelsap door een rietje op te zuigen en weersta de verleiding om op te kijken. Ik mag wel zijn benen van boven naar beneden bekijken en zie dat hij een even boven de knie afgeknipte spijkerbroek draagt. Hete zomers zijn niet de beste tijd om wellustige gedachten te verbannen. Ik kijk hoe zijn benen naar een stoel naast Supermoeder lopen. Ik probeer iets lachwekkends te ontdekken aan zijn knieën – haren op zijn tenen, eelt op zijn hielen, iets om de luchtbel van lust te doen knappen.

Ik zou liegen als ik zeg dat ik niet minstens één keer per dag aan hem denk, al dwing ik mezelf om iedere keer dat hij woonruimte kraakt in mijn hersenen aan iets anders te denken, een serieus onderwerp om het frivole van mijn obsessie te benadrukken. Ik maak bijvoorbeeld lijstjes van landen die het meest te lijden hebben gehad van het blunderende buitenlandse beleid van de Verenigde Staten, en als dat niet genoeg afleidt probeer ik ze in een of andere volgorde te zetten. Is Irak een ergere puinhoop dan Vietnam? Moet die situatie beoordeeld worden naar het aantal burgerslachtoffers, of volgens de decennia die alleen al verloren zullen gaan met de wederopbouw? In welke zin was Nicaragua een grotere puinhoop dan Somalië?

Soms dwalen mijn gedachten af. Zou een beetje ontrouw het landschap van een huwelijk radicaal veranderen? Hoe lang zou het duren om terug te keren tot de huidige situatie? Hoeveel gewonden zouden er vallen?

Als mijn vastberadenheid gestut moest worden, keek ik naar mijn kinderen en dan wist ik zeker dat ik de wilskracht had om elke openingszet van Robert Baars te weerstaan. Wat ik echter niet had begrepen was dat hij nog steeds achter mij aan zat, terwijl ik probeerde me terug te trekken. Mijn eigenschap om situaties vanuit ieders standpunt te bekijken liet me precies in de steek op het moment dat die nuttig zou zijn geweest.

Toch vind ik dat ik geluk heb, want telkens wanneer de herinnering aan de jassenkamer mijn gedachten dreigt te overmeesteren kan ik mijn aandacht gewoon richten op de andere dilemma's die tijdens die gedenkwaardige avond werden opgeworpen. Mark zou deze elkaar overlappende zorgen een verschuiving van ongerusthcid noemen, omdat hij overal een etiket op moet plakken.

Supermoeder klapt in haar handen om de vergadering officieel te openen en overhandigt mij pen en papier om aantekeningen te maken. We gaan allemaal rechtop zitten en nog steeds onderdruk ik de neiging om Robert Baars aan te kijken. Beroemde Vader lummelt het café binnen. Hij draagt teenslippers, een dure strakke spijkerbroek die van zijn vrouw moet zijn, en een muts die hij zo ver over zijn gezicht heeft getrokken dat hij maar voor de helft zichtbaar is. Hij vraagt Isobel en mij op te schuiven zodat hij naast mij kan zitten. Ik word fijngedrukt tussen hen tweeën. Hij ruikt naar zweet en alcohol. Hij gaat naast me zitten en zijn arm plakt aan de mijne. Als hij hem verplaatst om een kop koffie naar zijn mond te brengen, lik ik stiekem aan mijn pols en proef alcohol. Hij zweet pure whisky.

'Wat gebeurt er, Sweeney?' fluistert hij hees. Ik wilde dat hij me niet bij mijn achternaam noemde.

'Ze stelt voor dat het feest een Romeins thema krijgt en dat we allemaal verkleed komen en Latijn praten,' vertel ik hem.

'Is dat weer zo'n vreemde Engelse traditie?' vraagt hij terwijl hij zijn bril afzet.

'Nee, een rare Noord-Londense,' zeg ik. Hij ziet er vreselijk uit, alsof dit het einde van een lange nacht is in plaats van het begin van een nieuwe dag. Zijn ogen zijn zo bloeddoorlopen dat de mijne ervan gaan tranen. 'Ik denk dat je je zonnebril beter op kunt houden,' zeg ik en wijs op Isobel. 'Je bent in goed gezelschap.'

'Ik sta op het punt om te imploderen, Sweeney,' zegt hij. Hij maakt een geluid als van een ontploffende bom.

Supermoeder kijkt ons afkeurend aan.

'Mijn vrouw is vertrokken,' zegt hij. 'Ze heeft de kinderen meegenomen naar de Verenigde Staten. Mijn jongste vroeg of ik op een wip zat.'

'Wat bedoelde ze?' vraag ik.

'Onevenwichtig,' zegt hij. 'Maar dat ben ik niet. Ik ben bij vlagen zelfdestructief en dan kom ik er weer uit. Zo pak ik het leven aan.'

'Wat doe je hier dan, als je geen ouder meer bent?' vraag ik.

'Over vier weken ga ik filmen in Praag. Ik heb niks beters te doen,' zegt hij. 'Het is leuker dan televisiekijken en ik moet jou in de gaten houden.'

Als ik in gedachten tot tweehonderdvijftig heb geteld, mag ik een blik op Robert Baars werpen. Ik zie dat de mouwen van zijn T-shirt nonchalant zijn opgerold en zijn bovenarmen en iets van zijn schouderbladen onthullen. Zijn huid is gebruind. Hij zit achterover in zijn stoel, zijn benen voor zich uitgestrekt. Hij gebruikt de wijsvinger van zijn linkerhand, de vinger waarmee hij mij heeft aangeraakt, om rondjes te tekenen op de stoffige tafel. Nu en dan haalt hij zijn hand door zijn haar, tot het recht overeind staat.

Ik denk aan de constellatie van moeizame situaties die boven het feestje hing die avond, als een wetenschapper die empirisch bewijs verzamelt om de kans op een natuurramp te berekenen. Ik denk aan mensen in kantoren in Colorado die kleine bewegingen van de tektonische aardplaten in de gaten houden om de kans op een aardbeving te voorspellen. Als ze diezelfde wetenschap op mijn leven toepasten, zouden ze ongetwijfeld tot de conclusie komen dat een ernstig incident onvermijdelijk was. Ik kom tot de conclusie dat ik de San Andreas-breuklijn geworden ben.

Ik sluit mijn ogen en adem in om niet te hoeven zuchten. Ik herinner me de geur van de jas van Isobel, het druppelen van de kraan en hoe heet zijn hand aanvoelde op mijn lichaam, zodat ik achteraf keek of die een afdruk had achtergelaten. Ik herinner me hoe de stof van mijn wikkeljurk oprekte door de kracht waarmee hij hem van mijn schouder trok. De jurk zal waarschijnlijk nooit meer in model komen. Ik vraag me af wat hij daarna precies gedaan zou hebben als Beroemde Vader ons niet had onderbroken. Ik verbeeld me dat de hand die op de tafel rondjes trekt de schouder van mijn jurk in glijdt, langs mijn lichaam streelt. En dan zucht ik wél hardop. Beroemde Vader stoot me aan.

Als ik mijn ogen opendoe, zie ik Robert Baars naar me kijken. Ik vraag me af hoe lang al. Hij haalt zijn vinger van tafel en wrijft er langzaam mee over zijn onderlip. Dan lacht hij naar me, een soort halve glimlach, deels verborgen achter zijn vinger. Ik weet zeker dat hij weet waar ik aan denk.

'Hou je in, Sweeney,' fluistert Beroemde Vader in mijn oor. 'Tenzij je wilt dat de hele klas die begerige blikken onderschept.' Ik ga rechtop in mijn stoel zitten, bezorgd over mijn doorzichtigheid.

'Denk aan relmuizen en denarii, goden en gladiatoren,' hoor ik Supermoeder opgewonden zeggen.

'Ze kan nu elk moment een wedstrijdelement aan de festiviteiten toevoegen,' fluister ik tegen Beroemde Vader.

'En een prijs voor de best verklede ouder,' zegt Supermoeder triomfantelijk.

'Geweldig zoals de Engelsen altijd een aanleiding vinden om zich te verkleden,' zegt Beroemde Vader. 'Vooral als ze de kans krijgen om kleding van de andere sekse aan te trekken.'

'Ik vind het wel zo eerlijk als we over zoiets even stemmen,' zegt Robert Baars humeurig. Hij buigt zich naar voren en de mouw van zijn T-shirt kruipt omlaag en bedekt zijn bovenarm.

'In vita priore ego imperator romanus fui,' zegt Supermoeder. 'Trouwens, Rome was geen democratie. En vorig seizoen hebben we besloten dat alle schoolevenementen een educatief element moesten hebben.'

'Maar we zijn niet in het oude Rome, we zijn in het noorden van Londen,' houdt Robert Baars vol. 'We studeren niet allemaal Latijn om onze kinderen te helpen met hun huiswerk.'

Ik vind hem nog aantrekkelijker als hij zich kwaad maakt en gaap hem dromerig aan. Het is beslist beter dan zijn monologen over het belang van composteren en gerichte spelactiviteiten voor kinderen.

'Misschien kan ik het kostuum gebruiken dat ik in *Troy* droeg,' stelt Beroemde Vader voor, om de rafelige randjes van de discussie te repareren. Robert Baars kijkt hem vuil aan.

'Verkeerd tijdperk, maar wat een enig idee!' zegt Supermoeder, die enthousiast in haar handen klapt en haar laptop opent.

'Ik hoop dat je die dames weer bij je hebt,' zegt Beroemde Vader, die zich naar haar toe buigt. Ze schuift heen en weer in haar stoel, kruist en ontkruist haar benen. Haar glimlach is gespannen, maar ze geniet duidelijk van de aandacht.

'Je kostuum, horen daar beenkappen en lichaamspantsers bij?' vraagt ze zedig.

'De hele rimram. Inclusief Aquincum-helm met een rode pluim,' zegt Beroemde Vader.

'Wil je zeggen dat we allemaal onze eigen kostuums moeten maken?' vraag ik.

'Je kunt toch even op de naaimachine iets in elkaar flansen?' zegt Supermoeder ongeduldig.

'Ik heb geen naaimachine en ik heb wel een week gedaan over het berenpak voor het toneelstukje,' zeg ik smekend.

'En wat moeten de mannen aan?' vraagt Robert Baars. 'We hebben niet allemaal kostuums uit Hollywood-films.'

'Iets korts met plooien en sandalen met riemen,' vuurt Supermoeder terug, in de wetenschap dat zij de baas is. 'Ik weet zeker dat Lucy je wel wil helpen. Ik wil graag dat jullie samen de Romeinse taartenkraam doen.'

'Ik weet niet zeker of dat zo'n goed idee is,' zeg ik. Iedereen staart me aan. 'Kan ik geen Ezeltje Prik doen op het Trojaanse paard?'

'Verkeerd tijdperk,' zegt Supermoeder geringschattend. 'Waarom wil je niet met Robert Baars de taartenkraam doen?' Ze kijkt naar mij en dan naar Robert Baars, die onverschillig zijn schouders ophaalt.

'Maak je je zorgen over zijn enthousiasme?' vraagt ze. Ik sputter in mijn sinaasappelsap.

'Ik kom je ook helpen, Lucy,' zegt Beroemde Vader. 'Ik ben Spartacus.' Hij doet zijn beste impressie van Kirk Douglas.

'Nee, ík ben Spartacus,' antwoordt Robert Baars. Dan doet Isobel ook mee.

'Nee, ík ben Spartacus,' zegt zij. We beginnen allemaal te lachen.

Dan springt ze ineens overeind, met gestrekte arm in de lucht wijzend. We kijken haar allemaal met ontzag aan.

'Ik heb het,' zei ze. 'Denk aan Issey Myaki, schitterende Miu Miu-sandalen met turkooizen steentjes, Vestaalse Maagden!'

'Het is de bedoeling dat we geld inzamelen, niet uitgeven,' zegt Robert Baars streng.

'Ik ben blij dat sommige mensen tenminste wél enthousiast zijn,' zegt Supermoeder. 'We zien elkaar zaterdagmorgen vroeg met jullie bijdragen, allemaal op thema natuurlijk en in volledig kostuum.' We knikken allemaal gedwee.

'Waarom heb je zoveel taarten gebakken?' vraagt Tom laat die vrijdagavond. 'Een taart voor elk glas wijn dat je vanavond hebt gedronken?'

'Eentje moet er volmaakt zijn,' zeg ik, terwijl ik vermoeid op een stoel in elkaar zak en Toms ochtendjas om me heen trek. 'Mijn hele status als moeder hangt ervan af of ik een perfecte taart weet te produceren.'

'Doe niet zo idioot, Lucy,' zegt Tom. 'Hoe kan taarten bakken nou iets zeggen over je capaciteiten als ouder? Dat is volslagen onlogisch. Je gedraagt je net als je moeder met kerst.'

'Het is erfelijk – het onvermogen om taarten te bakken,' zeg ik.

'Had je Diepe Ondiepte ze niet kunnen laten doen?' zegt hij. 'Jullie verzorgen immers samen de taartenkraam.'

'Je moet hem echt niet meer zo noemen,' zeg ik.

'Ik kan hem moeilijk Goddelijke Huisvader noemen, vind je wel?' zegt hij plagerig. 'Isobel heeft me verteld dat de moeders hem zo noemen. Ik dacht dat bakken zijn specialiteit was?'

'Ja, dat is het 'm nou juist,' zeg ik, een beetje verhit.

'Waarom zijn ze zo plat?' vraagt hij en hij drukt op een taart, die prompt nog verder in elkaar zakt.

'Het lijken wel frisbees,' zegt hij. 'Waarom zeg je niet dat het Romeinse discussen zijn?'

Ik kijk hem vol eerbied aan. 'Wat een briljant idee,' zeg ik, bijna in tranen van opluchting. Ik ga naar hem toe om hem te omhelzen.

'Die ochtendjas is weerzinwekkend,' zegt hij als hij zijn armen om me heen slaat. We leunen zwijgend tegen elkaar aan.

'Gaat het wel goed met je?' vraagt Tom. 'Je bent zo afwezig de laatste tijd, zelfs voor jouw doen. Maak je je zorgen om Emma? Om Cathy? Om Isobel?'

'Met mij gaat het prima,' zeg ik. 'Ik verheug me op de zomer en op Italië.'

'Dan is de bibliotheek al een eind opgeschoten, en ik neem echt vrij,' zegt hij. 'We vinden elkaar wel weer, we moeten alleen de komende maand door zien te komen. Ik ga naar bed. Had ik al gezegd dat ik volgende week de hele week in Milaan ben?'

Dat had hij niet, maar om eerlijk te zijn raak ik eraan gewend dat Tom weg is. Het probleem is niet dat we op onszelf aangewezen zijn, maar dat we moeten leren om weer samen te zijn. De verwijdering heeft maanden geleden ingezet en nu is het eigenlijk gemakkelijker om alleen te zijn. Ik hoef alleen het einde van het schooljaar maar te halen. De zomervakantie doemt op aan de horizon als vasteland na woelige baren. Als ik het schoolfeest overleef, ben ik veilig. De vakanties zullen een flinke afstand scheppen tussen mij en Robert Baars, en daarna is hij toch weg om zijn boek te promoten.

Om vijf uur 's morgens stommel ik naar de keuken om de vijandelijkheden te heropenen. Nog voor ik het souterrain bereik vult de bittere geur van verbrande taart al mijn neus. Tegen het einde van de vorige avond was ik door een combinatie van slaapgebrek en te veel wijn in slaap gevallen, zodat mijn laatste experiment – Moskovisch gebak – veroordeeld werd tot een onzekere toekomst waar geen Romeins Rijk aan te pas kwam.

Ik nip aan een overgebleven glas wijn en hoop dat ik onderweg naar school geen blaastest hoef af te leggen. Er wacht mij een overweldigende aanblik, eerder een slagveld dan een huiselijk idylle. Elke kom die tijdens die late avondlijke exercitie werd ingezet zit vol keihard beslag. Het aanrecht is een niemandsland van onidentificeerbare smurrie en lege wijnglazen. Vuile pannen staan in poelen glazuur. De keukenmachine is gedeeltelijk bedekt met chocolade. Ik neem de situatie bewonderenswaardig koelbloedig op en besluit kalm dat de zorgvuldig van chocolade gemodelleerde relmuizen, compleet met lange dunne staarten, nog gered kunnen worden, samen met een iets te gare chocoladetaart en drie discussen.

Ik zet de radio aan en luister naar een programma voor mensen die vroeg opstaan om koeien te melken, en voor degenen die taarten bakken als slavenarbeid. Na jaren achteruitgang zijn er weer meer zwaluwen in Groot-Brittannië; er is een tekort aan herders en plattelandsdominees. Dit pastorale beeld is troostend en ik begin met hernieuwd enthousiasme aan nog een taart. Terwijl ik de eieren in de kom breek, kijk ik de tuin in en zie een laken zachtjes wapperen aan de waslijn. Dan realiseer ik me dat ik in mijn obsessieve taartenbakkerij het belangrijkste ingrediënt van de dag vergeten ben: het handgemaakte Romeinse kostuum. Ik been besluitvaardig de tuin in, aangevuurd door mijn vroege glaasje wijn, en trek het laken van de lijn. Een houtduif bekijkt het Moskovisch gebak dat ik op het gras laat staan en koert waarderend achter in de tuin.

Nil desperandum, elk probleem heeft een oplossing, en de mijne ligt hier voor me. Een prachtig schoon, zij het ongestreken eenpersoons wit hoeslaken wacht op zijn moment van eer. Met de keukenschaar knip ik een ruwe cirkel uit voor het hoofd. Naast de korte broek die Joe heeft geproduceerd lijkt dit het werk van een amateur, maar met een touw rond mijn middel kan ik doorgaan voor een slavinnetje of een andere ondergeschikte uit de oudheid. De gordijnen van de buren zitten stijf dicht. Ik trek de ochtendjas uit en schud het laken op.

Ik hoor een geluid bij het raam en zie Tom met een verward gezicht uit ons slaapkamerraam turen. Hij doet het raam open en leunt slaperig naar buiten.

'Wat doe jij om vijf uur 's morgens bloot in de tuin?' vraagt hij vermoeid, alsof hij het antwoord vreest. Hij ziet de taart midden in de tuin staan. 'Zeg maar niets: je bent aan het oefenen voor de chocoladediscuswerpcompetitie. Ik begin te twijfelen aan de geestelijke gezondheid van de ouders op die school, vooral aan de jouwe.'

'Ssst, je maakt iedereen wakker,' zeg ik en ik maak de cirkel rond de hals iets groter.

'Waarom heb je dat laken kapotgemaakt?' vraagt hij.

'Zo dan, is het nu duidelijk?' vraag ik.

'Niet voor de onschuldige voorbijganger,' zegt hij.

'Het is mijn Romeinse verkleedpak,' zeg ik.

'Goh, wat grappig, je zou zeggen dat je een laken aanhebt met een gat in het midden,' zegt hij. Hij slaat binnensmonds mopperend het raam dicht.

Een paar minuten later komt hij de keuken in. Hij werpt een

blik op de chocoladevlekken op het plafond en zegt, met een wanhopige klank in zijn stem: 'Jezus, Lucy, leg me nou eens uit hoe je zo'n rommel kunt maken? Waarom ruim je niet al doende op? Dat is al eeuwenlang een beproefd systeem. Zelfs de Romeinen deden het al. Kijk eens naar het portret van mijn moeder. Het lijkt wel of ze een huidaandoening heeft.' Hij veegt met zijn vinger de vlekken van Petra's gezicht en likt ze zorgvuldig schoon.

Ik leg uit dat ik op een belangrijk punt in het bakproces de deksel van de mixer kwijt was en dus, met de spreekwoordelijke handigheid van het A-team, geïmproviseerd heb met een stuk karton met een gat in het midden en de elektrische handmixer.

'Had je dat in een knutselprogramma gezien?' vraagt hij. 'Je snapt toch wel dat je alles in een kleinere kom had kunnen doen?'

Ik haal mijn laatste poging uit de oven en stort hem uit de taartvorm. Deze heeft het voor elkaar gekregen om aan de buitenkant aan te branden en vanbinnen rauw te blijven.

'Hoe kan dat nou?' roep ik wanhopig. 'Dat is net zoiets als tegelijkertijd dik en dun zijn.' Hij loopt naar de gereedschapskist en haalt er een beugelzaag uit.

'Dit werkte vorig jaar ook voor Joe's verjaardagstaart,' zegt hij geruststellend. 'Dan kun je een gat maken en dat vullen met chocolade-eieren.'

'Maar chocolade-eieren zijn niet echt Romeins,' klaag ik.

'Dat is een taartkraam ook niet. Ik begrijp niet waarom jij je vrijwillig opgeeft voor dingen die onvermijdelijk op een ramp uitlopen. Dat is ontzettend masochistisch.' Dan stopt hij. 'Het valt niet mee om serieus te praten met iemand in een laken.'

Hij loopt naar boven om zijn oude tweedjas te halen.

'Ik weet dat het warm is, maar je kunt zo niet naar school lopen. Je ziet er belachelijk uit. Ik ga terug naar boven. Ik haal de jongens wel uit bed en we komen straks.'

In een opstandige bui loop ik een paar uur later naar school, met mijn taartdiscussen en mijn chocolademuizen in een mand. In Toms jas heb ik het onderweg te warm en hij kriebelt. Net buiten het hek van de school zie ik Robert Baars zijn fiets op slot doen, met een cakeblik in bloemetjespatroon onder zijn arm. Het is te laat om hem te ontwijken.

'Worteltaart, helemaal biologisch,' zegt hij nonchalant. 'Mijn specialiteit.'

Ik besluit me die zin elke keer als ik aan hem denk voor de geest te halen, want als er ooit vijf woorden zijn geweest die elk opkomend lustgevoel doeltreffend de kop indrukken moeten het deze wel zijn.

Hij draagt ook een lange overjas. Ik staar naar zijn kuiten en zie dat ze omstrengeld zijn door leren bandjes, net als bij de oude Romeinen.

'Wat heb je daaronder aan?' vraag ik.

'Volgens opdracht draag ik een korte toga, met één schouder vrij en een leren riem,' zegt hij grimmig.

'Hoe kort?' vraag ik.

'Nou, laat ik het zo zeggen: we hadden alleen een kinderlaken,' zegt hij en hij slaat zijn jas open om mij het volledige, glorieuze effect te laten zien. Robert Baars draagt een minirokje naar het schoolfeest. Ik kijk naar zijn benen, iets te harig naar mijn smaak, maar wel goed gespierd. In gedeelde vernedering laat ik hem mijn eigen hoeslaken met het gat in het midden zien. Hij verbleekt zichtbaar.

'Casper het Spookje!' roept hij, en hij doet een paar stappen achteruit de heg in om me beter te kunnen bekijken.

Verdere kritiek blijft me bespaard doordat Isobel arriveert. Ze stopt naast ons en haar elektrische raampje gaat open.

'Aan het vergelijken?' vraagt ze retorisch. Ze stapt uit de auto in een lange roomwitte jurk met perfect gesteven plooien en kleine spaghettibandjes.

'Hoe heb je dat in vredesnaam voor elkaar gekregen?' vraag ik, oprecht onder de indruk.

'Issey Miyake,' antwoordt ze.

'Ik wist niet dat jij een Japanse schoonmaakster had,' zegt Robert Baars.

'Ik heb hem speciaal gekocht,' deelt ze mij mee. En dan begrijp ik dat ik mijn prioriteiten niet goed op een rijtje heb. Chocoladetaarten zijn anoniem, maar kleding is uitermate zichtbaar.

Robert Baars en ik lopen zwijgend naar onze taartkraam.

'Over dat feestje, Lucy,' zegt hij. 'We moeten praten.'

'Er valt niets te zeggen,' zeg ik en ik kijk om me heen of er niemand meeluistert.

'Je kunt me niet eeuwig blijven ontwijken,' zegt hij met zijn armen over elkaar geslagen achter de schragentafel.

Het valt niet mee om een leukere situatie te bedenken dan het gesprek dat Robert Baars probeert te voeren. Maar de speelplaats valt stil als er een bijzonder authentieke centurio, in een korte witte rok met volledig lichaamspantser en helm, compleet met vizier en pluim, naar ons toe komt.

'Heil Caesar,' roept hij naar ons toe, zwaaiend met zijn zwaard. Beroemde Vader is gearriveerd.

'Ik ben hier om je eer te verdedigen, Lucy,' fluistert hij als Robert Baars naar de voorkant van de kraam loopt en taarten uit gaat pakken. 'Tenzij ik eerst flauwval. Het zit een beetje strak. Ik ben zeker aangekomen sinds die film. Het zal het bier wel zijn.'

'Niet de whisky?' vraag ik.

'Tja, die ook,' zegt hij.

'Wil iedereen de plaatsen innemen?' roept Supermoeder in haar handen klappend.

We staan naast de taartkraam als de zon door de wolken breekt en Robert Baars en ik ontdekken dat onze lakens, met de zon in onze rug, zo doorzichtig zijn als wat.

'Die laten weinig aan de verbeelding over,' zegt Beroemde Vader, die ons vanonder zijn vizier van top tot teen opneemt, waarbij de lagen van zijn wapenrok aangenaam op en neer bewegen.

'Je hebt in elk geval een grote onderbroek aan,' zegt hij tegen Robert Baars, terwijl hij een arm om hem heen slaat en hem met het zwaard in zijn buik port.

'Zolang we achter de kraam blijven, wordt onze waardigheid beschermd door de taarten,' zegt Robert Baars. 'We zullen moeten proberen die taarten zo lang mogelijk vast te houden.'

'Waar staan jullie over te babbelen? Er is genoeg te doen,' zegt Supermoeder. Ze ontvouwt theatraal een tafellaken waarop ze persoonlijk Romeinse cijfers heeft geborduurd die overeenkomen met volmaakt gevormde cakejes waar Latijnse inscripties op geglazuurd zijn. Mijn zorgvuldig geknutselde relmuizen zien er ineens erg onbehouwen uit.

'Waar zijn je Romeinse sandalen, Lucy?' vraagt ze met een blik op mijn sleehakken. Ze overhandigt me een bord vol Romeinse munten. 'Hier zijn de denarii. Vergeet niet dat we het voor de kinderen zo authentiek mogelijk willen maken.'

'Dan had ik de nacht beter kunnen doorbrengen met zangvogeltjes plukken en relmuizen roosteren,' zeg ik en ik schuif mijn chocoladetaart naar voren op de schragentafel. Ze pakt hem op, wankelt overdreven en manoeuvreert haar cakejes naar de frontlinie, waarbij ze de voorste rij over de rand en op de grond kiepert.

'Ik denk dat dit een authentieke pyrrusoverwinning is,' zegt Robert Baars. Hij tilt mijn taart uit de gevarenzone en helpt Supermoeder om haar cakejes te redden.

'Lucy, wat heb je hierin gestopt?' mompelt hij. 'Dit ding weegt meer dan ik.'

Voordat ik kan antwoorden kondigt Supermoeder aan dat ze een fantastisch idee heeft: ze gaat mijn cake gebruiken voor een wedstrijd 'Raad het gewicht van de chocoladediscus'.

'Maar dat deden ze helemaal niet in de Romeinse tijd,' protesteer ik zwakjes, Robert Baars in stilte vervloekend.

'Ze deden ook geen tombola's en "Raak de relmuis", maar we moeten op de een of andere manier wel geld verdienen,' zegt ze kortaf.

Robert Baars kijkt me verontschuldigend aan en haalt zijn schouders op. 'Sorry Lucy, dit is een vrouw met een missie.'

'Misschien kan Robert Baars die wedstrijd leiden?' stel ik iets te geestdriftig voor.

Isobel schrijdt over de speelplaats; haar plooien wiegen zachtjes achter haar aan. Ze draagt een speer.

'Ik ben een Vestaalse Maagd,' zegt ze en ze kijkt Beroemde Vader recht in zijn ogen.

'Maar je hebt vier kinderen,' zeg ik.

'Ik denk eerder aan Minerva,' zegt Robert Baars. 'Misschien kan ik je slaaf wel zijn.'

'Of ik,' zegt Beroemde Vader.

'Je moet er wel een beetje in komen,' zegt Isobel toegeeflijk tegen me.

'Heeft ze gedaan,' zegt Robert Baars en hij wijst op mijn kostuum. 'Ze is verkleed als Casper het Spookje.' Ze proesten allemaal van het lachen en zelfs ik glimlach met tegenzin. Robert Baars loopt weg om zijn wedstrijd op te zetten en ik word weer rustig.

De zon komt tevoorschijn vanachter een kleine wolk en ik word weer in mijn volle glorie onthuld. Isobel kijkt naar mijn kruis en kreunt. 'Als je honderd procent fijne Egyptische katoen had gebruikt, had je dit kunnen vermijden,' zegt ze met een bestraffend vingertje.

'Maar dat vergt zoveel strijkwerk,' klaag ik.

'Dat zou ik niet weten, dat is mijn afdeling niet,' is haar antwoord. 'En Lucy, polyester gaat natuurlijk plakken. Volgende keer zou ik een katoenen laken nemen en een Brazilian overwegen.'

Als de andere ouders arriveren en de speelplaats volloopt, verspreidt het nieuws over de intieme beelden aan de Romeinse taartenkraam zich razendsnel. We worden overspoeld door ouders en kinderen die tegen elkaar opbieden voor chocoladewerpschijven en relmuizen. Bij de wedstrijd 'Raad het gewicht van de chocoladediscus' heeft zich een ordentelijke rij gevormd.

De zon is nu zo warm dat ik omhuld word door een etui van polyester dat genadeloos om mijn lichaam sluit. Het haastig uitgehakte gat is afschuwelijk gerafeld en de halslijn is binnen een uur uitgezakt van zedig naar zeer gewaagd. Telkens als ik me vooroverbuig om wisselgeld uit de doos met 'denarii' te halen, moet ik de voorkant van het laken tegen mijn borst klemmen. Mijn buik inhouden wordt steeds vermoeiender. Een taart overhandigen vergt twee handen, en Beroemde Vader is zo vriendelijk mijn waardigheid te bewaren door een hand net boven mijn borsten te leggen.

Tijdens een pauze in de festiviteiten bekijkt hij me van top tot teen, zonder een zweem van schaamte of verontschuldiging. 'Meer Venus dan Minerva,' zegt hij plagend. 'Niets wekt de lusten van een nederige centurio zo op als een weelderige Romeinse vrouwe.'

Ik zie Tom aankomen met drie jongetjes op sleeptouw.

'Ik hoor dat de Romeinse taartenkraam de klapper van het feest is, Lucy,' zegt Tom ongelovig. 'Ik had er meer vertrouwen in moeten hebben.'

Hij kijkt naar Beroemde Vader.

'Dat is nog eens een kostuum,' zegt hij. 'Trek toch maar iets anders aan als we naar Arsenal gaan.' De zon komt weer tevoorschijn.

'Mijn god, Lucy,' zegt Tom. 'Je had net zo goed naakt kunnen gaan! Het is maar goed dat je een centurio hebt om je eer te beschermen.'

Dan lacht hij wel een minuut lang, met zijn hoofd in zijn nek, helemaal vanuit zijn tenen.

'Ik zie mama's onderbroek,' zegt Sam tegen iedereen binnen gehoorsafstand.

'Ik kom later wel terug,' zegt Tom.

'Alleen kinderen kunnen je zo met beide benen op de grond zetten,' zegt Beroemde Vader spijtig. 'Soms waardeer je pas wat je hebt als je het kwijt bent. Onzekere mensen zijn gevaarlijke mensen, Lucy. Mijn therapeut heb ik trouwens ontslagen. Ik heb besloten dat hij een deel van het probleem was.'

19

Vuur is een goede dienaar, maar een slechte meester.

Later die dag beklim ik futloos de trappen naar Emma's sociëteit. Het is zo'n Londense zomerdag waarop de hitte vanuit dc lucht brandt en weerkaatst wordt door het plaveisel, zodat je de volle kracht ervan ergens rond je middel voelt. Mijn kleren kleven aan me vast en eigenlijk wilde ik dat ik thuis was gebleven, maar we zijn hier om Emma's meest recente promotie te vieren. Ik beklim trap na trap en het wordt heter en heter, tot ik eindelijk de bovenste verdieping van het gebouw bereik. Ik leun tegen de houten lambrisering om op adem te komen, in de hoop dat ik daarvan afkoel, maar het hout is warm en plakkerig en maakt bruine vlekken op mijn witte bloes.

Ik denk verlangend aan Isobels jurk en hoe verkoelend het gewapper van de rok zou zijn. Volgens mij heb ik bijna het hele jaar nog geen nieuwe kleren gekocht. Isobels huishoudster is een hele dag bezig geweest om haar zomer- en winterkleren uit te zoeken. Mijn leven kent dergelijke seizoensbeperkingen niet. Ik draag dezelfde spijkerbroek die ik de laatste keer aanhad toen ik hier was, tien maanden geleden.

Ik ben zo uitgeput door mijn taartenbakkerij op de late avond en de vroege ochtend, dat ik hetzelfde ervaar als toen de kinderen nog baby's waren, toen ik over straat liep en ineens een schok voelde alsof iemand me wakker probeerde te porren. Was ik wakker of droomde ik? Die vraag had niets filosofisch; het was een puur lichamelijke ervaring, het resultaat van bijna twee jaar gebroken nachten. Ik troostte mezelf met de gedachte dat er nog nooit iemand is overleden door slaapgebrek, al leidt dat ongetwijfeld tot excentriek gedrag. Ik vertel dit alles omdat het misschien verklaart wat er later gebeurde. Al vanaf het begin had alles een droomachtig gevoel. Dat is geen excuus, alleen maar een gedeeltelijke verklaring.

Tom bood aan om op te passen omdat hij zich schuldig voelde dat hij was vergeten me te vertellen dat hij volgende week in Milaan moest zijn. Aan dat aanbod was wel de voorwaarde verbonden dat de kinderen in bed zouden liggen voordat ik het huis uit ging, zodat hij nog wat werk kon afmaken voor zijn vertrek. Ik wil hier dus even opmerken dat ik er tussen het feest en het moment dat ik wegging in geslaagd ben het volgende te bereiken: ik heb spaghetti bolognese gemaakt en ondertussen een kniewond behandeld die Fred had opgelopen toen Joe hem per ongeluk schopte bij een partijtje voetbal in de tuin. Fred bleef stokstijf voor hem staan toen hij een schot op het doel richtte, en omdat Joe voetbalschoenen aanhad kwam er bloed aan te pas. Dit was altijd een bron van fascinatie, zelfs voor Sam, die op zijn negende nog steeds geen genoeg kan krijgen van de dramatische mogelijkheden van een ernstige verwonding. 'Is er bloed?' vroeg een van hen altijd hoopvol, en ik kon de opgewonden rilling voelen als het antwoord 'ja' was: een mengeling van fascinatie en ontzag. Ik denk dat bloed voor kinderen het bewijs is dat zij los van hun ouders bestaan. Een teken dat zij de zorgen van het leven op een dag alleen zullen moeten dragen.

Vervolgens deed ik een lading was in de machine en overhoorde intussen het spellinghuiswerk van Sam; ik belde een andere moeder om Joe's aanwezigheid bij een aanstaand verjaardagspartijtje te bevestigen, repareerde een legplank en streek de vochtige spijkerbroek die ik nu draag, terwijl ik Joe's vragen over sperma beantwoordde. Zijn obsessie met *The Sound of Music* is voorbij en hij houdt zich nu bezig met de natuurprogramma's van David Attenborough.

'Mam, hoe groot is een spermazoïde?' vroeg hij.

'Piepklein,' zeg ik.

'Zelfs als je een walvis bent?' vroeg hij.

'Inderdaad,' zei ik en ik hoopte dat hij een ander moment zou kiezen voor deze discussie, als ik er niet op inging. 'Hoe groot je ook bent, sperma blijft piepklein.'

'Kan ik er een paar als huisdier hebben?' vroeg hij.

'Ze overleven niet echt als ze eenmaal het huis uit zijn,' vertelde ik hem. Ik weet dat deze vaagheden later de kiem zullen leggen voor verwarring, maar ik had er nu gewoon geen tijd voor. Mijn afspraak met Emma en Cathy was over een uur.

'Papa zou je er een paar kunnen geven,' zei Sam behulpzaam. 'Hij kweekt ze.'

Joe kijkt hem wantrouwig aan. Sam leeft aan de zonzijde van het leven, maar Joe zal altijd twijfels hebben.

Dit zou een goed moment zijn geweest voor een eenvoudig gesprek over de bloemetjes en de bijtjes, maar ik had echt geen tijd. Ik zag Joe voor me die op zestienjarige leeftijd seks had met een vriendinnetje, haar zwanger maakte en mij vervolgens de schuld gaf omdat ik hem had verteld dat sperma niet kon overleven in de buitenwereld. Ik besloot uiteindelijk dat er voor die tijd nog genoeg gelegenheid zou zijn om dit gesprek te voeren.

'Ik denk dat ik liever mijn zakgeld opspaar en er een paar koop,' zei hij.

'Misschien is een goudvis een beter idee,' antwoordde ik. 'Die hebben meer karakter. Waarom gaan jullie niet samen een potje kaarten?'

Dit was niet wat ik een ideale oppassituatie zou noemen, want dan zou ik een avond vrij hebben gehad van in bad stoppen en verhaaltjes lezen, een proces dat – met ingekorte verhalen – ongeveer anderhalf uur duurt. Dit was oppassen waar je al moe van bent voor je weggaat. Toen ik Joe voorlas voelde ik mijn oogleden zwaar worden en het was halfacht toen Tom me wakker maakte.

'Ik heb Fred in bed gestopt,' zei hij. 'Als je opschiet, haal je het nog.'

Ik haastte me dankwoorden mompelend de deur uit, maar ik was boos, omdat ik de keren dat hij dit jaar voor me had opgepast op de vingers van één hand kon tellen, maar wel talloze malen alleen de kinderen naar bed had gebracht. Daar verdien ik geen applaus voor, maar toch weet ik dat hij vindt dat hij met oppassen vanavond punten verzamelt die ik nooit zal krijgen. Waarom vinden zelfs de meest behulpzame mannen dat ze een cijfer moeten krijgen voor elke huishoudelijke inspanning? De kleinste bijdrage wordt nauwkeurig genoteerd, van in bad stoppen en ontbijt maken tot het uitruimen van de vaatwasmachine. Ze willen en verwachten erkenning en lof. Ik weet dat de resten van het avondeten straks nog op tafel staan en dat ik geacht word Fred op te vangen als hij 's nachts wakker wordt, zoals bijna elke nacht.

Hoewel de gedachte aan een avondje uit met mijn vriendinnen me normaal gesproken vervult met het enthousiasme van een puber die voor het eerst met een nieuw vriendje heeft afgesproken, wil ik vanavond niets liever dan voor de televisie hangen met een fles wijn als gezelschap.

Als Emma en Cathy echter naar me zwaaien vanaf de andere kant van de kamer klaart mijn stemming iets op. Het is bijna twee maanden geleden dat we alle drie bij elkaar waren, en mijn laatste avond uit met Emma was gedenkwaardig om de verkeerde redenen. Er kwam in elk geval heel weinig kletsen aan te pas. Ik zit in een dip sinds mijn besluit om geen contact meer te hebben met Robert Baars. Uiteindelijk zal ik er met nieuwe energie weer uit komen, maar op het moment is er een vacuüm ontstaan in mijn leven.

'Op de wereldheerschappij,' zegt Emma, die me een glas champagne overhandigt als ik tegenover haar ga zitten. 'Ik heb nu de leiding over Europa, Noord-Afrika en het Midden-Oosten.'

Ik sla de champagne achterover alsof het water is en proost op haar succes. Emma's vermogen om altijd weer vooruit te kijken imponeert en verbijstert me. Ze wint nieuw terrein als een koloniale supermacht, terwijl ik naar mijn gevoel constant moet worstelen om een klein stukje van het terrein onder mijn bevel in bedwang te houden. Zelfs de was is voortdurend in opstand.

'Ik denk dat het zoiets is als drie kinderen hebben,' zeg ik. 'De oudste is relatief rustig, maar geneigd om ruzie te maken over geld, de middelste voelt zich altijd buitengesloten en de peuter is koppig en opvliegend.'

Tevreden met mijn geografische relativisme leun ik achterover. 'Ik lees de kranten echt nog wel, hoor.' Dan gaat mijn mobiel. Zonder naar het nummer te kijken weet ik al dat het Tom is. Als ik een landstreek was, zou ik Midden-Afrika zijn, denk ik bij mezelf: onbestuurbaar, op weg naar een burgeroorlog en geregeerd door tweederangs dictators.

'Lucy, ik kan geen luiers vinden,' zegt hij. 'En Fred piest de boel onder als hij er 's nachts geen draagt.'

'Ik denk dat we erdoorheen zijn. Ik zal ze onderweg naar huis wel meenemen. Je zult moeten improviseren,' zeg ik en ik hou het toestel een eindje van mijn oor.

'Wat bedoel je precies?' vraagt hij argwanend.

'Nou, je kunt een theedoek nemen met een flinke onderbroek eroverheen. Daar win je minstens een paar uur mee,' zeg ik.

'Dat heb je eerder gedaan, is het niet?' zegt hij geïrriteerd. De telefoon valt stil.

'Ik kan me geen situatie voorstellen waar jij geen antwoord op hebt,' zegt Emma, onder de indruk. 'Jij kunt heel goed improviseren. Dat is een echt talent.'

'Het hoort erbij,' zeg ik. 'Drie korte strootjes en een echtgenoot met een kort lontje maken de innerlijke brandweerman in je wakker.'

'Ik kan me niet voorstellen dat ik ooit drie kinderen zal hebben om te kunnen vergelijken,' zegt Emma zonder een spoor van weemoed. 'Het klinkt gek, maar hoewel ik voor het eerst sinds jaren een vaste vriend heb, ben ik verder dan ooit verwijderd van kinderen krijgen. Guy zou er beslist geen meer hebben gewild.' Ze beklopt de enorme zwarte handtas waar ze tijdens ons nachtelijk bezoek aan het huis van Guy het gereedschap in bewaarde als een zwangere vrouw haar buik. De tas ziet er vol uit en ik vraag me af wat erin zit, gezien de inhoud de laatste keer dat wij samen uit zijn geweest.

'Maar goed ook, gezien het feit dat hij ook een vaste vrouw heeft,' zeg ik. Ik registreer dat ze over Guy sprak in de voltooid verleden tijd in plaats van de tegenwoordige.

'En ik krijg er nooit eentje bij als mijn situatie zo blijft,' zegt Cathy. 'Ik denk dat Pete een betere vader zou zijn, alles welbeschouwd, maar het zou geen goede start zijn voor een gezinsleven.'

'Maar je kunt er toch eentje als vader kiezen?' vraag ik haar.

'Of een baby krijgen van de een, en dan van de ander?' zegt Emma.

'Dan zou ik drie kinderen hebben van drie verschillende vaders,' zegt Cathy. 'Dat is wel erg asociaal. Hoe dan ook, het is geen optie. Ik denk dat je óf met allebei gaat, óf met geen van beiden, al hebben we de situatie nooit uitgebreid besproken. Eigenlijk zijn ze samen de ideale man.'

'Waar hebben jullie het dan wel over?' vraag ik.

'Voetbal, film, restaurants, waar je heen moet met vakantie, boeken die we aan het lezen zijn – gewoon,' zegt ze. 'In al zijn vreemdheid is het eigenlijk heel normaal. Ik vind het alleen een beetje vermoeiend. Het is fantastisch om zoveel seks te hebben en door twee mannen aanbeden te worden, maar het lijkt een beetje op te veel chocola eten. Je kunt echt wel te veel van het goede krijgen.'

'Dus als Ben bij zijn vader is en jij het weekend met hen doorbrengt, hoe besluit je dan bij wie je in bed kruipt?' vraag ik.

'We slapen allemaal in hetzelfde bed,' zegt ze.

'Heel knus,' zegt Emma.

'Eigenlijk is het een beetje te warm momenteel,' zegt Cathy.

'En op welk moment weet de ander dan dat hij erbij kan komen?' vraag ik en ik denk aan het belsysteem dat je nog wel in landhuizen vindt. Het leukste van een avond met Cathy en Emma is dat hun situatie altijd onderhoudender is dan de mijne.

'Tja, dat is het enige onderdeel van de relatie dat zich wel ontwikkelt,' zegt ze. Het verbaast me hoe de twee mannen samen één geworden zijn.

'Om niet al te veel details te vertellen: het gebeurt allemaal een beetje tegelijk.'

'Dus er is wél een homoseksueel element?' zegt Emma triomfantelijk, omdat ze meent dat haar oorspronkelijke theorie bewezen is.

'Ik geloof niet dat het zo simpel ligt,' zegt Cathy. 'Ik denk dat ze het opwindend vinden om elkaar seks te zien bedrijven met dezelfde vrouw. En er zit een wedstrijdelement in.'

'Dat is bij mannen altijd zo,' zegt Emma.

'Jee, dat moet ik aan Tom vertellen,' zeg ik.

'Ik wil de vreugden van vanilleseks herontdekken,' zegt Cathy.

'Wat is dat?' vraag ik. Ik denk aan iets met ijs: niet iets wat ik ooit zou overwegen, omdat het de toch al precaire toestand van mijn wasgoed zou verergeren.

'Ik bedoel gewone huis-tuin-en-keukenseks,' legt ze uit. 'We lijken nooit het stadium van "hangen voor de buis met een afhaalmaaltijd" te bereiken.'

'Daar kun je nog jarenlang van genieten,' zeg ik verveeld.

'En er is weinig kameraadschap. Jouw broer zegt dat loyaliteit en een liefdevol karakter belangrijke eigenschappen zijn in een man, en dat wij als we in de twintig zijn mannen met zulke eigenschappen afwijzen. Tegen de tijd dat we in de dertig zijn, zijn die mannen bezet en blijven wij met de rest zitten, net op het moment dat onze prioriteiten veranderen.'

'Rekent hij zichzelf ook tot de rest?' vraag ik me af.

'O ja,' zegt ze. 'Hij zegt van zichzelf dat hij klassiek bindings-angst heeft en niet in staat is om langer dan twee jaar een rela-tie te hebben met welke vrouw dan ook.'

'O. Heb je hem gezien dan?' vraag ik, omdat mensen dergelij-ke gesprekken niet over de telefoon voeren.

'Ik kwam hem een paar weken geleden tegen en we hebben een paar keer samen geluncht,' zegt ze.

De ober komt naar ons toe met nog een fles champagne.

'Wilt u misschien gemberbier?' vraagt hij nadat hij Emma heeft begroet.

Het is dezelfde ober als de vorige keer en ik complimenteer hem met zijn feilloze geheugen en kijk weer jaloers naar zijn schort. Sinds Petra weg is, is het wasprobleem enigszins verbe-terd. Ik heb een wasserij gevonden voor Toms overhemden en de oppas verdient extra met het sorteren van de rest. We gaan vooruit, maar het is nog steeds een terugkerend probleem.

Tot mijn verbazing is de schort gekreukt en vol vlekken. Het zijn er zoveel dat het wel een wereldkaart lijkt. Ik zoek de omtrek van verschillende landen en vind een rode wijnvlek die op Australië lijkt en een reeks kleine rode eilandjes naast een grotere vlek, allemaal van tomatensaus, denk ik, die het vaste-land van Griekenland en een paar eilandjes zouden kunnen zijn, mogelijk Kreta en Korfu. Hij ziet me kijken en schudt treurig zijn hoofd.

'Hij is bij me weggegaan,' zei hij. 'Ik liet de koelkastdeur steeds openstaan. Toen ik op een ochtend in deze hittegolf naar bene-den kwam, was alles bedorven, en toen was het over en uit. Drie jaar lang gesteven schorten, in minder dan vijf minuten afgelo-pen vanwege een liter zure melk.'

Hij haalt zijn schouders op, schenkt me nog een glas cham-pagne in en loopt weg.

'Ik kan me niet voorstellen dat mensen om zulke kleine din-gen uit elkaar gaan,' zegt Emma.

'Ze lijken klein als je ze op zichzelf beschouwt, maar er gaat meestal een hele serie toestanden aan vooraf,' zeg ik.

Ik vertel Emma en Cathy over mijn meest recente huishoudelijke ruzie met Tom.

'Na lang praten ging hij eindelijk akkoord met een hamster voor Joe's zesde verjaardag, op voorwaarde dat ik de volledige verantwoordelijkheid voor zijn welzijn op me zou nemen,' leg ik uit.

'Ik wil niet dat hij los loopt en draden stukbijt en rommel maakt,' had hij gezegd.

'Je hoeft ze niet uit te laten of zo. Het zijn piepkleine beestjes. Je zult niet eens merken dat hij er is,' vertelde ik hem.

Ik leg uit hoe ik met de drie jongens naar een plaatselijke dierenwinkel was geweest en een oranjekleurige hamster koos, die ze Rover noemden, omdat ze eigenlijk een puppy wilden. Een vervangingshuisdier, zou Mark zeggen. Cathy moet daar hard om lachen.

Tegen de tijd dat we thuiskwamen had Rover zich een weg uit de schoenendoos geknabbeld en werd ergens in de auto vermist. De kinderen waren ontroostbaar, dus gingen we meteen terug naar de dierenwinkel om een vervanger te kopen, die ik naar huis vervoerde in een op de voorbank vastgegespte vissenkom en onmiddellijk in een streng beveiligde kooi in de tuin zette.

Toen we de volgende morgen in de auto stapten om ergens heen te gaan, ontdekte ik dat Rover zich er had gevestigd. Hij had het handschoenenkastje gevonden en daar een paar rode en witte draden doorgebeten. Hij had een gebroken soepstengel gegeten en een klokhuis, en overal zijn visitekaartjes achtergelaten. Tom probeerde een cd op te zetten, maar die deed het niet. Net zomin als het licht in het handschoenenkastje. Hij tuurde erin en plukte er een aangevreten chocoladereep uit.

'Als ik niet beter wist, zou ik zeggen dat dit sporen van de tandjes van een knaagdier waren,' zei hij wantrouwig.

'Nou, Rover zit veilig in zijn kooi,' zei ik. 'Dat heb je zelf gezien.'

'Wie is Rover?' vroeg hij. 'Ik dacht dat de hamster Spot heette.'

'Dat is zijn tweede naam,' fluisterde ik. 'Niet over praten, ze hadden ruzie over hoe hij moest worden genoemd.'

Tom dook het stratenboek op van de vloer achter de passagiersstoel. Hij trok het naar voren en kleine stukjes papier fladderden rond. Rover was kennelijk aan het nestelen. 'Lucy, wat is er in godsnaam met de kaart gebeurd?' vroeg hij. 'Iets heeft half Islington opgegeten.'

Gelukkig had hij het er zo druk mee de kaart aan elkaar te plakken dat hij niet merkte dat er een kleine hamster achter in het handschoenenkastje naar hem zat te kijken. De kinderen wel, helaas.

'Mama, kijk, Rover is weer opgestaan,' zei Joe. Rover sprong uit het handschoenenkastje boven op Tom, die luid vloekend opsprong in zijn stoel.

'Papa zei het G-woord, papa zei het G-woord,' klonk het in koor van de achterbank.

Rover verdween achter in de auto.

Het kostte ons een halfuur om hem te vangen en weer gevangen te zetten, deels omdat we met zoveel kabaal ruziemaakten dat Rover weigerde om tevoorschijn te komen.

'Jij bent heel slecht in stiekem doen,' zei Tom terwijl we de kooi afsloten. 'Dat betekent in elk geval dat je nooit vreemd zult gaan, of dat je het nooit geheim zult kunnen houden als je het wel doet.'

'Daar heeft hij wel gelijk in,' zegt Emma. 'Jij bent ontzettend doorzichtig.'

'Het punt is dat die hamster over drie maanden wel een bepalend moment kan zijn,' zeg ik peinzend. 'Het keerpunt.'

'Wat bedoel je?' vraagt Cathy voorzichtig.

'Niets specifieks,' zeg ik. 'Ik bedoel alleen dat je pas achteraf kunt zeggen wat het effect is van de ene gebeurtenis op een andere. Kettingreacties.'

'Je bedoelt zoals toen aartshertog Ferdinand vermoord werd in Sarajevo?' zegt Emma.

'Precies,' zeg ik. Ik heb mijn glas champagne leeggedronken en Emma schenkt me nog eens in.

'Hoe staat het met Goddelijke Huisvader?' vraagt Cathy.

'Ik ben mijn belangstelling kwijtgeraakt,' zeg ik. 'We zijn vrienden geworden. Van vervangingsfantasie werd hij een alledaagse realiteit.'

'En hij?' vraagt ze.

'Geeft geen krimp,' zeg ik zo overtuigend dat ik het zelf bijna geloof.

'Ik wou dat ik de seksuele aantrekkingskracht tussen Guy en mij kon uitschakelen,' zegt Emma. 'Dat is het moeilijkste deel van het proces.'

'Wat zijn nu de vooruitzichten?' vraag ik.

'Voor mezelf heb ik het bijna opgelost en ik garandeer je dat het helemaal over zal zijn voor het weekend voorbij is,' zegt ze geheimzinnig. 'Ik zie hem straks nog. Ik beloof dat ik alle details zal vertellen als het eenmaal zover is, maar ik wil er nu niet over praten want dan krijg ik misschien plankenkoorts.'

'Ik kan niet eindeloos blijven liegen tegen Isobel,' zeg ik. 'Ik word er beroerd van.'

'Ik kan me niet voorstellen hoe lastig dat moet zijn,' zegt Emma.

'Misschien moet je wat meer je best doen,' zegt Cathy ferm. Emma heeft er niet aan gedacht dat Cathy een paar jaar geleden in hetzelfde schuitje zat toen haar man haar had verlaten.

'Als je niet volkomen overtuigd bent van Guy, heb je de morele plicht om de relatie nu te beëindigen. Kinderen zijn bijna altijd de verliezers als hun ouders uit elkaar gaan. Ze groeien op en gaan relaties aan zonder blauwdruk die ze kunnen volgen. Kijk naar jezelf; jij bent nog zo beschadigd doordat je vader bij je moeder is weggegaan dat je alleen uitgaat met mannen die niets huiselijks willen.'

'Maar het gaat toch prima met Ben?' zegt Emma na een verontrustende stilte.

'Dat is ook zo, voor een deel. We proberen het feit dat zijn ouders niet meer samenwonen als iets positiefs te zien. Ik zeg tegen hem dat hij boft dat hij twee slaapkamers heeft, twee huizen, twee kerstcadeaus, twee keer zoveel vakanties. Ik zeg het wel, maar ondertussen geloof ik het zelf niet echt.'

'Echt, ik ben bijna zover,' zegt Emma. 'Elke keer als ik bij hem ben, vind ik iets nieuws om niet leuk te vinden en uiteindelijk zal ik sterk genoeg zijn om hem helemaal op te geven. Eigenlijk moet ik een vervanger vinden.'

'Heb je al een kandidaat?' vraagt Cathy. Ik ben blij dat ze zich in het gesprek mengt. Emma's vermogen om alles alleen vanuit haar eigen standpunt te bekijken is in dit soort situaties hoogst frustrerend.

'Ik ben een goede flirt begonnen met iemand op kantoor,' zegt ze.

'En wat is het probleem?' vraagt Cathy.

'Hij werkt op ons kantoor in New York,' zegt ze. 'Maar hij is niet getrouwd. Een oceaan is gemakkelijker te overbruggen dan een huwelijk.'

Het is de vraag of ze weet dat dit een effectieve manier is om onze vragen te smoren, of dat ze werkelijk een masterplan heeft om van Guy af te komen. Ik besluit echter dat ik volgende week, wat er ook gebeurt, Isobel de waarheid vertel zoals ik die ken.

Ik drink nog een glas champagne leeg. Ik begin al een beetje te wankelen op mijn benen. De warmte, de vermoeidheid, de alcohol en het gebrek aan frisse lucht in de gelambriseerde ruimte vormen een bedwelmende combinatie. Ik sluit mijn ogen. De wereld tolt. Als ik ze opendoe staat mijn broer bij onze tafel.

'Wat doe jij hier?' vraag ik hem, verward door zijn onaangekondigde verschijning.

'Ik moet morgenochtend een praatje houden op een conferentie, dus hebben ze me in een hotel gestopt. Ik blijf niet lang, anders drink ik te veel. Cathy zei dat je hier zou zijn, dus ik wilde ook even komen. Wil je nog iets drinken?'

Hij loopt naar de bar en ik loop mee. 'Je vindt het toch niet erg dat ik jullie meidenavond verstoor?'

'Zolang je niet met een van mijn vriendinnen naar bed gaat,' grap ik en ik vraag me af hoe vaak hij Cathy precies is tegengekomen.

'Daar ben ik te oud voor,' zegt hij. 'Waar is Tom?'

'Thuis bij de kinderen. Oppas tegen wil en dank,' vertel ik hem. 'Van het soort waardoor je wenst dat je iemand had betaald om het te doen. Al zet een betaalde oppas je wel meer onder druk om er een leuke avond van te maken. Maar hij heeft al twee keer gebeld en ik ben pas een uur van huis.'

Mark bestelt een flesje bier bij de barman.

'En het bibliotheekproject?' vraagt hij.

'Weer helemaal op de rails,' zeg ik. 'Ongelooflijk. Het is zo'n deel van ons geworden dat ik me het leven niet meer zonder voor kan stellen. Tom heeft naar aanleiding daarvan een paar andere opdrachten gekregen, dus onze financiële situatie ziet er ineens veel beter uit.'

Normaal gesproken kan ik me geen ontspannender gezelschap voorstellen dan mijn broer. Doordat we aan de rand van een klein dorpje zijn opgegroeid, waren we het grootste deel van onze jeugd op elkaar aangewezen voor vermaak. Hij deed wel alsof hij me irritant vond als er vrienden van hem kwamen, maar ik wist dat dat maar een pose was om gezichtsverlies te vermijden. Puberen is al moeilijk genoeg als je alleen bent, zónder de verantwoordelijkheid voor een jonger zusje. Dat begreep ik en ik vond het niet erg, want hun pubergesprekken bleven beperkt tot drie onderwerpen: meisjes, seks en hoe ze met die optelsom hun voordeel konden doen. Mijn broer had altijd vriendinnetjes en zijn vrienden kwamen bij hem om raad.

'Je moet met ze praten en ze als godinnen behandelen,' herinner ik me dat hij tegen ze zei. 'Dan kun je alles gedaan krijgen. Analyseer, ze zijn dol op analyseren. En orale seks. Dat is essentieel.'

Mark hield van vrouwen. En dus hielden vrouwen van Mark. Ook al wisten ze dat hij onbetrouwbaar was. Zijn rommelige relaties werden vriendschappen omdat hij altijd bereid was om alles door te praten.

Ik censureer heel weinig als ik met hem praat en ik denk dat hij hetzelfde zou zeggen. Maar vanavond vind ik het ongemakkelijk om met hem alleen te zijn. Hij is op een barkruk gaan zitten met zijn hoofd op zijn arm geleund, en is kennelijk niet van plan onmiddellijk naar onze tafel terug te gaan. Hij heeft stoppels op zijn kin en zijn overhemd is groezelig. Zoals je dat intuïtief aanvoelt bij familie, weet ik dat hij hier niet voor niets naartoe is gekomen.

'Ben je gelijk uit je werk hierheen gekomen?' vraag ik.

'Mm-mm,' zegt hij vaag en hij buigt zijn hoofd achterover om een paar slokken bier uit een fles te drinken. Hij houdt de fles vast en ik zie dat hij een blik naar onze tafel werpt, even glimlacht en weer een slok bier neemt. 'En hoe is het met mijn lieve neefjes?'

'Geweldig. Dolenthousiaste puppy's,' zeg ik. 'Ze zwerven door het huis, maken een verschrikkelijke rommel. Zelfs als ze proberen op te ruimen, worstelen en vechten ze minstens een paar keer op een dag, eten min of meer constant en praten non-stop, meestal om me allemaal tegelijk vragen te stellen en me er vervolgens van te beschuldigen dat ik meer van de één hou dan van de ander omdat ik de ene vraag eerder beantwoord dan de andere. Ik kijk uit naar de zomervakantie.'

'Hoezo?' vraagt hij wantrouwig. 'Jij vindt de zomervakantie een uitputtingsslag. De zomer is de enige tijd van het jaar dat ik je serieus heb horen overwegen om weer fulltime aan het werk te gaan.'

'Grappig dat mensen het hebben over weer aan het werk gaan, alsof drie kinderen verzorgen geen werk is,' zeg ik. 'Werken is veel gemakkelijker dan kinderen verzorgen.'

'Ik heb een interview gelezen met John McEnroe. Hij zegt dat de finale van Wimbledon gemakkelijker is dan voor zijn kinderen zorgen,' zegt Mark. 'Moeders voelen zich veel schuldiger over dingen dan andere mensen, behalve bejaarde katholieke moeders.'

'Moederschap en schuldgevoel zijn zo verstrengeld dat je moeilijk kunt zeggen waar het ene ophoudt en het andere begint. Schuldgevoel wordt gewoon een tweede natuur. Hoewel er sinds ik niet meer werk een schuldvacuüm is dat nog gevuld moet worden,' zeg ik, in de wetenschap dat hij me behandelt als een van zijn patiënten: hij werpt behoedzaam vragen op in steeds kleinere kringetjes, tot het onderwerp waar hij het over wil hebben eindelijk ter sprake komt. Hij vergeet echter dat ik ooit journalist ben geweest en heel goed heb opgelet hoe politici onder lastige vragen uit proberen te komen.

'Hoe dan ook, ik heb van alles gepland,' zeg ik. 'Ik ga misschien een poosje logeren bij een vriendin in Dorset en dan naar papa en mama, en we gaan naar Italië.'

'Wie is die vriendin in Dorset? Ken ik haar?' vraagt hij.

'Je bedoelt "Ben ik met haar naar bed geweest"? Het antwoord op beide vragen is nee. Ze is een moeder van school en de vrouw van Emma's vriendje,' zeg ik.

'Dat klinkt ingewikkeld,' zegt hij.

'Het is een lastige situatie. Mijn vriendin Isobel weet dat haar man een verhouding heeft en binnenkort zal ze erachter komen dat het Emma is, maar Emma wil niet dat ik het haar vertel tot ze zich heeft losgemaakt uit haar relatie met Guy,' leg ik uit. 'En het losmaken duurt langer dan ik had voorzien.'

Ik denk aan Isobel. Ik heb zelden iemand ontmoet die zo volstrekt zeker is van hoe haar leven in elkaar zit. In al de tijd dat ik haar ken heeft ze nog nooit een greintje twijfel tentoongespreid. En toch heeft haar man het afgelopen jaar gaten in de funderingen zitten boren, zodat het hele bouwwerk om haar heen dreigt in te storten. Ik vraag me af wat ze uit het puin zal kunnen redden.

'En hoe is het met die man waar je zo weg van was?' vraagt hij, terwijl hij tegelijkertijd nog een biertje bestelt en kijkt of er berichten staan op zijn mobiel. Mark is een van de weinige mannen die ik ken die echt twee dingen tegelijk kunnen doen. 'Je hebt het al tijden niet over hem gehad. Hij is zelfs opvallend afwezig.'

'Dat is net een truc van Jonathan Ross, om ineens zoiets te vragen. Waar is de subtiliteit gebleven?' vraag ik om van onderwerp te veranderen.

'Je ontwijkt de vraag,' zegt hij.

'Het gaat prima met hem,' zeg ik. 'We spreken elkaar niet zo vaak meer.'

'Waarom niet?' vraagt hij.

'Volgens mij hebben we geen belangstelling meer voor elkaar,' zeg ik welwillend. 'Hoe bevalt het celibaat jou eigenlijk? Alleen leven is niet je sterkste punt.'

'Lucy, ik geloof niet dat jullie op een dag wakker werden en elkaar ineens niet meer aantrekkelijk vonden,' zegt hij. 'Dat gebeurt alleen als er nooit iets is uitgesproken.'

'Ik wil er eigenlijk niet echt over praten,' zeg ik en ik sta op.

'Je bent met hem naar bed geweest, hè?' zegt hij. 'Je doet er zo schimmig over.' Dat is een schandalige provocatie en ik tuin er met open ogen in.

'We waren op een feestje, er was een kleine verwikkeling, we hebben niet eens gezoend en ik heb besloten dat we wat afstand moeten nemen,' zeg ik. 'Ik vind eigenlijk dat ik me vrij netjes heb gedragen.'

'Heb je het aan Tom verteld?' vraagt hij. 'Zo niet, dan blijf ik wantrouwig.'

'Er viel niets te vertellen,' zeg ik.

'Als er niets te vertellen is, waarom doe je er dan zo ontwijkend over?' vraagt hij.

'Het vergt een heleboel concentratie,' zeg ik. 'Je best doen om niet aan iemand te denken is behoorlijk vermoeiend.'

'Er is niets ontspannends aan een toestand van voortdurende opwinding,' zegt Mark.

Emma komt naar ons toe.

'Komen jullie bij ons zitten?' vraagt ze glimlachend. 'Of blijven jullie de rest van de avond doormekkeren over familieaangelegenheden?'

We keren terug naar het tafeltje en gaan weer zitten. Cathy en Mark wisselen een glimlach van verstandhouding. Ik ben ervan overtuigd dat zij hem hiertoe heeft aangezet, om de oprechtheid van mijn verhaal over de geschiedenis met Robert Baars te controleren. Maar ik ben niet boos, want ik weet dat ze het allebei goed met me voorhebben. Die gedachte stelt me gerust.

Emma vraagt Mark naar zijn werk.

'Vind je je patiënten altijd aardig?' vraagt ze.

'Ik ben tegenwoordig niet meer zo betrokken bij patiëntenzorg,' zegt hij. 'Maar toen ik in opleiding was, vond ik over het algemeen dat iedereen wel een paar goede eigenschappen had. Wat eigenlijk interessant is, is dat bepaalde groepen patiënten aantrekkelijker zijn dan andere.'

'Hoe bedoel je?' vraagt Emma.

'Nou, bepaalde psychische stoornissen produceren gemeenschappelijke karaktertrekken,' zegt hij. 'En sommige daarvan zijn aantrekkelijker dan andere. Anorexiapatiënten zijn bijvoorbeeld vaak perfectionistisch in de manier waarop ze door iedereen aardig gevonden willen worden. En mensen met dwangstoornissen zijn heel weinig flexibel en ruimen altijd mijn bureau op.'

'Wat zijn je lievelingspatiënten?' vraagt Cathy.

'Mensen met een seksverslaving,' zegt hij zonder een moment te aarzelen. 'Niet omdat ze je altijd proberen te verleiden, want dat doen ze, zelfs de mannen, maar omdat hun succes afhangt van hun vermogen om ontzettend charmant te zijn. Ze zijn geweldig onderhoudende praters en maken je vaak aan het lachen. Ze hebben zich vast voorgenomen om zich te vermaken.'

'Zoals Russell Brand?' zegt Emma.

'Precies,' zegt Mark.

'Hoe weersta je hun avances?' vraagt Cathy.

'Ik onthou dat ik mijn baan zou kunnen verliezen als ik erop in zou gaan,' zegt hij. 'Ik zie de consequenties voor me. Met de mannen is het gemakkelijker, omdat ik niet anders dan heteroseksueel kan zijn. En ik zie meer mannen dan vrouwen. Bij mannen komt het vaker voor.'

'Hoe kun je het verschil zien tussen een verslaving en een ongezonde obsessie?' vraag ik.

'Sommige mensen zien al deze dingen misschien als een vorm van verslaving,' zegt hij. 'Maar om als verslaving te gelden moet het je dagelijks leven beheersen, zodat je je van mensen afwendt en de verslaving je vriend wordt. Jij, Lucy, bent misschien geobsedeerd, maar je bent niet verslaafd.' Hij gaat tevreden achteroverzitten. Mark houdt van zijn werk.

'Denk je dat ik verslaafd ben aan Guy?' vraagt Emma aarzelend.

'Nee,' zegt hij. 'Guy zou net zo goed iemand anders kunnen zijn. Jij bent gewoon verslaafd aan het soort mannen die nooit de jouwe kunnen zijn. Uiteindelijk ben je bang voor intimiteit, voor het geval je afgewezen zou worden.'

Ik schrik een beetje. Wij zijn nooit zo eerlijk tegen Emma.

'Wat is dan de remedie?' vraagt ze. Ze klinkt minder zelfverzekerd dan eerder op de avond.

'Je zou dat soort mannen bewust moeten mijden. Jij herkent ze als een type, en zij herkennen jou net zo,' zegt hij. 'Waarschijnlijk zou je professionele hulp moeten zoeken.'

'En jij?' zegt Emma.

'Ik denk eigenlijk dat ik iemand heb leren kennen met wie ik zou willen trouwen,' zegt Mark.

'Shit,' zeg ik. 'Wanneer krijgen we haar te zien?'

'Binnenkort,' zegt hij geheimzinnig.

Iemand tikt me op mijn schouder. Ik neem aan dat het de behulpzame ober is en draai me loom naar hem toe om nog een fles champagne te bestellen, want ik heb besloten om vanavond te doen alsof er geen morgen meer bestaat. Maar het is de ober niet. Het is Robert Baars.

Hij legt een hand op de armleuning en buigt zich voorover om tegen me te praten. Hij houdt zijn vingers gespreid en krabt in de bekleding, kleine geultjes in het fluweel achterlatend die wijzen op een zekere nerveuze vastberadenheid.

'Wat doe jij hier?' vraag ik en ik probeer minder geschrokken te klinken dan ik me voel.

'Ik heb net gegeten met mijn uitgever,' zegt hij. 'Ik zag je zitten en vond het niet aardig om weg te gaan zonder gedag te zeggen. Wat doe jij hier? Je zei dat je nooit uitging.'

'Doe ik meestal ook niet. Ik ben hier met een paar vriendinnen en met mijn broer,' zeg ik, maar ik neem niet de moeite hem voor te stellen.

Ik kom van de bank af en ga voor hem staan, evenwijdig aan de tafel, om duidelijk te maken dat hij niet bij ons moet komen zitten. Hij buigt zich voorover en geeft me een kus op mijn wang. Het is een gebaar dat eruitziet alsof het niets betekent. Noch Mark, noch mijn vriendinnen lijken ook maar enigszins verontrust. Ze gaan ervan uit dat het een oude vriend is, ongetwijfeld iemand uit de dagen van *Newsnight*. Maar de kus duurt iets langer dan zou moeten. Ik voel zijn wang tegen mijn wang, zijn hand op mijn schouder. Dit zijn bewuste gebaren, een voortborduren op de intimiteit van het feestje. Ik besef dat we die episode allebei herhaaldelijk in gedachten de revue hebben laten passeren. Als we elkaar aankijken, zie ik mijn eigen lust weerspiegeld in de zijne. Ik raak buiten adem. Ik zie hoe de voorkant van mijn bloes te snel op- en neergaat en bijt op mijn lip. Ik wil mijn lip laten bloeden zodat de pijn me afleidt en ik uit deze situatie kan ontsnappen. Ik denk aan Freds kleine knietje vol bloed en hoe hij om me huilde, alsof er niemand anders op de wereld was die het weer goed zou kunnen maken. Ik denk aan Tom: koel, rationeel, zeker van zijn zaak.

'Lucy, je bent verplicht om met me te praten. Je kunt niet doen alsof er niets gebeurd is,' fluistert hij in mijn oor. 'We zijn allebei medeplichtig.'

'Ik heb verplichtingen aan mijn gezin en jij aan het jouwe,' zeg ik. 'Luister, dit is geen goed moment en niet de juiste plaats.'

'Noem maar een tijd en een plaats,' zegt hij. 'Ik kom hier alleen niet uit. Ik vind het echt een kwelling.' Dan staat mijn als altijd sociale en vriendelijke broer op en komt naar ons toe.

'Wil je wat drinken?' vraagt hij aan Robert Baars. Ik stel hem aan iedereen voor, opgelucht dat niemand hem kent onder een andere naam dan Goddelijke Huisvader. Ik moet hem hier zo snel mogelijk weg zien te krijgen.

'Laat mij een rondje geven,' zegt Robert Baars en hij loopt naar de bar.

Ik ga een beetje misselijk zitten. Deze keer kan ik het echter niet aan de drank wijten. Ik ben onwel van verlangen. Het lijkt alsof je een scheikundeproef probeert te stoppen als de ingrediënten al in het reageerbuisje zitten.

'Wie is dat?' vraagt Emma theatraal. 'Wat een spetter. Hij zou me zeker afleiden van Guy. Voor zoiets zou ik zelfs afzien van de wereldheerschappij.' Het is fijn om te horen dat een oude vriendin mijn smaak qua mannen waardeert, maar aan de andere kant vraag ik me af of Robert Baars niet te veel voor de hand ligt.

'Een vriend van vroeger,' zeg ik. 'Ik heb hem al tijden niet gezien. Maar ik weet vrij zeker dat hij getrouwd is.'

'Het huwelijk is slechts een gemoedsgesteldheid,' zegt Emma. 'Dat zegt Guy. Als hij bij zijn vrouw is, voelt hij zich getrouwd en als hij bij mij is, voelt hij dat hij wil neuken. Hij zegt dat het zijn ideaal is om doordeweeks vrijgezel te zijn en in het weekend getrouwd.'

'Dat komt doordat mannen een angstaanjagend vermogen hebben om hun leven in vakjes te verdelen,' zucht ik. 'Vrouwen zouden zo niet kunnen leven.'

'Waar ken je hem dan van?' vraagt Mark. 'Het is zeker al tien jaar geleden dat je een baan had. Ik bedoel, sinds je van een kantoorbaan overging op handarbeid.'

'Hoezo handarbeid?' vraagt Emma.

'Kinderen verzorgen is net werken in de kolenmijn, behalve dat er geen pauze zit tussen de ploegendiensten,' zeg ik. Dan wend ik me tot Mark en kijk hem recht in zijn ogen. 'Hij is een contactpersoon van vroeger,' zeg ik expres vaag. Mark trekt zijn wenkbrauwen twee keer op, maar Robert Baars is terug bij de tafel. Hij gaat in de fauteuil naast me zitten, met Emma aan zijn andere kant.

'Hoe kom jij hier terecht?' vraagt ze, terwijl ze haar lichaam naar hem toe draait en haar aantrekkelijkste glimlach ten beste geeft. Emma is onverbeterlijk. Robert Baars leunt op zijn linkerelleboog, zodat zijn rug naar mij toe is gekeerd. Maar zijn benen glijden verder onder de tafel. Ik besef dat ik zou moeten opschuiven op de bank om elke mogelijkheid van lichamelijk contact te vermijden, want ik weet dat mijn vlees zwak is en dat elkaar aanraken telkens een vreselijke reactie oproept.

Voordat ik dat plan echter kan uitvoeren, voel ik hoe Robert Baars zijn linkerbeen resoluut tussen mijn benen plaatst, omhoogdringend naar mijn dijen. Of hij heeft dit al eerder gedaan – want het is een volleerd stukje bravoure –, of hij is uit op seks. Gelukkig is de tafel hoog genoeg om ons tegen nieuwsgierige blikken te beschermen.

Cathy praat door. Zij heeft niets in de gaten. Mark zit aan de andere kant van de tafel tegenover Robert Baars en ik weet zeker dat hij niets kan zien. Ik weet dat ik gewoon op zou moeten schuiven, maar omdat dat nog meer aandacht zou kunnen trekken besluit ik er maar van te genieten.

'En, Lucy, heb je al belangrijke beslissingen genomen over wat je in september gaat doen, als Fred hele dagen naar de peuterschool gaat?' vraagt ze.

'Weet je, ik denk dat ik weer ga schilderen,' zeg ik dromerig. Ik leun zo ver mogelijk voorover, zodat het gebied onder de tafel uit het zicht is. Het wordt donker buiten, maar binnen is het licht nog niet aan. 'Ik heb een idee voor een kinderboek en ik denk dat ik daar misschien wat illustraties voor ga maken en kijk of dat wat wordt. Ik ga niet op zoek naar fulltime werk. Ik weet dat we dan nog steeds niet genoeg geld zullen hebben om iemand te betalen om mijn huishoudelijke chaos op te lossen, maar ik heb besloten dat dat niet zo belangrijk is.'

'Dat klinkt geweldig,' zegt ze. 'Mijn voornaamste doel is om van mijn driehoek een rechte lijn te maken voordat het een vierkant wordt.' Ze kijkt me raadselachtig aan. Ik heb geen idee waar ze het over heeft. 'Ik wil me uit deze relatie werken en op iets rechtlijnigers overgaan.'

Emma staat op om naar het toilet te gaan.

Ze loopt weg. Cathy praat tegen Mark en Robert Baars wendt zich naar mij. Zijn gezicht verraadt niets. Hij buigt zich naar mijn linkeroor en zijn adem kietelt in mijn hals.

'Verbeeld je dat mijn hand zit waar mijn been zit,' zegt hij. 'En dan dat mijn hoofd is waar mijn hand is.'

'Jij bent slecht,' zeg ik.

'Nee, dat ben ik niet; ik weet gewoon wat ik wil,' zegt hij. 'Het is een prachtig toeval dat wij hier vanavond allebei zijn, laten we er gebruik van maken. We kunnen een paar uur samen door-brengen en dan vergeten dat er ooit iets is gebeurd. De werke-lijkheid even opschorten, en dan weer terugkeren naar de nogal saaie routine van onze levens. Kom op, Lucy, leef eens een beet-je.'

Het is altijd verleidelijk om te veel betekenis te hechten aan het toeval. De waarheid is echter dat we betekenis hechten aan som-mige gebeurtenissen, maar niet aan allemaal. Het is bijvoor-beeld aanlokkelijk om een diepere betekenis te vinden in het feit dat Robert Baars hier vanavond is, terwijl ik hier dit jaar maar twee keer ben geweest. Om te zeggen dat het lot ons de teerling heeft toegeworpen en mezelf vrij te pleiten van verantwoorde-lijkheid voor mijn handelen. Maar de kans dat ik mijn broer tegenkom is statistisch feitelijk kleiner, en toch heb ik aan dat toeval vrijwel geen aandacht geschonken. En wat te denken van het feit dat we allebei dezelfde ober hebben? We zoeken graag naar symmetrie in de wereld om ons heen, om betekenis te vin-den in zijn willekeur.

De hand van Robert Baars verplaatst zich naar mijn boven-been en zijn vingers beschrijven zachtjes een cirkel van boven mijn knie tot ergens aan de binnenkant van mijn dij. Natuurlijk zou ik op kunnen staan en weglopen, maar daar is het te lekker voor.

Ik merk dat we allebei in onze glazen staren. Het is onmoge-lijk om te praten, alsof alles gereduceerd is tot de simpele bewe-ging van zijn hand op mijn dij.

'Waar kennen jullie elkaar eigenlijk van?' vraagt mijn broer plotseling van de andere kant van de tafel. Ik schrik op bij de vraag. Ik was bijna vergeten dat er nog andere mensen waren. 'Jullie hebben elkaar niet veel te vertellen voor mensen die elkaar al jaren niet gezien hebben.'

Ik werp hem een blik toe waarvan ik hoop dat hij venijnig genoeg is om hem van dit soort vragen af te leiden. Robert Baars haalt zijn hand niet weg.

'We hebben alles al doorgenomen,' zegt hij. 'Ik moest maar eens naar huis gaan.' Hij haalt een papiertje tevoorschijn en schrijft er iets op voor hij het aan mij geeft. 'Mijn adres, als je me eens wilt bellen.'

Als hij zijn hand weghaalt ervaar ik onmiddellijk een gevoel van verlies. Ik sta op om hem gedag te zeggen. Hij kust me weer op mijn wang, deze keer snel en plichtmatig.

'Tot ziens,' zegt hij tegen Cathy en mijn broer.

'Ik hoop dat ik hem niet heb weggejaagd,' zegt mijn broer. Ik negeer hem en vouw het papiertje open.

'Wacht op je in Aberdeen Hotel Bloomsbury,' staat er. Ik verfrommel het snel en prop het in mijn zak. Emma komt terug bij de tafel.

'Is hij al weg?' vraagt ze. 'Ik dacht dat het feest net begon.'

Ik zeg dat ik moe ben, en een kwartier later zit ik dan toch in een taxi naar het hotel.

20

De reis is de bestemming.

Als ik bij Hotel Aberdeen aankom, loop ik met opgeheven hoofd naar de man bij de receptie en vertel hem dat ik een reservering heb. Eerst ben ik beledigd dat hij niet van zijn kruk opstaat om met mij te praten. Dan zie ik dat de kleine man in het grote pak zo klein is dat hij zelfs rechtop nauwelijks met zijn ellebogen bij de balie komt. Het verleent de gelegenheid niet de bijbehorende ernst. Ik kijk rond of er iemand anders is, maar de lobby is verlaten. Hotels die kamers per uur verhuren bieden waarschijnlijk niet de service van het Dorchester, maar ik ben verbaasd dat hij potloden aan het slijpen is.

'Komt u voor de nervositeitsconferentie?' vraagt hij langzaam met een sterk Spaans accent, terwijl hij bedachtzaam over zijn kin wrijft.

'Zie ik er nerveus uit?' antwoord ik, gefascineerd doordat een volslagen vreemde mijn gevoelens zo nauwkeurig kan interpreteren. Hij wijst naar een bord op de vloer naast de lift. Het verwelkomt gasten bij de derde conferentie over nervositeit. Gastsprekers zullen verschillende onderwerpen behandelen, waaronder 1) de rol van diepe ademhaling bij het beheersen van nervositeit; 2) vriendschap sluiten met je nervositeit; en 3) de spanningscyclus doorbreken. Dan volgt een pauze waarin nerveuze afgevaardigden samen koffie of thee kunnen drinken.

'Soms helpt het gewoon niet om erover te praten,' zeg ik tegen hem. 'En cafeïne maakt het probleem alleen maar erger.' Hij kijkt me wantrouwig aan en legt de puntenslijper neer.

'Ik kan een nervositeitsexpert roepen om mee te praten als u twijfelt,' zegt hij. 'Dat gebeurt wel vaker. De nerveuze mensen zijn vaak nerveus over het bijwonen van de conferentie.'

Even vraag ik me af of dit hotel, berucht om zijn rol als gastheer voor buitenechtelijke verhoudingen, zoiets is geworden als een televisiezender die aangrijpende programma's uitzendt en vervolgens telefoonnummers geeft die mensen kunnen bellen als de uitzending te aangrijpend was. Misschien zou het een goed idee zijn om de redenen van mijn aanwezigheid met een nervositeitsexpert te bespreken.

'Ik heb een afspraak met de heer Robert Baars,' zeg ik gedecideerd. 'Om één uur 's nachts.'

'Is hij een van de conferentieleiders?' vraagt hij.

'Nee,' zeg ik. 'Hij is... eh... een vriend. Baars, net als de vis.'

'Een vriendelijke vis?' vraagt hij. Dan zegt hij langzaam: 'Een vriendelijke nachtvis.'

Hij begint de lijst van reserveringen door te nemen, waarbij hij zijn hand langzaam over een groot, in leer gebonden boek beweegt en bij elke naam even stopt en hem aanwijst met zijn pasgeslepen potlood voordat hij zachtjes een achternaam mompelt.

'Smith... Klein... Robinson... McMannus... Smith... Villeroy... Raphael... Smith,' zegt hij, elke lettergreep apart alsof hij op Engelse les zit en met indrukwekkend rollende r'en die klinken als schoten uit een machinegeweer.

'Roderick Riley,' zegt hij tevreden en hij lacht me toe.

Er staan twee bladzijden vol namen. Het zou vier of vijf minuten kunnen duren om ze van begin tot eind te lezen. Zelfs ondersteboven kan ik al zien dat er niemand met de achternaam Baars op de eerste bladzijde staat. Ik kijk zenuwachtig rond in de lobby van het hotel en vraag me af hoe ik mijn aanwezigheid moet verklaren als er iemand binnenkomt die ik ken. Ik troost me met de gedachte dat er dan waarschijnlijk ook geen onschuldige verklaring is voor diens aanwezigheid, tenzij hij of zij de nervositeitsconferentie bijwoont.

Ik kijk naar de naam op de revers van zijn jasje, met mijn hoofd een beetje schuin omdat de badge niet recht opgespeld is. Hij heet Diego. Als ik opkijk, staat hij me aan te kijken met zijn hoofd net zo schuin als het mijne. Hij glimlacht geruststellend.

'Denkt u dat hij zijn eigen naam gebruikt?' vraagt hij. 'We krijgen elke dag heel veel Smiths.'

'Ik weet zeker dat hij de kamer heeft geboekt onder de naam

Baars,' zeg ik. 'Ik geloof dat het *trucha* is in het Spaans.'

'Een trucha is een forel,' zegt hij. 'Misschien bedoelt u een *merluza*?'

'Is dat niet een rode poon?' zeg ik. 'Of een dorade? Hij is meer een koudwatervis. Een Engelse vis.'

'Wij hebben een heleboel prachtige vissen in Costa Rica,' zegt hij weemoedig. 'Bent u er ooit geweest?' Ik schud mijn hoofd en wil dat hij de bladzijde van het reserveringenboek omdraait, omdat ik zie dat er iemand achter me staat te wachten en van de ene voet op de andere wippend probeert om niet naar ons gesprek te luisteren.

'Is hij hier voor de nervositeit of voor het overspel?' grap ik zenuwachtig tegen Diego. Hij glimlacht welwillend en onthult niets.

'En lamantijnen,' zegt hij. Hij voelt dat ik ongeduldig word. 'Forel, forel, forel,' mompelt hij zacht.

'Nee, Baars, B-A-A-R-S,' herhaal ik. 'Zal ik zelf even kijken?'

Hij geeft me het boek met een zwierig gebaar en slaat de bladzijde om. Ik kijk de lijst langs en voel een misselijkmakende opwinding als ik de naam Robert Baars ontdek.

'Aha,' zegt Diego met een knipoog naar mij. 'Hij belde pas twintig minuten geleden. Ik zal u uw kamer wijzen. Hij is voor drie uur besproken, maar als u langer blijft bereken ik het niet door.'

Hij loopt in de richting van de lift. Ik kan niet geloven dat Robert Baars de kamer voor zo lang heeft gereserveerd. Krijgt zijn vrouw geen argwaan als hij tot vier uur 's ochtend wegblijft? Vreemd genoeg komt het niet bij me op om me hetzelfde af te vragen over Tom.

Ik probeer uit te rekenen hoe vaak we het kunnen doen in drie uur en word er beverig van. De man achter mij kijkt beduusd toe hoe ik Diego gehoorzaam volg naar de lift.

'U hebt geen bagage, zie ik,' zegt hij, terwijl hij de liftdeuren achter ons sluit en op de knop voor de vijfde verdieping drukt.

'Ik blijf niet zo lang,' zeg ik. Hij kijkt naar mijn trouwring. Ik vouw mijn handen achter mijn rug en kijk naar het plafond.

De lift komt schuddend tot stilstand op de vijfde verdieping. We lopen de lange gang door en hij maakt trots de deur van kamer 507 open.

'Dit is een van onze beste kamers,' zegt hij. Hij loopt naar het bed, tilt de dekens op en slaat het bovenste kwart van de lakens zo om dat ze in een volmaakte driehoek op de sprei liggen. Ik stel me Robert Baars en mezelf voor op dit bed en steek een hand uit om mijn evenwicht te bewaren.

Diego wil me de badkamer laten zien.

'Het bad is enorm. Groot genoeg voor twee. Of drie,' zegt hij. 'Maar niet voor een lamantijn.' Wat hij ook zegt, zijn stem blijft treurig.

Hij gaat de slaapkamer weer in en vraagt of ik iets wil bestellen van de roomservice.

'We hebben ontspannende thee voor de nervositeitsafgevaardigden,' zegt hij vriendelijk.

'Dat lijkt me fijn,' antwoord ik.

Op iemand wachten is niet noodzakelijkerwijs bevorderlijk voor je lust. Voor de professionele ontrouwen, diegenen voor wie het gebruikelijk is om op hun minnaar te wachten in functionele hotelkamers in Bloomsbury, biedt het misschien even respijt om in de stemming te raken, om over te schakelen van werk naar spel, om een douche te nemen en alvast de gedachten te laten gaan over de aanstaande genoegens. Misschien liggen zij languit op het zorgvuldig opgemaakte bed, met een sprei die bij de gordijnen past, naar het Playboy-kanaal te kijken, of een boek te lezen, of bestellen ze een fles goedkope wijn.

Ik zit daarentegen gespannen op de rand van het bed en vraag me af hoe schoon de matras is, gezien de arbeidsdruk. Mijn bui van loom verlangen is voorbij en ik begin me maar al te bewust te worden van mijn omgeving. Als ik naar de sleutel kijk die naast me op bed ligt, begin ik idiote emotionele betekenissen te ontdekken in de cijfers. Vijfhonderdzeven. Als je zeven aftrekt van vijftig, krijg je drieënveertig, de leeftijd van Tom. Wij zijn getrouwd op 5 juli. De bomaanslag in de Londense ondergrondse was op 7 juli. Ik vraag me af hoe laat het nervositeitsprogramma 's ochtends begint. Ik besluit dat het wel vroeg van start zal gaan, want voor een groep gespannen mensen is het vast niet goed om te lang op verlossing te moeten wachten.

Er is een televisie, maar ik geef de voorkeur aan de stilte. Als die te overweldigend wordt, kan ik altijd nog de radio aanzetten en naar de BBC World Service luisteren. Ik vraag me af of Robert Baars naar de wereldomroep luistert, en of ik hem zou kunnen voorstellen om bij wijze van eerste oefening in kameraadschappelijke stilte naast elkaar te gaan liggen en een kwartiertje naar de radio te luisteren, en dan naar huis te gaan. En dan vraag ik me af waar hij naar kijkt op televisie en welke boeken hij leest, of hij een behoorlijke fooi achterlaat voor obers, of zijn glas halfleeg of halfvol is, welke film hij het laatst gezien heeft. Ik ontdek dat ik heel weinig van hem weet buiten de gebruikelijke informatie die ouders delen. Ik weet dat zijn kinderen zijn ingeënt tegen mazelen, dat ze geen televisie mogen kijken op schooldagen, en dat ze elk twee muziekinstrumenten bespelen.

Zou hij een vuurtje kunnen stoken op een kampeertochtje? Inspecteert hij de koelkast op onverklaarbare wijzigingen in de manier waarop de levensmiddelen geordend zijn? Zou het hem bijvoorbeeld opvallen als de yoghurtpotjes op dezelfde plank zouden staan als de kip, als de sla een intieme relatie was aangegaan met een halfopgegeten drilpudding, of als de melk niet op volgorde van uiterste verkoopdatum stond? Praat hij in zijn slaap? Heeft hij een moedercomplex? Leven zijn ouders nog? Heeft hij broers of zussen?

Natuurlijk zou ik kunnen ontdekken dat wij het overal over eens zijn. Waarschijnlijker is dat ik zou vaststellen dat zijn onvolmaaktheden anders zijn dan die van Tom, maar op de lange termijn niet noodzakelijkerwijs minder irritant. De eerste keer dat iemand dwars over het bed slaapt, met zijn benen helemaal aan de andere kant, kan het verlangen naar samenzijn in de eenzame nachtelijke uren een lief gebaar lijken. Binnen een week wordt het enigszins irritant en pijnlijk. Een toekomst van eenpersoonsbedden ligt in het verschiet.

Dan bedenk ik dat het maar al te vaak voorkomt dat ik me erger aan wat Robert Baars zegt. Dat is iets wat ik de afgelopen maanden geprobeerd heb te onderdrukken, maar nu stromen zijn vervelendste opmerkingen en gewoonten toe en strijden om voorrang.

De ijdelheid om zijn fietshelm af te zetten en zijn haar te kammen voor hij de school in gaat lijkt belachelijk; de manier waarop hij zijn ouderschapstechnieken toelicht – geen televisie door de week; het belang van spelen met kinderen zonder het spel te regisseren; nooit voorbewerkte levensmiddelen gebruiken, zelfs geen blik bonen – wordt behoorlijk irritant. Zelfs de manier waarop hij loopt, als een cowboy, lijkt ineens bespottelijk. Alles is zo gekunsteld. De littekens op zijn gezicht zijn verre van mannelijk, maar slechts restanten van puberpukkels.

Het doet me denken aan een zomervakantie toen Simon Miller ineens het huis van mijn ouders belde en vroeg of hij bij mij langs kon komen. We hadden elkaar al minstens twee jaar niet gezien en ik studeerde aan de universiteit van Manchester. Mijn ouders waren op vakantie en ik was er helemaal op voorbereid dat hij zou blijven slapen en dat we de hartstocht van onze tienerjaren opnieuw zouden beleven. Toen hij aankwam zag ik dat hij een paar witte, badstoffen sokken droeg, en om de een of andere onverklaarbare reden riep dit een reeks negatieve gevoelens op, die er uiteindelijk toe leidden dat hij de nacht in de logeerkamer doorbracht en ik de uren telde tot zijn vertrek. Toen ik Tom leerde kennen en hij nog veel ergere harakiri pleegde wat kleding betreft, merkte ik tot mijn opluchting dat het geen effect had. Zelfs de hoogpolige ochtendjas was vertederend. Van denken aan Tom word ik nostalgisch.

Er klinkt een zachte klop op de deur. Ik weet niet zeker wat ik moet doen. Ik besluit dat het een beetje gewaagd is om al op het bed te liggen, maar als ik de deur opendoe kan het weleens nog lastiger worden, want het is onduidelijk waar we allebei zouden moeten gaan zitten. Naast het raam staat een tafeltje met een stoel. Alle wegen leiden naar het bed. Ik zou zweren dat er een uitgesleten paadje ligt tussen de deur en het bed, als een gemaaide strook in een hoog grasveld, bewandeld door mensen voor wie tijd van het hoogste belang is.

'Binnen,' roep ik. Diego komt binnen met een pot thee en een geruststellende oranje beker. Als ik besef dat ik opgelucht ben dat het Diego is in plaats van Robert Baars, weet ik dat het moment voorbijgegaan is. Dat is het probleem met lust, het is allemaal zo vormeloos. Als we hier samen waren gekomen zou ik nu ongetwijfeld verwikkeld zijn in een overspelige relatie met een vader van school. Het moment zou niet voorbijgegaan zijn.

'Zal ik inschenken?' vraagt hij behulpzaam.

'Dat doe ik wel,' zeg ik.

'Nog geen spoor van meneer Baars,' zegt hij. 'Belt u de receptie maar als u iets nodig hebt.'

Het is halftwee in de nacht. Hoe kom ik hier, vraag ik me af. Ik kijk op mijn mobiel voor het geval hij een bericht heeft gestuurd. Niets. Geen gemiste oproepen. Geen berichten. De eerste les voor de amateur-echtbreker is dus te laat komen. De tweede is de gordijnen dichtdoen en het licht gedempt houden. Ik heb al twee fouten gemaakt, want met een zeldzaam vertoon van punctualiteit was ik hier te vroeg, en nu staar ik uit het raam met plastic ruiten en vraag me af welke route Robert Baars zal nemen. De derde les is gesprekken met hotelmedewerkers vermijden, maar daar ben ik al ingetrapt. Nu denk ik na over de flora en fauna van Costa Rica en probeer te bepalen of het een geschikte vakantiebestemming zou zijn als de minder magere jaren aanbreken.

Ik ga weer op het bed liggen, maar eigenlijk wil ik naar huis. Ondanks de airconditioning is de kamer zo warm dat mijn kuiten aan de polyester sprei vastplakken. Het is een glimmende, groenpaarse massa van door elkaar lopende vormen waar ik duizelig van word als ik er te lang naar kijk. Het vloerkleed is een andere kleur groen, iets donkerder, en de lampenkappen naast het bed zijn paars. Ik heb Emma vaak en met veel genegenheid over dit hotel horen praten, maar ik voel niets van wat zij beschreef.

'Het is zo louche,' vertelde ze ons. 'Net als in een Franse film. Iedereen heeft een geheim te verbergen, overal hangt een zware, wellustige sfeer overheen. Het is de ideale achtergrond voor ongeremde seks.'

Maar ik kan er helemaal niets mee. In plaats daarvan denk ik aan een gesprek met Tom na het feestje.

'Weet je, ik geloof dat Diepe Ondiepte wat in je ziet,' zei Tom, net toen ik om vijf uur 's morgens wakker was geworden. Hij lag op zijn zij, leunend op zijn elleboog, met een hand op mijn billen.

'Je ziet er een beetje katterig uit,' zei hij, en ik kreunde. Mijn drinkgewoontes waren uit de hand gelopen en nadat Tom naar bed was gegaan had ik in de tuin de laatste twee sigaretten opgerookt. Ik stak mijn been uit bed en zette een voet stevig op de grond om het rondtollende gevoel op te laten houden.

'Waarom denk je dat?' vroeg ik, terwijl ik probeerde mezelf onder controle te krijgen.

'Zoals hij je ontweek op het feest,' zei hij. 'Hoe hij naar je kijkt, dat hij altijd zijn arm om zijn vrouw heen slaat als hij mij ziet kijken, alsof hij wil benadrukken dat hij in haar geïnteresseerd is.'

'Nou, het is niet waar,' zei ik, iets te defensief. 'Hij is gelukkig getrouwd.'

'Gelukkig getrouwd zijn sluit niet uit dat je andere mensen aantrekkelijk vindt,' zei Tom niet onredelijk. 'Vind jij hem aantrekkelijk?'

'Hij is niet onaantrekkelijk,' zei ik.

'Dat was de vraag niet,' zei Tom. 'Zie jij hem wel zitten?'

'Vind jij andere vrouwen aantrekkelijk?' vroeg ik.

'Soms,' zei hij. 'Meestal als Arsenal wint. Hou eens op met mijn vraag te ontwijken.'

'Dus ben je ooit in de verleiding gekomen?' vroeg ik hem.

'De gedachte is weleens bij me opgekomen,' zei Tom. 'Ik ben ook maar een mens. Maar er is een groot verschil tussen denken en doen.'

'Wat precies?' vroeg ik.

'Het verschil tussen met iemand neuken en niet met iemand neuken, Lucy. Doe niet zo naïef,' zei hij.

'Vind jij dat er zoiets bestaat als emotioneel overspel?' vroeg ik hem.

'Wat bedoel je?' vroeg hij.

'Vind jij dat je een vorm van overspel pleegt als je te veel tijd spendeert aan denken over seks met iemand die niet je man of je vrouw is?' vroeg ik.

'Nee,' zei hij. 'Dat is absurd. Als je veel met iemand optrekt, met de gedachte dat je graag seks met diegene zou willen hebben, dan is dat gevaarlijker omdat het betekent dat jullie allebei een situatie willen scheppen waarin er iets zou kunnen gebeuren.'

'Is dat jou ooit gebeurd?' vroeg ik.

'Het was de bedoeling dat dit gesprek over jou ging, niet over mij,' zei hij.

'Je hebt de vraag niet beantwoord,' zei ik.

'Nou, jij ook niet,' zei hij.

'We mogen allebei één vraag stellen,' zei ik hem. 'Ik eerst. Ben je ooit in de verleiding gekomen?'

'Ooit een keer,' zei hij. 'In Italië. Ik ging op een avond iets drinken met Kate en toen we in het hotel terugkwamen vroeg ze of ik meeging naar haar kamer.'

'En heb je dat gedaan?' vroeg ik.

'Jij hebt je vraag gesteld,' zei hij. 'Nu ben ik aan de beurt. Zie jij iets in Diepe Ondiepte?'

'Soms. Vooral als het warm weer is,' zei ik. 'Wat zei je nou tegen haar?'

'Ik liet haar weten dat het geen goed idee was,' zei hij. 'Want dat was het niet. En toen ging ik naar mijn kamer. Alleen. Eerlijk gezegd ben ik blij dat die fase van de bibliotheek afgerond is en ik niet meer in de verleiding kan komen.'

'Maar hoe weersta je de verleiding?' vroeg ik.

'Je denkt aan al mijn goede eigenschappen en negeert de rest: ik ben een goede vader, ik ga niet elk weekend golfen, ik probeer je vriendinnen niet te versieren, ik ben redelijk bemiddeld. Je denkt eraan dat je geen middelbaar cliché wilt worden. Ontrouw is een slechte gewoonte om te ontwikkelen als je in de veertig bent. Anders word je net als Diepe Ondiepte.'

'Hoe bedoel je?' vroeg ik.

'Een seriële echtbreker. Dat staat op zijn voorhoofd geschreven,' zei hij.

Er wordt op de deur geklopt – een enkele, scherpe klop waar ik van schrik.

'Binnen!' roep ik iets te hard. Robert Baars kijkt om de deur en komt de kamer in. Hij sluit hem achter zich en leunt ertegenaan, hijgend, met zijn bekende groene fietshelm in zijn hand en zijn haar in de war. Ik stel me voor dat hij minstens dertig seconden lang zijn hand door zijn haar heeft staan halen om deze warrige wildheid te bereiken. Hij eet een gezond soort mueslireep.

'Langzame koolhydraten,' zegt hij glimlachend en hij veegt met zijn mouw langs zijn voorhoofd.

'Zit er iemand achter je aan?' vraag ik. Hij glimlacht zwakjes.

'Nee, ik ben uitgeput van het harde fietsen. Ik dacht dat je misschien al weg was gegaan,' zegt hij. Hij zweet overdadig. 'Sorry dat ik zo laat ben. God, wat heb ik het heet. Het moet wel dertig graden zijn buiten.'

Hij komt naar het bed toe en gaat op de hoek zitten, boven op de driehoek van dekens en lakens die Diego heeft opengeslagen. Zijn T-shirt is nat van het zweet. Hij buigt zich naar me toe om me te kussen.

'Heb jij dit al eens eerder gedaan?' vraag ik, intussen achteruitwijkend. Hij kijkt een beetje geschrokken in reactie op mijn vraag.

'Nee,' zegt hij en hij gaat rechtop zitten. 'Hoezo?'

'Je komt zo professioneel over,' zeg ik.

'Wat bedoel je?' vraagt hij.

'Je kende dit hotel,' zeg ik.

'Iedereen kent dit hotel,' antwoordt hij. 'Jij kende het. Ik kom hier niet voor een inquisitie, niet van jou in elk geval,' zegt hij en hij veegt nieuwe sloten zweet van zijn voorhoofd. 'Mijn vrouw onderwerpt me al aan genoeg kruisverhoren.'

'Waarover?' vraag ik. Hij kijkt me achterdochtig aan.

'De gebruikelijke dingen. En meer. Meestal over het feit dat ik niet genoeg verdien om haar minder te laten werken. Zeg, ik heb niet echt zin in dit gesprek.'

'Waarom neem je geen bad?' stel ik voor en ik wijs op de kleine deur tussen de twee klerenkasten. Ik begrijp niet waarom hotelkamers zulke grote klerenkasten nodig hebben als de meeste mensen toch heel weinig bagage bij zich hebben.

'Misschien doe ik dat wel,' zegt hij terwijl hij de badkamer in loopt. Hij kijkt om het hoekje van de deur: 'Doe je mee?'

'Ik denk dat ik dit programma over de levenscyclus van varens in de Amazone even afluister,' zeg ik. 'Het is erg interessant.' Hij kijkt me twijfelend aan en gaat de badkamer in.

Als ik zeker weet dat ik weer alleen ben, adem ik diep in en leun tegen de kast. Die kraakt en wiebelt gevaarlijk. Ik kan niet geloven dat ik in een hotelkamer in Bloomsbury ben en dat Robert Baars seks met mij verwacht. Hoewel ik deze scène al een jaar voor me zie, laat de situatie me nu volkomen koud.

Dit is niet wat ik wil. Voor de eerste keer dit jaar ben ik ergens helemaal zeker van. Ik kan niet geloven dat ik zover gegaan ben. Ik wijt het aan een combinatie van zijn overredingskunst, alcohol en iets wat minder duidelijk te definiëren valt: de drang om iets roekeloos te doen. Soms moet je tot het uiterste gaan om precies te weten waar je heen gaat. Ik besef dat ik de illusie van ontsnapping heb gezocht, niet een werkelijke ontsnapping.

Hij laat de deur openstaan en als ik zeker weet dat hij in bad zit, sta ik op om weg te gaan. Ik besluit het hem niet te vertellen, voor het geval hij me van gedachten doet veranderen. Ik wil hem in elk geval niet naakt in bad zien zitten.

Het water stroomt niet meer en Robert Baars neuriet een nummer van Coldplay. Ik zet de radio af, maar buiten in de gang hoor ik luide stemmen. Ik loop naar de deur en luister. Ik hoor iemand hardlopen en dan begint er een vrouw te schreeuwen. Er komt een mannenstem bij. Er wordt een deur dichtgeslagen en weer opengedaan. Ik steek mijn hoofd naar buiten om te kijken of er iemand hulp nodig heeft.

De kamerdeur tegenover me staat open en het lawaai komt duidelijk daarvandaan. Ik loop op mijn tenen over het lelijke versleten tapijt en ga kamer 508 binnen.

Er staan drie mensen. Eerst zien ze mij niet in de deuropening staan. Dat geeft mij de tijd om het feit te verwerken dat ik ze allemaal ken. Ze praten allemaal tegelijk, met stemverheffing en onbeholpen gebaren om verschillende argumenten kracht bij te zetten. Als ze mij zien staan, zwijgen ze en verstart hun lichaam, ook al hebben zij hun handen geheven in houdingen die pijnlijk moeten zijn voor hun spieren. Een drieluik van asgrauwe gezichten met bevroren gezichtsuitdrukkingen staart mij aan.

'Lucy Sweeney, wat heb je verdomme gedaan?' zegt Guy boos, zonder zijn positie aan de rechterkant van het tweepersoonsbed te verlaten. De knopen van zijn overhemd zijn los en zijn broek hangt om zijn heupen, open en gekreukt. Ik hoop dat hij zich aan het uitkleden was en niet aan het aankleden. Zijn armen hangen langs zijn zij, zijn handen tot nijdige vuisten gebald. Zijn hemdsmouwen hangen eroverheen. Hij zoekt naar iets om zijn woede te kanaliseren.

'Dit heeft niets met haar te maken!' roepen Emma en Isobel tegelijkertijd. Maar dat is het enige harmonieuze moment in het gecompliceerde uur dat wij in deze kamer doorbrengen.

'Lucy, goddank dat je er bent,' zegt Emma, alsof we dit samen afgesproken hebben. Ze lijkt opgelucht me te zien. 'Dit loopt niet helemaal volgens plan.' Kennelijk denkt Emma dat ik hier ben vanwege haar. Het zou niet bij haar opkomen dat mijn aanwezigheid te maken heeft met een evenement in mijn eigen leven.

'Ik ben aan het einde van het spoor gekomen,' legt Isobel uit, zonder haar ogen van Emma af te wenden. Er klinkt een zekere trots door in haar stem, maar ze klinkt ook uitgeput. Ik weet dat ze de vrouw tegenover haar meedogenloos opneemt en zich afvraagt wat Emma te bieden heeft dat zijzelf niet heeft. Ik wil haar zeggen dat dat een vergissing is, dat proberen een echtgenote na tien jaar huwelijk te vergelijken met een maîtresse na een relatie van een jaar zinloos is, dat zoiets altijd in het voordeel van de nieuwe vriendin uitvalt. Het feit dat Isobel waarschijnlijk een beter lijf heeft dan Emma – die waarschijnlijk nog nooit van haar leven in een sportschool is geweest – is irrelevant. Emma heeft de nieuwigheid aan haar kant. De tijd maakt mensen kritischer ten opzichte van elkaar; ze verliezen hun geheimzinnige aantrekkingskracht, vrouwen worden zeurpieten en mannen brompotten.

'Het is net of je de St. Paul's-kathedraal met het Tate Modern vergelijkt,' zeg ik. 'De een is oud en bekend, het andere nieuw en opwindend. De vraag is: welke blijft bestaan?'

'Sorry, ik begrijp niet waar je het over hebt, Lucy,' zegt Emma. Ik wist niet dat ik hardop praatte.

'Wist jij het al die tijd al?' vraagt Isobel en ze wendt zich naar mij toe. Ik zie dat haar blauwe oog is vervaagd en dat ze zich heeft gekleed voor de gelegenheid. Haar Roger Vivier-sandalen maken haar langer dan ons allemaal en ze draagt een jurk die geschikter zou zijn voor het jaarlijkse jetsetfeest van de Serpentine Gallery. Uiteraard is dit allemaal niet van belang. Al realiseer ik me wel dat het voor haar psychologisch gezien erg belangrijk is om haar stand op te houden. Ze zou beslist in aanmerking komen voor Jerry Halls *First Wives Club*, denk ik bij mezelf.

'Het spijt me echt, Isobel,' zeg ik. 'Ik wilde het je vertellen, maar ik dacht dat Emma een einde aan de relatie zou maken voordat jij erachter kwam. Ik kwam in een moeilijke positie terecht.'

'Ik begrijp je dilemma, Lucy. Maar je had moeten besluiten dat ik, uiteindelijk, het recht had om dit te weten.' Ze pakt een aktetas en houdt hem met beide handen voor haar lichaam. Ik probeer te bedenken wat erin zou kunnen zitten. Even vraag ik me af of ze van plan is Guy neer te schieten. Maar met haar huishoudgeld had ze wel iemand kunnen inhuren, redeneer ik.

'Eigenlijk heb je me een dienst bewezen, want een maand geleden zou ik de omvang van zijn bedrog niet ontdekt hebben en zou ik misschien zelfs een soort verzoening hebben overwogen,' zegt ze. 'Dan had ik misschien niet geweten dat hij een dwangmatige leugenaar is.'

Ze maakt het koffertje open en haalt er verscheidene papieren en foto's uit. Ze begint dingen op te noemen. Sommige zijn bekend, andere verrassend. Ze weet dat Emma in hun flat in Clerkenwell woont. Ze weet dat hij die luizen indirect van mijn kinderen heeft gekregen. Ze weet dat zijn secretaresse medeplichtig is aan het bedrog. Ze weet zelfs dat Emma en ik in de echtelijke woning hebben ingebroken. Ze kijkt me aan als ze dat vertelt en ik kijk als een boetvaardig kind naar mijn voeten.

'Sorry, ik vind het vreselijk. Ik dacht dat ik de loop van de geschiedenis zou kunnen veranderen als Emma dat bericht wiste.'

Andere ontdekkingen verrassen me. Emma heeft zijn twee jongste kinderen ontmoet. Ze heeft een weekend doorgebracht in een hotel in Dorset in de buurt van hun tweede huis, zodat Guy bij haar langs kon komen als hij zei dat hij ging hardlopen. Isobel heeft zelfs informatie over een andere vrouw met wie hij het afgelopen jaar een paar keer het bed heeft gedeeld.

'Ze betekende niets voor me, Emma,' zegt Guy, in een pleidooi om haar van haar besluit af te brengen.

'Te laat, Guy,' zegt Emma. 'Toen ik die avond naar je huis ging, wist ik dat je geen moment van plan bent geweest om je vrouw te verlaten.'

'Hoe kun je haar je verontschuldigingen aanbieden, terwijl je met mij meer dan tien jaar getrouwd bent geweest?' zegt Isobel tegen Guy. Stille tranen stromen over haar wangen en haar zorgvuldig opgebrachte oogmake-up begint uit te lopen. Ik bied haar een gebruikt papieren zakdoekje aan dat ik in mijn zak vind en loop naar haar toe om een arm om haar heen te slaan, maar ze duwt me weg.

'Het spijt me ontzettend,' zegt Emma. 'Dit heb ik allemaal niet gewild.'

'Wat wilde je dan wel?' vraagt Isobel scherp terwijl ze op Emma af loopt. 'Daden hebben consequenties.'

'Ik denk dat ik gewoon van het moment genoot,' zegt Emma, die achteruitkrabbelt naar het nachtkastje. 'Ik dacht dat ik verliefd was. Guy is degene die zich verantwoordelijk had moeten voelen voor zijn daden, niet ik.'

'Jij hebt het recht niet om verliefd te worden op de man van een ander,' krijst Isobel, die nu nog maar een meter van Emma af staat. 'Je hebt hem niet alleen van míj afgenomen, maar ook van zijn kinderen. Je hebt zelfs twee van mijn kinderen ontmoet en geen spijt gevoeld. Je wilde het gezin van iemand anders afpikken, omdat je er zelf geen hebt.'

Isobel haalt een envelop tevoorschijn.

'Fotografisch bewijs,' zegt ze, terwijl ze hem op de kaptafel smijt.

Guy is te geschrokken om iets te zeggen. Ik vraag me af of Emma haar relatie met Guy al had beëindigd toen Isobel de kamer binnenstormde.

Ik werp een blik op het bed. Het is niet beslapen en denkend aan Emma's opmerkingen van eerder op de avond, begrijp ik onmiddellijk dat dit belangrijk is. Ik kijk nog eens goed en zie verschillende voorwerpen en kledingstukken liggen op een sprei met hetzelfde groen-paarse ontwerp als die in mijn eigen kamer. Ze zijn zorgvuldig neergelegd. Het lijkt een beetje op het kinderspelletje waarbij je losse voorwerpen op een blad legt en vijf minuten later moet zeggen welke het waren. Ik herken het setje van Agent Provocateur dat Emma uit het huis heeft meegenomen, deels omdat het behabandje is geknapt tijdens onze worsteling. Het neemt de opvallendste plek in midden op het bed. Het kwispelkonijn staat rechtop, links van het slipje. Rechts ligt een assortiment artikelen waarvan ik vermoed dat het cadeaus van Guy voor Emma zijn geweest: een armband, identiek aan die om de pols van Isobel; parfum van Jo Malone; een roman; en een reeks vliegtickets voor weekendjes weg. Aan de voet van het bed staat de nu lege Chloe Paddington-tas.

'Ik was net bezig een einde te maken aan de relatie, Lucy,' zegt Emma, die mij om goedkeuring vragend aankijkt. 'Ik zei toch dat het voor het eind van het weekend voorbij zou zijn?'

'Jij zei dat je in Duitsland zat,' zegt Isobel, haar onderbrekend om tegen Guy te praten. 'Hoe kun je zo overtuigd tegen me liegen? Heb je dan helemaal geen respect voor mij of onze kinderen?' Ze blijft stokstijf staan en omdat zij niet meer beweegt, staan we allemaal als aan de grond genageld.

Guy lijkt in paniek. Zijn ogen staan verwilderd. Zijn blik schiet van de een naar de ander, tot hij uiteindelijk ergens halverwege blijft hangen. Hij kijkt naar zichzelf in de spiegel van de kaptafel.

'Ons huwelijk stelde niets meer voor,' zegt hij kil. 'Ik was alleen maar een portefeuille voor jou. Je wilde niet eens dat ik nadacht over ander werk omdat je te veel genoot van de extraatjes. We vreeën nauwelijks. Ons leven werd zo beheerst door jouw eindeloze plannen dat ik erin verzoop. Ik stikte in die buitenwijk.'

'Notting Hill kun je niet echt een buitenwijk noemen,' zegt Isobel.

'Een buitenwijk is een gemoedstoestand,' werpt Guy tegen.

'Wij vreeën om de twee weken, dat is helemaal niet gek,' zegt ze. 'Is het niet, Lucy?'

'Ze heeft gelijk,' zegt Emma. 'Lucy heeft wel langer geen seks gehad met Tom.'

'Dat komt doordat zij geen personeel heeft,' zegt Isobel.

Het is de eerste keer dat iemand van hen het over mij heeft. Dat is eigenlijk vreemd, want hoewel hun aanwezigheid een bizarre maar verklaarbare logica heeft, geldt dat niet voor de mijne, en toch vraagt niemand zich af wat ik hier midden in de nacht doe. Ik kijk op mijn horloge en zie dat het al twee uur geweest is. Ik vraag me bezorgd af hoe moe ik morgen zal zijn en hoe ik me uit deze kamer terug kan trekken om Diego te vragen een taxi voor me te bellen. Opeens wil ik nergens anders ter wereld liever zijn dan in mijn eigen bed, met Tom slapend naast me.

Ik herinner me met een schok dat Robert Baars in de kamer hiertegenover in bad zit. Dat komt me nu nog uitzonderlijker voor dan tien minuten geleden. Ik ben zo bezig met de opwinding in de levens van andere mensen dat ik het drama in mijn eigen leven ben vergeten. Dat komt doordat mijn probleem opgelost is. Ik zie een stoel bij de deur staan en ga erop zitten. Iedereen kijkt me achterdochtig aan. Ze willen duidelijk niet dat ik vertrek.

'Moet ik de deur dichtdoen?' vraag ik Isobel. 'Ik denk dat hij beter dicht kan.'

'Nee, laat maar open, Lucy,' zegt ze.

In de gang hoor ik nog meer luide stemmen. Misschien gebeuren dit soort dingen wel geregeld. Misschien wordt er in een andere kamer, verderop in de gang, een identieke scène opgevoerd. Diego zal er wel aan gewend zijn. Ik kan zijn stem buiten horen.

'Deze kant op, alstublieft,' fluistert hij. 'Het lawaai kwam hiervandaan, misschien zijn het nerveuze afgevaardigden.' Nog steeds op mijn stoel, omdat het iedereen schijnt te verontrusten als ik aanstalten maak om weg te gaan, schuifel ik achteruit om in de gang te kunnen kijken wat er gaande is. Als het Robert Baars is, kan ik hem misschien de pas afsnijden voordat iemand hem ziet. Het is echter een ander stel.

'Ik ga kijken wat er aan de hand is,' zeg ik tegen het verzamelde gezelschap.

'Blijf niet te lang weg, wil je?' zegt Guy met een panische klank in zijn stem. Ik kijk hem wezenloos aan. Hij wil niet alleen in de kamer achterblijven met Isobel en Emma.

Ik loop de gang op. Intussen heeft het stel de kamer bijna bereikt.

'Lucy!' roept een van hen verbijsterd. 'Wat gebeurt hier?' Het is mijn broer en hij heeft Cathy's hand vast.

'Doe zachtjes,' zeg ik fluisterend, alsof ik laatkomers naar hun stoel begeleid in een theater. 'Wat doen jullie hier?'

'Ik moet morgen een praatje houden op de conferentie,' fluistert Mark. 'Ik heb een kamer op deze verdieping. De receptionist zei dat er een woordenwisseling gaande was en vroeg of ik wilde gaan kijken. Het hotel zit vol mensen van de nervositeitsconferentie.'

'En wat doe jij hier dan?' vraag ik Cathy. 'Ben jij ook zo'n nerveus type?'

'Alleen omdat ik jou zie,' zegt ze. 'Eigenlijk slaap ik hier. Met je broer.'

Ze kijkt verlegen naar haar voeten. Ik ben blij dat ik jarenlang een persmuskiet ben geweest, omdat ik mijn vermogen om informatie uit meerdere bronnen tegelijk op te nemen nooit verloren ben en onmiddellijk zie wat het belangrijkste is, terwijl ik tegelijkertijd de gevolgen op de korte, middellange en lange termijn op een rijtje zet. De keerzijde wordt dus: 1) naar Cathy's lofzangen op mijn broer luisteren; 2) ze allebei oplappen als de relatie stukloopt; en 3) het aan Emma vertellen.

'We wilden het je vertellen,' zegt Cathy snel. 'Ik wilde het juiste moment afwachten. Bovendien speelt het pas een maand.'

'Maar hij is heel onbetrouwbaar,' zeg ik tegen Cathy. 'Weet je zeker dat je dat risico wilt nemen?'

'Dat je je eigen broer zo afvalt, Lucy,' zegt Mark, maar hij is niet kwaad. Integendeel, zijn gezicht heeft de volgzame uitdrukking van een pas verliefd geworden man.

'Maar Lucy, wat doe jij hier eigenlijk?' vraagt Mark.

Ik wijs naar kamer 508 en geef hun een korte samenvatting van de gebeurtenissen.

'Ik denk dat het van het grootste belang is om iedereen hier zo snel mogelijk weg te krijgen,' zeg ik tegen Mark en ik probeer geen eigenbelang te laten doorschemeren.

We gaan allemaal terug de kamer in. Isobel en Emma staan nog steeds ruzie te maken. Guy zit met zijn hoofd in zijn handen op het bed. Zijn kleren zijn nog steeds los. Niemand kijkt verbaasd dat er nog meer mensen de kamer in komen. Drie onpartijdige toeschouwers moeten de spanning wel enigszins doen afnemen.

'Ik ben Mark, de broer van Lucy,' zegt Mark terwijl hij het gezelschap de hand schudt en Emma een plichtmatige kus op haar wang geeft. 'En dit is mijn vriendin Cathy, die jij al ontmoet hebt, Guy.' Hij legt een arm om Cathy heen en glimlacht trots, alsof het vieren van zijn nieuwe relatie de werkelijke reden is dat we allemaal in deze kamer zijn. Hij staat erbij alsof hij op onze felicitaties wacht. Cathy kijkt met een gelukkige glimlach naar hem op. Dit kan knap vervelend worden, denk ik bij mezelf, maar ik kan als ik Guys perplexe gezicht zie een meesmuilende blik niet onderdrukken.

Dan zie ik Emma's gezicht en besef dat het voor haar niet zo gemakkelijk is dat deze relatie zo plotseling opbloeit.

'Ik wist niet dat je een broer had,' zegt Isobel, terwijl ze Mark beleefd een hand geeft.

'Ik denk dat we nu maar naar huis moeten. Isobel, zal ik jou thuis afzetten?' vraag ik, maar het is meer een bevel dan een vraag. Ze kijkt naar mij voor verdere aanwijzingen en knikt dan. Haar schouders hangen moedeloos neer en ik zorg dat ze alle papieren en foto's weer inpakt die ze zorgvuldig op de kaptafel had uitgestald.

'Wij brengen Emma wel thuis,' zegt Cathy. Ik merk op dat ze al beslissingen neemt voor Mark.

'Maar gaan we dan niet hier slapen?' vraagt Mark aan Cathy, terwijl hij zijn vingers door haar haren haalt en haar met de arm die hij nonchalant om haar schouders heeft gelegd naar zich toe trekt.

'Ik wil niet alleen terug naar Clerkenwell,' zegt Emma waar iedereen bij is. 'Kan ik bij jou logeren, Lucy? Tot ik weer in mijn oude appartement kan. Ik wil echt niet door Cathy en je broer naar huis gebracht worden. Ik heb altijd gedacht dat wij misschien ooit samen iets zouden kunnen hebben.'

Ik kan niet geloven dat Emma uitgerekend dit moment waarop Mark zijn relatie met Cathy voor het eerst publiekelijk bekendmaakt, uitkiest om te onthullen dat ze nog niet over hem heen is. Niet voor het eerst vraag ik me af of Mark gelijk heeft: of ze geen baat zou hebben bij een korte therapie om de dingen op een rijtje te zetten.

'Wij zouden een ramp zijn samen,' zegt Mark haastig. 'Hoe dan ook, het is altijd een vergissing om terug te komen op oude relaties.'

Ik beloof dus dat ik Tom zal bellen om hem te vertellen dat Emma eraan komt en voorlopig bij ons blijft logeren, terwijl ik Isobel naar huis breng in Notting Hill.

Het valt me gemakkelijk om iedereen het hotel uit te dirigeren, maar ik weet niet echt hoe ik mijn aanwezigheid hier zal verklaren als later het onvermijdelijke kruisverhoor zal plaatsvinden. Ik begin zo zoetjesaan te geloven dat ik me eruit kan redden met een vaag verhaal dat ik Emma heb gevolgd nadat ik de club had verlaten, uit bezorgdheid om haar welzijn. Zolang niemand de feiten te nauwkeurig bekijkt, kan ik eventuele resterende argwaan met dat verhaal de kop indrukken.

Ik zal me echter moeten voorbereiden op Toms precisievragen.

'Maar zei je niet dat jij het eerst was weggegaan?' hoor ik hem al zeggen. 'En hoe kwam je dan bij dat hotel als je daar op weg naar huis niet langs komt en het zo ver weg is van waar jullie hebben gezeten?' Hopelijk zal het drama van die avond – en dat was het voor iedereen – zijn nieuwsgierigheid bevredigen en hem afleiden van deze logica.

'En ik dan?' vraagt Guy me, terwijl iedereen zich opmaakt om te vertrekken. Zijn toon is mokkend, alsof ik verantwoordelijk ben voor ieders lot.

'Ik denk dat jij de nacht hier zult moeten doorbrengen, of in je flat in Clerkenwell,' zeg ik hem, verbijsterd dat hij van mij verwacht dat ik zijn accommodatieproblemen oplos en niet in staat is de gevolgen van wat er in het afgelopen uur is gebeurd in te schatten. 'De kamer was toch al geboekt en als deze niet de hele nacht beschikbaar is, kunnen ze vast wel een andere vinden.'

'Mag ik alsjeblieft met jou mee naar huis?' smeekt hij Isobel.

'Ik kan gewoon niet geloven dat jij je tegenover haar verontschuldigt voor je ontrouw met een andere vrouw, geen enkel berouw toont tegenover mij en de kinderen, en dan vraagt of je de nacht bij mij kunt doorbrengen. Je moet begrijpen dat je met overspel je bestaande relatie verspeelt. Je maakt iets kapot wat nooit meer op dezelfde manier vervangen kan worden,' zegt ze boos. Ze wijst op Emma en wendt zich dan weer tot Guy. 'Jij gaat ervan uit dat je het recht hebt te doen wat je maar wilt zonder onaangename gevolgen. Je arrogantie is je grootste gebrek.'

'Maar waar moet ik dan wonen?' vraagt hij. Hij merkt dat zijn rits nog openstaat en trekt zijn broek op naar zijn middel.

'Dat is mijn probleem niet. Je hebt het recht verspeeld om ons huis jouw thuis te noemen. Je kunt in Clerkenwell gaan wonen,' zegt ze. 'Kom morgenmiddag maar langs, dan kunnen we alles aan de kinderen uitleggen.'

'Wat moet ik ze dan vertellen?' zegt hij.

'Dat je verliefd bent geworden op iemand anders,' zegt ze. Ze begint weer te snikken en verheft haar stem. 'Ik kan hem niet terugnemen,' roept ze tegen ons allemaal. 'Er zijn bepaalde gradaties van verraad en Guy heeft al die grenzen overschreden. Ik zou hem nooit meer kunnen vertrouwen, vooral niet omdat deze vrouw niet de eerste is, en ze zal vast ook de laatste niet zijn. Ons huwelijk is over de eerste horde gestruikeld.'

Iedereen knikt wijs, zelfs Mark, die zelden een relatie heeft beëindigd die niet door een andere overlapt werd. Misschien zal ze over een tijdje op haar besluit terugkomen, tijdens een periode van nuchtere bezinning, als de emotionele weerklanken van deze avond vervaagd zijn. Guy zou kunnen veranderen. Misschien wordt hij nederiger van deze ervaring. Misschien gaan ze zich allebei realiseren dat ze hun huwelijk te lang hebben laten woekeren, dat het huwelijk niet alleen een kwestie van geloof is, maar ook gewied en gesnoeid moet worden. Ik heb het gevoel dat ik naar het logische vervolg op mijn falende communicatie met Tom sta te kijken, alsof ik nu de kans heb om te zien wat er gebeurt als de rot in een huwelijk komt. Ik neem me voor om naar huis te gaan en hem alles van begin tot eind te vertellen.

Net op het moment dat ik begin te denken dat de avond ten einde loopt, verschijnt Robert Baars met een witte handdoek om zijn middel. Hij komt de kamer binnen.

'Ik zit daar al een hele tijd te wachten,' zegt hij tegen mij en hij wijst naar de kamer aan de overkant van de gang. Dan realiseert hij zich dat er vijf mensen naar hem staan te kijken. De stilte lijkt eeuwen te duren. Hij haalt zijn hand door zijn haar.

'Wat doen al die mensen hier?' vraagt hij ten slotte. 'Is dit een val om mij te chanteren? Ik had beter moeten weten dan me met jou in te laten, jij bent een wandelende ramp. Mijn vrouw zit waarschijnlijk in de klerenkast.' We kijken allemaal nerveus naar de kast en zelfs ik vraag me af of ze dit moment zal kiezen om tevoorschijn te komen.

'O mijn god, Lucy,' zegt Cathy ontsteld. 'Wat doet hij hier?' Isobel kijkt ontzet.

'Jullie doen het allemaal,' snikt ze. 'Ik kan gewoon niet geloven dat jij een verhouding hebt met een vader van school. Het is allemaal zó corrupt!'

'Ik dacht hij een oude vriend van *Newsnight* was?' vraagt Mark terwijl hij de deur dichtdoet.

'Welnee. Hij is de Goddelijke Huisvader,' zegt Isobel tegen iedereen. 'Ze lopen al het hele jaar te flirten. Ik dacht dat het een grapje was. Ik had nooit verwacht dat het een verhouding zou worden met alles erop en eraan.'

'Ik geloof gewoon niet dat je dit gedaan hebt,' zegt Emma geschokt, met haar hand voor haar mond.

'Ze is geen haar beter dan ik. Hoe schijnheilig kun je zijn?' zegt Guy, die voor het eerst die avond tot leven komt.

Door toeval kun je gaan denken dat er een vreemde logica in het leven zit, maar te veel op een avond benadrukt slechts de chaos, alsof er elk moment van alles zou kunnen gebeuren.

'Er is niets gebeurd,' vertel ik iedereen. Ze lijken niet overtuigd.

'Hij is vrijwel naakt, Lucy,' zegt Cathy. 'Het ziet er niet goed uit.'

'Dat komt doordat hij net een bad heeft genomen,' zeg ik, alsof ze dat misschien een geloofwaardige verklaring zullen vinden.

'Lucy, niemand komt naar een hotel als dit om er een bad te nemen,' zegt Mark boos. 'Straks vertel je me nog dat je hier bent om naar de wereldomroep te luisteren.'

'Ik heb inderdaad naar de wereldomroep zitten luisteren,' zeg ik. 'Ik kan niet geloven hoe schijnheilig jullie zijn. Behalve Isobel zijn jullie allemaal bij een of ander overspel betrokken. Ik heb het laatste jaar lopen dubben wat ik met deze man aan moest en we hebben nog niet eens echt gezoend.'

'Ze heeft gelijk,' zegt Robert Baars. 'Ik weet dat het er anders uitziet, maar er is echt niets gebeurd. Lucy heeft mijn avances zelfs verschillende keren afgewezen.'

Er wordt op de deur geklopt. We kijken er allemaal nerveus naar. Het is niet het zachte, voorzichtige, ritmische kloppen van Diego. Het is een vastberadener, veeleisender soort kloppen.

'Wie is dat?' vraagt Robert Baars met een blik op mij. Ze kijken allemaal naar mij.

'Wie is het, Lucy?' vraagt Mark kortaf.

'Hoe moet ik nou weten wie er aan de deur is?' vraag ik geïrriteerd.

'Jij bent de rode draad in het geheel,' zegt Mark.

'Ik doe open,' zegt Isobel. 'Misschien is het iemand van mijn detectivecursus.'

'Laat mij opendoen,' zeg ik dringend. 'Het zou Tom kunnen zijn.'

Ik denk aan wat me te wachten staat. Maanden van beschuldigingen, van twijfel aan mijn verhaal, het stiekeme vermoeden van iedereen in deze kamer dat Robert Baars en ik niet de waarheid spraken. Als je toch moet hangen, is het dus kennelijk niet beter om dan maar iets gedaan te hebben waardoor je het verdient. Duidelijk niet. Dan bedenk ik hoe alle aanwezigen mijn verhaal zullen gebruiken om de aandacht af te leiden van hun eigen drama en emotie, tot de rest van de avond vervaagt tot iets onbelangrijks in vergelijking met mijn zogenaamde overspel.

Tom zal mij willen geloven, maar zich vernederd voelen ten overstaan van al deze mensen die veronderstellen dat hij blind is. Ik zucht diep, de eerste zucht in wat waarschijnlijk een leven lang zuchten gaat worden. Tom zou me kunnen verlaten. Hij zou kunnen besluiten dat ik onbetrouwbaar ben en dat het voor de kinderen beter zou zijn om in een huishouden te leven met minder wantrouwen en spanningen. Hij zou terug kunnen slaan met echt overspel, niet zo'n halfbakken weinig overtuigende fantasie als waar ik mee heb gerommeld.

Ik druk de deurkruk omlaag.

'Sweeney,' zegt een mannenstem, en iemand duwt tegen de deur als hij mijn weerstand voelt. 'Laat me erin. Ik kom je redden.' De laatste zin wordt uitgesproken met een zwaar accent uit het zuiden van de Verenigde Staten. De anderen staan als aan de grond genageld als Beroemde Vader de kamer binnenkomt. Ik maak me ongerust dat hij eindelijk bezweken is aan een gedeeltelijke zenuwinstorting en een rol herleeft die hij in een film heeft gespeeld. Misschien iets in de tropen, geschreven door Graham Greene, want hij heeft een groezelig pak aan dat aan het begin van de week misschien roomwit is geweest, maar intussen grijsgrauw is geworden.

'O nee, niet hij weer!' kreunt Robert Baars. 'De wrekende cowboy.'

'O mijn hemel,' zegt Emma, opfleurend. 'Mag ik even zeggen dat ik al je films heb gezien en vind dat je een fantastisch talent hebt? En ook dat ik net weer vrijgezel ben.'

Beroemde Vader kijkt haar waarderend aan.

'Wat doe jij hier?' vraag ik hem.

'Ik ben hier met een specifiek doel en wel om jou naar huis te brengen,' zegt hij. 'Ik heb een auto buiten staan.'

'Wil je mij onderweg afzetten?' vraagt Isobel.

'Je hebt een talent voor scheiden in stijl,' zegt Beroemde Vader bewonderend. 'En natuurlijk wil ik je afzetten.'

'Het is een schrale troost,' zegt Isobel, maar ik zie dat het wel een beetje helpt.

'Hoe wist je dan dat ik hier was?' zeg ik.

'Tom belde me op,' zegt hij. 'Ongeveer drie uur geleden ben je op je mobiel gaan zitten en heb je naar huis gebeld. Sindsdien heeft Tom alles gehoord wat er gebeurd is. Hij vond mijn nummer op de klassenlijst en belde op om te vragen of ik je wilde gaan halen.'

'Hoe lang heeft hij geluisterd?' vraag ik, terwijl ik zenuwachtig de mouw van zijn jasje vastpak.

'Vanaf dat je in de hotelkamer aankwam en naar dat programma over varens in het Amazonegebied ging luisteren,' zegt Beroemde Vader. 'Een tamelijk ongewone inleiding op erotiek, mag ik wel zeggen.'

'Dus hij weet dat er niets gebeurd is tussen Robert Baars en mij?' vraag ik.

'Zeker,' zegt Beroemde Vader. 'Hij besefte dat je geen idee had wat je verder moest en belde mij op om tussenbeide te komen. Hij vertelde me wat er allemaal aan de hand was en zei dat je in een situatie was terechtgekomen die een onmiddellijke oplossing vereiste en dat ik, omdat ik alle betrokkenen ken en een medesupporter van Arsenal ben, de aangewezen persoon was om het op te lossen.'

'Maar waarom kwam hij zelf niet?' vraag ik.

'Hij was bang dat Fred wakker zou worden en een dronken Amerikaanse acteur op de bank aan zou treffen,' zei hij. 'En bovendien ken ik dit hotel. Ik heb heel prettige herinneringen aan het Aberdeen.' Hij lacht weemoedig.

Diego komt de kamer binnen.

'Uw tijd is om,' zegt hij triest tegen mij. 'Meestal rekenen wij per persoon.'

Beroemde Vader overhandigt hem een stapeltje bankbiljetten.

'Dat zal wel genoeg zijn. Hij betaalt de rest,' zegt hij en hij wijst op Guy, die op het bed blijft zitten.

'Het is net als dat stukje in *Reservoir Dogs*,' zegt Emma. 'Of was het *Traffic*? *LA Confidential*? God, ik kan niet geloven dat hij hier is.'

Als we in zijn auto naar huis rijden, zitten we op een rijtje op de achterbank. Het is er schoon en netjes, en de chauffeur heeft rustige muziek opstaan. Isobel valt stil. Beroemde Vader haalt een fles whisky uit een kastje achter de stoel van de chauffeur, neemt een slok en biedt haar de fles aan. Ze legt haar hoofd in haar nek en drinkt, rillend bij de bittere smaak.

'Het zal niet meevallen om alles alleen te doen,' zegt ze. 'Ik weet wel dat ik veel hulp heb, maar uiteindelijk zal ik de verantwoordelijkheid moeten dragen.'

'Je had getrouwd kunnen zijn met iemand zoals ik,' zegt Beroemde Vader. 'Dan had je alles sowieso alleen moeten doen.'

'Je blijft misschien niet altijd alleen,' zeg ik.

'Ik moet een poosje rouwen om mijn huwelijk en proberen de zin van dit alles te ontdekken. Ik vind dat ik een hoge prijs moet betalen voor mijn fouten,' zegt ze somber. 'Maar ik zal de kinderen niet straffen voor de zonden van hun vader.'

'Wat ga jij doen?' vraagt ze aan Beroemde Vader.

'Ik heb eigenlijk veel geleerd van deze toestanden,' zegt hij. Hij praat met dubbele tong en prikt af en toe met zijn vinger in de lucht. 'Als je zo in het openbaar leeft, wordt je privéleven steeds angstaanjagender omdat er zo'n kloof bestaat tussen die twee. Ik zou de mythe van mezelf graag geloven, maar telkens als ik in de spiegel kijk, zie ik alleen de werkelijkheid. Ik denk dat ik me een tijdje met vrouw en kinderen moet afzonderen van de bewoonde wereld om te proberen weer vaste grond onder mijn voeten te krijgen. Ergens waar de eerste slijterij op vijftig kilometer afstand ligt. Toen Tom me vanavond belde had ik het gevoel dat ik een doel had in het leven, en dan bedoel ik niet alleen mezelf vermaken, maar een hoger doel. Het was fijn dat me eens gevraagd werd om iets positiefs te doen. Iets echts. Het is ook een goede repetitie. Ik krijg een rol in een film over mensen die in hun jeugd verliefd waren en elkaar weer tegenkomen op oudevriendenvinden.com.

En jij, Sweeney?' vraagt hij. Ze kijken allebei naar mij.

'Meer van hetzelfde, neem ik aan,' zeg ik op ongewoon zekere toon. 'En minder van eens wat anders.'

Ik weet niet zeker wat ik verwacht had toen ik naar de sleutels zocht om onze voordeur open te doen, maar ik rekende toch minstens op een ontvangstcomité. Ik probeerde niet te denken aan Toms humeur of de ruzies die me misschien te wachten stonden, want hij is vaak moeilijk te doorgronden en deze avond markeerde, volgens mij dan in elk geval, het einde van iets.

Maar het is donker als ik de trap op loop naar de slaapkamer. De badkamerdeur staat op een kier en het licht is aan. Ik ga naar binnen om mijn gezicht te wassen en mijn lenzen uit te doen. Ik kan het doosje niet vinden, dus ik leg ze in een koffiebeker die op een plank staat en verstop de beker op de bovenste plank van de droogkast. Opeens hoor ik zacht gespetter aan de andere kant van het douchegordijn.

Natuurlijk! Tom zit in bad. Dat is volkomen voorspelbaar en ik voel blijdschap opwellen om het logische van de situatie. Ik loop naar het bad, kijk om het gordijn heen en zie hem onder water liggen, waarbij zijn haar in elegante patronen rond zijn gezicht drijft. Ik steek net een hand uit om een vastgeplakte lok van zijn wang te vegen, als hij mijn pols grijpt.

'Lucy,' zegt hij glimlachend. 'Je bent thuis.'

Dankwoord

Ik wil vooral Gill Morgan graag bedanken, die Lucy Sweeney de gelegenheid gaf om wekelijks haar hart te luchten in *The Times Magazine*. Zonder haar zou dit alles nooit gebeurd zijn. Ik ben ook dank verschuldigd aan Simon Trewin, die me bij elke stap heeft bijgestaan, en aan Zoe Pagnamenta in New York. Ik ben mijn redacteuren zeer dankbaar – Nikola Scott en Kate Elton bij Century en Arrow, en Sarah McGrath bij Penguin en het team van Random House – voor hun niet-aflatende enthousiasme en toewijding. Geen dank kan ooit voldoende zijn voor mijn echtgenoot Edward Orlebar, voor zijn feilloze advies over van alles en nog wat, en voor het oppakken van het huishoudschort toen dat het allerbelangrijkst was. Helen Townshend en Henry Tricks lazen het manuscript en moedigden mij vanaf het begin voortdurend aan. Helen Johnston was op alle mogelijke manieren een inspiratiebron. Ik ben Sally Johnston dankbaar voor haar inzichten in het leven bij de BBC, en Imogen Strachan voor advies over psychologische kwesties. Dank aan mijn ouders voor een heleboel dingen maar vooral voor alle vrolijkheid. Aan de oorspronkelijke ploetermoeders: dank voor jullie vriendschap en vooral voor het verklappen van jullie beroepsgeheimen. Jullie zouden moeten weten wie jullie zijn, maar zo niet: Louise Carpenter, Carey Combe, Caroline Combe, Alexa Corbett, Sarah Dodd, Vicky McFadyen, Ros Mullins en Amanda Turnbull. En in de laatste, maar zeker niet de minste plaats: dank aan Lucy Sweeney, een inspirerend voorbeeld voor ons allen.

Hij moest wel een vrouw zijn, anders zou het niet lukken. Niet eerlijk? Waar. Maar gunstig. En verfrissend anoniem.
Gebruikersnaam? Mimi. Afgeleid van zijn eigen naam, zo was het niet echt vals spelen. Details over de kinderen? Daar zou hij eerlijk over zijn anders zou het advies ook geen hout snijden. Florrie, 12. Ed, 11. Hobby's? Geen tijd. Werk? Vanuit huis opererend PR-adviseur met eigenzinnig gevoel voor humor. Verzenden.

ISBN 978 90 229 9418 4

Sophie King
Moeders & Co

Caroline is een ploetermoeder met een parttimebaan, drie puberende kinderen en een man die ze niet meer kan vertrouwen sinds hij is vreemdgegaan.
Mark ploetert als freelancer en vader van twee kinderen, die hij tijdelijk zonder zijn vrouw moet opvoeden. Net als Susan en Lisa, die weer met hele andere problemen worstelen, kunnen ze wel een luisterend oor en wat advies gebruiken. Dat vinden ze op de website voor moeders: *mums@home*. Mark durft zich op de site niet als man kenbaar te maken en doet zich voor als Mimi. Wanneer Caroline hem ontmoet tijdens haar werk, herkent ze de namen van zijn kinderen uit de berichten op de website. En dan blijkt hoe sterk *mums@home* mensen bij elkaar kan brengen.

Sophie King weet met een warme en betrokken stem moderne opvoeding, het huwelijk en vriendschap in deze tijdgeest zeer juist te treffen.

Sophie King is het pseudoniem van journalist Jane Bidder. Ze schrijft voor verscheidene bladen en landelijke kranten zoals *The Times*. Onder haar eigen naam heeft ze onder andere een aantal kinderboeken geschreven.

'Net als Desperate Housewives *grappig, ontroerend, spannend en vooral zeer herkenbaar.'* – Stijl